BOOK
HILL

मुकाम रणमैदान

नेपाल-अंग्रेज युद्धको बखान

मोहन मैनाली

BOOK HiLL

बुकहिल पब्लिकेसन प्रा. लि., काठमाडौं
बुकहिल इन्टरनेशनल, लन्डन

कर्पोरेट तथा सम्पादकीय कार्यालय
सत्य-सदन ५३०/२० कालिका मार्ग,
का.म.न.पा.- २९, कालिकास्थान, काठमाडौं
पोस्ट बक्स नं. : ४९७४,
फोन : +९७७-१-५९०४४०१/२
bookhillp@gmail.com
www.bookhill.com.np

सर्वाधिकार © लेखकमा

सम्पादन : शरच्चन्द्र वस्ती
हिज्जे : धातृप्रसाद सुवेदी

आवरण : सचिन यगोल श्रेष्ठ
लेआउट : उमेश काफ्ले

प्रथम संस्करण : असोज २०८०
द्वितीय संस्करण : असार २०८१

ISBN : 978-9937-753-55-5

यस पुस्तकको कुनै पनि अंश वा पूरै पुस्तक कुनै पनि माध्यमद्वारा पुनरुत्पादन, प्रसारण तथा फोटोकपी गरेको पाइएमा प्रतिलिपि अधिकार ऐन, २०५९ अनुसार कारबाही गरिनेछ ।

MUKAM RANAMAIDAN
by MOHAN MAINALI

लेखकीय

१८७१-७२ सालमा नेपालको अंग्रेजसँग घमासान युद्ध भयो । यतिको ठूलो, यतिको लामो, यतिको धेरै ठाउँमा फैलिएको लडाइँ नेपालले यसअघि कहिल्यै लड्नुपरेको थिएन । यसपछि पनि लड्नुपरेको छैन ।

मध्यनेपालको सानो पहाडी राज्य गोरखाले विभिन्न राजा रजौटासँग लडेका साना-ठूला लडाइँले नेपाल राज्यको विस्तार गरेको हो । अंग्रेजसँगको यस लडाइँले भने नेपाललाई झन्डै-झन्डै अहिलेको स्वरूपमा खुम्च्याइदियो ।

लडाइँलाई नाटकको उपमा दिने गरिन्छ– गैरआख्यान नाटक, जसमा पात्रहरूको भूमिका मोटामोटी रूपमा त तोकिएको हुन्छ तर समग्र क्रियाकलाप पहिल्यै निर्धारित हुँदैन । परिस्थितिअनुसारको भूमिका निर्वाह गर्न सबै पात्र स्वतन्त्र हुन्छन् । सामान्यतया नाटकमा सबै पात्र एउटै निर्देशकबाट निर्देशित हुन्छन् तर लडाइँरूपी नाटकमा दुई वा दुईभन्दा बढी निर्देशक हुन्छन् । एउटा निर्देशकबाट निर्देशित पात्रले कुन वेला के-कस्तो भूमिका निर्वाह गर्छ भन्ने कुरा अर्को निर्देशकलाई थाहा हुँदैन । त्यसैले आफ्नो अधीनका पात्रलाई कुन बखत कस्तो क्रिया वा प्रतिक्रियामा उतार्ने भन्ने कुरा उसले पहिले नै तय गर्न सक्तैन । लडाइँ अघि बढ्दै जाँदा निर्देशकको रणनीतिमात्र होइन, पात्रहरूको भूमिका र कहिलेकाहीं त चरित्रले समेत अप्रत्याशित मोड लिन सक्छ । यही विशेषताले लडाइँलाई नाटकभन्दा अझ बढी नाटकीय बनाउँछ ।

यस नाटकको मञ्च : टिस्टादेखि सतलज नदीसम्मको १,५०० किलोमिटर लामो मैदान र पहाड ।

नाटकको अवधि : छोटो स्थगनसमेत डेढ वर्ष ।

नेपालतिरका पात्र : काठमाडौंमा बसेर भूमिका खेल्ने राजा, मुख्तियार, मुख्तियारका सहायक, चौतरिया, ज्योतिषी, तान्त्रिक आदि । विभिन्न ठाउँमा खटिएका बुढाकाजी, चौतरिया, काजी, भारदार, सरदार, कमान्डर, विभिन्न दर्जाका सिपाही र झाराली ।

हिन्दुस्तानमा राज गरिरहेको अंग्रेजतर्फका पात्र : बेलायती सम्राट्, बेलायतमा रहेका ईस्ट इन्डिया कम्पनीका हाकिम, हिन्दुस्तानका गभर्नर, अंग्रेजका जंगी तथा निजामती कर्मचारी, गोरा र काला तिलंगा, टिस्टादेखि सतलजसम्मका युद्धक्षेत्र वरपरका राजा रजौटा, नवाब, नेपालले बन्दुकका भरमा कब्जा गरेका ठाउँका अपदस्थ राजा रजौटा र रैती (कतैका अलि धेरै सक्रिय र प्रभावकारी, कतैका कम सक्रिय र अप्रभावकारी) ।

छिमेकतर्फका पात्र : सिक्किम र पञ्जाबका राजादेखि लिएर महाचीनका बादशाहसम्म ।

यो समग्र नाटकबारे अंग्रेज लेखकहरूले धेरै किताब लेखेका छन् तर नेपालीमा यसका कुनै-कुनै खण्डबारे मात्रै लेखिएको छ । लडाइँको बयान गरिएका केही चिठी छिटपुट रूपमा विभिन्न प्रकाशनमा छापिएका छन् । तिनमा चिठी लेख्नेले आफूले लडेका लडाइँबारे मात्रै उल्लेख गर्नु स्वाभाविकै हो । *इन्ट्रोडक्शन टु द मिलिट्री स्केचेज अफ द गुर्खा वार इन इन्डिया*को भूमिकामा भनिएको छ– "एउटै लडाइँ लडेका दुई जना सिपाहीले पनि त्यस लडाइँबारे प्रायः फरक खालको बयान गर्छन् । लडाइँको समग्र दृश्य थाहा पाएको मानिसले गरेको बयानलाई उनीहरू पत्याउँदैनन् । लडाइँ लड्ने सिपाहीलाई नाटकको त्यस्तो पात्र ठान्न सकिन्छ, जसलाई आफूले खेलेको भूमिकाबारे मात्रै थाहा हुन्छ, दर्शक दीर्घामा बसेर नाटक हेर्ने मान्छेले देखेको नाटकको पूर्ण प्लटबारे थाहा हुँदैन ।"

नेपालमा अलग-अलग ठाउँमा प्रकाशित अलग-अलग चिठीले विभिन्न ठाउँका निश्चित लडाइँका बारेमा त बताएका छन् तर टिस्टादेखि सतलजसम्मको त्यो लडाइँको समग्र प्लट बुझाउँदैनन् । नेपाली सिपाहीले लडाइँको मैदानबाट लेखेका धेरै चिठी अहिलेसम्म पनि 'गोप्य' राखिएका छन् । त्यस्ता चिठी एकै ठाउँमा व्यवस्थित ढंगले राखिएका छैनन् । धेरैवटा पोकामा बाँधिएका छन्, थरीथरीका विषयका कागजका खातमा चेपिएर बसेका छन् ।

यस लडाइँको समग्र चित्र देखाउने नेपाली किताब छापिएको छैन । निश्चित ठाउँका लडाइँबारे छापिएका किताब पनि विदेशी लेखकले दिएका जानकारीमा बढी भर परेका छन् । विदेशीले लेखेका किताब मूलतः अंग्रेजका बयानमा आधारित हुनाले तिनमा अंग्रेजले लडेको लडाइँका दृश्यमात्र देखिन्छन्, नेपालीले लडेको लडाइँ अर्थात् आधा पाटोका दृश्य देखिँदैनन् ।

पढ्ने, लेख्ने र अनुसन्धान गर्ने चलन नभएका वेला यसो हुनु स्वाभाविक थियो तर यस्तो चलन चलेको वा चलेको भनिएको निकै वर्ष र लडाइँ सकिएको २०८ वर्ष पर्खिसक्दा पनि लडाइँको समग्र चित्र समेटिएको किताब नेपाली पाठकले पढ्न नपाउनु न्यायोचित होइन ।

मैले यो किताब लेख्ने जमर्को यसै पृष्ठभूमिमा गरेको हुँ । सामग्री खोज्ने क्रममा मैले थाहा पाएँ– त्यस लडाइँबारे लेखिएका धेरै सामग्री लडाइँ भएको धेरै वर्षपछि उडन्ते कुरा सुनेर त्यसमा थप कथा घुसाएर लेखिएका रहेछन् । मैले त्यस्ता सामग्रीको सहयोग लिएको छैन । म मूलतः लडाइँलाई लडी जान्ने मानिसका बयानमा भर परेको छु । यसका लागि मैले त्यो लडाइँ लड्ने र लडाउनेहरूले त्यस बखत लेखेका, पाएसम्मका सबै चिठी पढें । उनीहरूले लेखेका केही चिठी नष्ट भएजस्तो देखिन्छ । केही चिठी पुराना कागजका चाङमा पुरिएका हुन सक्छन्, जसलाई फेला पार्न मजस्ता कुनै एक जनाको प्रयासले सकिँदैन । त्यसैले मैले पाएसम्मका चिठीमा लडाइँका केही पक्षबारे जानकारी भेटिएनन् । यस्तो अवस्थामा म सुनी जान्ने/पढी जान्नेले लेखेका विश्वासिला बयानमा भर परेको छु ।

पछि लेखिएका तर साँचा हुन् कि होइनन् भनी यकीन गर्न नसकिने खालका केही हस्तलिखित सामग्रीबाट लिइएका जानकारी एक-दुई ठाउँमा राखेको छु । त्यस्ता ठाउँमा यो बेहोरा उल्लेख गरेको छु । अनुसन्धान गर्नेहरूले यस विषयको निर्क्योल गर्नु नै हुनेछ ।

यो किताब यस लडाइँबारे लेखिएका अरू किताबभन्दा अर्को अर्थमा पनि फरक छ– मैले यो लडाइँ लड्ने अंग्रेज र नेपाल दुवैतिरका कमान्डर र लडाकूहरूले लेखेका चिठी र दुवैतिरका विद्वान्हरूले लेखेका किताब तथा लेख पढेको छु । यसले गर्दा एउटै ठाउँको लडाइँलाई दुईतिरका कमान्डर, सिपाही र लेखकले कसरी बयान गरेका रहेछन् भनी दुवै पाटो राखिदिन सकेको छु ।

मेरो औपचारिक शिक्षा इतिहास विषयमा होइन तथापि स्नातक तहसम्म इतिहास अध्ययन गर्न पाएको थिएँ । स्नातकोत्तर तहमा समाजशास्त्र पढ्दा प्राग्-इतिहास विषय पढेको थिएँ । साथै, सामाजिक शास्त्रअन्तर्गतका विषयको अनुसन्धान विधिको औपचारिक अध्ययन गरेको थिएँ ।

इतिहास र अनुसन्धान मेरो रुचिको विषय हो । मैले लामो समयसम्म अभ्यास गरेको खोज पत्रकारिताले मलाई असंख्य मानिसले खडा गरेका असंख्य कागज केलाएर आफूलाई चाहिएको जानकारी खोज्ने सीप सिकाएको छ । मेरो पढाइ र पेशा दुवैले मलाई आफूले संकलन गरेका जानकारी सही हुन् कि होइनन् भनी यकीन गर्न कठोर जाँच गर्न सिकाएका छन्, अभ्यस्त बनाएका छन् । यी सबै कारणले गर्दा मैले यस विषयमा हात हाल्ने जमर्को गरेको हुँ ।

२०८/२०९ वर्ष पुरानो लडाइँबारे लडी जान्ने मानिसका बयानका आधारमा किताब लेख्न खोज्नु भनेको अभिलेखहरूको शरण पर्नु हो । यसका लागि अभिलेख सम्हालेर बसेका मानिसहरूको सक्रिय सहयोग चाहिन्छ । मैले यस्तो

सहयोग पाएकाले नै यो किताब लेख्न सकेको हुँ । राष्ट्रिय अभिलेखालयमा रहेका यस विषयका सामग्री देखाइदिएकोमा, सामग्रीका इलेक्ट्रोनिक र प्रिन्ट प्रति उपलब्ध गराइदिएकोमा र यस किताबको अनुसूचीमा छापिएको चिठी छाप्न अनुमति दिएकोमा राष्ट्रिय अभिलेखालयका महानिर्देशक सौभाग्य प्रधानाङ्ग, प्रमुख छविकार कुमार श्रेष्ठ, अनुसन्धान अधिकृत मनिता न्यौपाने, अभिलेख अधिकृत रज्जु हाडा, छविकार ज्योति न्यौपाने, कल्पना पराजुली, सहन रञ्जितकार, सीता फुयाल पुडासैनी, सीता खड्का, शान्ति थापा र कमल न्यौपानेप्रति आभारी छु ।

यो किताबका लागि जानकारी संकलन गर्ने क्रममा मैले यी पुस्तकालयहरूको सहयोग लिएको छु : सोशल साइन्स बहाः पुस्तकालय, डिल्लीरमण-कल्याणी रेग्मी स्मारक पुस्तकालय, राष्ट्रिय अभिलेखालयको पुस्तकालय, मदन पुरस्कार पुस्तकालय, नेपाली सेनाको सैनिक केन्द्रीय पुस्तकालय । अन्यत्र नपाइने पुस्तक पढ्ने अवसर दिएकोमा यी पुस्तकालयप्रति आभारी छु ।

माथि नै भनेको छु, यस लडाइँसँग सम्बन्धित धेरै चिठी अहिले पनि सार्वजनिक भएका छैनन् । त्यस्ता चिठी हुन सक्ने पोकाहरूको अध्ययन गरी तिनका आधारमा सामग्री तयार गर्न अनुमति दिएकोमा परराष्ट्र मन्त्रालयका सचिव भरतराज पौड्याल र यस्तो अनुमति दिलाउने काममा महत्त्वपूर्ण भूमिका निर्वाह गरिदिनुभएकोमा शाखा अधिकृत विजय राज तन्डुकारप्रति हार्दिक आभार प्रकट गर्दछु ।

परराष्ट्र मन्त्रालयको स्वामित्वमा रहेका यी कागजात राष्ट्रिय अभिलेखालयमा राखिएका छन् । परराष्ट्र मन्त्रालयको अनुमति पाएपछि यी कागजातको अध्ययन गर्ने ठाउँ र सुविधा उपलब्ध गराइदिएकोमा अभिलेखालयप्रति हार्दिक आभार प्रकट गर्दछु ।

यस किताबका लागि चाहिने जानकारीका सम्भावित स्रोतबारे जानकारी दिनुका साथै र आफ्नो संकलनमा रहेका महत्त्वपूर्ण दस्तावेज उपलब्ध गराइदिनुभएकोमा डा. महेशराज पन्त र प्रा. दिनेशराज पन्तप्रति विशेष आभारी छु । पुराना कागजमा उल्लेख भएका केही शब्दको अर्थ खुलाइदिनुभएकोमा पनि प्रा. दिनेशराज पन्तप्रति आभारी छु ।

यस लडाइँसँग सम्बन्धित केही जानकारी बेलायती अभिलेखालयमा रहेको कुरा थाहा पाएको थिएँ । त्यहाँ गएर ती जानकारी भेला गर्न मेरो बुताले भ्याउँदैनथ्यो । ती सामग्री लिन बेलायती अभिलेखालयका झन्झटिला शर्त पूरा गर्नुपर्थ्यो । लन्डनमा रहनुभएकी साहित्यकार संगीता स्वेच्छाले यी सबै झन्झट बेहोरेर मलाई ती सामग्री पठाइदिनुभयो । मलाई र नेपाली पाठकलाई उहाँले लगाउनुभएको यो गुन तिरेर कहिल्यै सकिँदैन ।

हस्त गुरुङले मेरा यसअघिका दुई-तीनवटा किताबको पहिलो मस्यौदा पढ्ने र परिमार्जनका लागि सुझाव दिने झन्झटिलो तर जसविहीन काम गर्नुभएको थियो । यो किताबका पनि पटक-पटकका मस्यौदा पढेर सुधारका लागि महत्त्वपूर्ण सुझाव उहाँले दिनुभयो । हार्दिक आभारी छु हस्तजी, तपाईंप्रति । यस्तै गरी, सबै खण्डका मस्यौदा पढेर परिमाजर्नका लागि सुझाव दिनुभएकोमा साथी दीपक थापाप्रति पनि आभारी छु ।

अरूले लेखेका सामग्री सम्पादन गरेर चिरिच्याँट्ट पार्नु झन्डै-झन्डै असम्भव काम हो । मेरा पहिलेका किताबमा जस्तै यस किताबमा पनि यो काम शरच्चन्द्र वस्तीले गरिदिनुभयो । उहाँप्रति पनि आभारी छु ।

यो किताब लेख्न हौस्याउने र केही खण्डका पहिलो मस्यौदा पढेर सुझाव दिने सुजित मैनाली र छिचोल्न नसकिने जस्ता लागेका पुराना चिठी पढ्न हौस्याउने धातृप्रसाद सुवेदीप्रति पनि आभारी छु ।

लडाइँसम्बन्धी केही जानकारी भेटेपछि यसबारे फिक्शन डिजाइनर कुमार नगरकोटी र बुकहिल पब्लिकेशनका भूपेन्द्र खड्कासँग कुरा गर्ने मौका मिलेको थियो । उहाँहरूले मेरो कुरा सुन्नेबित्तिकै मलाई थप जानकारी खोज्न र किताब लेख्न हौसला दिनुभयो । भूपेन्द्रले किताब छाप्ने वचन दिनुभयो । जानकारी खोज्ने र बुझ्ने क्रममा ठूलठूला बाधा अड्चन आउँदा उहाँहरूको हौसलाले मलाई मैदानमा डटी रहन प्रेरित गऱ्यो ।

हिज्जेका लागि धातृप्रसाद सुवेदी, लेआउटका लागि उमेश काफ्ले र कभर डिजाइनका लागि सचिन यगोल श्रेष्ठप्रति आभारी छु ।

गम्भीर विषयमा लेख्नका लागि वातावरण मिलाइदिएकोमा मेरी पत्नी भीमा प्रसाईंको गुन कहिल्यै बिर्सन्नँ ।

विभिन्न सामग्रीबाट संकलन गरेका जानकारी रुजु गर्न सहयोग गरेकोमा र यस किताबमा राखिएका नक्शा बनाइदिएकोमा छोरा अरूण मैनालीलाई पनि धन्यवाद !

२०८० साल वैशाख वदि ९ रोज ६
(तदनुसार २०८० साल वैशाख १ गते शुक्रवार)
मुकाम हाँडीगाउँ, कान्तिपुर, शुभम् ।

दोस्रो संस्करणबारे

पहिलो संस्करणमा आफैंले भेटेका, पाठक/समीक्षकले औंल्याइदिनुभएका गल्ती सच्याएको छु । तिथिलाई गतेमा ढाल्न मैले एउटा वेबसाइटको सहयोग लिएको थिएँ । त्यो साइट अरूलाई उपयोगी हुन्छ जस्तो ठानेको थिइनँ । विद्वान् समीक्षक महेशराज पन्त र डा. त्रिरत्न मानन्धरले यो विधिबारे बताइदिंदा अरूलाई सहयोग पुग्छ भन्नुभएकाले त्यो साइट यहाँ उल्लेख गरेको छु :

https://www.drikpanchang.com/calendars/indian/indiancalendar.html?year=1814

यो किताब मन पराइदिनुहुने पाठकप्रति आभार !

२०८१ साल वैशाख १ गते

स्पष्टीकरण

तिथि-मिति

यो लडाइँका वेलामा लेखिएका चिठी र अन्य कागजपत्रमा विक्रम संवत्को तिथि राखिएको छ- जस्तै; संवत् १८७१ मार्ग वदि १२ रोज ५ । त्यसैगरी अंग्रेजले लेखेका चिठीमा ग्रेगोरियन पात्रोअनुसारको मिति राखिएको छ । यी दुवै अहिले हाम्रो चलनमा रहेको मिति लेख्ने तरीकाभन्दा फरक छन्- जस्तै; १८७१ साल मंसिर २५ गते । मैले यहाँ पाठकको सजिलाका लागि तिनलाई अहिले हामीले चलाउने पात्रोअनुसारका ढाँचामा बदलेको छु । एउटै गतेमा कहिलेकाहीँ दुईवटा तिथि पर्न सक्ने भएकाले यस क्रममा उल्लेख भएका गतेमा कतै-कतै एक दिन तलमाथि भएको हुन सक्छ । कति चिठीमा साल नलेखेर महीना, पक्ष, तिथि र वारमात्र लेखिएको छ । यस्ता ठाउँमा मैले कुन सालमा त्यो महीना, पक्ष, तिथि र वार मिल्छ अनि त्यो कुन प्रसंगको हो भन्ने कुरा हेरेर साल निर्धारण गरेको छु । यसमा तलमाथि भएजस्तो लाग्दैन ।

स्रोत उल्लेख गरेका फुटनोटमा चाहिँ मौलिक मिति फेर्दा पछि अरूले स्रोत फेला पार्न कठिन हुने भएकाले त्यति वेला लेखिएअनुसार नै राखेको छु ।

दूरी बताउन त्यति वेला अंग्रेजले माइल र नेपालीले कोसको उपयोग गर्ने गरेका थिए । मैले तिनलाई अहिले हाम्रोमा पनि प्रचलनमा रहेको किलोमिटरमा परिणत गरेको छु ।

उद्धरण चिह्न

उद्धरण चिह्नभित्र राखिएका सामग्री स्रोतमा जस्तो छ, त्यस्तै हुनुपर्छ । यस किताबमा प्रयोग भएका कतिपय स्रोतमा उल्लेख भएका कुरा सम्पादन नगर्दा बुझिँदैनथे । त्यसैले मैले धेरै ठाउँमा यसो गरेको छु । यस्ता वेलामा उद्धरण चिह्न राख्न नमिल्ने हो तर उद्धरण चिह्न नराख्दा स्रोतले बताएको जानकारी कुन हो र मैले बताएको जानकारी कुन हो भनी नछुट्टिने भयो ।

त्यसैले सम्पादन गरेका जानकारीलाई पनि उद्धरण चिह्नभित्र राखेको छु । त्यसैले यस किताबमा उद्धरण चिह्नभित्र राखिएका जानकारी स्रोतबाट लिएर जस्ताको तस्तै राखिएका हुन् भन्ने नठानिदिनुहोला । जस्ताको तस्तै सामग्री चाहिएमा तिनका स्रोत हेरिदिनुहोला ।

पुराना चिठीको अध्ययनमा बगेकाले यस पुस्तकको लेखाइको शैलीमा पनि कतै-कतै त्यसको छनक पसेको देखिन सक्छ । त्यसलाई अन्यथा नलिइदिनुहोला ।

ठाउँका नाम

यो किताब लेख्न म जुन-जुन सामग्रीमा भर परेको छु, ती सामग्रीमा एउटै ठाउँको नाम फरक-फरक किसिमले लेखिएको छ– जस्तै; कसैले झाम्टा लेखेका छन्, कसैले झामटा, कसैले जामटा । कसैले नाहान लेखेका छन् भने कसैले नहान । कसैले भिखाठोरी लेखेका छन्, त कसैले भिखाखोरी । कसैले 'नरहा' र कसैले 'नहरा' लेखेको ठाउँ एउटै हो जस्तो देखिन्छ । यस्ता ठाउँमा मैले सकेसम्म सहीजस्तो लागेको हिज्जे उपयोग गरेको छु । अहिले सल्यान र प्युठान भनिने ठाउँलाई त्यति वेला सल्याना र प्युठाना भनिँदो रहेछ । मैले अहिले चलनमा रहेको नाम चलाएको छु ।

नेपालको इतिहासमा देउथल भक्ति थापाले बहादुरीका साथ लडाइँ गरेर उनी ढलेको ठाउँ भनी चिनिन्छ । यो नाम गरेको ठाउँ छन त छ तर जुन ठाउँलाई देउथल भनिएको छ, त्यसभन्दा धेरै टाढा । भक्ति थापाले अन्तिम लडाइँ लडेको ठाउँको नाम लोहार भञ्ज्याङ हो । अंग्रेजले त्यहाँ हमला गर्न नक्शा बनाउँदा आफ्नो फौजको सजिलाका लागि मलाऊँ किल्लाछेउको एउटा ठाउँलाई देउथल दोस्रो र अर्को ठाउँलाई देउथल भनी संकेत दियो र आफ्ना लेखापढीमा यही काल्पनिक नाउँ चलायो ।[1] त्यसैले यो ठाउँ देउथल भनी प्रचार भयो । मैले यस ठाउँलाई लोहार भञ्ज्याङ नै भनेको छु । यतिञ्जेल देउथल भनी जानेका पाठकमा भ्रम पर्ला भनेर ब्राकेटमा कतै-कतै देउथल पनि लेखेको छु ।

शब्द, हिज्जे, वाक्य र अनुच्छेद

अंग्रेज सिपाहीले अंग्रेजी र नेपाली सिपाहीले नेपाली भाषामा लेखेका चिठी पढ्दा मलाई लाग्यो– ती चिठी लेखिएयताका २०८/२०९ वर्षमा अंग्रेजी भाषा उति फेरिएको रहेनछ । एकाध शब्दमात्र फेरिएका रहेछन् । त्यति वेला अलि लामा वाक्य लेखिँदा रहेछन् । अंग्रेजीको सामान्य ज्ञान भएका मानिसले ती चिठी सजिलै बुझ्छन्

---

1 Pemble, Page 276.

तर नेपाली भाषा त्यसयता आनका तान फरक भएको रहेछ : कतिपय शब्द आज प्रचलनमा छैनन्, कतिपय शब्दको हिज्जे फरक छ । वाक्य गठन अहिलेका हिसाबले हेर्दा अमिल्दा छन् । मैले कतिपय शब्दको हिज्जे अहिलेको प्रचलनअनुसार गरेको छु– जस्तै; त्यति वेला 'कवर' लेखिएकोमा 'कुँवर', 'षतृ' लेखिएकोमा 'खत्री' । त्यति वेला एउटा अपवादबाहेक सबैतिर 'ख' को सट्टा 'ष' लेखिँदो रहेछ । मैले अचेल 'ख' लेखिने सबै ठाउँमा 'ख' बनाएको छु । यति वेला 'होला' लेखिने ठाउँमा त्यति वेला 'हो' लेखिँदो रहेछ । 'गर्लान्' लेखिने ठाउँमा 'गर्नन' लेखिँदो रहेछ । जहाँ-जहाँ यस्ता 'शब्द'को अर्थ बुझ्न अप्ठ्यारो हुन्छ, त्यहाँ-त्यहाँ तिनलाई अहिलेको प्रचलनमा ढालेको छु । बुझिने ठाउँमा मौलिक स्वरूपमै छाडिदिएको छु ।

कतिले लेखेका चिठीमा पूर्णविराम र अर्धविराम चिह्न लगाउनुपर्ने ठाउँमा अस्पष्ट थोप्लो दिइएको छ । त्यस्तो थोप्लो अनावश्यक ठाउँमा पनि परेकाले त्यो पूर्णविराम वा अर्धविराम के हो भन्न नसकिँदो रहेछ । कतिले लेखेका चिठीमा थोप्लो पनि दिइएको छैन । विस्मयादिबोधक चिह्न प्रयोग गरिँदो रहेनछ । मैले अहिलेको प्रचलनअनुसार तिनको प्रयोग गरेको छु ।

त्यति वेलाको भाषा र लेखाइको स्वाद जान्न चाहने पाठकका लागि अनुसूचीमा एउटा चिठीको फोटो र त्यहाँ लेखिएका अक्षरको जस्ताको तस्तै उतार दिइएको छ ।

केही शब्द अहिलेका सन्दर्भमा अलि अनौठो लाग्ने गरी प्रयोग भएका छन्- जस्तै; कुइऱ्या र साहेब । त्यति वेला अंग्रेजलाई बुझाउन उपयोग गरिएको कुइऱ्या शब्द हियाउने गरी उपयोग भएको छैन । अनि साहेब शब्द आदरार्थीका रूपमा उपयोग भएको छैन । जोसँग लडाइँ परेको छ, उसलाई 'साहेब' भनिएकाले यो कुरा प्रष्ट हुन्छ । त्यसैले मैले यी दुई शब्दलाई मौलिक लेखाइकै भाव बुझाउने सन्दर्भमा उपयोग गरेको छु । तिनबाट अहिले ती शब्दले बुझाउने अर्थ नलगाइदिनुहोला ।

चिनियाँ अधिकारीहरूको नाम विभिन्न कागजमा फरक-फरक किसिमले लेखिएको छ । कुन सही हो भनी जाँच गर्न नसकेकाले स्रोतमा जस्तो थियो, त्यस्तै राखेको छु । यी नाम स्रोतमै पनि गलत लेखिएका हुन सक्छन् ।

कुराकानी

अंग्रेजले नेपालीसँग कुरा गर्न, पत्राचार गर्न र कागजात अनुवाद गर्न दोभाषे राखेका थिए । कीर्ति राना र फ्रेजरका बीचमा पनि यस्तै दोभाषेमार्फत कुरा भएको हुनसक्छ ।

एउटै नामका दुई मान्छे

यस पुस्तकमा फरक व्यक्ति र फरक ठाउँका केही नाम एउटै जस्ता लाग्छन् । तिनमा नझुक्किनुहोला ।

दुई जना अमरसिंह थापा : एक जना नेपालको सुदूरपश्चिम मोर्चा सम्हालेका बुढाकाजी हुन् । उनी लडाइँका वेला नेपाल दरबारमा रहेका रणध्वज थापाका बाबु हुन् । अर्का अमरसिंह थापाले चाहिँ पाल्पाको कमान्ड सम्हालेका थिए । उनी भीमसेन थापाका बाबु हुन् । लडाइँको मुखैमा उनको मृत्यु भयो । उनलाई धेरैले जर्नेल सम्बोधन गर्थे ।

दुई जना फ्रेजर : जेम्स बेइली फ्रेजर र विलियम फ्रेजर । विलियम फ्रेजर लडाइँका वेला सतलज नदीभन्दा पूर्व राजनीतिक परिचालनका काममा खटिएका थिए । त्यहाँ तैनाथ गोर्खालीसम्बन्धी जानकारी बटुल्नु, त्यहाँका मानिसलाई गोर्खाली विरुद्ध उक्साउनु र म्यादी फौज खडा गर्नु उनको काम थियो ।

विलियमका दाजु जेम्स बेइली फ्रेजर लेखक तथा कलाकार हुन् । लडाइँका वेला यिनले आफ्ना भाइ विलियमसँगै लडाइँ भएको ठाउँ र लडाइँपछि पश्चिम हिमालयको भ्रमण गरेका थिए ।

दुई जना गार्डनर : एडवार्ड गार्डनर र लेफ्टिनेन्ट कर्णेल विलियम गार्डनर । दिल्ली रेजिडेन्सीका द्वितीय सचिव एडवार्ड गार्डनरलाई कुमाऊँमा बम शाह विरुद्ध राजनीतिक परिचालन गर्न खटाइएको थियो । लेफ्टिनेन्ट कर्णेल विलियम गार्डनरलाई चाहिँ म्यादी फौजको नेतृत्व गरी कुमाऊँ कब्जा गर्न खटाइएको थियो । नेपाली कमान्डरहरूले यी दुई गार्डनर दाजुभाइ भएको उल्लेख गरेका छन् । जोन पेम्बलका अनुसार यी दाजुभाइका छोरा हुन् । एडवार्ड गार्डनर सुगौली सन्धिपछि पहिलो बेलायती रेजिडेन्टका रूपमा काठमाडौं आए ।

दुई जना ऊड : जोन सलिभन ऊड र जर्ज ऊड । जोन सलिभन ऊड बुटवल र पाल्पा हान्न खटिएका मेजर जेनरल हुन् । मेजर जेनरल जर्ज ऊडचाहिँ पर्साको बाटो काठमाडौं हमला गर्ने जिम्मा पाएका मेजर जेनरल बी. मार्ली असफल भएपछि उनका ठाउँमा खटिएका कमान्डर हुन् । नेपालीमा लेखिएका केही दस्तावेजमा यिनलाई जोन सलिभन ऊडका भाइ भनिएको भए पनि अंग्रेजी दस्तावेजमा यी दुई जना नातेदार होइनन् भनेर प्रष्ट लेखिएको छ ।

दुईवटा श्रीनगर : एउटा श्रीनगर पाल्पाको हो भने अर्को श्रीनगर गढवालको । पाल्पाको श्रीनगरका अगाडि जहिले पनि पाल्पा लेखिएको छ । पाल्पा नलेखिएको श्रीनगर गढवालको हो ।

मान्छे उही, नाम/पदवी दुई : यी नाम/पदवीचाहिँ एकै जनाका हुन् : लर्ड मोइरा र मक्विस अफ हेस्टिङ्स । गर्भनर जेनरल लर्ड मोइरालाई सन् १८१७ मा मक्विस अफ हेस्टिङ्स बनाइयो ।

झुक्याउने नाम : नुवाकोट । यस किताबमा उल्लेख भएको नुवाकोट काठमाडौँसँग सिमाना जोडिएको नुवाकोट होइन । यो बुटवलभन्दा माथिको नुवाकोट हो ।

नयाँ नाम : यस किताबमा नेपाल भन्नाले जुन देशलाई इंगित गरिएको छ, त्यसलाई त्यति वेला राजा, चौतरिया, भारदार, काजी र कम्पनीहरूले गोरखा भन्ने गर्थे । अंग्रेजले गोरखा र नेपाल दुवै चलाउँथे । पाठकलाई सजिलो होस् भनेर मैले नेपाल चलाएको छु ।

वैरीको फौज र मृतकको संख्या : दुवै पक्षले उल्लेख गरेको वैरीको फौज र मृतको संख्या सामान्यतया सही छैन । फौजको संख्या कतै बढी र कतै कम उल्लेख छ भने वैरीका मृतकको संख्या बढी उल्लेख छ ।

सन्दर्भ सामग्री र फुटनोट

बारम्बार दोहोरिने स्रोतको नाम पूरै लेख्दा धेरै ठाउँ खाने भएकाले स्रोतको छोटकरी रूप उपयोग गरेको छु- जस्तै; कुनै चिठीको स्रोत उल्लेख गर्दा 'डीएनए १/४५, राष्ट्रिय अभिलेखालय, ऐतिहासिक पत्र संग्रह' भन्नुको साटो 'डीएनए १/४५' मात्र भनेको छु ।

छोटकरी रूप उपयोग गरिएका स्रोत र तिनको पूरा रूप/नाम यस प्रकार छन् :

डीएनए	राष्ट्रिय अभिलेखालय, ऐतिहासिक पत्र संग्रह, डीएनए ।
पोका/महत्त्वपूर्ण पोका	परराष्ट्र मन्त्रालयका कागज, राष्ट्रिय अभिलेखालय, पोका/महत्त्वपूर्ण पोका ।
१ सी.	सार्वजनिक नभएका परराष्ट्र मन्त्रालयका कागजपत्र, राष्ट्रिय अभिलेखालय ।
क्याटलग	सार्वजनिक नभएका परराष्ट्रका कागजपत्र, राष्ट्रिय अभिलेखालय, १ सी. ४३७ । (यो विभिन्न पत्रहरूको क्याटलग हो । यसमा विभिन्न समयमा लेखिएका चिठीहरूको सार खिचिएको छ ।)
Nepal Papers	Papers Respecting Nepaul War.
Pakistan Papers	राष्ट्रिय अभिलेखालय, पाकिस्तानबाट प्राप्त ऐतिहासिक कागजपत्रका प्रतिलिपि ।
अहिमान, १ सी. ४४१	अंग्रेजसित लडाइँ भयाको हाल, काँगडाबाट अहिमान सिंह अधिकारीले लेखेको (यो चिठी होइन, बयान वा

टिपोट होजस्तो छ । त्यसैले यसमा सम्बोधन छैन । मिति पनि उल्लेख छैन । लडाइँ शुरू भएदेखि अन्त्यसम्मका कुरा परेकाले यो लडाइँपछि लेखिएको हुनुपर्छ ।)

फुटनोट दिँदा स्रोतको छोटकरी रूप दिएर त्यसको पूरा नाम सन्दर्भ सामग्रीमा दिने नियम छ- जस्तै; सूर्यविक्रम ज्ञवाली २०००:१५-२० । एक जना लेखकले लेखेको एउटामात्र किताब उपयोग गरेका ठाउँमा मैले स्रोतमा लेखकको नाम उल्लेख गर्दा पाठकले फलानो किताब भनेर सजिलै सम्झनुहुन्छ । त्यसैले एउटामात्र किताबबाट जानकारी लिएका लेखकका किताबका हकमा यही नियम पालना गरेको छु । दुईवटा किताबबाट जानकारी लिएका ठाउँमा किताबको नामसमेत लेखेको छु । लेखका हकमा अलि फरक तरीका अपनाएको छु । एक जना लेखकका धेरैवटा लेखबाट जानकारी लिएको छु । यस्तो अवस्थामा माथिको नियम पालना गर्दा जानकारीको स्रोत पत्ता लगाउन दुई ठाउँमा हेर्नुपर्छ । यो झन्झट पाठकलाई नपरोस् भनेर लेखका सन्दर्भमा स्थापित नियम (त्यो नियम धेरै विचार गरेर बनाइएको हो भन्ने जान्दाजान्दै पनि) तोडेर फुटनोटमै सबै जानकारी दिएको छु ।

विशिष्ट शब्द र तिनको अर्थ : त्यस वेलाका चिठी र कागजपत्रमा रहेका हाल अप्रचलित/कम प्रचलित/बेग्लै अर्थमा प्रचलित शब्द कतैकतै जस्ताको तस्तै राखेको छु । तिनको अर्थ अनुसूचीमा दिएको छु । कतिपय शब्दको अर्थ प्रसंगले बुझिने भएकाले तिनलाई यो सूचीमा समावेश गरिएको छैन ।

विषयक्रम

लेखकीय	अ
दोस्रो संस्करणबारे	ऊ
स्पष्टीकरण	ए
पहिलो मुठभेडमा अंग्रेजको लज्जास्पद हार !	१
दुई शक्तिको जम्काभेट र लडाइँको निहुँ	९
अंग्रेज सुरियो !	२१
नेपालको तयारी	२७
नालापानीमा नेपालीको हार	३५
किल्ला छाडे पनि	५१
अक्टरलोनी सुस्ताए	५९
झाम्टामा पनि अंग्रेजको हार	६५
बुटवल : अंग्रेजको अझ अर्को पराजय	७३
काठमाडौं ताक्दा अंग्रेजको बेहाल	८५
झाम्टामा फेरि घम्साघम्सी	९९
भक्ति ढले	१०७
भक्ति थापा : वीर हुन्, वीर होइनन्	११९
कुमाऊँ गयो	१३३
अमरसिंह पनि हारे	१५१
कीर्ति रानाको कीर्ति	१६५
गुहार गएन, गढी गुम्यो	१७३
अंग्रेजलाई अर्को असफलता	१७७
खर्च न बर्च !	१८३
उत्तरको बादशाहमाथि निरर्थक भरोसा	१९१
सुलह प्रयास	१९९
निर्णायक लडाइँको तयारी	२१७
अन्तिम लडाइँ	२२५
थानकोटमा गारन, दरबारमा आतंक	२४३
उत्तरी बादशाहले झम्टियो	२४७
टुंग्याउनी	२५३
अनुसूची	२७३
अनुक्रमणिका	२८०

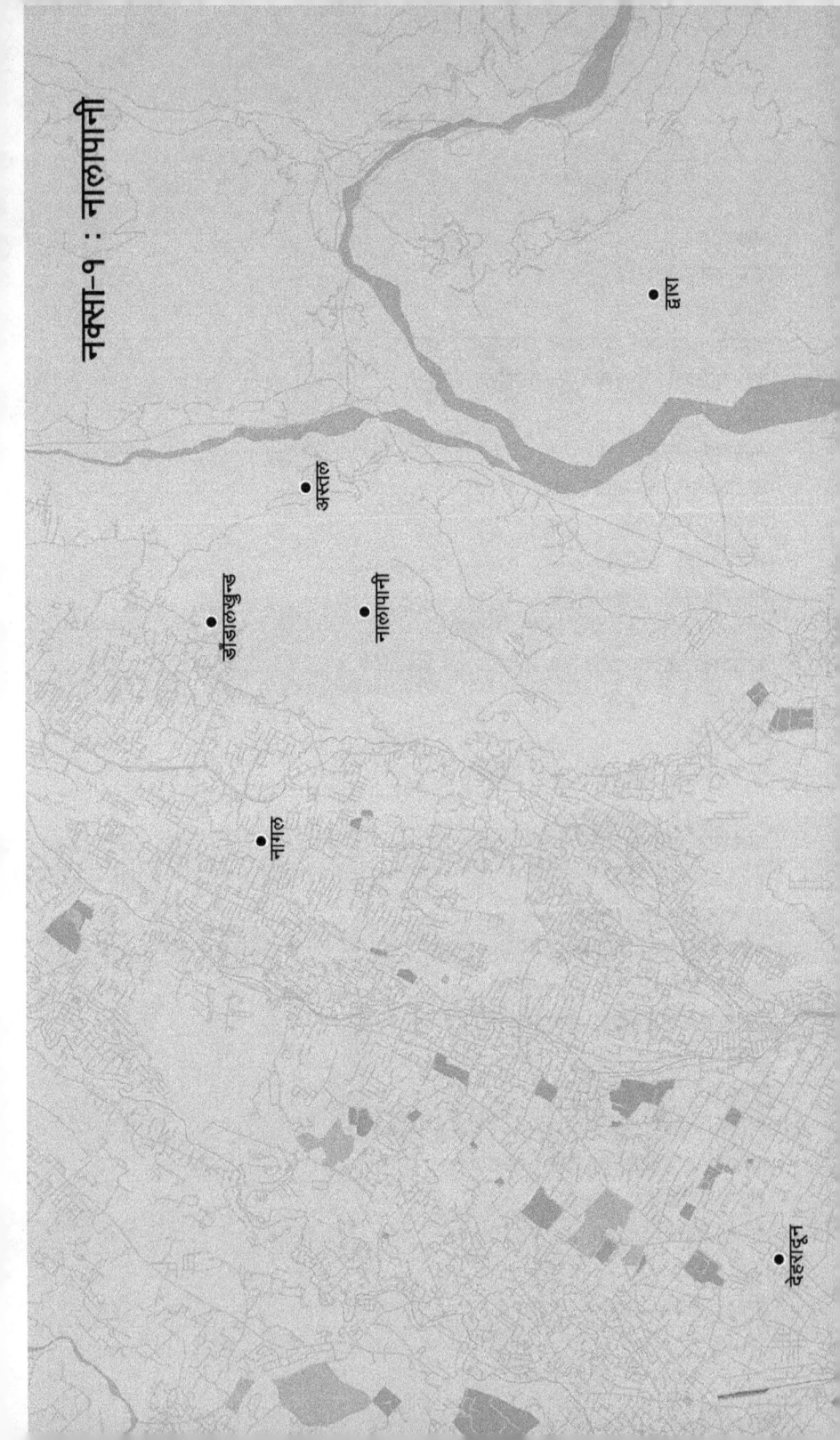

नक्सा–१ : नालापानी
डाँडालखुन्ड
नागल
अस्तल
नालापानी
द्वारा
देहरादून

पहिलो मुठभेडमा अंग्रेजको लज्जास्पद हार !

उहिल्यै, संवत् १८७१ सालको कात्तिक महीना ।

देहरादून ~~भारत~~ नेपाल ।

अंग्रेजले नेपालमाथि हमला गर्न छानेको पहिलो ठाउँ नालापानी किल्ला थियो । यसका लागि मेजर जेनरल रबर्ट रोलो जिलेस्पीको डिभिजनलाई खटाइएको थियो । उनको डिभिजनको फौज मेरठबाट हिंडेर सहारनपुरमा भेला भयो । जिलेस्पीले नालापानी किल्ला कब्जा गर्न कर्णेल एस. मबी र लेफ्टिनेन्ट कर्णेल जी. कार्पेन्टरलाई खटाए । कार्पेन्टरले नेतृत्व गरेको अग्रिम टुकडीले १८७१ साल कात्तिकको पहिलो हप्ता ६ गते साँझ देहरादून जाने एउटा भञ्ज्याङमा कब्जा जमायो ।[1] लडाइँको पहिलो पाइलामा सफलता मिलेको भनेर गभर्नर जेनरल लर्ड मोइराले आफ्नो फौजलाई बधाई दिए ।[2]

यस्तैगरी, कर्णेल मबीको नेतृत्वमा रहेको टुकडी पनि सोही समयमा देहरादून पस्ने अर्को भञ्ज्याङ पुग्यो । त्यसको भोलिपल्ट लेफ्टिनेन्ट कर्णेल कार्पेन्टरको नेतृत्वको टुकडी देहरादून बास बस्न पुग्यो । कर्णेल मबीको टुकडीले देहरादूनको मुख्य शहर देहरामा कात्तिक ८ गते कब्जा जमायो ।[3] त्यहाँबाट चरा उडेझैं सोझो उड्दा नालापानी चार किलोमिटरजति मात्र टाढा थियो ।

त्यहाँसम्मको यात्राबारे अंग्रेज सैनिक हेनरी शेरऊडले लेखेका छन् :

> *हाम्रो यात्रा हिमालयतिरको थियो । अभियान थियो नेपाली विरुद्धको । पहाडी कबीला नेपालीले मैदानका मानिसलाई बारम्बार आक्रमण गर्ने गरेका थिए । हाम्रो फौज आएको थाहा पाए भने वैरी तयार हुन पाउँछन् भनेर हाम्रा गतिविधिलाई सकेसम्म गोप्य राखिएको थियो ।*

---

1 Letter to John Adam from G. H. Fagan, 27th October 1814, Nepal Papers, Page 435.
2 Letter to John Monckton from J. Adam, 27th October 1814, Nepal Papers, Page 435.
3 Letter to J. Adam from G.H. Fagan, 3d November 1814, Nepal Papers, Page 435-36.

...(देहरा पुगेर) म सुतें । ब्युझँदा मैले थाहा पाएँ– हामीले लडाइँ लड्नुपर्ने सेना हाम्रासामुन्नेको अग्लो पहाडमा किल्ला जमाएर बसेको रहेछ । भोलिपल्ट उज्यालोमा त्यो (नालापानी) किल्ला भव्य देखियो । अग्लो ठाउँमा रहेकाले त्यो जत्रो थियो त्यसभन्दा धेरै सानो देखिएको थियो । त्यो किल्ला भर्खरै बनाइएको थियो । प्रकृतिले त्यसलाई बलियो बनाइदिएको थियो ।[४]

अंग्रेजले पश्चिम मुहुडामा नेपाली विरुद्ध सैन्य परिचालन गरेका वेलामा बुढाकाजी अमरसिंह थापाको मुकाम नालापानीभन्दा पश्चिम अर्की भन्ने ठाउँमा थियो । त्यहाँ बुढाकाजी अमरसिंह थापा, काजी जसपाउ थापा, काजी रणदीप बस्न्यात, काजी अजम्बर पंथ, कप्तान भक्ति थापा, सरदार बालसुन्दर थापासमेत, सुबेदार, जम्दार, हुद्दा, सिपाही गरी ठूलो लश्कर थियो ।

यस्तैमा अर्कीभन्दा ६० किलोमिटरजति दक्षिण-पूर्वमा पर्ने नालागढ र दूनमा अंग्रेज फौज आइपुग्यो भन्ने खबर अमरसिंहकहाँ पुग्यो । नालागढको लश्कर ठूलो छ भनेकाले बुढाकाजी अमरसिंह थापा, काजी अजम्बर पंथ, कप्तान भक्ति थापा, कहलुरको शिवदत्त राई धावा गरी हंडुरको जेउन्यागढीमा दाखिल भए ।

कात्तिक ९ गते काजी जसपाउ थापा र काजी रणदीप बस्न्यात दशैंको टीकाको साइत गरी आ-आफ्ना तैनाथीका कम्पनी साथ लिएर नालापानीतिर हिंडे । काजी रणदीप सुबेदार चामु बस्न्यात, वरख गणको एक पट्टी, कृष्णदल कम्पनीको एक पट्टी, शार्दूलजङ्को एक पट्टी र गोरखको चार पट्टी लिएर नालापानी गए । नाहानमा आफ्नो फौज पातलो छ भनी काजी जसपाउ थापा नाहानै बसे ।[५]

कर्णेल मबीले कात्तिक १० गते बिहान साढे ८ बजेतिर नालापानीमा हमला गरे । झन्डै पाँच घण्टा चलेको त्यस लडाइँमा अंग्रेजको हार भयो ।[६] त्यस दिन अंग्रेजका नौ जना सैनिक मारिए । नेपालीतर्फ दुई जना घाइते भए । पहिले कर्णेल मबीलाई नालापानीमा आकस्मिक हमला गरेर नेपालीलाई त्यहाँबाट भगाउन सकिन्छ भन्ने लागेको थियो तर यो हमला असफल भएपछि उनलाई आफूसँग भएको फौज र खरखजानाका भरमा नालापानी हान्न नसकिने रहेछ भन्ने लाग्यो । उनले नालापानीमा तत्काल अर्को हमला गर्ने योजना त्यागे । शक्तिशाली तोप चाहिने भए तोप आई नपुगीकन हमला नगर्नू भन्ने निर्देशन उनलाई पहिले नै दिइएको थियो । उनी छ पाउन्डको गोला खाने

4 Kelly, Page 437.

५ अहिमान, १ सी. ४४१ ।

६ बलभद्र कुँवर, रिपुमर्दन थापा, गंजसिंह थापा, दलजित कुँवर र दयाराम खड्काले कात्तिक वदि ६ रोज ५ मा मुकाम नालापानीबाट चढाएको अर्जी, १ सी. ४४६, पाना १२ को दोस्रो पत्र ।

तोपलाई नालापानी किल्लानजीक पुऱ्याउन पहाड चढाउने उपाय खोज्न र तोपवालाहरूको संयुक्त फौज बनाउन थाले ।

कार्पेन्टरको नेतृत्वमा रहेको अग्रिम टुकडी कात्तिक १४ गते राति देहरामा रहेको कर्णेल मबीको टुकडीमा शामेल भयो ।

नालापानी हान्न पठाएको फौजको कमान्ड मेजर जेनरल जिलेस्पीले गरेका थिए । उनलाई मबीले देहरा पुग्नेबित्तिकै नालापानीलाई ध्वस्त पार्छन् भन्ने लागेको थियो । उनी मबीको फौजले नालापानी किल्ला ध्वस्त पारिसकेर त्यसभन्दा पश्चिममा बसेको नेपाली फौजमाथि हमला गरेको खबर सुन्न आतुर थिए तर देहराभन्दा २१ किलोमिटर टाढा पर्ने सैसपुर आइपुगेका वेला उनले कर्णेल मबीले नालापानीमा हार खाएको खबर सुने । त्यसपछि नालापानी किल्ला हान्न उनी आफैं कस्सिए, देहरातिर हिंडे ।

देहरा पुगेर उनले नालापानीमा हमला गर्न चार जना फील्ड अफिसर, आठ जना क्याप्टेन, ४० जना सबार्ल्टनसमेत १,५९६ जनाको फौज खटाए, ९०३ जना सैनिकलाई जगेडा राखे । पछि जगेडा फौजलाई पनि हमला गर्न खटाए । यस कामका लागि साढे पाँच इन्चका हाउविट्सर दुईवटा, १२ पाउन्डका गोला खाने दुईवटा र छ पाउन्डका गोला खाने चारवटा तोप, साढे पाँच इन्च मोर्टार दुईवटा र बटालियनका बन्दुक तम्तयार राखे ।

नालापानी किल्लामा आक्रमण गर्न मेजर जेनरल जिलेस्पीले कात्तिक १५ गते फौजलाई चार पंक्तिमा विभाजन गरे । उनको निर्देशनअनुसार लेफ्टिनेन्ट कर्णेल कार्पेन्टर र मेजर लुड्लो कात्तिक १६ गते अपराह्न ३:३० बजे फौज लिएर शिविरबाट हिंडे । उनीहरू नालापानी किल्लाभन्दा तलको टार कब्जा गरेर बसे । त्यहाँबाट नालापानी किल्ला ५५० मिटरजति मात्र टाढा थियो । नेपाली सेनाले यसको प्रतिरोध गरेन । त्यस रात अंग्रेज तोपचीले त्यहाँ तोप खडा गरे । उनीहरू तोपले नालापानी किल्लामा हमला गर्न तयार भए ।[७]

मेजर केली, क्याप्टेन फास्ट र क्याम्पबेल कात्तिक १७ गते बिहान झिसमिसे हुनुभन्दा अघि २/३ बजे तीनतिरबाट नालापानी किल्लातिर अघि बढे । टारमा बसेको क्याम्पले दुईपटक तोप पड्काएको दुई घण्टापछि एकैपटक हमला गर्ने आदेश उनीहरूलाई दिइएको थियो । टारमा अघिल्लो रात बास बसेको पैदल फौजलाई पनि यस्तै आदेश दिइएको थियो ।

7 Letter to Lieutenant-Colonel Fagan from Sebright Mawbey, 1st November 1814, Nepal Papers, Page 438- 440.

बिहान ८ बजेतिर टारमा बसेको फौजले तोप पड्कायो ।[८] कर्णेल कार्पेन्टर र मेजर लुड्लोको फौज पनि नालापानी किल्लामा हमला गर्न टारबाट निर्धारित समयमा अघि बढ्यो । यो फौजले नालापानीतिर जाने बाटोमा नेपाली फौजले बनाएका रक्षा चौकी ठूलो बहादुरीका साथ पार गऱ्यो । त्यसपछि त्यो फौज वैरी पस्न नपाऊन् भनी चारैतिर पर्खाल लगाएर घेरिएको नालापानी किल्लाको फेदमा पुग्यो । किल्लाभित्र पस्ने ढोका एउटामात्र देखिन्थ्यो । त्यसको पर्खालभित्र अर्को पर्खाल खडा गरिएको थियो ।

किल्लाको फेदमा पुगेको अंग्रेज फौजले त्यहाँ नेपाली फौजको ठूलो शक्तिको सामना गर्नुपऱ्यो । अंग्रेजलाई त्यति वेला नालापानीमा बसेको नेपाली फौज अजेय शक्ति रहेछजस्तो लाग्यो । बाहिरी रक्षा चौकी र नालापानी किल्लाका बीचमा अंग्रेजका धेरै अफिसर र जवान मारिए, घाइते भए । त्यसपछि अंग्रेज फौज अघि बढ्न सकेन ।

तीनतिरबाट किल्लामा हमला गर्न राति नै अघि बढेका बाँकी टोलीको चालचुल थिएन ।

टारको क्याम्पबाट पहिलो पंक्ति हिंडेको केही समयपछि अरू तीनवटा कम्पनीलाई माथि उक्लन आदेश दिइयो । यी कम्पनी टारको क्याम्पमा पुग्नुअघि नै माथि पुगेको फौज फर्कन बाध्य भएको थियो । उसले आफूभन्दा पछि आउँदै गरेका कम्पनीलाई आफू फर्कन लागेको कुराको संकेत दिनसमेत भ्याएन ।

जेनरल जिलेस्पी आफूसँग रहेको सानो फौज र छ पाउन्डका गोला खाने दुईवटा तोप लिएर किल्लामा हमला गर्न अघि बढे । उनले हमला गर्न दुईपटक प्रयास गरे । दुवैपटक असफल भए तैपनि हार मानेनन् । उनी किल्लाको ढोकाबाट २७ मिटरमात्रै टाढा उभिएर किल्लामा वीरतापूर्वक हमला गर्न आफ्ना जवानलाई हौस्याउन थाले ।

मध्याह्नतिर अंग्रेजको हिन्दुस्तानी क्याभलरी अफिसर दौडिंदै ओरालो झऱ्यो । तल, फौज बसेको ठाउँ आइपुगेर ऊ आत्तिएर करायो– “जेनरल जिलेस्पी मारिए । हाम्रो हमला असफल भयो ।” किल्लामा हमला गर्न आफ्ना जवानहरूलाई हौस्याइरहेका वेला नेपाली फौजले हानेको गोली जिलेस्पीको छातीमा लागेछ । उनी ढलेछन् । उनको प्राण ठाउँको ठाउँ गएछ ।

जेनरल जिलेस्पी ढलेका वेलामा उनीवरपर केही अफिसरबाहेक अरू कोही पनि रहेनछन् । उनका छेउमा रहेका मेजर लुड्लोले हमला रोक्न आफ्नो फौजलाई आदेश दिएछन् । एकैछिनपछि अंग्रेज फौजका घाइते सिपाहीहरू तल

8 Letter to Lieutenant-Colonel Fagan from Sebright Mawbey, 1st November 1814, Nepal Papers, Page 438- 440.

झरे । उनीहरूले आफूमाथि भयंकर ठूलो हमला भएको बताए । तिनले त्यस दिनको लडाइँमा आफ्ना झन्डै ५०० सैनिक मारिएको अनुमान गरे ।[९]

त्यस लडाइँमा नेपालका ३३ जना सैनिक मारिए, ६९ जना घायल भए ।[१०]

अंग्रेज फौजमा शुरूमा छाएको उत्साह घट्यो । उनीहरूमा निराशा छायो ।

त्यस दिन चारैतिरबाट एकैपटक हमला गर्न खटाइएकामध्ये तीनतिर खटिएका मेजर केली, क्याप्टेन फास्ट र क्याप्टेन क्याम्पबेल केही नगरी चुपचाप बसेछन् । टारमा रहेको क्याम्पले हमला गर्ने समयको जानकारी दिन दुईपटक तोप पड्काएको आवाज उनीहरूले सुन्दै सुनेनछन् ।

यति वेला अंग्रेज फौजसँग गर्व गर्न लायक कुरा एउटै थियो- नालापानी हमला गर्न खटिएको आफ्नो फौजले देखाएको दृढता र वीरता । जिलेस्पीको मृत्युपछि अंग्रेज फौजको नेतृत्व सम्हालेका कर्णेल मबीले आफ्नो फौजको दृढता र वीरताप्रति 'सर्वोच्च सन्तुष्टि' व्यक्त गरे ।

यो हमला असफल भएकै दिन कर्णेल मबीले नालापानी किल्लासामुन्नेको छाउनीबाट आफ्ना कमान्डरलाई यस्तो रिपोर्ट दिए :

> *दूनको फौज हाँकी रहेका हाम्रा बहादुर र सुयोग्य अफिसर जेनरल जिलेस्पीको दुःखदायी मृत्युले गर्दा आज बिहान भएको खलङ्गाको असफल आक्रमणको विवरण पेश गर्ने जिम्मा मलाई आई लागेको छ । आक्रमणको अग्रिम मोर्चामा रहेका वेला हाम्रा बहादुर लीडर जिलेस्पी मारिए ।*
>
> *आज हाम्रा अति धेरै सैनिक मारिए, घाइते भए । हामीलाई अत्यन्तै ठूलो क्षति भएको छ । सिपाहीका अनुपातमा अफिसरको क्षति बढी भएको छ । आज मृत्यु र घाइते भएकाहरूको विवरण आउन बाँकी छ । आज हाम्रा चार कोलममध्ये दुई कोलममात्र लडाइँमा शामेल थिए तैपनि मेरा अनुमानमा घाइते भएका र मारिएका हाम्रो फौजका मानिसको संख्या जोड्दा ४०० जति पुग्ला ।*[११]

यसको एक हप्तापछि सैनिक मुख्यालयका प्रमुख प्रशासक लेफ्टिनेन्ट कर्णेल जी. एच. फागनले "जेनरल जिलेस्पी र अरू बहादुर सैनिकको मृत्युबाट हाम्रा

9 Letter to Lieutenant-Colonel Fagan from Sebright Mawbey, 1st November 1814, Nepal Papers, Page, 438- 440.

१० बलभद्र कुँवर, रिपुमर्दन थापा, गंजसिंह थापा, दलजित कुँवर र दयाराम खड्काले १८७१ कात्तिक वदि ६ रोज ५ मा मुकाम नालापानीबाट लेखेको अर्जी, १ सी. ४४६, पाना १२ को दोस्रो पत्र ।

11 Letter to Lieutenant-Colonel Fagan from S. Mawbey, 31st Ocrober 1814, Nepal Papers, Page 437.

सम्राट् र देशलाई ठूलो क्षति पुगेको" महसूस गरे । उनले लेखे– "यस लडाइँमा होमिएका, आफ्नो विशिष्ट सेवा र अद्वितीय सैन्य कौशलले गर्दा माथि उठेका, आफ्नो योगदानले भारतमा बेलायतको नाम चम्काएका असाधारण र वीर अफिसर जिलेस्पीको मृत्यु र यो लडाइँमा भएको हारप्रति ठूलो अफसोस छ ।"[१२] जिलेस्पीको सम्मानमा 'उनको अहिलेको उमेरजति तोपको सलामी दिन र झण्डा आधा झुकाउन' सिफारिश गरियो ।[१३]

यस हारले अंग्रेजलाई धेरै किसिमले धक्का लाग्यो ।

पहिलो, यो लडाइँको नेतृत्व गर्ने जिलेस्पी चानेचुने सिपाही थिएनन् । यसअघि गरेका पराक्रमले गर्दा उनले भारत र बेलायतभर ख्याति कमाएका थिए । उनी बहादुर ठानिएका थिए । नयाँ-नयाँ अक्कल लगाएर अरूले जित्न नसक्ने लडाइँ जित्ने भनी उनको सुनाम फैलिएको थियो तर यहाँ उनले नेतृत्व गरेको लडाइँमा अंग्रेजको अकल्पनीय र लज्जास्पद हार भएको मात्र थिएन, जिलेस्पीजस्ता कुशल कमान्डरको ज्यानसमेत गएको थियो ।

दोस्रो, लडाइँ शुरू गर्नुभन्दा एक महीनाअघि, असोजको मध्यतिर अंग्रेजले नेपालमाथि चाँडै हमला गर्न लागेको छ भन्ने कुरा बुढाकाजी अमरसिंह थापाले थाहा पाइसके र उनी आफ्नो तयारीमा लागे भन्ने खबर अंग्रेजकहाँ पुग्यो । अंग्रेजलाई अमरसिंह नालापानीभन्दा पश्चिमको भाग छाडेर फौजसहित पूर्वतिर भाग्लान् भन्ने डर लाग्यो । त्यस्तो हुँदा अंग्रेजले लडाइँ नगरीकनै पश्चिमतिरको भूभागमा कब्जा जमाउन सक्थ्यो तर यस्तो सम्भावना देखेर अंग्रेज खुशी भएन । उसलाई अमरसिंह थापा र उनको फौज पूर्वतिर गएर आफूसँग लडिरहन्छन् भन्ने डर लाग्यो । त्यसैले अंग्रेज अमरसिंह थापालाई कुनै पनि हालतमा त्यहाँबाट पूर्व जान दिन चाहँदैनथ्यो ।[१४] सैनिक मुख्य प्रशासक फागनले असोज २२ गते पठाएको आदेश पाएपछि जिलेस्पीले नालापानीमा हमला गर्न हतार गर्नु परेको थियो । फागनले दिएको आदेशमा भनिएको थियो- "देहरा र नालापानी किल्ला कब्जा गर्न अत्यन्तै जरूरी भइसकेको छ । यो काम सकेसम्म चाँडो गर्नू । यसका लागि फौजलाई एकट्ठा गरेर लाँदा हुन्छ कि बाँडेर लाँदा हुन्छ, त्यो तिमी आफैंले विचार गर्नू । तिमीले त्यहाँ चाँडो र सफलतापूर्वक हमला गर्नुपर्छ ।"[१५]

12 Letter to John Adam from G. H. Fagan, 7th November 1814, Nepal Papers, Page 437.
13 Nepal Papers, Page 442.
14 Letter to C. T. Metcalfe from J. Adam, 5th October 1814, Nepal Papers, Page 75.
15 Letter to Major-General Gillespie from G. H. Fagan, 6th October 1814, Nepal Papers, Page 163.

तेस्रो, यो ठाउँ त्यस लडाइँका दृष्टिले अत्यन्तै महत्त्वपूर्ण थियो । यस बारेमा फागनले मेजर जेनरल जिलेस्पीलाई डेढ महीनाजति अघि भदौ ३० गते यसरी सम्झाएका थिए- "सतलजमा रहेको नेपाली फौज र नेपालको राजधानी काठमाडौं अनि बीच-बीचका सैन्य पोस्टबीचको सम्पर्क पहाडका खोंचका बाटो हुँदै हुन्छ । यस्ता बाटा अवरुद्ध गर्न सकियो भने त्यसभन्दा पश्चिममा रहेका नेपालीले पूर्वका काली, कुमाऊँलगायतका ठाउँका किल्ला र काठमाडौंसँग सम्पर्क गर्न कठिन हुन्छ । त्यसका लागि उनीहरूले हिमालयको बाटो आउजाउ गर्नुपर्छ । हिउँदमा कस्तै दह्रा सैनिक पनि त्यो बाटो हिंड्न सक्दैनन् । त्यसैले मूलबाटोमा पर्ने नालापानी समयमै कब्जा गर्नु अति नै जरूरी छ ।"[१६]

नालापानीभन्दा पश्चिममा पर्ने अर्की भन्ने ठाउँमा नेपालको ठूलो फौज बसेको थियो । त्यस फौजको नेतृत्व बहादुर र कुशल योद्धा बुढाकाजी अमरसिंह थापाले गरेका थिए । अंग्रेजले अमरसिंहसँग ५/६ हजारजतिको फौज होला भन्ने अनुमान गरेको थियो । नालापानी कब्जा गरेपछि अमरसिंहलाई पूर्वबाट चिठीपत्र र सहायता आउने उपाय हुँदैनथ्यो । उनले पनि चिठीपत्र पठाउन पाउँदैनथे । यसो भएपछि अमरसिंह शरीरबाट छुट्टिएको अंगजस्ता निरुपाय हुन पुग्थे ।[१७]

नालापानीको हारले गर्दा अंग्रेजको यो अभिलाषा पूरा भएन ।

नालापानीको लडाइँमा अंग्रेजलाई नराम्रोसँग हराएको उल्लासपूर्ण खबर छिटै काठमाडौं पुग्यो । त्यहाँबाट त्यो खबर नेपालभरका गढी किल्लामा पठाइयो ।

जिलेस्पी मारिएको लडाइँमा अंग्रेज फौजमाथि जाई लाग्न किल्लाबाहिर निस्कँदा नेपाली फौजका सुबेदारसमेत मारिएका थिए तर पनि त्यत्रो फौज र त्यत्रा हतियार लिएर हमला गर्न आएका अंग्रेजका ठूला अफिसरलगायत धेरैको ज्यान लिन र उनीहरूलाई हराउन सकेकाले नेपाली फौजलाई ठूलो हौसला मिलेको थियो । त्यहाँका कमान्डरहरूले काठमाडौं पठाएको रिपोर्टमा लेखेका छन्– "अघि कुइन्यासँग लडाइँ भै उनीहरूलाई हटायाको (धपाएको), अंग्रेजतर्फ आठ साहेब पऱ्याको विस्तार अघि नै गऱ्याका थिञ्यूँ । अहिले ऊ देहरादूनमा गई बसिरहेछ । उस दिनदेखि जोरी खोज्न आएको छैन ।"[१८]

***

16 Letter to Major-General Gillespie from G. H. Fagan, 13th September 1814, Nepal Papers, Page 122-126.

17 Letter to Major General Gillespie from G. H. Fagan, 24th October 1814, Nepal Papers, Page 179-181.

१८ बलभद्र कुँवर, रिपुमर्दन थापा र भद्रवीर थापाले १८७१ कात्तिक सुदि ३ रोज २ मा मुकाम नालापानीबाट चढाएको अर्जी, नालापानीको लडाइँ, महेशराज पन्त, पूर्णिमा वर्ष १ अंक ३, पेज ५८-७२ ।

आफूले यति महत्त्वपूर्ण ठानेको किल्ला कब्जा गर्ने अठोट अंग्रेजले यत्तिकैमा छाड्ने कुरा थिएन । नेपालीले आफ्नो किल्ला छाड्ने त झन् कुरै भएन । त्यसैले नालापानीमा घमासान लडाइँ हुने भयो । नेपालीले अलि-अलि बन्दुक, पत्थर, विष, काँडजस्ता हतियार जुटाउन खोजे ।[१९] अंग्रेजसँग चाहिएजति बन्दुक र गोली पहिल्यैदेखि छँदै थिए । त्यतिले नपुगेर ऊ अत्याधुनिक शक्तिशाली तोप जुटाउन लाग्यो । नेपाली फौज सानो थियो । अंग्रेजसँग चाहिएजति फौज थियो ।

असमान शक्ति भएका यी दुई फौजबीच कस्तो लडाइँ भयो होला, सोको हाल कहनुभन्दा पहिले म हालको मध्यनेपालको, त्यति वेलाको भुरे-टाकुरे राज्य गोर्खा र पूर्वमा व्यापार गर्न खोलिएको ब्रिटिश संस्था ईस्ट इन्डिया कम्पनीका बीचमा लडाइँ हुने अवस्था कसरी सिर्जना भयो भन्नेबारेमा यसपछिको अध्यायमा केही बताउँछु ।

---

१९ चौतरिया बम शाहले १८७१ कात्तिक सुदि १ रोज ७ मा अल्मोडाबाट पठाएको अर्जी, डीएनए २/१९ ।

दुई शक्तिको जम्काभेट र लडाइँको निहुँ

यो लडाइँ नालापानीमा शुरू भएको भए पनि यहाँ लड्ने दुवै शक्ति यस ठाउँका रैथाने थिएनन् । ईस्ट इन्डिया कम्पनीको उत्पत्ति यहाँभन्दा धेरै पश्चिम बेलायतमा भएको थियो भने अर्को शक्ति नेपालको उद्गम स्थल मध्यहिमालयको सानो पहाडी राज्य गोर्खा थियो । यी दुईले आफ्नो आधिपत्य विस्तार गर्दै जाँदा उनीहरू आपसमा जोरिन पुगे ।

ईस्ट इन्डिया कम्पनी पूर्वका देशहरूमा कपास, रेशम, नीर आदि वस्तुको व्यापार गर्न संवत् १६५७ तिर बेलायतमा स्थापना भएको थियो । १६६५ सालमा त्यस कम्पनीको जहाजका पहिलो कमान्डर विलियम हकिन्स दक्षिण भारतको गुजरातको सूरत शहरमा आइपुगे । त्यहाँबाट उनी आगरा गए, जहाँ उनलाई मुगल बादशाहले स्वागत गरे । त्यसको चार वर्षमा कम्पनीले हिन्दुस्तानको आफ्नो पहिलो कोठी सूरतमा स्थापना गऱ्यो । १७०० सालसम्ममा उसले बंगाल र मद्रासमा पनि आफ्ना कोठी खोलिसकेको थियो ।

चाँडै यो कम्पनीले व्यापारबाट आफ्ना हात फैलाएर हिन्दुस्तानको शासनसम्म पुऱ्यायो । अंग्रेज हिन्दुस्तान आउनुअघि त्यहाँका केही ठाउँमा पोर्चुगिज, डच र फ्रेन्चको साम्राज्य थियो । १८०८ सालसम्ममा कम्पनीले बम्बई, महाराष्ट्र र उडिसाभन्दा दक्षिणको भूभागका नवाबहरूलाई आफूमा आश्रित बनाइसकेको थियो ।

यस्तै वेलामा १७९९ सालमा सानो पहाडे राज्य गोर्खाको गद्दीमा बसेका पृथ्वीनारायण शाहले आफ्नो राज्य फैलाउने मनसुबा लिएर नुवाकोट विजय गरे । पृथ्वीनारायणले पलाञ्चोक, सिन्धुली र मकवानपुर जितेर तीन शहर नेपाललाई घेराबन्दी गरेका वेलामा अंग्रेजले बंगालमा प्लासीको लडाइँ लड्यो । त्यस लडाइँमा बंगालका नवाब सिराजुद्दौलालाई हराएर मीरजाफरलाई गद्दीमा बसायो । यसबापत मीरजाफरले अंग्रेजलाई २४ प्रगन्ना र एक करोड रुपियाँ दान दिए । त्यसपछि बंगालमा हिन्दुस्तानी र अंग्रेजको संयुक्त शासन चल्न थाल्यो । १८२९ सालसम्ममा अंग्रेजले बंगालमा हिन्दुस्तानी शासकलाई हटाएर एकलौटी शासन गर्न थाल्यो ।

यसबीच धेरैपटकको प्रयासपछि पृथ्वीनारायण शाहले काठमाडौं उपत्यका जिते । उनले आफ्नो सिमाना दक्षिणमा पर्सादेखि मोरङसम्म, पूर्वमा अरुण नदी र पश्चिममा मर्स्याङ्दी, चेपेसम्म फैलाए । पृथ्वीनारायण शाहको मृत्युपछि पनि गोर्खाको विस्तार रोकिएन । १८४० सालसम्ममा गोर्खा राज्य पूर्वमा टिस्टासम्म फैलिइसकेको थियो ।

पश्चिमतिर कतै मित्रता गाँसेर र कतै लामो समय लडाइँ लडेर गोर्खालीले आफ्नो सिमाना महाकाली पुऱ्याए । त्यसपछि अमरसिंह थापाको नेतृत्वमा कुमाऊँ पसे । धेरै ठूलो बाधा विरोध खप्न नपरीकन उनीहरूले १८४७ सालमा कुमाऊँ हात लिए । त्यसपछि गढवाल जित्न १८६१ सालसम्म लड्नुपऱ्यो । १८६३ सालमा गोर्खाले त्यसभन्दा पश्चिमका १२ र १८ ठकुराईलाई हरायो । यसो गर्दा गोर्खाले महाकालीभन्दा वारिका आफूबाहेकका ६६ वटासमेत[1] ८५ वटा राज्य र तिनका राजा रजौटालाई आफूमा विलय गरिसकेको थियो ।[2] गोर्खा राज्यको सिमाना सतलजसम्म पुऱ्याएर कश्मिरका राजालाई गोर्खा र कश्मिरको साँध-सिमाना छुटयाऊँ भन्न सक्ने भएको थियो । गोर्खाले यसो भन्दा कश्मिरका राजाका प्रतिनिधिले भन्नुपरेको थियो– "जौना जग्गामा दुवैतिरको दोस्ती हुन्छ, लाल अक्षरले लेखी येही छाप लाग्छ ।"[3]

आफूले जितेका ठाउँमा गोर्खाको निर्विघ्न शासन चल्थ्यो । आफूले भनेबमोजिमको कर र झारा उसले उठाउँथ्यो । काँगडाबाहेक अन्यत्र हार बेहोर्नु नपरेको अभिमान भएको फौज ऊसँग थियो ।

गोर्खा राज्यको दक्षिणमा ईस्ट इन्डिया कम्पनीले लगातार आफ्नो शक्ति विस्तार गरिरहेको थियो । १८५८ सालमा अवधका नवाबसँग सन्धि गरी त्यसलाई आफूमा आश्रित क्षेत्र बनायो । १८६० मा मुगल साम्राज्यलाई हराएर मुगलानको राजधानी दिल्ली कब्जा गऱ्यो । यसरी पूर्वमा व्यापार गर्न स्थापना भएको कम्पनी -ईस्ट इन्डिया कम्पनी- बेलायती साम्राज्य विस्तार गर्ने शक्ति भइसकेको

---

१ यी राज्य यसप्रकार छन् : महाकालीपूर्व (लमजुङ, कास्की, नुवाकोट, सतौं, भीर्कोट, गह्रौं, ढोर, रिसिं, पञ्यूँ, पालपा, गुल्मी, अर्घा, खाँची, इस्मा, धुर्कोट, मुसिकोट, पर्वत, गलकोट, प्यूठाना, उदैपुर, खुंरी, गजल, रुगरु, छिस्त्री, फलावी, सल्याना, दार्मा, जाजर्कोट, दैलेख, दुल्लु, अछाम, बाजुरा, थलरा, बझाङ, डोटी, जुमला, सुनि, चिम्बकोट, काँढा, घुंरुकोट, दर्ना, पातल, काँछी, पल्लो मुसिकोट, जाहारी, बायिर, खोत्ताम, मर्मा, बडागाड, रमालगाड, सुइकोट, रोल्पा, मलवार, आठबिस, रिडिकोट, तलडोट, तेढिगैह्रो, मालनेटा, गुर्माकोट, घिरिङ, किरात चौदण्डी, मुस्ती, सहर भादगाउँ, सहर पाटन, सहर काठमाडौं) र महाकालीदेखि कांगडासम्मका १९ वटा (कुमाउ, गढ, श्रीमुहोड, झुप, बेसहर, बघाट, हंडुर, कहलपुर, मंडी, सुर्खेत, गुलेर, कुल्लु, चम्बा, कोटिल, जमुना, दतापुर, नतृपुर, सिवा, कोटलहर) । यी राज्यहरूको नामको हिज्जे स्रोतमा भएअनुसार नै राखिएको छ ।

२ राजा रजौटाहरूको नाम नामेसी, १ सी. १०१, पोका १००/१०० ।

३ फत्य खाँको भाइ, कश्मिरका सुब्बा हाजी अमीर नजाकत खाँले काजी रणजोर थापालाई लेख्याका खतको नक्कलको तर्जुमा, डीएनए २/२७ ।

थियो । ऊ विस्तारित साम्राज्यमा कर उठाउन सक्ने भएको थियो । यतिञ्जेलमा २ लाख ६० हजार सैनिक उसको फौजमा शामेल थिए ।

पूर्वमा टिस्टादेखि पश्चिममा सतलजसम्मको १,५०० किलोमिटर लामो सिमानामा आफ्ना वैरीलाई सजिलै तह लगाउँदै आएका गोर्खा र कम्पनी यसरी आपसमा जोरिन पुगे ।

दक्षिण सिमानाका जग्गा नेपालले हालसालै जितेर लिएको थियो भने अंग्रेजले पनि त्यस क्षेत्रका जग्गा लडाइँ र सम्झौता गरेर हात पारेको थियो । यतिञ्जेलसम्म हिन्दुस्तान र नेपालमा नक्शा बनाउने र वैज्ञानिक ढङ्गले साँध-सिमाना बाँध्ने चलन थिएन । त्यसैले स्थायी प्राकृतिक सिमाना नभएको मधेसमा कुन जमीन पहिले कसको भोगचलनमा थियो भन्नेमा विवाद भयो । आफ्नो विजय अभियानमा लगभग अविजित यी दुई महत्त्वाकांक्षी शक्तिबीच अलिकति दम्भ पनि हुँदो हो ।

यस्तो अवस्थामा अंग्रेजसँग सीमा विवाद भएपछि विभिन्न ठाउँमा बसेका नेपाली भारदार र सिपाहीले राजा र जर्नेललाई त्यसबारे रिपोर्ट गर्न थाले । सरदार गजसिंह खत्री र सुबेदार जयन्त खत्रीले विभिन्न ठाउँबाट पठाएका खबरका आधारमा चैनपुरबाट सरोवरसिंह रानाले भीमसेन थापालाई लेखे– "मधेसका सिमानामा फिरंगीसित कुरा मिलेन । उनीहरूसित चमक पर्ला भन्ने डर भयो । मधेसमा खडबड पऱ्यो भने पूर्वपट्टि पनि ठूलो लडाइँ हुने डर छ । अंग्रेजसँग झगडा नहुँदा पनि सिक्किमका राजा नेपालमाथि हमला गर्न तयार थिए ।"[४]

मोरङमा नेपालीको अधीनको जमीन जोत्न उताका जमीनदारलाई कम्पनीले पठायो ।[५] अंग्रेजका विचारमा मोरङ (अहिलेको झापा र सुनसरीसमेत) डाँका बस्ने ठाउँ थियो । हिन्दुस्तानमा डकैती गर्नेहरू मोरङमा गएर लुक्ने गर्थे । उनीहरूलाई नेपालले व्यवस्थित तरीकाले संरक्षण दिन्थ्यो । नेपाल सरकारलाई यस कुराको गुनासो गर्दा शुरूमा उसले सुनेको नसुन्यै गऱ्यो । १८७० सालको मंसिरतिर 'अति भएपछि बाध्य भएर' अंग्रेजले नेपालका राजालाई चिठी लेखेर डाँकाहरूलाई संरक्षण दिई राखेका खण्डमा कम्पनी आफ्नो फौज पठाउन बाध्य हुने चेतावनी दियो । यसपछि भने राजाले "यसो भएको रहेछ भने सम्बन्धित सिपाहीलाई कारबाही गर्ने" भन्ने बेहोराको जवाफ दिए । अंग्रेज अरू महत्त्वपूर्ण काममा लागेकाले उसले यो विषयमा कडिकडाउ गर्न ध्यान दिन भ्याएन ।[६]

---

४ आश्विन वदि ३ रोज ७ मा सरोवरसिंह रानाले चैनपुरबाट भीमसेन थापालाई लेखेको पत्र, डीएनए २/५८ ।

५ १८६६ पौष वदि ५ रोज ३ मा मुकाम भँडरूवाबाट गजसिंह खत्रीको अर्जी, पोका ७, पत्र संख्या १६७ ।

6 Secret letter from Lord Moira, 2d August 1815, Nepal Papers, Page 673-763.

मोरङभन्दा पश्चिमको जासमतपुर मौजाको सिमाना कायम गर्न दुवैतिरका जमीनदार र चौधरीहरूले १८६६ सालमा भेट गरे । भीमनगरको जमीन १८२७ सालमा मकवानीको रहेको दाबी गरेर नेपालले त्यसको प्रमाण दियो । उताका मानिसले पनि यो ठाउँ आफ्नो भएको दाबी गरे ।[७]

"यिनीहरूको डबल हेर्दा बलैले मिचौला भन्याझैं गर्छ ।", त्यहाँ खटिएका नेपालीलाई लाग्यो ।[८] यो विवाद साम्य भएन । भीमनगर (भीमपुर) मा हिन्दुस्तानीले जबरजस्ती तिलंगा (सिपाही) बसायो । यस वरपरका अरू ठाउँमा पनि तिलंगा राख्यो ।[९] आवश्यक परे बल प्रयोग गरेर भए पनि भीमनगर लिने संकल्प उसले गर्‍यो ।[१०]

पछि दुवै थरीको सहमति भई यहाँको सिमानामा बाँस गाडियो तर पछि हिन्दुस्तानीहरूले यसलाई मानेनन् । यसो भएपछि त्यहाँका सरदार र सिपाहीसँग राजा गीर्वाण अलि रिसाए– "अघि बाँस गाड्दा अमीन छेउ लेखाइपढाइ गाड्याको भया बढिया थियो । जुबानी बात बातैमा बाँस गाडिंदा जमीन गयो ।"[११] यस बारेमा सदर कलकत्ता कोर्टमा माहिला गुरुज्यूले सवाल जवाफ गर्ने भए । त्यो काम नहुञ्जेल राजाले आफ्ना सरदार र सिपाहीलाई '२/४०० मानिस लिएर नरहागढीमा बस्' भनी अह्राए ।[१२]

रौतहटमा पनि सिमानासम्बन्धी विवाद भयो । १८७० साल माघमा फिरंगीले कचोर्वाभन्दा एक किलोमिटरयता नेपालको अधीन रहेको जग्गामा डेरा राख्यो । वीरभञ्जन पाँडे र सरदार पर्शुराम थापा दुई जना मुन्सी लिएर अंग्रेजलाई भेट्न गए । अंग्रेजले "हाम्रा कुरा तिमीहरूसँग मिल्छन्, मुन्सीलाई बाहिर पठा" भन्यो । पाँडे र थापाले "फारसीको कागज हामी बुझ्दैनौं, मुन्सीहरूले हामीलाई बुझाइदिन्छन्, उनीहरू चाहिन्छ" भन्दा अंग्रेजले "आज साँझ पर्‍यो, भोलि संक्रान्ति भयो, पर्सि आउनू" भनेकाले उनीहरू फर्किए ।

वीरभञ्जन र पर्शुरामले यो कुरा सुगौलीमा बस्ने माहिला गुरुज्यू र चौतरियालाई बताए । उनीहरूले "हामी जाँदा हलुका भएझैं हुन्छ, तिमीहरूमात्रै जाऊ" भनी

---

७ १८६६ पौष वदि ५ रोज ३ मा मुकाम भँडरुवाबाट गजसिंह खत्रीको अर्जी, पोका ७, पत्र संख्या १६७ ।

८ १८६७ भाद्र सुदि ५ रोज ३ मा मुकाम नरहागढीबाट गजसिंह खत्री, राघवसिंह, रविसिंह, अचल थापाको अर्जी, पोका ३, पत्र संख्या १९९ ।

९ १८६६ पौष वदि ५ रोज ३ मा मुकाम भँडरुवाबाट गजसिंह खत्रीको अर्जी, पोका ७, पत्र संख्या १६७ ।

10 Secret letter from Lord Moira, 2d August 1815, Nepal Papers, Page 673-763.

११ भीमसेन थापा र रणध्वज थापालाई बलभञ्जन पाँडे र सरदार पर्शुराम थापाले १८७० माघ वदि १० रोज १ मा मुकाम कचोर्वाबाट लेखेको पत्र, पोका ७, पत्र संख्या १८ ।

१२ १८६७ पौष वदि ५ रोज ७ मा नरहागढीबाट गजसिंह खत्री र दलजित खत्रीको अर्जी, पोका ७, पत्र संख्या २०५ ।

सरदारहरूलाई भने । सरदारहरू मुन्सी फत्तेनारायणलाई लिएर फेरि अंग्रेजकहाँ गए । अंग्रेजले फेरि "तिमीहरूमात्रै बस" भन्यो । 'मुन्सीले फारसी कुरा आफूलाई बुझाउनुपर्छ' भन्दा अंग्रेज बहुत रिसायो ।

फिरंगीले उनीहरूलाई भन्यो- "त्यहाँका २२ मौजा कम्पनीको ठहर्छ, छाड्छौ भने छाडिदेऊ, छाड्दैनौ भने हामीलाई जवाफ देऊ, हामी उठेर जाई जान्छौं ।" अंग्रेजले त्यसपछि आफ्नो पल्टन आउला भनेर धम्क्यायो पनि । वीरभञ्जन र पर्शुरामहरू "गुरुज्यू र चौतरियासँग सोधेर जवाफ दिन्छौं" भनेर फर्किए ।

फागुनमा सीमा निर्धारण गर्न दुवै पक्षका बीचमा भेटघाट भयो । नेपालीले आफ्नो दाबी साबित गर्ने कागज अंग्रेज अधिकारीकहाँ सुपुर्द गरे । उतापट्टिका कागज पनि साहेबकहाँ पुग्यो । हिन्दुस्तानबाट मुन्सी आएर "तिम्रातर्फका कागजमा सही गर, साहेबका तर्फका कागज दस्तखत गरी पठाउँला" भन्यो । नेपालीले "तिम्रा कागज हेरेर कागजमा दस्तखत गरौंला, ती कागज नहेरी गर्दैनौं" भने । मुन्सीले "मित्रवत् ढङ्गले सीमा निर्धारण होला" भन्यो ।[१३]

अंग्रेजका विचारमा यहाँको धेरै जमीनमा नेपालीले अतिक्रमण गरेका थिए । नेपालका राजालाई यसको गुनासो गर्दा पनि उनले केही गरेनन् ।[१४]

यस बीचमा अंग्रेज अधिकारी पेरिस ब्राड्शले भवरा गाउँ र टिहुकी गाउँका बीचको बाँझो जग्गामा बाँसका लठ्ठा गाडी सिमाना कायम गरे । यसो गर्दा २०/२५ बिगाहा 'तकरारी' जग्गा हिन्दुस्तानतिर पऱ्यो । नेपालका चौतरियाले ती लठ्ठा फयाँक्न मानिस पठाए ।[१५]

सिम्रौनगढमा पनि सिमानामा 'तकरार' भयो । नेपालका रैतीले लगाएको बाली अंग्रेजका रैतीले लुटी लगे । नेपालका रैती बैरागीलाई कुटे र पक्रेर मुग्लान लगे ।[१६]

अंग्रेजको रेकर्डअनुसार १८६८ सालमा बेतियाका राजा वीरकिशोर सिंहका मोही र नेपालका रैतीबीच सिमानामा पर्ने सारण र शिकारपुरमा पटक-पटक झगडा भए । एउटा झगडामा नेपालका सुब्बासमेत दुवै पक्षका मानिस मारिए । वीरकिशोर र उसका मोहीले अत्याचार गरेको भनी उनीहरूलाई कारबाही गर्न नेपालका राजाले अंग्रेजका गभर्नर जेनरललाई पत्र पठाए तर अंग्रेजले यस घटनामा नेपाल दोषी भएको ठहऱ्यायो । नेपालले अंग्रेजका सिमानामा पर्ने आठवटा गाउँ हडपी केही

१३ १८७० फाल्गुण सुदि १३ रोज ६ मा कचोर्वाबाट प्राण शाह र वीरभञ्जन पाँडेले पठाएको अर्जी, पोका ७, पत्र संख्या १८५ ।

14 Secret Letter from Lord Moira, 2d August 1815, Nepal Papers, Page 673-763.

१५ १८७० माघ वदि २ रोज ७ मा बुटवलबाट अमरसिंह थापाले पठाएको अर्जी, पोका ७, पत्र संख्या २०० ।

१६ १८६७ आश्विन सुदि ४ रोज ३ मा मुकाम बडहरवाबाट बलभञ्जन पाँडेले पठाएको अर्जी, पोका ७, पत्र संख्या १२९ ।

गाउँ 'लुटपोल' गरेकाले यस्तो घटना भएको निष्कर्ष उसले निकाल्यो । अंग्रेजको भनाइअनुसार नेपालीलाई यी ठाउँ छाड्न अंग्रेजले धेरै अनुरोध गऱ्यो, दुई पक्षबीच धेरै छलफल भए तर नेपालले आफ्नो दाबी छाडेन ।[१७]

यस ठाउँबारे नेपालीको भनाइ अलग छ । नेपालीसँग भएको रेकर्डअनुसार १८७० सालको अन्त्यतिर कचोर्वा, कोपवाको जंगलमा बस्ने विचार गरेर अंग्रेजले जंगल कटाउन लाग्यो । त्यसो गर्दा नेपालीले जंगल काट्ने हुकुम छैन भनी रोके । दुवैतिरका रैतीबीच भनाभन र झगडा भयो । अंग्रेजले नेपालीलाई यहाँ विवादित जग्गा आफ्नो होइन भनी सही गराउन खोज्यो तर नेपालीले त्यसो गर्न मानेनन् ।[१८] त्यहाँ बस्ने चौतरियाले अंग्रेजसँगको सिमाना विवाद नमिल्ने ठहऱ्याए ।[१९]

त्यसभन्दा पश्चिम बुटवल र स्युराजको कुरा अलि पछि गरौँला । अहिले त्यहाँभन्दा अझ पश्चिम, हालको बर्दियाको कुरा गरौँ ।

अंग्रेजका विचारमा त्यहाँका आठ तालुकमध्ये बाँसबर्दिया, सेतवाल, सिकपुकोली, मल्हवारा र पदनाह गरी पाँचवटा तालुक नेपालीले हडपेका थिए । नेपालीले त्यहाँ गढी बनाएपछि अंग्रेजलाई यो कुरा थाहा भयो । अंग्रेजका अनुसार मल्हवारा र पदनाह त नेपालीले हिजो अस्तिमात्र हडपेका थिए । "त्यसैले यी जग्गा आफ्ना हुन् भन्ने कुरामा कत्ति पनि शंका थिएन ।", अंग्रेजलाई लाग्यो । अंग्रेजले यहाँ 'आफू नरम भएर यो समस्या मिलाउने कोशिश' गऱ्यो । यो ठाउँ अंग्रेजले लिनुभन्दा पहिलेदेखि नै नेपालले हडपेका तीनवटा तालुक (बाँसवर्दिया, सेतवाल र सिकपुकोली) नेपाललाई छाडिदिने विचार गऱ्यो । यसबापत अवध अंग्रेजले लिएपछि नेपालले हडपेका उक्त दुईवटा तालुक नेपालले छाडी दिनुपर्ने माग गऱ्यो । नेपालका राजालाई चिठी लेख्दा १८७१ सालको शुरूसम्म पनि अंग्रेजले जवाफ पाएन ।[२०]

नेपालीको रेकर्डमा पनि पदनाह आफ्नो हो भनी अंग्रेजले 'तकरार' गरेको कुरा उल्लेख छ । यसैबीच अंग्रेज दुईवटा तोप लिएर सिमानामा आउँदै छ भन्ने खबर सल्यानमा रहेको नेपाली गढसम्म पुग्यो ।

यी जग्गाका बारेमा सल्यानी राजाका पालामा पनि 'तकरार' परेको थियो । रझेटका दुई जना चौधरीले त्यति वेला ती जग्गा थामेका रहेछन् । त्यहाँका जमीनदारले दुवैतिर कर तिर्दा रहेछन् । यस्तो विवाद भएपछि राजा गीर्वाणले

---

17 Secret Letter from Lord Moira, 2d August 1815, Nepal Papers, Page 673-763.

१८ भीमसेन थापा र रणध्वज थापालाई रंगनाथ शर्माले १८७० साल चैत्र वदि ८ मा मुकाम कचौरवाबाट लेखेको पत्र, डीएनए ३/७ ।

१९ १८७० साल चैत्र सुदि ६ रोज १ मा प्राण शाहले मुकाम कचौरवाबाट लेखेको अर्जी, पोका ७, पत्र संख्या १८३ ।

20 Secret Letter from Lord Moira, 2d August 1815, Nepal Papers, Page 673-763.

पदनाहसमेत हेर्ने, सल्यान खटिएका भारदार रुद्रवीर शाहीलाई "स्रेस्ता प्रमाण भएका जग्गा थाम्न जान्दछस् कि जान्दैनस्" भनी सोधे । झगडा नगर्न राजाले रुद्रवीरलाई यसरी सुझाव दिए- "स्रेस्ताको कुरा छोडी रीसका पछि लागी कदाचित् हात छोड्यो भने थोरै बातमा चमक परी नराम्रो पर्न जाला तसर्थ जवाफ-सवाल गर्न जान्ने मानिस पठाई स्रेस्तैले काम गरी जग्गा थाम्नू ।"[२१]

यो विवाद टुंग्याउन अंग्रेजले "पदनाहका सिमानाका जग्गाका मानिस पठाइदिनू" भनेपछि रुद्रवीरले मानिस पठाइदिए । 'बरेली खटिएका साहेब'ले पनि जग्गा आफ्नो हो भनी दाबी गरे । रुद्रवीरका अनुसार पहिले भवानी शाहीका पालामा भवानीले बंजारा (घुमन्ते जाति) लाई सालिन्दा रुपियाँ तिर्दा रहेछन् । बंजाराले बरेलीका साहेबकहाँ पुऱ्याउँदो रहेछ ।[२२] त्यसैले यहाँ नेपालको हात अलि तल परेको थियो ।

साँधको अर्को गाउँबारेको विवाद मिलाउन उताका तालुकदारले "सो जग्गा आफ्नो भएको दाबी पुग्ने प्रमाण केही छ भने पठाइदेऊ" भने । यो गाउँ अघि यहाँका राजा हरि शाहीले संकल्प गरी ब्राह्मणलाई विर्ता गरिदिएको ताम्रपत्रको नक्कल नेपालीले अंग्रेजकहाँ पठाइदिए तर अंग्रेजको कुरा बुझ्दा नेपाली अधिकारीलाई यो विवाद मिल्लाजस्तो लागेन । मौखिक सवाल जवाफमा अंग्रेजले अर्घेलो कुरा गऱ्यो । अंग्रेज साँधदेखि १९ किलोमिटर दक्षिणतर्फ आड बंगला बनाउन लाग्यो ।[२३]

नेपालको कुमाऊँ र अंग्रेजको मुरादाबाद जिल्लाका चारवटा प्रगन्नामा पनि विवाद भयो । ती प्रगन्ना कुमाऊँका भएकाले र कुमाऊँ पहाड आफूले जितेकाले तिनमा आफ्नो हक भएको दाबी गरी नेपालीले ती ठाउँ हडपे । तीमध्ये एउटा गाउँ केलपुरी नेपालले कुमाऊँ जित्नुअघि नै अवधले जितेर लिएकाले र पछि अवध अंग्रेजको भएकाले त्यो गाउँ आफ्नो भएको दाबी अंग्रेजले गऱ्यो । "नेपालका राजाले अमरसिंह थापालाई केलपुरीमा दाबी नगर्न आदेश दिए । त्यसपछि नेपालले त्यसमा दाबी गरेन ।" यसरी यस ठाउँको विवाद भने अलि राम्रोसँग सुल्झियो ।[२४]

जमुना र सतलज नदीबीचका चारवटा गाउँ १८७० सालमा बुढाकाजी अमर सिंहले कब्जा गरे । ती गाउँ हंडुरका राजा रामशरणका भएको र रामशरणलाई आफूले हराएकाले ती गाउँ आफ्ना हुन् भनी उनले दाबी गरे । हटाइएका हंडुरे

२१ आषाढ सुदि १३ रोज ५ मा मुकाम सल्यानबाट रुद्रवीर शाहीले पठाएको अर्जी, पोका ७, पत्र संख्या १०५ ।

२२ साउन वदि ७ रोज ७ मा मुकाम सल्यानबाट रुद्रवीर शाहीले पठाएको अर्जी, पोका ७, पत्र संख्या १८१ ।

२३ भीमसेन थापा र रणध्वज थापालाई विक्रम शाहीले १८७१ जेठ सुदि ११ रोज १ मा मुकाम राजापुरबाट लेखेको पत्र, डीएनए ३/२ ।

24 Secret Letter from Lord Moira, 2d August 1815, Nepal Papers, Page 673-763.

राजा रामशरण अंग्रेज सैनिक अधिकारी डेभिड अक्टरलोनीको शरण पर्न गए । अक्टरलोनीले यस भेगमा नेपालले पहाडभन्दा तलको भाग दाबी नगर्ने सहमति भएकाले यी गाउँ छाडिदिन अमरसिंहलाई अनुरोध गरे ।[२५]

यस विषयमा अंग्रेजले नेपालका राजालाई पनि लेखे । यसपछि राजाले "थोरै जग्गामा अंग्रेजसँग तकरार बढाउनु बढिया छैन, मण्डला, भरौली छोड्दा उसको चित्त बुझ्दछ भने त्यति छोडी अरू जग्गा थाम्ने काम गर्नू" भनी बुढाकाजी अमरसिंहलाई लेखेपछि नेपालले ती जग्गा छाडिदियो ।[२६]

यी जग्गा छाड्नुको कारणबारेमा १८७० साल कात्तिकको अन्तिममा बुढाकाजी अमरसिंहले अक्टरलोनीलाई भनेका थिए- "गोर्खा-अंग्रेजको अधिदेखिको दोस्ती हो, अंग्रेजसँगको दोस्ती राखना निमित्त ...सरकारका मर्जीले तक्रार गऱ्यौनँ । (ती गाउँ) छोडिदिजूँ ।"[२७]

तर, बुटवल र स्युराजको जग्गाको विवाद भने पेचिलो भयो ।

बुटवल र स्युराज त्यति वेला नेपालका अधीनमा थिए । पाल्पाका राजा पृथ्वीपाल सेन काठमाडौंमा बन्दी बनाइएका वेला उनका प्रतिनिधिले अंग्रेजलाई सलामी तिर्ने कबुल गरेका आधारमा अंग्रेजले बुटवलको जग्गा आफ्नो भएको दाबी गऱ्यो । बुटवलको जग्गाबारे विवाद गरेका वेलामा अंग्रेजले स्युराज आफ्नो भएको दाबी गरेको थिएन किनभने त्यति वेला उसलाई स्युराज आफ्नो हो भन्ने लागेको थिएन । पछि उसले स्युराज पनि आफ्नो भएको दाबी गऱ्यो । "यो विवादलाई मैत्रीपूर्ण ढंगले हल गर्ने कोशिश" गरेर उसले नेपाललाई बुटवलबाट आफ्नो फौज फिर्ता लान भन्यो । त्यसो गरेका खण्डमा "सलामी तिरेर खान स्युराज तिमीलाई दिउँला" भनी नेपाललाई लोभ्यायो ।[२८]

तर, यो विवाद साम्य भएन, १० वर्षसम्म चल्यो । नेपालीका विचारमा यो विवाद बढ्नुमा पाल्पाका अपदस्थ राजा स्वर्गीय पृथ्वीपालका विश्वासपात्र कनकनिधि तिवारीको हात थियो । त्यति वेला पाल्पाका अपदस्थ राजा काठमाडौंको जेलबाट छुटेर गोरखपुर बस्न थालेका थिए । उनी अंग्रेजको भत्ता खाने गर्थे । त्यसैले उनले नेपालका पक्षमा बोल्ने कुरै भएन । पाल्पाली भगौडा कनकनिधि तिवारीले अंग्रेज

25 Secret Letter from Lord Moira, 2d August 1815, Nepal Papers, Page 673-763.

२६ जर्नेल अमरसिंह थापालाई बुढाकाजी अमरसिंह थापा र रामदास थापाले १८७० मार्गशीर्ष सुदि १ रोज ३ मा बागलबाट लेखेको पत्र, पोका ७, पत्र संख्या १३८ ।

२७ जर्नेल अमरसिंह थापालाई बुढाकाजी अमरसिंह थापा र रामदास थापाले १८७० साल मंसिर १० गते मंगलवार बागलबाट लेखेको पत्र, नेपाल-अंग्रेज युद्ध शुरू हुनुभन्दा एक वर्षअगाडि अमरसिंह थापाका छोरा र अक्टरलोनीका छोराले मितेरी लाएथे, महेशराज पन्त, पूर्णिमा, वर्ष ३, अंक १, पेज ४८-६४ ।

28 Secret Letter from Lord Moira, 2d August 1815, Nepal Papers, Page 673-763.

अमीनहरूसित बसी आफू अनुकूलका कागज लेखाउने गरेको विश्वास बुटवलसमेत हेर्ने गरी पाल्पा खटिएका काजी जर्नेल अमरसिंह थापाले गरेका थिए ।[२९]

अंग्रेजको चाल देखेर मुख्तियार भीमसेन थापा र रणध्वज थापा झस्केका थिए । त्यसैले उनीहरूले पाल्पाका काजी अमरसिंह थापालाई सतर्क रहन सल्लाह दिए- "हिन्दुस्तानका विभिन्न किल्ला हात पार्दा अंग्रेजको शेखी चढ्याको छ । ताहाँ कहिले शिकारको, कहिले भेटघाटको निहुँ गरी आउला । पेट (भित्री मनले) ले जग्गाको चर्चा गर्दो हो । पाल्पाली गैह्र भगौडाले पनि सोझो पाठ देखाउन्या छैनन् । अवसर पाए मोलाहिजा रहन्या छैन । हामीले पनि मुखले दोस्ती देखाई, सानसिंगान देखाई सबै कुराको खबरदारी राख्नुपरेको छ ।"[३०]

कहिलेकाहीं अंग्रेजका कुरा सुन्दा नेपालीलाई अंग्रेजले मिल्ने कुरा गरेको छ भन्ने लाग्थ्यो ।[३१] कहिले अंग्रेजले भन्थ्यो- "पाल्पाली राजाले नवाबलाई विनायकपुरको पैसा दिन्थे, नवाबले यो मुलुक हामीलाई दिएपछि यो हाम्रो भयो ।"[३२]

पैसा दिने गरेको जग्गा पाली, नचरौल हो, त्यो नेपालले अम्मल गरेको छैन भनी नेपालीले बहस गर्दा अंग्रेजले सबै तराईको दाबी नछाड्ने भयो ।[३३] त्यति वेला नेपालले 'थोरै कुरामा झगडा नबढाउने, बुझ पचाई मिच्न आए कहिल्यै नछोड्ने' नीति लिएको थियो ।[३४] यसैअनुरूप नेपालका राजाले पाल्पाका अमरसिंह थापालाई आदेश दिए- "थोरबहुत छोड्दा मिल्छ भने छाड्नू, नमिल्दा मान्छेका कुरा सुन्न लाग्यो भने आफूले सहेर नबस्नू ।"[३५] सोही आदेशबमोजिम बुटवल र स्युराज नेपालले नछाड्ने भयो ।

१८७० साल वैशाखमा अंग्रेज अमीन तिनाऊ आयो । भेटघाट गर्दा अमरसिंहलाई अमीन 'बढियै आदमी'जस्तो लागेको थियो ।[३६] यो विवाद बढ्दै गएपछि १८७० साल

२९ भीमसेन थापा र रणध्वज थापालाई अमरसिंह थापाले १८७० साल श्रावण वदि १३ रोज १ मा मुकाम पाल्पाबाट लेखेको पत्र, १ सी. १६४, ७५/२४१ ।

३० भीमसेन थापा र रणध्वज थापालाई अमरसिंह थापाले १८६८ फाल्गुण सुदि १२ मा मुकाम बुटवलबाट लेखेको पत्र, पोका ७, पत्र संख्या ५२ ।

३१ १८६९ वैशाख सुदि १४ रोज ७ मा मुकाम साम्री भन्ज्याङबाट अमरसिंह थापाले लेखेको अर्जी, पोका ७, पत्र संख्या १५ ।

३२ जर्नेल अमरसिंह थापालाई मनिराजले १८६९ साल चैत्र सुदि ९ रोज ६ मा पठाएको पत्र, पोका ७, पत्र संख्या ८ तथा १८७० वैशाख सुदि १४ रोज ६ मा मुकाम बुटवलबाट दलभञ्जन पाँडे, गजसिंह खत्री र जगदेव भण्डारीले पठाएको अर्जी, पोका ७, पत्र संख्या १३ ।

३३ १८७० वैशाख सुदि ९ रोज १ मा मुकाम बुटवलबाट रंगनाथ शर्माले पठाएको अर्जी, पोका ३, पत्र संख्या १७६ ।

३४ भीमसेन थापा र रणध्वज थापालाई अमरसिंह थापाले १८७० भाद्र सुदि ९ रोज ६ मा मुकाम पाल्पाबाट लेखेको पत्र, पोका ३, पत्र संख्या १६७ ।

३५ १८७० वैशाख वदि ८ रोज ६ मा अमरसिंह थापाले मुकाम पाल्पा, श्रीनगरबाट लेखेको अर्जी, डीएनए २/८४ ।

३६ १८७० वैशाख वदि १२ रोज ३ मा मुकाम श्रीनगरबाट अमरसिंह थापाले पठाएको अर्जी, ऐतिहासिक चिठीपत्र संग्रह, भाग १, शंकरमान राजवंशीद्वारा सम्पादित, २०२३, पेज ४-६ ।

असोजमा माहिला गुरुज्यू गोरखपुर गए र अंग्रेज अधिकारी पेरिस ब्राड्शलाई भेटे। ब्राड्शले गुरुज्यूलाई धम्क्याएर भने- "विवादित सबै जमीन कम्पनीको हो। जग्गा छाडिदेऊ। जग्गा नछाडेर लड्नुछ भने जवाफ देऊ।"

गुरुज्यूले "सरकारलाई सोधेर जवाफ दिउँला" भने। यस्तो जवाफ सुनेपछि सरकारलाई सोधी पठाउँदा ढिलो हुन्छ भनेर ब्राड्श रिसाए। माइला गुरुज्यूलाई उहाँ बस्न पनि नदिई बिदा गरी पठाए। अंग्रेजको यस्तो व्यवहार देखेपछि नेपालीलाई अंग्रेजले सर्वत्र विवाद गर्ने विचार गऱ्यो भन्ने लाग्यो।[३७]

अंग्रेजको यस्तो चाल देखेर सबैभन्दा पश्चिम सिमानामा बसेका बुढाकाजी अमरसिंह थापाहरू झस्किए। उनीहरूले अर्को महत्त्वपूर्ण किल्ला पाल्पामा रहेका जर्नेल अमरसिंह थापालाई सतर्क गराए- "नेपालमा माइला पंडित, चौतरिया, काजी, सबै भारदार बसी सरसल्लाह गर्दा तिनाऊ पारका १२ गाउँ छोड्दा मेलमिलाप गऱ्यो भने मेलमिलाप गर्नू, त्यति छोड्दा पनि मेलमिलाप गर्न मानेन, निहुँ खोज्यो भने कनकटिस्टादेखि पश्चिम शतरुद्रासम्मका सन्धि सर्पनका जग्गा बलियो गरी बस्नुपर्छ।"[३८]

अर्थात् लडाइँका लागि तयार हुनुपर्छ।

अमरसिंहले लेखे- "दूत भएर गएका माइला गुरुज्यूलाई अपमान गरेर अंग्रेजले गोर्खासँगको मेलमिलापमा चोट पुऱ्यायो। 'बटौली भनेको पहाडै हो, बटौलीजति छोड' भनीकन लेख्यो भनेपछि मेलमिलाप के गर्थ्यो! हलकारा (यस प्रसङ्गमा नेपालका दूत, माइला गुरुज्यू) आयाको छ, उसले 'उत्तर नआइञ्जेल बस्छु' भन्दा 'अहिले जा' भनेर तुच्छ वचन बोलेर बस्न दिएन। यस्तो अपमान आजसम्म छोटा बडा कहींका दरबारमा भएको थिएन। माइला पण्डित जस्ता सबैले मानिआएका बडा आदमीले 'दरबार सोधी पठाउँछु, मर्जी आउञ्जीसम्म बस्तछु' भन्दा रिसाई अंग्रेजले हामीलाई नराम्रोसँग चिढ्याउने काम गरेछ। सैंतीस वर्षसम्म खाई चर्ची आएको प्यूठानको स्युराज र दश वर्षसम्म खाई आएको पाल्पा अर्घाखाँचीको मधेस छाडेर मेलमिलाप गर्ने कुरा नून खाने मानिस कसैले पनि गर्न सक्दैन।"[३९]

उता अंग्रेजले बुटवल र स्युराजको जमीनमा नेपालको हक लाग्छ भन्नु आधारहीन र हास्यास्पद कुरा हो भन्ने ठहर गऱ्यो।[४०] त्यसपछि अंग्रेजले तिनाऊपारि इँटखलासम्म बाटो बनायो। पछि अंग्रेज अधिकारीहरू नेपालको

---

३७ भीमसेन थापा र रणध्वज थापालाई अमरसिंह थापाले १८७० आश्विन सुदि ८ रोज ७ मा मुकाम पाल्पाबाट पठाएको पत्र, पोका ७, पत्र संख्या १९४।

३८ जर्नेल अमरसिंह थापालाई बुढाकाजी अमरसिंह थापा र रामदास थापाले १८७० साल मार्गशीर्ष सुदि १ रोज ३ मा मुकाम बागलबाट लेखेको पत्र, पोका ७, पत्र संख्या १३८।

३९ जर्नेल अमरसिंह थापालाई बुढाकाजी अमरसिंह थापा र रामदास थापाले १८७० साल मार्गशीर्ष सुदि १ रोज ३ मा मुकाम बागलबाट लेखेको पत्र, पोका ७, पत्र संख्या १३८।

40 Secret Letter from Lord Moira, 2d August 1815, Nepal Papers, Page 673-763.

अधीनमा रहेको जंगलमा शिकार खेल्न आए । तीनवटा बाघ, चारवटा भालु र २० वटा अर्ना मारे । एउटा बाघको बच्चा पक्डेर लगे ।[४१]

अंग्रेजका विचारमा, बुटवल र स्युराजको जग्गा विवादबारेमा अंग्रेज सरकारले उदाहरणीय सहनशीलता देखायो भने नेपालले बढ्दो धृष्टता, ढिठ्याइँ र अचाक्ली लालच देखायो । बुटवलको जग्गा सम्बन्धमा 'नेपालले अतिक्रमण गरेयता'का दश वर्षमा धेरै छलफल र कुराकानी भए, प्रमाण बुझ्-बुझारथ भए । नेपालका राजालाई चिठी लेख्दा उनले यो जमीन छाड्न अस्वीकार गरे । त्यसैले १८७१ सालको बर्खा लाग्नुभन्दा अघि नै बुटवल र स्युराजका जग्गाको मालिक आफू हुँ भन्ने देखाउन अंग्रेज चाहन्थ्यो । उसले १८७१ साल वैशाख १२ गते बुटवल र स्युराजमा ठाना राख्न प्रहरी पठायो । यसरी आएका प्रहरीलाई नेपालीले ठाना राख्न दिएनन् । लगत्तै अंग्रेजले फौज पठायो । नेपाली हटे । बुटवल र स्युराजमा ठाना राखेर अंग्रेज फौज फर्क्यो ।[४२]

यसरी १८७१ सालको वैशाखमा फिरंगीको लश्कर आई पाल्पा बटौलीको प्रगन्ना बहाली गर्‍यो । जग्गा जग्गामा ठाना राखी रजाइँ भन्ने ठाउँमा पनि पुलिस दरोगा बस्यो । त्यसपछि पाल्पामा रहेका काजी अमरसिंह थापा र भारदारहरूको सल्लाह हुँदा यसरी आएको 'वैरी हान्यै हो' भन्ने सहमति भयो । कुन दिन हान्न ठीक हुन्छ भनेर भगीरथ जैसीलाई साइत हेराइयो । ज्योतिषीले भने- "जेठको १८ दिन जाँदो शनिश्चरवार बिहान उँदो हान्नू, यो सायेत सप्र्यो भन्या जति लडाइँ होला हाम्रै जित हुन्या छ ।" यही साइतअनुसार हान्न पठाउँदा वैरीका १७ जना मानिस मरे । यो कामको नेतृत्व मनिराज फौजदारले गरेका थिए ।[४३]

अंग्रेजको रेकर्डअनुसार त्यस दिन बुटवलका तीनवटा ठानामा नेपालीले हमला गर्दा १८ जना हिन्दुस्तानी मारिए । चार जना घाइतेलाई नेपालीले धपाए । आत्मसमर्पण गरेपछि ठानेदारलाई मनिराज फौजदारले बर्बरतापूर्वक मारेको दाबी अंग्रेजले गर्‍यो । यसरी बुटवलमा नेपालीले फेरि कब्जा जमाए । स्युराजको ठाना उठाएर अंग्रेजले फिर्ता लग्यो ।[४४]

यो घटना नेपाल र अंग्रेजबीच लडाइँ हुने तत्कालीन कारण बन्यो । "नेपालजस्तो बर्बर र हठी शक्ति पूर्वमा टिस्टादेखि पश्चिममा सतलजसम्म आफ्नो छिमेकी रही रहँदा आफूलाई सजिलो नहुने" ठहर अंग्रेजले गर्‍यो र नेपालमाथि चढाइ गर्ने तयारी गर्न थाल्यो ।

---

४१ अमरसिंह थापालाई मनिराजले १८७० चैत्र वदि ७ मा बुटवलबाट लेखेको पत्र, पोका ७, पत्र संख्या १२ ।

42 Secret Letter from Lord Moira, 2d August 1815, Nepal Papers, Page 673-763.

४३ वामदेउ थापाको अर्जी, पोका ७, पत्र संख्या १४१ । मिति र मुकाम उल्लेख छैन ।

44 Secret letter from Lord Moira, 2d August 1815, Nepal Papers, Page 673-763.

नक्सा २ : कनकटिस्टा-शतरुद्रा

कांगडा
बेलासपुर
नावागढ
सतलज नदी
अक्टरलोनीको क्याम्प
भाम्टा
नालापानी
श्रीनगर
अल्मोडा
दिल्ली
पदनाहगढी
सल्यान
स्युगढी
बुटवल
चिसापानीगढी
मकवानपुरगढी
हरिहरपुरगढी
सिन्धुलीगढी
पर्सागढी
समनपुर
गोरखपुर
जनकपुर
विजयपुर
कोशी नदी
फारबेसगञ्ज
साहेबगञ्ज
पटना
सिक्किम
टिस्टा नदी
नाग्री किल्ला
निजाम तारा

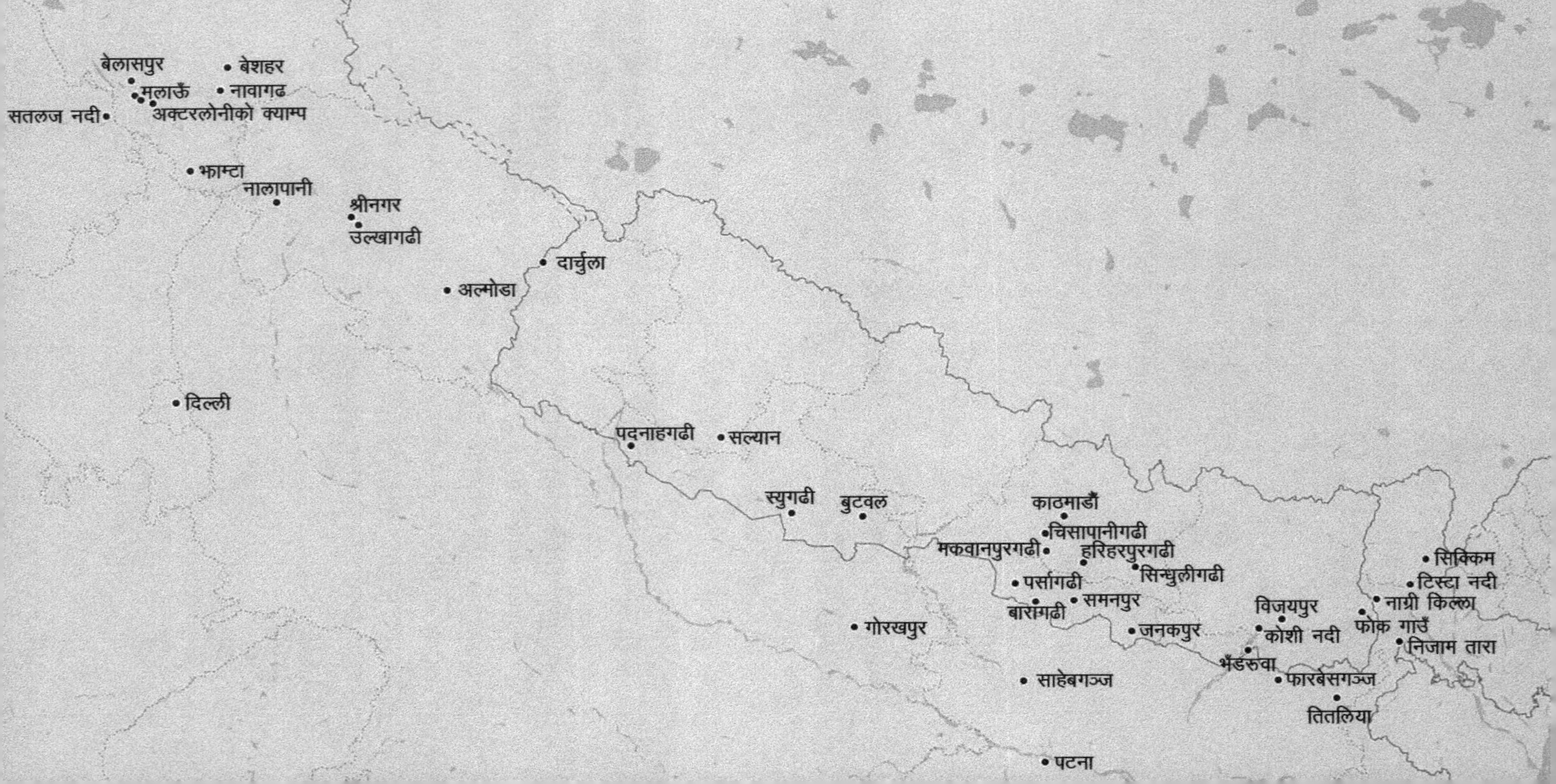

अंग्रेज सुरियो !

बुटवलमा हिन्दुस्तानी सिपाही मारिएपछि र स्युराजको ठाना उठाउनु परेपछि आघात भोगेको अंग्रेजले नेपाललाई तह लगाउन सैन्यबल र खरखजाना जुटाउन थाल्यो । नेपालको भौगोलिक अवस्था र सैन्य बलसम्बन्धी जानकारी संकलनका कामलाई महत्त्वका साथ अघि बढायो ।[१] सन् १८०२ मा नेपाल गएको नक्स मिसनमा संलग्न डा. बुखाननसँग नेपालबारे बहुमूल्य जानकारी हुनुपर्छ भन्ने ठानेर अंग्रेजका कमान्डरहरूले उनीसँग त्यो जानकारी लिने विचार गरे ।[२] डा. बुखाननलाई चिठी लेखेर नेपालमा हमला गर्ने उद्देश्यका लागि उपयोगी जानकारी मागे ।[३]

हिन्दुस्तानको नापी विभागसँग पनि नेपालसम्बन्धी उपयोगी जानकारी हुन सक्थे । त्यसैले अंग्रेज सैन्य कमान्डरले नापी विभागसँग विभिन्न जानकारी मागे– "चुरे घाटी पार गर्ने घुमाउरो भए पनि सजिलो बाटो छ कि ? पहाडमा नदी किनारको बाटो बढी सजिलो हुन्छ भन्ने कुरा अनुभव र अवलोकनले देखाएका छन् । कोशीको किनारै किनार यस्तो बाटो छ कि ?" कर्कपेट्रिकले मौसम राम्रो भएका वेला मोरङको विजयपुरबाट काठमाडौं पुग्न १०/१२ दिन लाग्छ भनेको ती कमान्डरलाई थाहा थियो तर उनका विचारमा यो जानकारी सही नहुन पनि सक्थ्यो । त्यसैले उनले यसबारे सही जानकारी मागे । उनले थप जानकारी पनि मागे– "कप्तान किनलक सन् १८२४ मा गएको सिन्धुलीको बाटो लामो थियो । यसका सट्टामा हेटौंडाबाट काठमाडौं जाने बाटो पो समात्न सकिन्छ कि ? यो बाटो सैन्य दृष्टिकोणले कस्तो छ ? अंग्रेज फौज यो बाटो हिँड्न सक्छ कि सक्दैन ? यो बाटोमा तीन पाउन्डका गोला खाने तोप अथवा ४.४ इन्च हाउविट्सर लान कसरी सकिन्छ ? बासी र बुटवलबाट गोरखा अनि रोहिलखण्ड अल्मोडा जाने बाटोबारे जानकारी भए त्यो पनि देऊ ।"[४]

1 Letter to J. Monckton from J. Adam, 4th August 1814, Nepal Papers, Page 1-2.
2 Letter to John Adam from G. H. Fagan, 21st July 1814, Nepal Papers, Page 2.
3 Letter to Doctor Buchanan from J. Adam, 28th July 1814, Nepal Papers, Page 6.
4 Extract of a letter from the Adjutant General to Lieutenant Colonel Crawford, 21st July 1814, Nepal Papers, Page 2-4.

दून र नाहान जाने, पाल्पा जाने, पाल्पा हुँदै गोरखा जाने, अल्मोडाबाट कुमाऊँका विभिन्न ठाउँ जाने बाटोबारे र ती बाटोमा तोप लान सकिने वा नसकिनेबारे उनीहरूले अरूबाट पनि जानकारी खोजे। विभिन्न ठाउँमा कति नेपाली सैनिक छन् भन्ने जानकारी खोज्ने नै भए। जमुना र सतलजबीचको भूभागको स्केच पनि उनीहरूले मागे। यस्तो जानकारी चाँडै पठाउन आदेश दिए।[५]

विभिन्न ठाउँमा रहेका जानकारीका आधारमा हालको धरानभन्दा माथि विजयपुरदेखि काठमाडौंसम्मको बाटोमा पर्ने विभिन्न ठाउँको दूरी निकाले।[६]

यस्तैमा बेलायती नागरिक टी. रदरफर्डले सैनिक अधिकारीलाई चिठी लेखेर नेपालका बासिन्दासँग आफूले विगत सात वर्षदेखि नजीकको सम्बन्ध राखेको र अरूसँग भएभन्दा सही र धेरै जानकारी आफूसँग भएको बताए। उनले भने– "नेपालमा रहेका गुप्तचरहरूले पठाएका जानकारी र मैले आफूले घुमेर देखेका अनि जाँच गरेर सही ठहरिएका, सच्याइएका जानकारी मसँग छन्। धेरै जना जमीनदारसँगको संगतले उनीहरूको आनीबानी मलाई थाहा छ। भञ्ज्याङ र पुल, सैन्य बाटो र विभिन्न ठाउँको सैन्य बलसम्बन्धी जानकारी, त्यहाँका बासिन्दाको आनीबानी र नेपालीप्रति उनीहरूको धारणा, कहाँ-कहाँ कब्जा गर्दा पश्चिम मुहुडाका नेपाली सैनिक र नेपालबीचको सम्पर्क विच्छेद गर्न सकिन्छ भन्ने जानकारी पनि मसँग छ।"[७]

रदरफर्डको चिठी पाएपछि अंग्रेज सैन्य कमान्डरले उनीसँग सबै जानकारी तुरुन्तै मागे। उनले यी विषयमा थप जानकारी पनि मागे– "कुन ठाउँमा नेपालीको कति बल छ ? कुन ठाउँमा स्रोत साधन कति छ ? भूबनोट कस्तो छ ? बाटो, पुल, नदी र घाट, गाउँ, किल्ला, गढ, जंगल, रूख, पहाडको मोहडा, उचाइको अवस्था कस्तो छ ? ती ठाउँमा हतियार र खाद्यान्न अनि रक्सी कति पाइन्छ ? यी सामान ढुवानी गर्ने व्यवस्था के छ ?"

कात्तिकको मध्यतिरलाई अंग्रेजले नेपालमा हमला गर्ने सबैभन्दा उपयुक्त समय मानेका थिए। त्यति वेला हमला गर्न जाँदा बाटो, नदी, जंगलको अवस्था कस्तो हुन्छ र तिनले सैनिकको स्वास्थ्यमा कस्तो असर पार्छन् भनेर पनि उनीहरूले सोधीखोजी गरे।[८]

---

5   Letter to H.Y. Hearsey from J. Adam, 30th July 1814, Nepal Papers, Page 13-14, Letter to David Scot from J. Adam, 30th July 1814, Nepal Papers, Page 14-15.

6   Extract of a secret letter from Adjutant General to Captian Latter, 21st July 1814, Nepal Papers, Page 4-6.

7   Letter to J. Adam from T. Rutherfurd, 6th July 1814, Nepal Papers, Page 7-9.

8   Letter to Thomas Rutherfurd from J. Adam, 30th July 1814, Nepal Papers, Page 9-11.

पहाडमा हिँड्दा सिपाहीका खुट्टामा घाउ नलागोस् भनेर विशेष खालका जुत्ता चाहिन्छ भन्ने उनीहरूलाई लाग्यो । उनीहरू मृगको नरम छालाको, पानी नपसोस् भनेर माथिल्लो भागमा मैन लगाइएको, बाक्लो तली भएको जुत्ता बन्दोबस्त गर्न लागे ।[९] पहाडमा सामान ओसार्ने डोका र डन्डी कस्ता हुँदा रहेछन् भनेर हेर्न दुई-दुईवटा डोका र डन्डी उनीहरूले मगाए ।[१०]

नेपालको अधीनमा रहेको कुर्दामा बसेका अंग्रेजका सरकारी कर्मचारीलाई फिर्ता बोलाइयो । त्यसो गर्दा लडाइँ गर्न लागेको कुराको छनक नेपालीले नपाऊन् भनेर बर्खा लागेको निहुँ बनाइयो । उनीहरूलाई आफूले काटेका काठ पनि आफूसँगै ल्याउन आदेश दिइयो ।[११] मुरादाबाद, गोरखपुर र सहारनपुरलगायतका विभिन्न छाउनीमा सुरक्षाका लागि नभई नहुनेजति मात्र राखेर बाँकी फौज अन्त लान तयार पारियो ।[१२]

विभिन्न ठाउँमा विभिन्न कामका लागि कमान्डर र सैन्य बल खटाइए । रंगपुर बटालियन र 'नर्दन फ्रन्टियर ईस्ट अफ द कोशी रिभर'लाई कोशीदेखि पूर्व ब्रह्मपुत्रसम्मको भूभागमा खटाइयो । क्याप्टेन ल्याट्टरको नेतृत्वमा रहेको यस फौजलाई नेपाल विरुद्धको मुख्य हमला अभियानमा शामेल गरिएन, कोशीपूर्वको भूमि रक्षाका लागि खटाइयो ।[१३] क्याप्टेन ल्याट्टरको नेतृत्वमा पहाडे किराँत फौज बनाउने योजना तयार भयो । उनका साथमा ३,००० जतिको फौज थियो ।[१४]

अंग्रेज फौजको मुख्य डिभिजन मध्यनेपालतिर खटाइयो । यसको काम बारा, पर्सा, मकवानपुरगढी र हरिहरपुरगढी ध्वस्त पारेर काठमाडौंमा हमला गर्नु थियो । यस कामको नेतृत्व मेजर जेनरल बी. मार्लीलाई दिइयो ।[१५] मार्ली र उनीअन्तर्गतका सिपाही अत्यन्त कुशल ठानिन्थे । उनको फौजलाई अरूलाई दिइएभन्दा राम्रा हातहतियार दिइयो । उनीसँग ८,००० को फौज थियो । अठार पाउन्डका गोला खाने चारवटा, छ पाउन्डका गोला खाने चारवटा र तीन पाउन्डका गोला खाने चारवटा तोप, दुईवटा आठ इन्च र आठवटा ४.४ इन्चका हाउविट्सर, दुईवटा साढे पाँच इन्च र दुईवटा ४.४ इन्चका मोर्टार उनलाई दिइयो ।[१६]

---

9 Letter to J. Adam from G. H. Fagan, 10th August 2014, Nepal Papers, Page 22-23.

10 Letter to Major P. Bradshaw from J. Adam, 28th July 1814, Nepal Papers, Page 7.

11 Letter to J. Adam from D. Ochterloney, 9th July 1814, Nepal Papers, Page 15-18.

12 Letter to H. Baston from John Adam, 18th October 1814, Nepal Papers, Page 70.

13 Letter to Captian B. Latter from G. H. Fagan, 14th October 1814, Nepal Papers, Page 168-170.

14 Secret letter from Lord Moira, 2d August 1815, Nepal Papers, Page 673-763.

15 Letter to Major General Marley from G. H. Fagan, 6th November 1814, Nepal Papers, Page 214-224.

16 Secret letter from Lord Moira, 2d August 1815, Nepal Papers, Page 673-763.

तिरहुत र सारणमा एक-एक हजार जवान बुर्कुन्डा (सशस्त्र प्रहरी) को फौज खडा गर्ने योजना बनाइयो तर तिरहुतका मेजिस्ट्रेटले यो काम गर्न सकेनन् । सारणका लागि बुर्कुन्डा भर्ना गर्ने काम बेतियाका राजालाई दिइएको थियो । उनले मान्छे त चाँडै भेला गरे तर ती काम नलाग्ने भएकाले बुर्कुन्डालाई तुरुन्तै विघटन गरियो ।[१७]

मेजर जेनरल जोन सलिभन ऊडले नेतृत्व गरेको फौजलाई मौसम उपयुक्त हुने बित्तिकै गोरखपुरमा भेला भएर बुटवल र स्युराज कब्जा गरी पाल्पाको तानसेन जान आदेश दिइयो । ऊडले गर्नुपर्ने सबैभन्दा मुख्य काम अंग्रेजलाई लडाइँ गर्न बाध्य पार्ने बुटवल हेर्ने नेपाली मुकाम पाल्पा कब्जा गर्नु थियो ।[१८]

मेजर जेनरल जिलेस्पीको डिभिजनलाई नालापानी किल्ला भएको ठाउँ देहरादून कब्जा गर्ने तथा बुढाकाजी अमरसिंह र रणजोरसिंहको फौजलाई पूर्वतिर भाग्न नदिने कामको जिम्मा दिइयो । नाहान (झाम्टा र जैथक) मा रहेको नेपालको महत्त्वपूर्ण किल्ला कब्जा गर्ने जिम्मेवारी पनि सोही डिभिजनलाई दिइयो ।

जिलेस्पीको डिभिजनका साथमा आर्टिलरी, हिन्दुस्तानी र युरोपेली गरी २४७, युरोपेली इन्फ्यान्ट्री ७८५, हिन्दुस्तानी इन्फ्यान्ट्री २,३४३ र पायोनियर १३८ समेत ३,५१३ जनाको फौज थियो । साथमा १२ पाउन्डका गोला खाने दुईवटा र छ पाउन्डका गोला खाने आठवटा तोप अनि चारवटा साढे पाँच इन्चका हाउविट्सर यस डिभिजनका लागि छुट्याइएका थिए ।[१९]

जमुनादेखि पश्चिम सतलजसम्मको खण्ड कब्जा गर्ने कामको नेतृत्व कर्णेल डेभिड अक्टरलोनीलाई दिइयो । यहाँ उनले बुढाकाजी अमरसिंह थापाको नेतृत्वमा रहेका नेपालका उत्कृष्ट मानिएका सिपाहीसँग लड्नुपर्थ्यो । यसका लागि उनलाई आर्टिलरी, हिन्दुस्तानी र युरोपेली गरी झन्डै १,१००, हिन्दुस्तानी इन्फ्यान्ट्रीका ५,५०० जति र पायोनियर ३१६ समेत ७,००० भन्दा अलि बढीको फौज दिइयो । उनका साथमा १८ पाउन्डका गोला खाने दुईवटा र छ पाउन्डका गोला खाने १० वटा तोप, दुईवटा साढे पाँच इन्च मोर्टार, चारवटा चार इन्च मोर्टार, दुईवटा साढे पाँच इन्चका र तीनवटा ४.४ इन्चका हाउविट्सर थिए । शिख रजौटाहरूले दिएका झन्डै ५,००० म्यादी सिपाही पनि उनका साथमा थिए ।[२०]

अंग्रेजले सैन्य उपायका साथै राजनीतिक उपायमा पनि जोड दियो । यस कामका लागि लेफ्टिनेन्ट कर्णेल ब्राड्शलाई सारण र तिरहुतमा राजनीतिक एजेन्टका रूपमा खटाइयो ।[२१] नेपालीले राज्य विस्तार गर्दा धपाइएका राजा

---

17 Secret letter from Lord Moira, 2d August 1815, Nepal Papers, Page 673-763.
18 Letter to W. A. Brooke from J. Adam, 1st October 1814, Nepal Papers, Page 70-71.
19 Secret letter from Lord Moira, 2d August 1815, Nepal Papers, Page 673-763.
20 Secret letter from Lord Moira, 2d August 1815, Nepal Papers, Page 673-763.
21 Letter to Captian B. Latter from G. H. Fagan, 14th October 1814, Nepal Papers, Page 168-170.

रजौटाहरूसँग सहयोग लिने रणनीतिअन्तर्गत यो काम गरिएको थियो । यसका लागि सबैभन्दा पश्चिमको किल्लामा खटिएका अक्टरलोनी र अंग्रेज सेक्रेटरी जे. आडमले नाहानका राजा र बाह्र ठकुराईहरूको सहयोग लिने सल्लाह गरे ।[२२] उनीहरूले नाहानका राजा र बाह्र ठकुराईले नेपालीसँग बदला लिन उत्कट चाहना गरेका होलान्[२३] भन्ने आस गरेका थिए, जुन सही थियो ।

काँगडाका राजा संसार चन्दलाई नेपालीमाथि हमला गरी नेपालीले हडपेको उनको राज्य फिर्ता लिन प्रोत्साहन दिने नीति अंग्रेजले लियो । यसैगरी त्यस क्षेत्रका गण्यमान्य व्यक्तिहरूको पनि साथ लिन अंग्रेज लालायित थियो । यही क्रममा कुमाऊँका हर्षदेव जोशीमाथि उसले आँखा लगाएको थियो ।[२४] हर्षदेवले अघि नेपालीलाई कुमाऊँमाथि हमला गर्न सघाएका थिए तर पछि उनी नेपालीसँग रिसाएका थिए ।

यसै क्रममा अंग्रेजले सतलज र जमुनाबीचको पहाडी भेगका राज्य खोसिएका राजा रजौटा र त्यहाँका बासिन्दालाई नेपाली विरुद्ध जाग्न आह्वान गर्‍यो । उनीहरूलाई नेपालीले आक्रमण गर्नुभन्दा पहिलेको अवस्थामा फर्काउन सहयोग गर्ने वाचा गर्दै अंग्रेज सैनिकलाई सहयोग गर्न अनुरोध गर्‍यो ।[२५]

नेपालको सीमाभन्दा पश्चिमको राज्य पञ्जाबका राजा रणजीत सिंहलाई पनि अंग्रेजले फकायो । अक्टरलोनीले लुधियानाबाट थाल्न लागेको नेपाली विरुद्धको अभियानले राजा रणजीत सिंहलाई हानि पुर्‍याउनेछैन भनी वचन दिन अक्टरलोनीलाई आदेश दिइयो । यस्तैगरी संसार चन्दले रणजीत सिंहका विरुद्ध कुनै काम नगर्ने विश्वास दिलाउन पनि कोशिश गरियो । यसो गर्नुको उद्देश्य अंग्रेज नेपालीसँग लडिरहेका वेला रणजीत सिंहले अंग्रेजको संरक्षणमा रहेका शिख रजौटामाथि हमला नगरून् भनी उनको विश्वास जित्नु थियो । यसो भएका खण्डमा अंग्रेज ढुक्क भएर नेपालीसँग मात्र लड्न पाउँथ्यो ।[२६]

अंग्रेजले महाकालीभन्दा पूर्वका उखेलिएका राजाहरूलाई पनि आफ्नो पक्षमा पार्न कोशिश गर्‍यो । नेपालमाथि हमला गर्ने काममा तुलसीपुरका राजाले केही सहयोग गर्न सक्लान् भनेर उनलाई लखनऊ बोलाउन कमान्डरले आफू मातहतकालाई आदेश दिए । नेपाल विरुद्धको कारबाहीमा अंग्रेजलाई सघाएका खण्डमा त्यसको उचित पुरस्कार दिन्छौं भनी लोभ्याउन लगाए । पहाडबाट

---

22 Letter to D. Ochterlony from J. Adam, 3d August 1814, Nepal Papers, Page 20-21.
23 Letter to J Adam from D. Ochterlony, 9th July 1814, Nepal Papers, Page 15-18.
24 Letter to C. T. Metcalfe from J. Adam, 30th September 1814, Nepal Papers, Page 67-70.
25 Proclamation to the Chiefs and Inhabitants of the Hills between the Sutleje and The Jamuna, Nepal Papers, Page 66-67.
26 Letter to Colonel Ochterlony from J. Adam, 1st October 1814, Nepal Papers, Page 72.

नेपालीलाई धपाउन सकेमा उनलाई त्यहाँको राजा बनाइदिने र संरक्षण दिने वचन अंग्रेजले दिए । नेपाली विरुद्ध लड्न राजाका मान्छेलाई हतियार चाहिन्छ भने त्यो पनि दिने वाचा अंग्रेजले गरे ।[२७]

बाइसी-चौबिसी राजाहरूलाई पनि फकाउने प्रयास अंग्रेजले गऱ्यो । त्यसका लागि ती राजाहरूलाई गर्ने अनुरोधको मस्यौदा अंग्रेजी, फारसी र हिन्दुस्तानी भाषामा तयार गरेर बुटवल तथा पाल्पा कब्जा गर्ने जिम्मा पाएका जेनरल ऊडलाई पठाइयो । त्यो अनुरोधलाई पहाडे भाषामा अनुवाद गरेर बाँड्नू भनी ऊडलाई लगाइयो । राज्य खोसिएका पाल्पाली राजालाई पनि पछि उनको राज्य फिर्ता दिने आश्वासन दिन आदेश दिइयो । आफू नेपालीमाथि हमला गर्न जाँदा राजाका मान्छेलाई आफूसँगै आउन मनाउन पनि ऊडलाई भनियो ।[२८]

रामनगरका राजालाई यो लडाइँपछि पनि पहाडको आफ्नो राज्य आफूले पाउँदिनँ भन्ने लागेको थियो । यो कुरा अंग्रेजले थाहा पाएका थिए । त्यसैले उनलाई आफ्ना पक्षमा पार्न र नेपाली विरुद्ध लड्न सहयोग र प्रोत्साहन दिनू भनी नारायणीदेखि तिरहुतसम्मको राजनीतिक मामिला हेर्ने जिम्मेवारी पाएका मेजर ब्राड्शलाई आदेश दिइयो । साथै नेपालीलाई धपाएपछि तनहुँ उनलाई दिने वाचा गर्न पनि आदेश दिइयो ।

मकवानपुरका देवानका छोरा गोमानसिंह नेपालीका विरुद्ध छँदै थिए । उनलाई ब्राड्शको क्याम्पमा बोलाइयो र पहाडे फौज बनाउन लगाइयो ।[२९] तर यो योजना सफल भएन । भेला गरिएको सानो फौज पनि काम नलाग्ने सिद्ध भयो ।[३०]

यस्तै-यस्तै तयारी गरेपछि अंग्रेजले नेपालमाथि हमला गऱ्यो । यसको थालनी नालापानीबाट गऱ्यो, जसका बारेमा यस किताबको पहिलो खण्डमा उल्लेख भइसकेको छ ।

---

27 Letter to Major Baillie from J. Adam, 20th October 1814, Nepal Papers, Page 134.

28 Letter to Major-General Wood from J. Adam, 31st October 1814, Nepal Papers, Page 152-155.

29 Letter to Major Bradshaw from J. Adam, 15th November 1814, Nepal Papers, Page 193-194.

30 Secret letter from Lord Moira, 2d August 1815, Nepal Papers, Page 673-763.

नेपालको तयारी

नेपाललाई त्यत्रो धेरै तयारी गर्नु थिएन । हमला गर्न नौलो ठाउँमा जानु नपरेकाले ठाउँका बारेमा जानकारी लिनुपरेन । हतियार बनाउने कारखाना थोरै थिए । तिनले तोप, मोर्टार, बन्दुक, गोली र बारुद छिटोछिटो बनाउन सक्दैनथे । अंग्रेजलेझैं सिपाहीका खुट्टा जोगाउने, मृगका नरम छालाका, माथिल्लो भागमा मैन लगाएर पानी नछिर्ने बनाइएका, बाक्ला तलुवा भएका जुत्ता बनाउने कुरै थिएन तैपनि नेपालीले पनि आफूले सकेको तयारी गरे- जस्तै; पत्थर काट्ने, विष खोज्ने, बाँसका धनु बनाउने, झाराली बटुल्ने, धनुषी कम्पनी खडा गर्ने, ढाक्र्यालाई काममा लगाइराख्ने, किल्ला मर्मत गर्ने आदि ।

अंग्रेजसँग लडाइँ होला भन्ने भएपछि नेपालका अनुभवी लडाकूबीच लडाइँ कसरी गर्ने भन्ने विषयमा सरसल्लाह हुन थाल्यो । सुझाव आदानप्रदान भयो । यस्तैमा, जमुनादेखि सतलजसम्मको भूभागको जिम्मेवारी सम्हालेका बुढाकाजी अमरसिंह थापाले पाल्पा हेर्ने जर्नेल अमरसिंह थापालाई चिठी लेखे र यस्तो सल्लाह दिए :

मैदानमा तोप, पत्थरकलाका मुहुडा ठहर्न कसैले सक्दैन भन्ने ठूलो घमण्ड अंग्रेजलाई छ । अब त्यसले फौज पठाउनमात्र बाँकी छ । पाल्पा, प्युठानका प्रगन्ना र बुटवल पनि मैदानै हुन् । उसको फौज आउँदा तोप पनि आउन सक्ने जग्गा छ । उसको फौज आएर जोरिएपछि हामीले उसलाई हान्न सकेनौं भने दुनियाँले हामीले हान्न सकेनौं भन्ला । आफ्नो जोलबल नमिलाई, आफूलाई सजिलो हुने जग्गामा नआई, उनीहरूलाई अप्ठ्यारामा नपारी अगुताएर मैदान हान्न जाँदा आफ्नो काज पुगेन भने सम्भार्न कठिन पर्न जाला ।

पाल्पा र प्युठानका जति मधेस छन्, त्यसमा ठाना गढी बनाई धेरै फौज राख्दा भोलि उसको फौज आएका वेला उनीहरूलाई त्यहाँ राख्न सकिँदैन । झिकौं भन्दा लडाइँका वेलामा झिक्दा वैरीको मन बढ्छ, आफ्ना सिपाहीमध्ये कोही आदेश नमान्ने हुन जान्छन् ।

एक-दुई ठाना उसले कब्जा गऱ्यो भने राम्रो पर्न जाँदैन । तसर्थ ती प्रगन्नामा पनि थोरै, नभई नहुने मानिसमात्र रहने पाठ भयो भने उसको फौज आएका बखत उँभो आई भारी फौज बस्याका जग्गामा शामेल हुँदा बढिया होला । उसको फौज बुटवलदेखि उँभो पहाडमा चढी आयो भने उस बखतमा चढ्न नदिई हान्ने काम गर्नू । उँभो चढेन, मैदानैमा मात्र बसिरह्यो भने बुटवलमा किल्ला बनाउने ठाउँ उसले पाउँदैन । औलाले पनि ऊ त्यहाँ ठहर्न सक्दैन । बर्सात भएपछि बाक्लो फौज बसेका ठाउँमा आकस्मिक रूपले हान्ने अनि उसको फौज पातलो भएका जग्गामा लुटेर दिक्क लगाई, अत्याई हानी हटाउने काम होला ।

यतातिर त्यससँग लड्ने काम गढ (वाल), कुमाऊँ, सल्यान गरी तीनवटै जग्गाबाट हुन्यैछ । गढ, कुमाऊँ र सल्यानमा एक एक अड्डामा फौज राख्नुपर्छ । गढमा रह्याका फौजले नजिमाबाददेखि पूर्व कुशीपुरदेखि पश्चिमका आफ्ना हात पुगाउसम्मका राज्यमा भारी फौज बस्याको जग्गामा डाक हान्ने र पातलो फौज बस्याका जग्गामा लुट्ने, पोल्ने, उजाड गराउने काम गर्छ । कुमाऊँमा बस्याका फौजले कुशीपुरपूर्व बरेली पश्चिम, सल्यानमा बस्ने फौजले बरेलीपूर्व बाँसी बलरामपुर पश्चिमको राज्य लुट्ने, पिट्ने, उजाड गराउने काम गरेपछि उसलाई ठूलो धक्का लाग्छ ।

यति राज्य उजाड गराएपछि उसले पनि सारै चटपटाई महानदीपश्चिम शतरुद्रापूर्व आफ्ना गमका जग्गामा चढी हमला गर्छ । त्यस कुराको खबरदारी गर्नलाई सन्धि सर्पनका जग्गा र गौंडा घाटीमा गढी ठाना बनाई जग्गामाफिकको फौज राख्न्या काम भया जहाँ पर्ला वहाँको सम्भार रही काज होला । पूर्वतिरको खबरदारी राख्न र कुर्नलाई काजी दलभञ्जन पाँडेलाई विजयपुरमा र सरदार शमशेर रानालाई किराँतको चैनपुरमा पठाइ राख्न्या काम भइरह्या बलियो होला ।[१]

बुढाकाजी अमरसिंह थापाले दक्षिण र पश्चिमका राजा रजौटाहरूसँग पनि सहयोग लिने विचार गरेका थिए । अंग्रेज पञ्जाब पुगेर राजा रणजीत सिंहलाई चिढ्याएपछि मात्र उनीसँग कुरा गर्ने उनको विचार थियो ।

उपयुक्त समयमा दक्षिणका अरू राजा रजौटालाई गोर्खासँग मिल भनी चिठी लेख्न राजाको छाप लागेका खाली कागज र खाम पठाउन उनले भीमसेन थापा

१ पाल्पा जर्नेल अमरसिंह थापालाई बुढाकाजी अमरसिंह थापा र रामदास थापाले १८७० मार्गशीर्ष सुदि १ रोज ३ मा बागलबाट लेखेको पत्र, पोका ७, पत्र संख्या १३८ ।

र रणध्वज थापालाई अनुरोध गरेका थिए । यस्ता कागज लेखापढी नगरी नहुने वेलामा मात्र उपयोग गर्ने र तिनको दुरुपयोग नगर्ने वाचा पनि उनले गरेका थिए ।[२]

चितवनवरपरका गढीको अवस्था ठीक थिएन । सिन्चाको एउटा र कान्द्राङका दुईवटा गढीमात्र सद्दे थिए । प्याहुलीको गढीको आड भत्किएको थियो । कविलासका दुईवटा गढीमध्ये एउटा भत्केको थियो । दाह्रे गौंडा, चिसापानीगढी र प्रगन्नाको कुभियाका दुई-दुईवटै गढी भत्किएका थिए । उपरदाङगढीको भारदार र लश्कर बस्ने गढीमा आडसमेत थिएन ।[३]

त्यहाँ खटिएका गजबल बानियाँले "बिग्रे भत्केका गढ किल्ला बनाउनू, बाटाघाटामा पनि खबरदार भैरहनू" भन्ने आदेश पाए । सोहीबमोजिम उनले 'तनमन भै' ढाक्र्या र सिपाही बटुली आफू गोलबल तयार गरी भत्केका बिग्रेका गढी खलङ्गा बनाए । चोर बाटामा भाँजा हाले ।

गजबलले सिन्चाङ प्याहुलीगढीमा पनि उमरावहरूलाई ताकिता गराई काँडा, झाँक्रा तछार गराए । उनले आफ्ना साथमा भएका सिपाही, धनु, बन्दुक र खुँडाको विवरण भीमसेन थापा र उनका सहायक रणध्वज थापालाई पठाए । अंग्रेजतर्फको खबर बुझ्नु पनि नेपालीले गर्न सक्ने एउटा तयारी थियो । गजबलले त्यो पनि गरी राखे ।

लडाइँ मुखैमा आइपुग्न लाग्दा उपरदाङगढीका नेपाली सिपाहीको अवस्था खराब थियो । गजबलका नाउँको तनखा रु. ५०० सुब्बा भवानीदत्त थापाले पाएका थिए । गजबल बानियाँका साथमा पनि ढाक्र्या थिए । तिनको ख्याल गरिएन । गजबलले जग्गाबाट रुपियाँ उठाउँदा पनि गढी मर्मत गर्दा भएको खर्च रु. २०० पूर्ति भएन तर पनि उनले बीच बर्खामासमेत नगद दिई चामल किनेर रैतीलाई बोकाई गढीसम्म पुऱ्याउन लगाउनुपरेको थियो । साहु काढी बाँकी तिर्दा गजबलको हुर्मत भएको थियो ।[४]

उपरदाङगढीभन्दा पश्चिमको पाल्पा सैन्य दृष्टिले ठूलो महत्त्वको ठाउँ थियो । त्यसैले त्यहाँ भीमसेन थापाले आफ्ना बाबु अमरसिंह थापालाई खटाएका थिए । त्यहाँ रहेको सबुज पल्टनमा पहिले २०० नाल थिए । पछि त्यसलाई १,०१० नालको बनाइयो तर खजाना भने अघिका २०० जनाको मात्रै थियो । अमरसिंह थापाले

२ पाल्पा जर्नेल अमरसिंह थापालाई बुढाकाजी अमरसिंह थापा र रामदास थापाले १८७० मार्गशीर्ष सुदि १ रोज ३ मा बागलबाट लेखेको पत्र, पोका ७, पत्र संख्या १३८ ।

३ भीमसेन थापा र रणध्वज थापालाई गजबल बानियाँले १८७१ साल जेठ वदि ११ रोज १ मा मुकाम उपरदाङगढी (मुकाम लेखेको ठाउँ च्यातिएको छ, ऊमात्रै देखिन्छ । उनले पछि उपरदाङगढीबाट चिठी लेखेका छन्) बाट लेखेको पत्र, १ सी. ३८५, पोका ९/१८२ ।

४ भीमसेन थापा र रणध्वज थापालाई गजबल बानियाँले मुकाम उपरदाङगढीबाट १८७१ साल मिति आश्विन वदि ७ मा पठाएको पत्र, डीएनए २/७६ ।

राजालाई लेखे– "थपियाका नाललाई पत्थर गोली केही छैनन् । नाल र पिपा खडा भयापछि खजाना पनि तयार भए परेका घडीमा काज पाइन्छ ।"

पाल्पाका अरू कम्पनीमा पनि खजाना र बन्दुक पर्याप्त थिएनन् । बारूद र कागजचाहिँ थिए । त्यसैले बुटवलको जग्गाको विवाद बढ्दै गएपछि अमरसिंहले राजालाई अर्जी पठाएर "६/७ धार्नी इस्पात, १०/८ हजार पत्थर र त्यसैमाफिक गोली पठाइदेऊ" भनी जर्नेल भीमसेन थापा र काजी रणध्वज थापालाई हुकुम होस् भनी अनुरोध गरे ।[५]

अंग्रेजसँग घमासान लडाइँ हुन लागेका वेलामा १८७१ साल कात्तिक ७ गते पाल्पाजस्तो महत्त्वपूर्ण ठाउँका कमान्डर अमरसिंह थापाको मृत्यु भयो । पाल्पाले पाल्पावरपरका ठाउँमात्रै होइन, पश्चिम सतलजसम्मको मामला पनि हेर्ने गर्थ्यो । यसले विभिन्न ठाउँका कमान्डरलाई पनि असर पार्‍यो । पाल्पाभन्दा निकै पर पदनाहगढीका सुबेदार भक्तवत्सल मल्लले यस्तो अनुभूति गरे– "पाल्पा श्री जर्नेल साहेब (अमरसिंह) मुक्त हुनुभयेछ । क्या लाग्छ दैवको इच्छा, ईश्वरको हुकुम टारिसक्नु कसैले रहेन ! आज यस्तो होला भनी बुझिसक्नु कसैले रहेनछ । (अमर सिंह) जगतका महतारी हुनुहुन्थ्यो । छोटा बडा सबैको उद्धार हुन्थ्यो । आज हामीलाई यस्तै पर्न गयो । हाम्रा अभागले... टुहुरा भई रह्या छौं ।"[६] "अमरसिंहका कृपाले आफू छोटा बडा सबै जियाका थियौँ" भनी भक्तवत्सलले भनेका छन् । अमरसिंहका ठाउँमा उनका नाति तथा जर्नेल भीमसेन थापाका भतिज उजीरसिंह पाल्पा खटिए । उनी पाल्पा पुग्नुभन्दा पहिल्यै अंग्रेजले नालापानीमा हमला गरिसकेको थियो ।[७]

यसैबीच रामनगरतिर अंग्रेज फौज थपिँदै छ, पश्चिमतिर पनि लश्कर जाँदै छ, गोरखपुर र लोटनतिर अरूलाई अनाज खरीद गर्न नदिई अंग्रेज फौजले खरीद गर्दै छ भन्ने खबर पाल्पा पुग्यो ।[८] नेपालीले बुटवल बोलाएका देश देशावरका महाजनहरू त आए तर उनीहरूले माल सामान केही ल्याएनन् । माल सामान किन नल्याएको भन्दा उनीहरूले "अंग्रेज यो साल पहाडलाई चढ्दछ भन्ने खबर फैलिएको छ, लडाइँ नहुने भए झिकाउँछौँ" भने ।[९]

---

५ १८६९ मिति चैत्र वदि ५ रोज २ मा अमरसिंह थापाले मुकाम पाल्पा, श्रीनगरबाट चढाएको अर्जी, १ सी. १६४, ७५/२४० ।

६ भीमसेन थापा र रणध्वज थापालाई सुबेदार भक्तवत्सल मल्लले मुकाम पदनाहगढीबाट लेखेको पत्र, १ सी. १००, पोका १००/९१ ।

७ कप्तान उजीरसिंह थापालाई सुबेदार भक्तवत्सल मल्लले १८७१ साल कात्तिक शुक्ल वदि ९ रोज २ मा लेखेको पत्र, सन्धिपत्र संग्रह पेज ६७१ (उजीरसिंह कर्णेल भए पनि सन्धिपत्र संग्रहको यो चिठीमा उनलाई कप्तान भनिएको छ) ।

८ भीमसेन थापा र रणध्वज थापालाई उजीरसिंह थापाले मुकाम पाल्पा, श्रीनगरबाट कात्तिक सुदि ९ रोज ३ मा पठाएको पत्र, १ सी. २९, पोका ९८/६४ ।

९ हरिवंश जैसीले कात्तिक सुदि १३ रोज ३ मा मुकाम बुटवलबाट पठाएको अर्जी, डीएनए १/१२ ।

बुटवलका नेपाली अफिसरहरूलाई बुटवलको एउटामात्र बाटो कायम गरी अरू बाटाघाटा बँझ्याउनुपर्छजस्तो लाग्यो । त्यसैले "ती बाटामा भाँजा मराउनू, ती बाटो हिंड्नेलाई सास्ती गर्नू" भन्ने आदेश जग्गा जग्गाका गढीका कम्पनी र बाटाघाटाका उमरावहरूलाई पठाउँदा राम्रो होला भनी राजालाई अर्जी चढाए ।[१०]

जर्नेल ऊड बुटवलतर्फ आउन लागेको छ, अन्तबाट पनि पहाडतर्फ हमला गर्न आउँछ भन्ने खबर काठमाडौं पुग्यो । त्यसपछि भीमसेन थापा र रणध्वज थापाले पाल्पाका उजीरसिंहलाई आदेश दिए– "त्यसतर्फ अंग्रेज कसरी आउँछ भनी बुझ्न मान्छे पठाउनू, आफ्ना गढ गौंडा मजबूत पारी होशियारीसित रहनू, तानसेन, बुटवल, नुवाकोट गैह्रमा जग्गाअनुसार तोप तयार गरी राख्नू ।"[११]

यस्तो आदेश आउनुभन्दा पहिल्यैदेखि उजीरसिंह थापाले अंग्रेजको हालखबर बुझ्न मानिस पठाइरहेका थिए ।

पाल्पाअन्तर्गतको रूद्रपुरको गढीमा सुबेदार रणसुर थापाको सिंहविक्रम कम्पनी तैनाथ थियो । माथागढीमा रणसिंह कम्पनीका दुई पट्टी खटाइएका थिए । नुवाकोटगढीमा सुबेदार विष्णुसिंह थापा दुई पट्टी फौज लिई बसेका थिए । खाँचीको मधेसमाथिको पहाडमा रहेको ठाडागढी हेर्ने जिम्मा त्यहींका मगर जातिलाई दिइएको थियो । उपेन्द्र कार्कीका भाइ छोरासमेत उनका छापका मानिस बल्ढ्याङगढी कुरेर बसेका थिए । उनीहरूका भरले यी गढीको सम्भार होला भनी उजीरसिंहको चित्तले देखेको थिएन । यी सबै ठाउँमा खटिएका मानिस र खजानाको विवरण चाँडो पठाऊ भनेर उजीरले ठाउँ ठाउँमा आदेश पठाए ।

पाल्पामा २५ वटा तोप थिए । तीमध्ये तानसेनमा भएका १९ र नुवाकोटमा राखेका तीनवटा तोप ठूला थिए । बुटवलमा स्थायी रूपमा तोप राखिएको थिएन । त्यति वेला शार्दूलजंग कम्पनीको एउटा तोप पठाइएको थियो । पल्टन जाँदा आउँदा पल्टनका दुईवटा तोप पनि सँगै जाने आउने गर्थे ।

उजीरसिंहले कम्पुको एउटासमेत चारवटा तोप बुटवल पठाउने व्यवस्था मिलाए । तीनवटा तोपका सर्जाम पनि तयार थिए । अर्को एउटा तोपका सर्जाम जाँची नपुग रहेछ भने त्यसको बन्दोबस्त गर्न उजीरसिंह लागे ।

पाल्पामा फौज पाल्ने विषयमा समस्या थियो । त्यहाँका कम्पनीलाई छुट्याइएको खान्गीका खेतले थोरै फौजलाई मात्र धान्थ्यो । त्यसमाथि कम्पनीका खेत कटौती गरेर उपेन्द्र कार्कीका तैनाथको धनुषी कम्पनीलाई भर्ना गरी दिनू भनी काठमाडौंबाट आदेश गएको थियो । त्यसैले महीनावारी तलब पाउने फौज पनि कम्पनीमा शामेल गर्ने हो कि भनी उजीरसिंहले सोधी पठाए ।

---

१० हरिवंश जैसीले कात्तिक सुदि १३ रोज ३ मा मुकाम बुटवलबाट पठाएको अर्जी, डीएनए १/१२ ।

११ भीमसेन थापा र रणध्वज थापालाई उजीरसिंह थापाले मिति कात्तिक सुदि १३ रोज ६ मा मुकाम पाल्पा, श्रीनगरबाट पठाएको पत्र, पोका ७, पत्रसंख्या २६ ।

धनुषी कम्पनीलाई १८७१ सालको दशैंसम्मको मात्र महीनावारी तलबको व्यवस्था भएको थियो। लडाइँको मुखमा पनि केही नपाउँदा उनीहरू सारै चटपटाइरहेका थिए।

पाल्पाले अन्तका कम्पनीलाई पनि पत्थर पठाउनुपर्थ्यो। ती कम्पनीहरूले पत्थर मागेका थिए तर पाल्पामा साबुद १,५०० र ठुटा १,५०० गरी ३,००० मात्र पत्थर थिए। पल्टनमा थप ४,००० साबुद पत्थर थिए। गोलीचाहिँ जगेरामा २२ हजार र पल्टनमा १७ हजार गरी ३९ हजार थिए। सिंहविक्रम कम्पनीमा गोली ३०० र पत्थर १५० मात्र थिए। शार्दूलजंग कम्पनीमा पनि गोली ३०० र पत्थर २०० मात्र थिए। यी दुई कम्पनीको खजाना देख्दा अरूमा पनि यत्तिकै होला भनी उजीरसिंहले अन्दाज गरे। "खजाना मजबुतै भया बखतमा काम पाइएला" भनेर पत्थर, गोली प्रशस्त पठाउन भीमसेन थापा र रणध्वज थापालाई उनले अनुरोध गरे। बारूद लिन चाहिँ प्युठान धर्मराज खत्रीछेउ मानिस पठाउने विचार गरेका थिए। त्यति वेला प्युठानमा बारूदखाना थियो, जसको हाकिम धर्मराज खत्री थिए।

युवा फौजी उजीरसिंहले अनुभवी र पाका कमान्डर भीमसेन थापा र रणध्वज थापालाई अंग्रेजको बलबारे बताए– "यो हरीप आजसम्मका अरूजस्तो छैन। ठूलो अक्कल, सर्जामको छ।" त्यसैले "सोमाफिक कनकटिस्टालगायत शतरूद्रा सर्वत्रलाई बल, खजाना पुगे नपुगेको तजबिज र पातलो भयाका ठाउँमा बल खजानाको ताकिता गर्न्यै हुन्या" भरोसा पनि उनले गरे।[१२]

नेपालमा त्यति वेला र पछिसम्म पनि सैनिकलाई स्थायी नियुक्ति दिने चलन थिएन। हरेक वर्ष एकवर्षे अस्थायी नियुक्ति दिइन्थ्यो। यस्तो नियुक्ति, सरूवा, बढुवालाई पजनी भनिन्थ्यो। पारिश्रमिकलाई जागिर भनिन्थ्यो। यो दुई तरीकाले दिइन्थ्यो– जग्गा र महीनावारी नगद, जसलाई दरमाह भनिन्थ्यो।

नेपाली सेनामा नियुक्ति नपाएका सैनिक पनि हुन्थे, जसलाई 'ढाक्र्या' भनिन्थ्यो। उनीहरू पछि कुनै वेला नियुक्ति पाइएला भन्ने आसमा पारिश्रमिकविनै आफ्नो घरभन्दा टाढाका गढी, गौंडामा नियुक्ति पाएका सैनिकसँगै बसेर लडाइँमा शामेल हुन्थे।

लडाइँका मुखमा आएर नेपालले लडाइँ लड्न झारा लाउने आदेश जारी गर्‍यो। विभिन्न ठाउँका कमान्डरहरूलाई यसबारे आदेश आएपछि कमान्डरहरूले आ-आफ्ना क्षेत्रमा झारा लाउन मानिस पठाए।[१३] सैन्य सेवा नबुझेका यस्ता मानिस लड्नभन्दा पनि होहल्ला गर्न र सामान बोक्न काम लाग्थे।

झाराली भेला गरेपछि उनीहरूलाई विभिन्न गढी गौंडामा पठाइयो तर सबैतिर पठाउन पर्याप्त झाराली थिएनन्। त्यसैले सबै ठाउँमा झाराली पुगेनन्। त्यस्ता

१२ भीमसेन थापा र रणध्वज थापालाई उजीरसिंह थापाले मिति कात्तिक सुदि १३ रोज ६ मा मुकाम पाल्पा, श्रीनगरबाट पठाएको पत्र, पोका ७, पत्र संख्या २६।

१३ भीमसेन थापा र रणध्वज थापालाई धर्मराज खत्रीले १८७१ कात्तिक सुदि १० रोज ३ मा मुकाम प्यूठान, सिकुवा डाँडाबाट पठाएको पत्र, १ सी. ४४१, पाना ८ पत्र संख्या ३।

ठाउँका कमान्डरले आफूले झाराली नपाएको गुनासो गरे- जस्तैः डडेलधुराको खुँडाकोटगढीका कप्तान वीरभद्र कुँवरले झाराली पाइएन भनी भीमसेन थापा र रणध्वज थापासँग गुनासो गरे । यसको जवाफमा भीमसेन र रणध्वजले भने– "आयाका झाराली तेता पनि पठाएको हो, थोरै भएछ । अब आएका झाराली त्यता पठाउँला ।"[१४]

धेरै ठाउँका कमान्डरले खजाना र सम्पत्ति नपुगेको गुनासो गरेका थिए तर पदनाहगढीका सुबेदार भक्तवत्सल मल्लले भने यस्तो गुनासो गरेका थिएनन् । "कम्पनी, हातहतियार र नाल सफा गरी रह्या छु । बाँकी एक पट्टीलाई खान्गी रह्याको छ । गुल्जार भयापछि एक-दुई वर्ष पुग्न्या छ ।" उनले मुलुकको हितका लागि काम गरिरहेको जानकारी दिँदै पछि पनि गरी रहने वाचा पनि गरेका थिए ।[१५]

भीमसेन थापा र रणध्वज थापाले पश्चिम कुमाऊँका कमान्डर बम शाहलाई लेखेका थिए– "कुमाऊँको संभारलाई तपाईं हुँदै हुनुहुन्छ । त्यताका गढका भारदारलाई सचेत गराउँदै रहनू, नयाँ खबर लेख्दै पठाउनू ।"

बम शाहलाई यसअघि पश्चिम मुहुडाबाट बुढाकाजी अमरसिंह थापा र कान्तिपुरबाट राजाले पनि ताकिता गरेका थिए– "गढी किल्ला मुलुकको आयु हो । तहाँ पनि तीन जग्गामा किल्ला बनाउनू ।" तर कम्पनीले पञ्च खतको दाम (ज्यान सजाय हुने, जेल पठाउनुपर्ने, मुडिनेलगायत पाँचवटा कसुरबापतको जरिवाना) नदिँदा गढ बनाउने काम ढिलो भएको थियो । कुमाऊँ भरका गर्खा-गर्खाका अमाली तहसिलवालालाई जग्गाबाट उठेको पैसा र झारा उठाई बनाउन लागेका गढी बनाइसक्नू र नयाँ बनाउनुपर्ने ठाउँका गढी बनाउनू भनी आदेश पठाई दिन चौतरिया बम शाहले राजालाई अनुरोध गरे ।[१६]

मधेसमा अंग्रेजले गरेका कामबारे ठाउँ ठाउँको खबर बुझ्न र चियो चर्चो गर्न बम शाहले सर्वत्र मानिस फिँजाएका थिए । उनीहरूले खबर ल्याए– "कुमाऊँका पहाडका भगौडा राजाहरूलाई नेपालीमाथि आक्रमण गर भनी अंग्रेजले फौज र खजाना दियो । गढवालका अन्तिम राजाका छोरा सुदर्शन शाही र कुमाऊँका अन्तिम राजाका काका लालसिंहलाई डाकी अनाज आदि किन्नलाई र स्युबंदी सिपाही राख्नलाई एक-एक लाख रुपियाँ दियो । पल्टन गैह्र साथ लाइदिउँला भनी कबोल गर्‍यो । गभर्नर जेनरल कलकत्ताबाट बरेली आएपछि भगौडाहरूसँग भेटघाट गर्ने भएका छन् । लालसिंहका छोरा गुमानसिंह रुद्रपुरमा बसेर फौजबन्दी गर्न लागेका छन् ।

१४ भीमसेन थापा र रणध्वज थापालाई कप्तान वीरभद्र कुँवरले १८७१ पौष वदि २ रोज ४ मा मुकाम खुँडाकोटबाट पठाएको पत्र, १ सी. २८५, पोका ९/२० ।

१५ भीमसेन थापा र रणध्वज थापालाई सुबेदार भक्तवत्सल मल्लले १८७१ कात्तिक वदि २ रोज १ मा मुकाम पदनाहगढीबाट पठाएको पत्र, डीएनए ४/९५ ।

१६ भीमसेन थापा र रणध्वज थापालाई बम शाहले १८७१ साल मिति आषाढ सुदि ३ रोज २ मा मुकाम अल्मोडाबाट पठाएको पत्र, डीएनए १/१८ ।

१८६७/६८ सालमा अल्मोडाका हतियार बनाउने कारखानामा बनेका ३०० नाल बन्दुक म्लेच्छकालानल कम्पनीका लागि पठाइएका थिए । त्यहाँ तैनाथ भवानीबक्सका चार पट्टीलाई नाल पुग्दो थियो तर त्यहाँ फलाम असल नहुनाले जो भयाका नाल ठीकैका मात्र थिए । भवानीबक्सका पुराना नाल पनि धेरै वर्षदेखिका हुनाले आधाभन्दा बढी बदल्नुपर्ने भएका थिए । त्यसैले बम शाहले राजालाई बिन्ती गरे– "५/६०० नाल र खजानाको चाँडो ताकिता भै वेलामा यहाँ आइपुगे काम छोपियेला । डोटीमा भारदार कोही छैनन् । १/२ भारदार र २/४ कम्पनी काठमाडौंबाट आए भने धाक पनि हुन जाला ।"[१७]

१८७१ सालको शुरूतिरै नेपाललाई यस ठाउँमा अंग्रेजसँग लडाइँ पर्लाजस्तो लागेको थियो । नालापानी यहाँको महत्त्वपूर्ण किल्ला थियो । यहाँ बलियो किल्ला बनाइयो भने सबै कुरा ठीकठाकसँग चलाउन सकिन्छ भन्ने ठानेर यो किल्ला बनाउन थालियो तर यस काममा २/३ जनालाई मात्र खटाइएकाले किल्ला बन्न ढिलो भयो । त्यसबाट असन्तुष्ट भएका राजा गीर्वाणयुद्धले काजी रणजोर थापालाई आदेश दिएका थिए– "यो किल्ला अरूजस्तो सामान्य खालको हुनुहुँदैन । बलभद्र कुँवरलाई किल्ला कसरी बनाउनुपर्छ भनेर सबै कुरा थाहा छैन होला । तिमीलाई फुर्सद भएका वेलामा त्यहाँ जाऊ र किल्ला बनाउने तरीका बताइदेऊ । किल्लाको काम कति भयो, कति बाँकी छ भनेर हेर्न तिमी समय समयमा त्यहाँ जाऊ र काम चाँडो गराऊ ।"[१८]

यसपछि किल्लामा पर्खाल थपिएको थियो, किल्ला मर्मत गरिएको थियो ।

१८७१ साल कात्तिकमा जोसुकै मानिस नदी तर्न नपाऊन् भनी राजाले कर्णाली घाटका माझीलाई गौंडाका भारदारको राहदानी नभएका मानिसलाई घाट नतार्नू, गौंडाबाट भारदारहरूले खर्च लिन पठाएका मानिसलाई राहदानी हेरेर घाट तारिदिनू भन्ने आदेश दिए। अरू मानिसलाई नदी तारे दण्ड गर्ने चेतावनी पनि उनले दिए।[१९]

दुवैतिरबाट यति तयारी भइसकेपछि अंग्रेजले पहिलो आक्रमण गर्नका लागि नालापानी किल्ला छान्यो । नालापानीमाथि उसले गरेको पहिलो हमला विफल भएको बयान पहिलो अध्यायमा गरिसकिएको छ । त्यसपछि नालापानीमा के भयो भन्ने बयान यसपछिको अध्यायमा गरिएको छ ।

---

१७ बम शाहले १८७१ साल मिति आश्विन सुदि ८ रोज ६ मा मुकाम अल्मोडाबाट पठाएको अर्जी, डीएनए ३/१५ ।

१८ राजा गीर्वाणयुद्धले रणजोर थापालाई १८७१ ज्येष्ठ सुदि ४ मा लेखेको पत्र, बाबुराम आचार्यले लेखेको र पुरुषार्थ मासिक (वर्ष १, संख्या ३, फाल्गुण २००६), पेज ११३-११५ मा प्रकाशित ऐतिहासिक पत्र (संग्रह ५) को अंग्रेजी अनुवाद । Regmi Research Series Year 3, No.1, January 1 1971.

१९ वि.सं. १८७१ कात्तिक २३ गतेका १७ वटा लालमोहर, महेशराज पन्त, पूर्णिमा २४ अंक ३, पेज ५३-५९ ।

नालापानीमा नेपालीको हार

अंग्रेज सैन्य नेतृत्व नालापानी जसरी पनि कब्जा गर्ने सुरमा थियो । त्यसैले अंग्रेज कमान्डले फौजलाई नालापानीलाई साँघुरो गरी घेराबन्दी गर्न र यसलाई कब्जा गर्न चाहिने सबै बल जुटाउन आदेश दियो ।[1] नालापानीमा यसअघि गरेको हमला असफल भएपछि कर्णेल मबीले ठूला तोपविना नालापानी कब्जा गर्न नसकिने ठहऱ्याएका थिए । उनले आगराबाट ब्याटरिङ ट्रेन (तोपको सेट) पठाइदिनू भनी अर्डर गरे । त्यस ट्रेनमा उनले १८ पाउन्डका गोला खाने चारवटा तोप, २,४०० शट, दुईवटा आठ इन्च मोर्टार र ४०० शेल मगाएका थिए । मेजर पेन्निङ्टनले नेतृत्व गरेको तोपवाला फौजलाई नालापानी ध्वस्त पार्न यति हतियार नभई हुँदैन भन्ने लागेको थियो ।

कर्णेल मबीले थप तयारीबारे यसरी वर्णन गरेका थिए :

> *नालापानी किल्ला वरपरका डाँडा घना जंगलले ढाकिएका छन् । त्यसैले मैले मेरो छाउनी अहिले भएको ठाउँ (नालापानीको ठीकमुनिको टार) बाट हटाएर साढे दुई किलोमिटर टाढाको देहरामा सार्नुपर्ने भएको छ । फौजका धेरै पंक्तिलाई परिचालन गर्न सजिलो होस् भनेर कात्तिक १६ गते बिहानमात्र जेनरल जिलेस्पीले छाउनी यहाँ सारेका थिए । हालकै ठाउँलाई बलियो सुरक्षा दिएर छाउनी त्यहाँ सार्दा घाइते धेरै टाढासम्म ओसार्नु पर्दैनथ्यो तर वैरीको आनीबानी विचार गर्दा र उनीहरूले राति हमला गर्ने डर भएकाले यहाँ छाउनी राख्नु उचित हुँदैन । त्यसैले घाइतेलाई अलि अप्ठ्यारो हुने भए पनि वैरीको किल्लाभन्दा अलि टाढै बस्दा सुरक्षित भइन्छ भन्ने ठानेको छु ।*
>
> *नालापानी किल्ला नदेखीकनै हामीले यो जति दह्रो छ भनी अन्दाज गरेका थियौं, त्यसभन्दा धेरै गुणा बलियो रहेछ ।[2]*

1 Letter to John Adam from G. H. Fagan, 9th November 1814, Nepal Papers, Page 438.
2 Letter to Lieutenant-Colonel Fagan from S. Mawbey, 2d November 1814, Nepal Papers,

कर्णेल मबीलाई आगराबाट चलान भएको ब्याटरिङ ट्रेन तीन हप्ता नभई देहरा आइपुग्लाजस्तो लागेको थिएन । मबीले इन्जिनियरिङ पल्टनका लेफ्टिनेन्ट ब्लेन घाइते भएकाले त्यस पल्टनको कोही अर्को अफिसर देहरा पठाइदिन लेफ्टिनेन्ट कर्णेल फागनलाई अनुरोध गरे– "हाल आगरामा रहेका इन्जिनियरिङ पल्टनका क्याप्टेन स्मिथलाई म मातहतको फौजमा पठाइदिनुभए आभारी हुने थिएँ ।"[३]

हिन्दुस्तानी इन्फ्यान्ट्रीको ठूलो फौज, यसअघि दून र गढवालका अन्य भागमा रहेको म्यादी फौजको ठूलो हिस्सा र जैथक किल्लामा हमला गर्न खटिएका सिपाही नालापानी पठाइए । यति वेला नालापानीमा कम्पनीका झन्डै १०,५०० सैनिक भेला भएका थिए । तोप पनि बढाइयो । त्यहाँ १८ पाउन्डका गोला खाने चारवटा र छ पाउन्डका गोला खाने छवटा तोप, दुईवटा ८ इन्च मोर्टार, दुईवटा ५.५ इन्च मोर्टार, दुईवटा ४.५ इन्च मोर्टार तथा ५.५ इन्चका दुईवटा र ४.४ इन्चका पाँचवटा हाउविट्सर भेला पारिए ।[४]

नेपालतर्फबाट अंग्रेजसँग लडाइँ गर्न म्लेच्छकालानल कम्पनी, काजी जसपाउका तीन पट्टी, गोरखका दुई पट्टी तथा रनसुर थापाको एक पट्टी, सुबेदार चामु बस्न्यात र समेरू सर्वजंगको एउटा कम्पनी पनि पठाइयो । उनीहरू कात्तिक २० गते नालापानीमा शामेल भए ।[५]

तोप आइपुग्ने समय पर्खेर बसेका वेलामा कर्णेल मबी किल्लामा जाने पानी र खानेकुरा बन्द गर्न सकिन्छ कि भनेर हेर्न लागे तर किल्लामा जाने बाटा असाध्यै धेरै भएकाले यसो गर्न सकिँदैन कि जस्तो उनलाई लाग्यो । नालापानी किल्लामा लगेको पानीको मुहान आफूले पहिले सोचेभन्दा बढी नै किल्लानजीक रहेको उनले पाए । जेजस्ता तयारी गरे पनि मबीलाई घरी घरी यस्तो लागिरह्यो– "वैरीले यो किल्लाको सुरक्षाका लागि अत्यन्त ठूलो बहादुरी देखाएका छन् ।"[६]

कर्णेल मबी ठूला तोप नालापानी किल्लाको सकेसम्म नजीक पुऱ्याउन बाटो बनाउने काममा पनि लागेका थिए । यस क्रममा पनि उनीहरूले समस्या भोग्नु परेको थियो । नालापानी किल्लाका नेपाली कमान्डरहरूका अनुसार :

Page 460-61.

3 Letter to Lieutenant-Colonel Fagan from S. Mawbey, 2d November 1814, Nepal Papers, Page 460-61.

4 Secret letter from Lord Moira, 2d August 1815, Nepal Papers, Page 673-763.

५ बलभद्र कुँवर, रिपुमर्दन थापा, गंजसिंह थापा, दलजित कुँवर र दयाराम खड्काले कात्तिक वदि ६ रोज ५ मा मुकाम नालापानीबाट चढाएको अर्जी, १ सी. ४४६, पाना १२ को दोस्रो पत्र ।

6 Letter to Lieutenant-Colonel Fagan from Colonel S. Mawbey, 3d November 1814, Nepal Papers, Page 461.

ठूलो लडाइँ भएपछि किल्लाका उत्तर-दक्षिणतर्फ दुई दिन केही लश्कर, बेलदार लिएर वैरी आएको थियो । जंगलबाट हान्न पठाउँदा वैरीका ८/१० जना मरे, १५/१६ जना घाइते भए ।

कात्तिकका २९ दिन, किल्लादेखि उत्तरपट्टि जग्गा हेरी बाटो बनाउनलाई एक पल्टन र ज्यामी लिई दुई साहेब आएका थिए । जंगलबाट डेउढालाई हान्न पठाउँदा ५/७ जना घायल भै भागे ।

मंसिरको संक्रान्तिका दिन किल्लादेखि दक्षिणपट्टि नालापानीको बाटो बनाउन चार सोश र एक पल्टन गोरासमेत ज्यामी लिई आएका थिए । जंगलबाट डेउढा हान्न पठाउँदा पाँच जना मरे, छ सात जना घायल भए । होहल्ला गर्दै पछि हटे । हाम्रा कसैलाई केही भएन ।

मर्न्या जर्नेल जिलेस्पीकी बहिनी दाज्यूका र लोग्न्याका विरहले आइपुगी । आजभोलि घोडाको सवारी गरी ५/४ साहेब साथमा लिई तोपको मार हान्न सकिने ठाउँबाट दूरबीनले किल्लावरिपरि हेर्छे । २४/१८ को तोप पनि आइपुग्यापछि टाढैबाट रातदिन गरी सात दिनसम्म तोपका गोला बर्साउँला, आठौं दिनमा भिड्न जाउँला भन्न्या मनसुबा (वैरीले) गर्छ भन्न्या हल्ला ल्याउँछन् । उसको फौज, खजाना र तोप दिनहुँ थपिँदै छ ।

"काजी जसपाउ थापालाई पठायाको छ, पुगनन्" भनी नाहानबाट काजी रणजोर थापाको चिठी आयाको छ ।

कात्तिक २६ गते बुधवार "काजी रेवन्त कुँवरलाई पठाइ दिञ्यूँ" भन्न्या चौतरिया बम शाहको चिठी र "१०/१५ दिनमा आइपुगुँला" भनी काजी रेवन्त कुँवरका चिठी आएका थिए । काजी जसपाउ थापा र रेवन्त कुँवर आइपुग्यापछि सल्लाह बाँधी किल्लाको होशियारी गरी श्री ईश्वरीका कृपाले, राजाका पुण्य प्रतापले र तपाईंहरूका (भीमसेन थापा र रणध्वज थापाका) जसले कुइन्यालाई काटी हटायाको छ । अझै पनि हटाउने नै छौं ।[७]

नेपाली फौजका कामलाई पनि अंग्रेजले सजिलो हुन दिएको थिएन । त्यहाँको अवस्थाबारे चौतरिया बम शाहले अलमोडाबाट लेखेअनुसार :

---

७ जर्नेल भीमसेन थापा र काजी रणध्वज थापालाई बलभद्र कुँवर, रिपुमर्दन थापा, चन्द्रवीर थापा, नाथु माझी, चामु बस्न्यात, गंजसिंह थापा, दलजित कुँवर र दयाराम खड्काले कात्तिक सुदि ६ रोज ५ मा मुकाम नालापानी किल्लाबाट लेखेको पत्र, डीएनए २/१८ ।

कुइन्याले मुख्य बाटो छेक्दा हुलाक नचल्दा नाहानबाट काजी रणजोर थापाले जोगी छेउ बाटो फेरेर चिठी लैजानू भन्नुभएछ । नाहानबाट जोगी नालापानीमा बलभद्र कुँवर कप्तानछेउ आएछ । कप्तानले चह्राइ पठायाको अर्जी पनि चह्राई पठायाको छ ।

मलाई लेख्याका चिठीमा "खजाना, विष, वाण र पत्थर पठाइदिनू" भनी लेख्याको रहेछ । बारुद, गोली, पत्थर, विष, शर र केही बन्दुक यहाँ भयाअनुसार काजी रेवन्त कुँवरमार्फत पठायाथ्यूँ । यहाँ पनि धेरै नभएकाले थोरै गयो । काजी रेवन्त कुँवरलाई पनि "रात दिन गरी नालापानी जानू" भनी अह्राइ पठायाको छ ।

हाम्रा फौजले नालापानीमा किल्लाबाट बाहिर निस्किई वैरीलाई हान्दा हाम्रा अलिक मानिस खर्च हुन गया छन् । किल्लाबाट बाहिर निस्केर वैरीलाई हान्दा सुबेदारसमेत पर्दा आज भोलि नालापानीमा फौज अलिक पातलै होला भन्न्याजस्तो देखिन्छ । "हान्न बाहिर ननिस्कनू" भनी कुँवर कप्तानलाई लेखी पठायाँ । रेवन्त कुँवर काजीलाई पनि अह्राई पठायाको छ ।[८]

नालापानीमा लगेको पानीको मुहान भएको ठाडो खोला नेपालीको सुरक्षा पोस्टको नजीकै छ भन्ने अंग्रेज फौजले सुन्यो । ठूलो फौज पठाएर पानीको मुहान बन्द गर्न सकेमा नालापानी किल्लामा नेपालीहरूले भरेर राखेको पानी चाँडै सिद्धिन्छ र त्यसो भएमा नेपाली सेना किल्ला छाडेर भाग्छ भन्ने अनुमान उसले गऱ्यो ।[९] नेपालीलाई भाग्न नदिन उनीहरू भाग्न सक्ने बाटोमा ठूलो फौज राख्ने योजना अंग्रेज कमान्डरले बनाए ।

कर्णेल मबीले मगाएको ब्याटरिङ ट्रेन कात्तिक २८ गते आगराबाट हिंडेर मंसिर ११ गते नालापानीसामुन्नेको क्याम्पमा पुग्यो । किल्लामा हमला गर्न ढिला गऱ्यो भने नेपालीले आफ्नो आन्तरिक प्रतिरक्षा बलियो बनाउन समय पाउँछन् भनेर कर्णेल मबी डराएका थिए । त्यसैले नालापानीमा हमला गर्न उनी अधीर भएका थिए । नालापानी किल्लाभित्र पस्न सकिन्छ कि सकिँदैन भनेर हेर्न उनले इन्जिनियर्स र आर्टिलरी विभागका अफिसरलाई पहिल्यै खटाएका थिए । उनीहरूले किल्लाभित्र सजिलै पस्न सकिन्छ भनेर रिपोर्ट दिएका थिए । टाढैबाट किल्ला हेर्दा कर्णेल मबीलाई पनि यसो गर्न सकिन्छ भन्ने लागेको थियो ।

---

८ चौतरिया बम शाहले १८७१ कात्तिक सुदि १ रोज ७ मा अल्मोडाबाट पठाएको अर्जी, डीएनए २/१९ ।

9 Letter to Mawbey from Colonel David Ochterlony, 16th November 1814, Page 475.

त्यसपछि मंसिर १२ गते शुक्रवार अंग्रेजले नालापानी किल्लामा तोपबाट हमला थाल्यो ।

मबीले नालापानीमा हमला गर्न पैदल सेना खटाउने तयारी पनि गरे । हमला गर्दा नेपालीहरू भाग्लान् भनेर मबीले उनीहरू भाग्न सक्ने सबै गौँडा र बाटामा फौज खटाए । हमला नगर्दै नेपालीहरू राति नै भाग्लान् भनेर पनि फौजलाई सतर्क गराए ।

हमला गर्ने फौज किल्लाभित्र जाँदा पनि वैरीलाई भाग्ने ठाउँ नदिनू भनेर उनले कडा आदेश दिए । हमला गर्ने पंक्ति किल्लाको नजीक पुग्न आँटेका वेलामा अर्को पंक्तिले परबाट आक्रमण खोल्नू, जसले गर्दा वैरीको ध्यान मुख्य हमला गर्ने फौजतिर नजाओस् भनी आदेश दिए । नालापानीमा हमला गर्न उनले अग्रिम पंक्तिमा ५०० जनाको फौज खटाउने निर्णय गरे । मंसिर १४ गते दिउँसो १ बजे नालापानी किल्लामा हमला गर्न उनले अघिल्लो दिन (मंसिर १३ गते) दिउँसो १२ बजे पैदल सेनालाई यस्तो फील्ड आदेश दिए :

> *हमला गर्ने दल किल्लाको ढोकातिर जाँदा फायरलक लोड नगर्नू । भाँजा बन्दुकको संगिनले काट्नू । अर्को कम्पनी बन्दुक लोड गरेर अलिअगाडि जानू र पछिल्लो टोलीलाई सुरक्षा दिनू । यस कम्पनीले ढोका अथवा किल्लाको पर्खालमा जहाँ-जहाँ वैरी भेट्छ, उसलाई त्यहीं त्यहीं ढाल्नू । हमला गर्ने दललाई सहयोग गर्नका लागि ट्रेन्चमा फौज तयार राख्नू । लेफ्टिनेन्ट कर्णेल बकल्यान्ड र बाँकी फौज आवश्यक पर्ने बित्तिकै अघि बढ्न तयारी अवस्थामा क्याम्पमै बसी रहनू ।*
>
> *ढोकाभित्र पसिसकेपछि हमला गर्ने दलका आधा फौज दाहिनेतिर र आधा फौज देब्रेतिर बाँडिनू, किल्लाको पर्खाललाई पूरै घेर्नू र वैरीलाई किल्लाबाट बाहिर धपाउनू । बाँकी फौजले आफ्नो शिविरको पहरा गर्नू । पछाडिको डाँडामा वैरीका सिपाहीजस्ता देखिने मानिस यताउति गर्दै छन् । तिनका गतिविधिमा ध्यान दिनू ।*[१०]

अंग्रेजको तयारीले नालापानीमा रहेको नेपाली फौजलाई अत्यायो । त्यो लडाइँ लडेका रिपुमर्दन थापाका अनुसार "कुइऱ्याले आगराबाट तीनवटा ठूला तोप ल्यायो । सर्वत्रको आफ्नो पल्टन फौज कट्टा गरी यहाँ ल्यायो । ...मंसिरका १२ दिन जाँदा देहरादूनको गुरुद्वाराबाट फौज उठी एक मुख नालापानीको बाटो,

---

10 Field Order by Colonel Mawbey, Commanding Second Division Field Army, Camp before Kalunga, 27th November 1814, Nepal Papers, Page 466.

एक मुख डाँडालखुंडको बाटो र एक मुख नागलको बाटो, एक मुख अस्तलको बाटो चारैतर्फ समस्त गरी आयो ।"[११]

अंग्रेजले यसअघि नै शुरू गरेको तोपको हमलाले गर्दा नेपाली फौज आत्तिइसकेको थियो । मंसिर १४ गते दिउँसो १ बजेसम्ममा तोपका गोलाले किल्लाभित्र पस्ने बाटो खोली दिएको ठानेर मबीले पैदल सेनालाई नालापानीमा हमला गर्ने आदेश दिए ।[१२]

नालापानी किल्लामा मान्छेको टाउको लुकाउन सजिलो होस् भनेर चूनले जोडेर पहिले बनाएको भागमाथि पछि ढुंगाको पर्खाल लगाइएको थियो । अंग्रेजले लगातार बर्साएका तोपका गोलाले पर्खालका ढुंगा उडाउँदा तिनै ढुंगा लागेर केही नेपाली घाइते भए । बुर्जामा चढाएका नेपालीका तीनवटा तोपमा अंग्रेजका तोपका गोला लाग्दा ती किल्लाबाहिर परे । उत्तरतिर खसेको तोपलाई त नेपालीले दक्षिणतिरको जमीनमा छाँदे । अगाडि खसेको तोप भने त्यहीं रह्यो । एउटा गढवाली फलामे तोप र अरू तीनवटा तोपमा बुर्जाका ढुंगा पसेकाले र तखता खलबलिएकाले ती चल्न बन्द भइसकेका थिए ।

अंग्रेजको तोपबाट एकोहोरो बर्सिएका बम गोला र राल गोलाले किल्लाभित्र बसेका नेपालीलाई घाइते बनाउँदै लग्यो । दुई दिन र दुई रातसम्म यसरी अंग्रेजले तोपका गोला हान्दा उत्तरपट्टिको चिट भत्किएर जमीन बराबर भइसकेको थियो ।

मंसिर १४ गते आइतवारका दिन अंग्रेज एकतर्फी तोपले हान्दै रह्यो । किल्लामा आएका वैरीलाई नेपालीले ढुंगाले हानेर मारे । त्यस दिन नेपालीतर्फ सुब्बा चन्द्रवीर थापा, सुब्बा नाथु माझी, सुबेदार दलजित कुँवर र म्लेच्छकालानल कम्पनीका जम्दार दलजित शाहीको ज्यान गयो । अंग्रेज तोप चलाउँदै रह्यो । पैदल हमला खोलेको दुई घण्टापछि दिउँसोको ३ बजे तोप बन्द गरी किल्लामा मारिएका आफ्ना सैनिकका लाश माग्न अंग्रेजले मानिस पठायो । भित्र अडकिएका अंग्रेजका लाश नेपालीले किल्लाबाहिर झारिदिए । लाश लगेपछि अंग्रेजले फेरि बरोबर तोप चलायो । त्यस दिन किल्लाभित्रका धेरै नेपाली मारिए । केही खजाना पनि पोलियो । जो भयाका मानिस पनि ठहर्न नसकी किल्लाबाहिर निस्किए ।[१३]

---

११ जर्नेल भीमसेन थापा र रणध्वज थापालाई रिपुमर्दन थापाले १८७१ पौष वदि १२ रोज १ मा मुकाम श्रीनगरबाट पठाएको पत्र, डीएनए २/१५ र रिपुमर्दन थापाले १८७१ पौष वदि १२ रोज १ मा मुकाम श्रीनगरबाट राजालाई पठाएको अर्जी, डीएनए १/४५ ।

12 Letter to Colonel Fagan from S. Mawbey, 27th November 1814, Nepal Papers, Page 465.

१३ रणदीपसिंह बस्न्यात, रेवन्त कुँवर र बलभद्र कुँवरले संवत् १८७१ मार्गशीर्ष वदि १२ रोज ५ मा मुकाम चमुवाबाट पठाएको अर्जी, डीएनए १/४६ ।

यति हुँदाहुँदै पनि त्यस दिन अंग्रेजको जीत हुन सकेन । त्यस दिन पैदल हमला खोलेको दुई घण्टामै अंग्रेज फौज नराम्रोसँग हारेर फर्कनुपर्‍यो ।

सो हमलामा हार्ने अंग्रेज फौजका कमान्डरले आफ्नो अनुभव यसरी रिपोर्ट गरेका थिए :

> *हाम्रो फौज किल्ला बसेको डाँडामा त पुग्यो तर किल्लाभित्र पस्न खोज्दा दुई घण्टासम्म उनीहरूले नेपालीका मस्केटरी र म्याचलक्सको कठोर हमला भोग्नुपर्‍यो । हाम्रा सैनिक बहादुरीका साथ किल्लामा पस्न खोज्थे तर नेपालीले बर्साएका ढुंगा, भाला, काँड आदिले उनीहरूको बाटो छेक्थे । किल्लाभित्र पस्न खोज्ने अंग्रेजलाई घोच्न नेपालीहरू तीखा भाला र तीखा बाँस लिएर बसेका थिए ।*[१४]

अंग्रेजको रेकर्डअनुसार त्यस दिन उसका क्याप्टेन र लेफ्टिनेन्टसमेत गरी ३५ जना सैनिक मारिए । मेजर, क्याप्टेन र लेफ्टिनेन्टसमेत ४४४ जना घाइते भए ।[१५] त्यस हमलाको नेतृत्व गरेका कर्णेल मबीले त्यस दिनको लडाइँबारे लेखेका छन् :

> *अंग्रेज फौजका उत्कृष्ट अफिसर क्याप्टेन क्याम्पबेल र लेफ्टिनेन्ट ह्यारिङ्टन हाउविट्सर र १२ पाउन्डका गोला खाने तोपको कमान्ड गर्दै किल्लाको ढोकाछेउ पुगेका थिए । क्याप्टेन क्याम्पबेल त्यहीं मारिए । लेफ्टिनेन्ट ह्यारिङ्टन ढोकाको सामुन्ने बहादुरीका साथ ढले । लेफ्टिनेन्ट लक्सफोर्ड सिकिस्त घाइते भएका छन् । उनी बाँच्ने आशा छैन । कर्णेल बकल्यान्ड घाइते भएका छन् तर उनलाई सानो चोटमात्र लागेको छ भन्ने सुनेको छु ।*
>
> *तिखा शेल बर्साउँदा नेपालीको आश्चर्यजनक प्रत्याक्रमण कम होला भन्ने आस गरेर मैले ती हतियार चलाउन आदेश दिएको थिएँ ।*
>
> *यो उदास रिपोर्ट तयार गर्दा यस लडाइँमा बहादुर अफिसर र सिपाहीहरू मारिएको र घाइते भएको कुरा बताउनु पर्दा मलाई दुःख लागेको छ । हाम्रा सिपाहीले आज कति बहादुरीका साथ लडे भन्ने कुराको वर्णन गर्न म सक्दिनँ । हामीले बहादुरीका साथ गरेका आक्रमणलाई वैरीको हताश प्रतिरक्षाले असफल बनाइदियो । त्यसैले मैले किल्लामा हमला गर्न गएको हाम्रो फौजलाई फिर्ता बोलाउनु उपयुक्त ठानें ।*

---

14 Letter to Colonel Fagan from S. Mawbey, 27th November 1814, Nepal Papers, Page 465.

15 Return of Killed, Wounded and Missing, of a Detachment of the Field Army at the Assault at the Fort of Kalunga, under the Command of Colonel S. Mawbey, commanding second division field army on the 27th November 1814, Nepal Papers, Page 471.

अब मसँग एउटै उपाय बचेको छ । त्यो हो, नालापानी किल्ला धूलो पिठो भएर माटोमा नमिलेसम्म लगातार गोलाबारी गरिरहनू ।[१६]

आफूले सजिलै जित्छु भनेको हमलामा हार खानु परेकोमा कर्णेल मबीलाई अचम्म लागेको थियो, उनी निराश भएका थिए ।

कर्णेल मबीलाई आफ्नो हार हुनुमा दुईवटा कारण थिएजस्तो लागेको थियो । पहिलो र मुख्य कारण– वैरीको वीरोचित समर्पण भाव । "हाम्रो अगुवा टोलीले बन्दुक, मोर्टार र तोपबाट लगातार हमला गर्दा पनि उनीहरूले किल्लाको ढोकाको प्रतिरक्षा बलियोसँग गरे र हमला टोलीलाई ललकारे ।"

दोस्रो कारण– किल्लावरिपरिको पहाड अति भिरालो हुनु । "डाँडाको टुप्पाबाट तल झर्ने पाखो अति भिरालो छ । हाम्रो फौजका सबैभन्दा बहादुर सैनिक पनि भिरालो पहाडबाट तल झर्न सकेनन् । यो हामीले पहिल्यै थाहा पाउन सक्ने कुरा थिएन ।"

मबीले यो कुरा निकै ढिलोमात्र थाहा पाए । यसको परिणामबारे उनले लेखेका छन्– "यसो भएकाले थोरैमात्र ढिलो हुँदा पनि वैरीको घातक आक्रमणले हाम्रा सबै मानिसलाई ढाल्यो । त्यहाँबाट थोरै सैनिकमात्र उम्कन सके । उनीहरू पनि भुइँमा राखिएका धराप र बाँस छलेर भाग्न असम्भव थियो ।"[१७]

तर, मबी लडाइँ छाड्ने सुरमा थिएनन् । उनलाई आस थियो– "अर्को फौजलाई किल्ला जान उक्लँदा गोली नचलाईकन जानू भन्ने कडा आदेश दिएर हमला गर्न पठायो भने वैरीको बहादुरीलाई पनि हराएर किल्ला कब्जा गर्न सकिन्छ ।"

अंग्रेज फौजले नालापानीमा निकै खजाना खर्च गरिसकेको थियो । मबीले लेखेका छन्– "हामीसँग भएका १८ पाउन्डका ७०० गोला खर्च भइसकेका छन् । अब हामीसँग ५०० जतिमात्र गोला बाँकी छन् । त्यसैले दिल्लीबाट पठाएका थप गोला यहाँ आई नपुगुञ्जेल हामीले आफूसँग भएका यी गोलालाई सकेसम्म फारू गरेर खर्च गर्नुपर्ने भएको छ ।"

यो असफलतापछि मबीलाई हमला गरेरमात्रै नालापानी किल्ला कब्जा गर्न सकिँदैन भन्ने लाग्यो । उनले किल्लामा जाने खानेकुरा र पानीको आपूर्ति बन्द गर्न कडिकडाउ गर्ने र नेपालीको सहयोगका लागि थप फौज आयो भने त्यसलाई किल्लाबाहिरै रोक्न हर प्रयास गर्ने निधो गरे ।

---

16 Letter to Colonel Fagan from S. Mawbey, 27th November 1814, Nepal Papers, Page 465.
17 Letter to Lieutenant-Colonel Fagan from S. Mawbey, 28th November 1814, Nepal Papers, Page 466-467.

तर, यो काम एकदमै कठिन छ भन्ने उनलाई थाहा थियो । किल्लाभित्र पानी एउटा मुहानबाट मात्र लगिएको थिएन । किल्ला भएको डाँडानजीकै चारैतिरबाट लगिएको थियो । मबीले आफ्ना सबै फौजलाई त्यस काममा खटाउन मिल्दैनथ्यो । त्यसमाथि यहाँको भौगोलिक अवस्था अप्ठ्यारो रहेको उनले बुझिसकेका थिए । पालविना सिपाहीलाई राति शीत र सिरेटोमा पहरा दिन खटाउँदा उनीहरू बिरामी पर्न सक्थे । किल्लामा जाने पानी रोक्न पनि सजिलो थिएन किनभने पानीका मुहान किल्लानजीकै थिए । किल्ला जान र त्यहाँबाट बाहिर आउन चारैतिर जंगलमा कति हो कति बाटा थिए । यसले गर्दा किल्लामा जाने खानेकुरा बन्द गर्न पनि सजिलो थिएन ।

मबीले लेखेअनुसार दुई-तीन दिनअघिदेखि किल्लाभन्दा पछाडिको डाँडामा ३००-४०० मानिस हिंडडुल गर्दै थिए । किल्ला घेरा हाल्ने हुँदा अंग्रेज फौज छाउनीबाट टाढा बस्नुपरेको थियो । पाँच सयजतिको फौज लगातार ट्रेन्चमा खटिनुपरेको थियो । वैरी आउन जान नपाऊन् भनेर फौजले मूल बाटामा पहरा दिनुपरेको थियो । यसले गर्दा फौज असाध्यै थाकेको थियो । त्यसो भएकाले डाँडामा देखिएका ती मानिसलाई राति अँध्यारोमा किल्ला पस्न नदिने प्रभावकारी उपाय अपनाउन सकिँदैनथ्यो ।

मबीले लेखेका छन्– "तैपनि यसो गर्न हर सम्भव उपाय अपनाउँछु । यति भएपछि वैरीका किल्लामा भएको खानेकुरा सकिन्छ भन्ने मलाई लागेको छ तर यस सम्बन्धमा मैले जति कुरा सुनेको छु, ती अस्पष्ट, एकापसमा बाझिने, अपुष्ट र कतिवेलामा त झूटा हुने गरेका छन् ।"[१८]

यसबीच मबीले नालापानी किल्लामा जाने पानीका मुहान बन्द गरिदिए । उनले यसअघिको असफल आक्रमणबाट आफूलाई एउटा फाइदा भएको ठह‍र्‍याएका थिए । त्यो हो, धेरै नेपाली सिपाही किल्ला छाडेर भाग्नु ।

हो, नेपालीको अवस्था राम्रो थिएन । नालापानी किल्लाको मद्दतका लागि फौजसहित हिंडेका काजी रणदीप सिंहले नाहान आइपुगेर "हामी आउँदै छौं" भनी खबर पठाएका थिए । नालापानीका कमान्डरले सात जना तिलंगा पठाई "रात बिरात गरी चाँडै आउनू" भनी खबर दिए । रणदीपको फौज राजपुर आइपुग्दा नपुग्दै अंग्रेजले नालापानीलाई घेरा हाल्यो । उनीहरू किल्लाभित्र पस्न पाएनन्, सरुन गाउँका टिपामा खलंगा हाली बसे । बम शाहले काजी रेवन्त कुँवरमार्फत कुमाऊँबाट पठाएको थोरै तिनो बारुद, गोली, पत्थर, विष, शर र बन्दुक पनि किल्लामा पुग्न पाएनन् ।

---

18 Letter to Fagan from S. Mawbey, 28th November 1814, Nepal Papers, Page 466-467.

अंग्रेजले हमला जारी राख्यो । त्यो हमला खपेका रिपुमर्दन थापाले त्यो लडाइँको बयान यसरी गरेका छन् :

अंग्रेजले चारैतर्फ २०/२५ तोप ल्याएको थियो । कोठा बनाई, माटो हाली, आड बनाई पूर्व र उत्तर तर्फ काँडले मार हान्न सकिने दूरीमा ल्याई ठूलो तोप खडा गऱ्यो । हाम्रो किल्ला बनिसकेको थिएन । चुनले गाँसेको भित्तोदेखि माथि हामीले ढुंगा थपेका थियौं । एकै-एकै ठूला तोपका गोलाले त्यसलाई भत्काइहाल्यो । चुन लगायाको पर्खाल भन्या खाली ढुंगा भत्कँदाझैं भत्केन । रातदिन एकछिन खाली नरही तोप चलाउँदा चूर्णचूर्ण गरी भत्काया ।

बाहिरको पानी बन्द गरिहाल्यो । सय/१२० घैला घ्याम्पा पानी भरी अंगद कप्तानले बनायाका बुर्जामा राख्याको थियो । त्यसै बुर्जामा २०/२५ बम गोला, राल गोला पारी पानीका घडा घ्याम्पा फोरी पानी पोखिदियो । बम गोला, राल गोला, तोपका छर्राले मानिसलाई चोट लगाई सकिहाल्यो । पूर्वपट्टि र उत्तरपट्टिका पर्खाल भत्काई जमीन बरोबर गरी सकिहाल्यो ।

जो भयाका मानिस सोमवारका आधा रातिमा हडबडाई सबै निशान लिई मुढा, हाँगा बिंगा नाघेर बाहिर दूनतर्फ निस्क्या छन् । कप्तान (बलभद्र कुँवर), म, चामू बस्न्यात, गंजसिंह थापा काँचा चामल खान लागेका थियौं । "मानिस त सबै निस्क्या छन् । निशान लिई भाग्या" भनी सुन्दा चारै जना निस्केर हेर्दा सबै निस्किगया छन् । निशान पनि निकासी हाल्या छन् । "तम्रा जीउ धनमा धक्का लाग्ला, फर्क" भनी हामीले करायौं । तलबाट वैरीले सोहोरा (हल्ला) लायो । केही चुहिई, छिरी जान्या गया । अरू निशानसमेत लिएर किल्लाभित्र आया ।

तेस रात तेती भो ।[१९]

त्यसको भोलिपल्ट झन् भीषण लडाइँ चल्यो । त्यो लडाइँ लडेका अंग्रेज सैनिक शेरऊडको बयान :

मंसिर १६ गते बिहान बन्दुक र मानिस कराएको ठूलो आवाज आयो । म उठें र टेन्टबाहिर निस्किएँ । फेरि सन्नाटा छायो । आवाज कताबाट आएको थियो भनेर मैले ठम्याउन सकिनँ । एकै छिनमा फेरि होहल्ला शुरू भयो । बन्दुक र तोपको गर्जन मच्चियो । म मेरो

१९ जर्नेल भीमसेन थापा र रणध्वज थापालाई रिपुमर्दन थापाले १८७१ पौष वदि १२ रोज १ मा श्रीनगरबाट पठाएको पत्र, डीएनए २/१५ ।

पालको ढोका भएतिर दौडिएँ । यहाँ मैले के स्पष्ट थाहा पाएँ भने यो हल्ला अंग्रेजको चिच्याइ र दमाहाको रहेछ । यति वेलासम्ममा धेरै अफिसरहरू क्वार्टरको मैदानमा आइसकेका थिए ।[२०]

यो लडाइँले यहाँभन्दा ७७ किलोमिटर पूर्वमा रहेको उल्खागढीमा बसेका सुबेदार जगरूप खत्रीलाई समेत आतंकित पारेको थियो । उल्खागढीबाट चौतरिया बम शाहलाई लेखेको पत्रमा उनले भनेका छन्– "मंसिरका १२ दिन जाँदा शुक्रवारका दिन दिउँसो २ बजेदेखि नालापानीमा तोप चल्न लागिरह्या छ । १४ दिन जाँदा आइतवार बिहानसम्म चल्दै छ । वाहाँका तोपले यहाँ उल्खा (गढी) सम्म थर्कन्छ । सात तोपको आवाज सुनिन्छ । लडाइँ भन्या ३/४ दिनसम्मको छ । कसो-कसो हुन्छ !'[२१]

नालापानी किल्लामा बसेर यो हमलाको मुकाबिला गरेका नेपाली कमान्डर रिपुमर्दन थापाले यस्तो भोगेका थिए :

मंगलवारमा मानिस मर्न्या र घाइते हुन्या धेरै भया । पर्खाल केही नरहँदा र पानी नखान पाउँदा, बम गोला, राल गोलाले, छर्राले सक्याको देख्दा मानिसको चित्त थातमा रहेन । "अब हामीले किलाभित्रै मर्नु योग्य छ, तम्रो साथ दिन्छौं" भन्न्या जो छन्, उनीहरूलाई कबोल गराई नाउँ लेखी लिऊँ, वैरीहरू आक्रमण गर्न आउलान्, हामी तरबार गरी मरौंला" भनी बलभद्र कप्तानले र मैले भन्दा चामु बस्न्यात र गंजसिंह थापाले पनि "त्यसै गर्नुपर्छ" भन्या । मतो गरीकन कबोलाई लेखाउन लाउँदा जागीऱ्या, ढाक्र्या गरी ८५ जनाको नाम लेखिया ।

म्लेच्छकालानल कम्पनी पश्चिमतर्फ धूलपुर मुढा र हाँगाविंगा लगाएको बुर्जामा थियो । मंसिरका १७ दिन बुधवार जाँदा आधा रातिमा यो कम्पनी आफ्ना नालनिशान लिई दूनतर्फ निस्क्या छन् (म्लेच्छकालानल कम्पनी म्लेच्छ अर्थात् अंग्रेजको कालानल अर्थात् कालाग्निका रूपमा अर्थात् अंग्रेजलाई खरानी बनाउन खडा गरिएको थियो) । साथ दिउँला भनी लेखन्या पनि उसै कम्पनीसँग मिसिई केही निस्की गया छन् । सबै अन्दाजी ६०/५० जम्दार, हुद्दा, सिपाही, ढाक्र्या रह्या छन् ।

---

20 Kelly, Page 438-440.

२१ चौतरिया बम शाहलाई सुबेदार जगरूप खत्रीले १८७१ मंसिर १४ गते उल्खागढीबाट लेखेको पत्र, नालापानीको लडाइँ, महेशराज पन्त, पूर्णिमा वर्ष १ अंक ३, पेज ५८-७२ ।

हामी जतिवेला वैरीको फौज हामीलाई मिच्न आउला, उतिवेला तरबार गरी मरौंला भनी बसी रह्या थिऊँ । "मानिस पनि रहेनन् । टाउको ओताउने ठाउँ तोपले राखेन । किल्ला थाम्न एत्तिकै भयो । गुहार दिन आएको म्लेच्छकालानल कम्पनी गई गयो । हालका नाल निशान उकासी दूनको किल्ला पुग्न सक्यो भने पहाड थामन्या काम होला, तिमी दुईले मरी क्या हुन्छ, हिंड" भनी जो बचेका ५०/६० जना जम्दार, हुद्दा र सिपाहीले बलभद्र कप्तान र मलाई हातमा समाती, घिसारी दूनतर्फ किल्लाको अवरोधबाहिर निकाल्या । आडवारि वैरीको फौज बस्याको थियो । उसले पनि करायो । हामी पनि नांगो तरबार हातमा लिएर गर्जियौं । आड मिची काजी अमृतसिंह थापाले बनायाका खलङ्गाको जग्गामा निस्की बुधवार बिहान उँदो गुरुद्वारामा आयौं ।[२२]

यो लडाइँबारे नालापानीमा खटिएका अंग्रेज कमान्डर मबीको अनुभव यस्तो छ :

नालापानीमा जाने पानीका दुईवटा मुहानबाट किल्लामा लगेका कुला भत्काउन र वैरी भाग्न नपाऊन् भनेर घेराबन्दी गर्न खटिएको पोस्टबाट बन्दुक पड्केको ठूलो आवाज आयो । २ बज्नुभन्दा अलि अघिदेखि ३:३० बजेसम्म यो क्रम चल्यो । वैरीको सानो फौज (कसैको अनुमानमा ४० जना, कसैकोमा ७० जना) बाहिर भाग्न सफल भएजस्तो छ । अरू धेरै घाइते भएका छन् ।[२३]

नेपाली फौजले किल्ला छाडेर हिंडेपछि बिहान ४ बजे अंग्रेजले नालापानी कब्जा गऱ्यो । त्यति वेलाको त्यहाँको अवस्थाबारे मबी लेख्छन् :

म बिहानै हामीले कब्जा गरेको किल्लामा पुगें । त्यहाँ जे देखें, त्यो वर्णन गरी साध्य छैन । महिला र पुरुषका लाश, घाइते भएका महिला र पुरुष जताततै छरिएका थिए । उनीहरूको अवस्था अति नै दयनीय थियो । खान नपाएकाले वा थाकेकाले अथवा यी दुवै कारणले गर्दा केही अर्धमृत अवस्थामा पुगेका थिए । यो दृश्यले अति नै कठोर हृदयलाई पनि पगाल्थ्यो । यसबाट वैरीले किल्लाको प्रतिरक्षाका लागि दृढ र हताश साहस गरेको झल्कन्थ्यो ।

---

२२ जर्नेल भीमसेन थापा र रणध्वज थापालाई रिपुमर्दन थापाले १८७१ पौष वदि १२ रोज १ मा श्रीनगरबाट पठाएको पत्र, डीएनए २/१५ र रिपुमर्दन थापाले १८७१ पौष वदि १२ रोज १ मा मुकाम श्रीनगरबाट लेखेको अर्जी, डीएनए १/४५ ।

23 Letter to Lieutenant-Colonel Fagan from S. Mawbey, 30th November 1814, Nepal Papers, Page 492-93.

मृतकहरूको लाश नगनाउञ्जेल र आफू तिर्खाले आकुलव्याकुल नभएसम्म उनीहरू किल्लामा डटेर बसेका रहेछन् ।[२४]

नेपाली फौजले किल्ला छाडेलगत्तै त्यहाँ पुगेका हेनरी शेरऊडले त्यहाँको विस्तृत बयान गरेका छन् :

पर्सें, इमेरी र म किल्लामा के हुँदै छ भनेर हेर्न किल्लातिर लाग्यौं । बाटोमा हामीले मेजर केलीले तल पठाएको सिपाही भेट्यौं । उसले किल्ला खाली भएको बतायो ।

इमेरी र म सिपाहीसँगै कर्णेल भएका ठाउँमा फर्क्यौं । त्यहाँ हामीले थाहा पायौं– बिहान २ बजे नेपालीहरू डाँडाबाट दौडँदै तल झरेछन् । उनीहरूले हाम्रो घेरा तोडेर भाग्न खोजेका रहेछन् तर हामीले हमला गरेकाले उनीहरू डाँडातिरै गएछन् । यस क्रममा उनीहरूका धेरै मानिस मरेछन् । यसको एक घण्टाजति पछि उनीहरूले किल्लाबाट भाग्ने हताश प्रयास गरेछन् । यस क्रममा धेरै मरेछन् । केही भागेछन् ।

केही वेर तल बसेर म फेरि किल्लातिर हिंडें । म किल्लामा पुग्दा राम्रोसँग उज्यालो भइसकेको थिएन । म खुरुखुरु किल्लाभित्र पस्न खोजें तर पूरै उज्यालो नभई किल्लाभित्र जाँदा लाश अथवा घाइतेमाथि टेकिएला भन्ने डर किल्लाबाहिर ड्यूटीमा रहेका सिपाही हिथकोटलाई लागेछ । उनले अलि उज्यालो भएपछि मात्र जाउँला भने ।

उज्यालो भएपछि भित्र गयौं । किल्ला धेरै साँघुरो थियो । त्यहाँ जताततै लाशैलाश थिए । दश फिट लामो र छ फिट चौडा ठाउँमा सातवटा लाश एकमाथि अर्को गरी खप्टिएका थिए । यो सानो ठाउँमा ८६ वटा लाश लडेका थिए । किल्लाका चारैतिर दुई फिटजति गहिरो ट्रेन्च खनिएको थियो । ती बिचराहरूले त्यहीं लुकेर बाँच्ने कोशिश गरेका रहेछन् ।

घाइतेहरू सबैभन्दा खराब हालतमा थिए । घस्रन सक्नेहरूले बाहिर निस्कने प्रयास गरेका थिए । कोही 'पानी-पानी' भन्दै चिच्याइरहेका थिए । हाम्रा अफिसरहरूले उनीहरूलाई पानी खुवाएर सक्दो सहयोग गरी रहेका थिए । ती बिचरा प्राणीमध्ये केही तीन दिनअघि भाँचिएका हातखुट्टा लिएर लम्पसार परेका थिए ।

---

24 Letter to Lieutenant-Colonel Fagan from S. Mawbey, 30th November 1814, Nepal Papers, Page 492-93.

खुट्टा भाँचिएकी, लाशका बीचमा पल्टिएकी एउटी युवतीलाई म कहिल्यै पनि बिर्सन सक्दिनँ । उनको शरीरका केही भागलाई लाशले थिचेको थियो । उनी हलचल गर्न सक्दिनथिइन् । तिर्खाले उनको मुख कसरी प्याकप्याक गरिरहेको थियो भन्ने कुराको वर्णन गर्न म सक्दिनँ । हामी उनी भएछेउ पुग्न सकेनौं । हिथकोटले आफ्नो तुम्लेटबाट उनको मुखमा पानीको धारा खसाइदिन कोशिश गरे ।

अर्की महिला आफैं त घाइतेजस्ती थिइनन् । उनले छातीमा टाँसेको बच्चा भने घाइते थियो । ती महिला अतालिएकी जस्ती देखिन्थिन् । बच्चा उनको दूध खाँदै थियो । बच्चालाई केही कुराको पर्वाह थिएनजस्तो लाग्थ्यो । सिपाहीजस्ता देखिने एक जना नेपाली किल्लाभित्र ओछ्यानमा लम्पसार परेका थिए । उनको टाउकामा चोट लागेको थियो । उनी बेसुरा बनेका थिए । रगतले भिजेको धूलोमा आफ्ना औंलाले के के कोर्दै थिए ।

एउटी चार वर्षजतिकी र अर्की एक वर्षजतिकी बच्चीका आमाबाबु दुवै मरिसकेका थिए । ठूलीचाहिँ आफ्नी बहिनीसँग छुट्टिनुपर्ला भन्ने डरले चिच्याइरहेकी थिइन् । यो दृश्य यतातिर हुने लडाइँमा देखिने दृश्यभन्दा बढी नै हृदयविदारक थियो तर पनि हामीलाई के लाग्यो भने यिनीहरू केही दिनअघिसम्म पनि आक्रमणकारी र दमनकारी मानिस थिए । उनीहरूले यो किल्ला र यस वरपरका गाउँमा त्रास फैलाएर आधिपत्य जमाएका थिए ।

केही समयपछि म फेरि त्यहाँ पुगें । त्यति वेला किल्ला अलि-अलि सफा गरिसकिएको थियो । सन्तानब्बेवटा लाश जलाइएका थिए तर त्यहाँ यसभन्दा धेरै मानिस मरेका थिए । किल्लाका चारैतिर जताततै अलिअलिमात्र खोस्रिएर लाश गाडिएका थिए । ढुंगैढुंगा भएको ठाउँ हुनाले यहाँ चिहान खन्न कठिन थियो । मैले यहाँ आधाउधीमात्र गाडिएका, हात अथवा खुट्टा बाहिर निस्किएका ३० वटासम्म लाश गनें ।[२५]

शेरऊडले वर्णन गरेभन्दा अलिपछिको अवस्थाको वर्णन कर्णेल मबीले यसरी गरेका छन् :

मेजर केलीले रिपोर्ट गरेअनुसार, ९५ वटा लाश जलाई सकिएको छ । धेरै घाइतेलाई धमाधम तल ल्याइँदै छ । वैरीका प्रायः सबै मुख्य

25 Kelly, Page 438-440.

अफिसर मारिए । किल्लादार बलभद्रको खुट्टामा चोट लागेको छ भन्ने खबर आएको छ । यो कुरा हो कि होइन भनी बुझ्न लेफ्टिनेन्ट योङलाई खटाइएको छ । मैले "बलभद्रलाई राम्रो व्यवहार गर्नू" भनी कडा आदेश दिएको छु । उनी बहादुर सिपाही भएकाले र शत्रु भए पनि मानव भएका नाताले उनलाई यस्तो व्यवहार गर्नुपर्छ भन्ने मलाई लागेको छ । लडाइँमा उनीहरूको किल्लामा ढलेका लाश र किल्लामा अड्किएका हाम्रा सिपाहीप्रति उनीहरूले राम्रो व्यवहार गरेका थिए । त्यसैले उनीहरूप्रति आदरभाव देखाउनु मेरो धर्म हो ।[२६]

नालापानी किल्लाका नेपाली कमान्डरहरूका विचारमा उनीहरू यस कारणले किल्ला छाड्न बाध्य थिए– "किल्लामा सिपाहीले मिहिनेत गरेकै थिए । गर्ने पनि थिए । पाँच दिनका १० छाक पानी पिउन नपाएपछि, तोप गोलाले किल्लाका चिट भत्काई जमीन बराबर गराइदिएपछि र लगातार बमगोला तथा छर्राको हमला खप्नुपर्दा लश्कर त्यहाँ ठहर्न सकेन ।"[२७]

यसरी नालापानीको यो लडाइँ १८७१ साल कात्तिक १० गते शुरू भएर मंसिर १७ गते बिहान अन्त्य भयो । साह्रै सकस परेपछि नालापानी किल्ला नेपालीका हातबाट गुम्यो । नेपालीका भागमा यस किल्लामा बहादुरीका साथ लडेको कथामात्र बाँकी रह्यो ।

26 Letter to Lieutenant-Colonel Fagan from S. Mawbey, 30th November 1814, Nepal Papers, Page 492-93.

२७ रणदीपसिंह बस्न्यात, रेवन्त कुँवर र बलभद्र कुँवरले संवत् १८७१ मार्गशीर्ष वदि १२ रोज ५ मा मुकाम चमुवाबाट पठाएको अर्जी, डीएनए १/४६ ।

किल्ला छाडे पनि

किल्लाबाट निस्केर गुरुद्वारा पुगेपछि नेपाली सैनिकलाई अंग्रेजले युद्धबन्दी बनाएका आफ्ना सैनिकको याद आयो । रिपुमर्दन थापा लेख्छन् :

पहिले उसले मुर्दा माग्दा हामीले दियाथ्यूँ । हामी पनि घायते मगाऊँ, दियो भन्या संभार गरौँला भनी दुई मानिस हरीपछेउ पठाउँदा "घायेल संभार हामै करेंगे" भनेछ । सुबेदार दयाराम खड्का तोपका छर्रा तिघ्रामा लागी किल्लैमा रह्याका थिया । "किल्लामा रहेका १८० घायेल एकट्ठा गरी (अंग्रेजले) ओखती गर्न लगायो । हामीलाई आउन दियेन" भनी सुबेदार दयाराम खड्काले भनी पठाया ।[1]

त्यस दिन नेपाली फौज गुरुद्वारामै बस्यो । फेरि रिपुमर्दनका कुरा सुनौं :

भोलिपल्ट जग्गा हेरी ठाना बनाऊँ भनी जग्गा हेर्दा गुरुद्वारा बढिया ठहरेन । उत्तरतर्फबाट तोप ल्याउनलाई हरीपलाई सजिलो पर्न्याजस्तो जग्गा देखियो । गोपिचन्दको डाँडाका टिपामा बलियो गरी बस्न्या काम गरूँला भनी वृहस्पतिवार गुरुद्वारादेखि हिड्यूँ । खोलो तरी गोपिचन्दको टिपा उछिन्न चार पट्टी पठायौं । गोपिचन्दका टिपाका पुछारका खेतमा डेरा गरी बस्यूँ ।[2]

नेपाली बसेको यो ठाउँ अंग्रेज छाउनीभन्दा थोरैमात्र पर थियो । कर्णेल मबीले नेपालीलाई त्यहाँबाट पनि धपाउने विचार गरे ।

सोही दिन अपराह्न बलभद्र किल्ला छाडेर हिंडेका ७० जनाजति सिपाहीका साथमा सात किलोमिटर टाढाको डाँडामा बसेका छन् भन्ने सूचना मबीकहाँ

---

१ जर्नेल भीमसेन थापा र रणध्वज थापालाई रिपुमर्दन थापाले १८७१ पौष वदि १२ रोज १ मा मुकाम श्रीनगरबाट पठाएको पत्र, डीएनए २/१५ ।

२ जर्नेल भीमसेन थापा र रणध्वज थापालाई रिपुमर्दन थापाले १८७१ पौष वदि १२ रोज १ मा मुकाम श्रीनगरबाट पठाएको पत्र, डीएनए २/१५ ।

पुग्यो । त्यसपछि उनले लेफ्टिनेन्ट मन्टको नेतृत्वमा १९० जना सैनिकलाई बलभद्र बसेतिर चलान गरे । मेजर लुड्लोलाई क्याप्टेन वार्नरको नेतृत्वमा यति नै फौज त्यता पठाउन आदेश दिए । बलभद्र बसेको भनिएको डाँडातिर जाने क्रममा फौजका यी दुई ताँती भेट भए । त्यसपछि क्याप्टेन वार्नरको नेतृत्वमा अघि बढे ।[३]

त्यसपछि के भयो ? रिपुमर्दन थापाको मुखबाट सुनौं :

> *आधा रातमा वैरी आएछ । विकट (पहरा दिने सिपाही) नजीकै बस्याका थिया । (वैरी) आयो भन्न्या खबर पनि सुन्यौं, वैरीले पर्रा पनि लायो । मेरो डेरा भयाको पाटो ठूलो थियो । उसैदेखि मुनिबाट बलभद्र कप्तानका डेरा भयाका पाटामा वैरी आइपुग्दा तरबार घालौं भनी नंगी तरबारसँग जाइलाग्दा चार-पाँच कदम पुग्न नपाई मेरा दाहिना पाखुरामा गोली लाग्यो । बन्दुकको गोली लाग्दा हाम्रा केही सिपाही मरे । मंगल राना जम्दारलाई गालामा तरबारको घाउ लाग्यो । लश्कर छरपस्ट भयो ।*
>
> *यसै हाम्रो फौज उकाला लाग्यो । एक बिसौनी उँभोसम्म मलाई मेरा ढाक्र्या, जम्दारले हतेरी ल्याए । "म हिंड्न सक्तिनँ, मेरा निमित्तमा जो होला, सो बिहोरुँला (तिमीहरू जाओ)" भन्दा जम्दारहरू पनि हिंड्या ।*
>
> *हाम्रो फौज सबै हिंड्यो । म उसै जग्गामा रहें ।*
>
> *मेरो ढाल, तरबार र खुकुरी जम्दारहरूले लगिहालेका थिए ।*
>
> *दुश्मनले फेला पारी लैजाला, मर्नु भलो थियो भन्ने लागेको थियो, मरिनँ । बायाँ हात मेरो साबुत छ, ढुंगाले हानुँला र मलाई पनि उसले हानी मारला भनी चारवटा ढुंगा साथमा राखी पूरै रात म उसै जग्गामा बसें ।*[४]

नालापानी जितेर हौसिएको, त्यत्रो ठूलो अंग्रेज फौजले त्यस रात थकित, लखतरान, निराश ७० जना नेपाली सिपाहीलाई धपाउन सकेन । भोलिपल्ट बिहान ऊ रित्तो हात आफ्नो छाउनी फर्क्यो ।

रिपुमर्दन थापा भन्छन् :

> *वैरी आयेन । तैपनि रात ब्याएर बिहान हुँदा पाख्याले फेला पार्‍या पनि दुश्मनै छेउ पुर्‍याउला तसर्थ म सकेजति हिंड्छु भनी हिंडें ।*

3 Letter to Lieutenant-Colonel Fagan from S. Mawbey, 3d December 1814, Nepal Papers, Page 493-95.

४ जर्नेल भीमसेन थापा र रणध्वज थापालाई रिपुमर्दन थापाले १८७१ पौष वदि १२ रोज १ मा मुकाम श्रीनगरबाट पठाएको पत्र, डीएनए २/१५ ।

दिउँसो २:३० बजे गोपिचन्दका डाँडामा पुग्दा हाम्रो फौज गोपिचन्दको टिपामा थामियाको रहेछ । दिउँसो ४ बजे कप्तानले मेरो खोज गर्न भनी पठायाका जम्दार बाँकावीर, दुई जना तिलंगा र चार जना पाख्यासँग भेट भयो । उनीहरूले मलाई बोकी ल्याया ।[५]

बलभद्र धेरै टाढा गएका छैनन्, उनलाई त्यहाँबाट धपाइएन भने नालापानीको फौजलाई गुहार दिन केही दिन पहिले आएका तर अंग्रेज फौजको घेराबन्दीले गर्दा किल्लाभित्र छिर्न नपाएका ३०० नेपाली सैनिकसँग उनीहरूको भेट हुन्छ र उनीहरू बलिया हुन्छन् भनेर मबीले बलभद्रलाई त्यहाँबाट पनि धपाउने विचार गरे । मबीलाई यो काम मेजर लुड्लोबाहेक अरूले गर्न सक्लान्जस्तो लागेन तर लुड्लो थकित भएका होलान् भनेर उनले लुड्लोलाई यसो गर्ने आदेश दिन सकेनन् । अनि लुड्लोलाई आदेशका ठाउँमा नरम अनुरोध गरी पठाए । मबीको अनुरोध सुन्नेबित्तिकै लुड्लो आफ्नो फौज लिएर हिंडे ।

लुड्लोले बलभद्रको फौजमाथि हमला गर्नुभन्दा पहिल्यै नालापानीलाई गुहार दिन आएका नेपाली सैनिकसँग उनीहरूको भेट भइसकेको थियो । लुड्लोले आक्रमण गरेपछि उनीहरू अंग्रेज फौज पुग्न अझ गाह्रो हुने डाँडामा गए ।

घाइते रिपुमर्दन चमुवामा काजी रणदीपसिंहकहाँ दाखिल भए । भोलिपल्ट काजी रेवन्त कुँवर पनि त्यहीं आइपुगे । त्यहाँ "वैद्य छैन, घाइते सबैलाई श्रीनगर पठाउनुपर्छ" भनेर रिपुमर्दनसमेत सबै ७५ जना घाइतेलाई बिदा दिइयो । उनीहरू श्रीनगर गए । घाइते भए पनि रिपुमर्दन थप लडाइँ लड्न आतुर थिए । उनी हिम्मतिला थिए– "ओखती गर्दा घाउ थोरै निको भएकालाई लश्करमा पठाउँदै गर्छौं । म पनि निको भएपछि लश्करमा जाने काम गरूँला ।"[६]

यो लडाइँ लडेका नेपालीका विचारमा आफ्नो फौज थोरै हुनाले नालापानीमा धेरै क्षति भयो, किल्ला छाड्नुपऱ्यो । रिपुमर्दन थापा लेख्छन्– "गुहारलाई पठाएको फौज आइपुगेको भए हाम्रो बल धेरै हुन्थ्यो । किल्ला थाम्ने फौजले किल्ला थामी अरू फौजले वैरीलाई तोप उकालेका वेला बाटामा हिर्काएर तोप उकाल्न दिने थिएनौं । पहाडका लेखाले एक पल्टन भनेको धेरै हो तर कुइऱ्यासँगको लडाइँमा भन्या एक पल्टनले किल्ला थामी बाहिर आक्रमण गर्न बल पुगेन । उनीहरूसँग तोप भएकाले मात्र हो, नत्र अरूका अजोरी (जोडा लाग्न नसकिने) केही थिएन ।"

---

५ जर्नेल भीमसेन थापा र रणध्वज थापालाई रिपुमर्दन थापाले १८७१ पौष वदि १२ रोज १ मा मुकाम श्रीनगरबाट पठाएको पत्र, डीएनए २/१५ ।

६ जर्नेल भीमसेन थापा र रणध्वज थापालाई रिपुमर्दन थापाले १८७१ पौष वदि १२ रोज १ मा मुकाम श्रीनगरबाट पठाएको पत्र, डीएनए २/१५ ।

नालापानी आफ्नो हातबाट उम्केकोमा नेपाली फौजलाई ठूलो अफसोस थियो। रिपुमर्दन लेख्छन्– "किल्ला छुट्न जाँदा गऱ्याको मेहनत पनि नगरेजस्तो पर्न गयो।"

श्रीनगर पुगेका रिपुमर्दन थापालाई नालापानी किल्लामै छाडिएको अन्दाजी दुई-तीन मुरी बारूदको लोभ लागिरह्यो। त्यस लडाइँमा नेपालीका धेरै खरखजाना र रसदपानी बिग्रिएका थिए, नालापानी किल्लामै छाडिएका थिए। तिनमा तोप ठेल्ने गाडा, फील्ड गन, थरीथरीका बन्दुक, विभिन्न आकारका तोप, पित्तलका बन्दुक, फलामे तोप, २,५०० पाउन्ड बारूद आदि थिए। यीमध्ये तोप लादिएको गाडा र नाल भाँचिएर काम नलाग्ने भएका थिए। पित्तलको तोप टुटेफुटेको थियो।[७]

अंग्रेज फौजले राखेको रेकर्डअनुसार नालापानीमा रहेको नेपालीको रसदपानी यस प्रकार थियो : ८७ मन ३० सेर गहुँ, तीन मन पाँच सेर उर्द दाल, चार मन मडुवा, २५ सेर चामल, २० सेर उर्दको आँटा, पाँच सेर सुकाएको आँप, चार सेर नून, २५ सेर कोदो, १०९ मन १० सेर धान, २२ सेर आँटा गरी जम्मा १४९ सिक्का रुपियाँ १४ आना बराबरको अन्न। यो हिसाब एक रुपियाँमा एक मन गहुँका दरले निकालिएको थियो (१ मन=३७.३२ केजी, १ सेर=०.९३३ केजी)।[८]

रिपुमर्दनका मातहतमा किल्लामा तीन वर्षदेखि जागिर नपाएका (ढाक्र्या) तीन जना जम्दार, छ जना सिपाही र एक जना भान्से थिए। घाइते भएर बसेका वेला रिपुमर्दनले उनीहरूलाई सम्झिए– "एक जना जम्दार र तीन जना सिपाही किल्लैमा ठहरै भए। एक जना जम्दार, तीन जना सिपाही र एक जना भान्से घायल भए। पारद थापामात्रै साबुद रहे।"[९]

अलि पहिले नालापानीछेउ बसेको अंग्रेज फौजलाई धपाउने मौका थियो तर त्यो मौका गुमेकोमा रिपुमर्दन थकथकाएका थिए। उनले लेखेका छन्– "ठूलो लडाइँ हारेपछि कुइऱ्याको मन खसेको थियो। आठ साहेबका लाश कलकत्ता पुऱ्याउन पठाउँदा, घाइते ओसार्दा र घाइतेसँग मानिस पठाउँदा नाहानबाट आएर नेपाली फौजले हान्ला भनी डराएर अंग्रेजले त्यहाँको फौजलाई अन्त भगाएको थियो। त्यसैले नालापानीछेउमा उसको लश्कर पातलो थियो। मन पनि खस्याको

---

7 Return of Ordnance and Stores found in the Fort of Kalunga on the 30th November 1814, Nepal Papers, Page 502.

8 Statement of Grain received by the Commissariat from the Fort of Kalunga, with Account sales, Nepal Papers, Page 502.

९ जर्नेल भीमसेन थापा र रणध्वज थापालाई रिपुमर्दन थापाले १८७१ पौष वदि १२ रोज १ मा मुकाम श्रीनगरबाट पठाएको पत्र, डीएनए २/१५।

थियो । उसताक हाम्रो बल भएको भए अकस्मात् हमला गर्दा पनि पुग्नेजस्तो थियो तर हाम्रो फौज पातलो थियो ।"

तैपनि रिपुमर्दनले राजालाई आस देखाएका थिए, सकेसम्म लड्ने वचन दिएका थिए– "ख्वामित्का प्रतापले पहाड थामी हान्दा त्यो जग्गा पनि हात आउन्यै छ । निमेक शिरमा राखी सेवकले काम गर्नेछौं । सरअप्सर (चिठी लेख्दा तलमाथि भएको भए) माफ भइजाला ।"[१०]

नालापानी कब्जा गर्ने र नालापानी किल्ला छाडेर निस्केका नेपाली सैनिकलाई धपाउने क्रममा अंग्रेजले निकै ठूलो क्षति बेहोर्नुपऱ्यो । १८७१ साल मंसिर १२ गतेदेखि २३ गतेसम्ममा अंग्रेजका मेजरसहित ४०८ जना घाइते भए भने क्याप्टेनसहित ४२ जना मरे ।[११]

नालापानीको लडाइँपछि काजी रणदीपसिंह चमुवामा तैनाथ भए । काजी रेवन्त कुँवर, कप्तान बलभद्र कुँवर आफ्ना साथको फौज लिई दूनको भद्राक्षगढीमा खटिए । काजी बखतवारसिंह बस्न्यातले १० कम्पनी तयार गरी ठाउँठाउँमा पहरा राखे ।

***

लडाइँमा मर्ने त मरिहाले, घाइते हुनेको अवस्था कस्तो हुन्थ्यो होला ? नेपाल-अंग्रेज लडाइँका घाइतेको अवस्थाको विवरण मैले भेटेसम्मका दुवैतर्फका चिठीमा पाइएन । यो लडाइँ हुनुभन्दा दुई वर्षअघि कालीपश्चिमका रजौटासँगको लडाइँमा घाइते भएका सिपाहीहरूको विवरण भने भेटिन्छ । यस्तो एउटा विवरण तल दिइएको छ । त्यस लडाइँमा रजौटाहरूले अंग्रेजलेजस्तो अत्याधुनिक हातहतियार नचलाएकाले नेपाल-अंग्रेज युद्धका घाइतेको अवस्था अलिक फरक हुन सक्छ ।

संवत् १८६९ साल, कांगल किल्लामा मोर्चा लगाएदेखिन् अम्मल हुँदासम्म वैरीका गोली, पत्थरले घेरामा रह्याका कम्पनीको पऱ्याका, घायल भयाका जवानको बमोजिम तपसील फर्द (विवरण)[१२]

---

१० रिपुमर्दन थापाले १८७१ पौष वदि १२ रोज १ मा मुकाम श्रीनगरबाट लेखेको अर्जी, डीएनए १/४५ ।

11 Return of Killed, Wounded and Missing of a Detachment of the Field Army Commanded by Colonel Mawbey, 2d December, both inclusive during the Siege of Kalunga, and subsequent Attack on Bulbudder Sing from the 25th of November 1814 to the 6th December 1814, Nepal Papers, Page 500-501.

१२ १ सी. २९, पोका ९८/७२ ।

तपशील

नयाँ गोरख कम्पनीका

जम्दार कीर्ति वीर थापाको पट्टी

- अमल्दार खल्या रानालाई नाकमुख खाईकन घिच्रो छिचोली गोली निस्की गयो । घा (चोट) साह्रो छ, बाँच्न कठिन छ ।
- हवल्दार वंशराज बानियाँलाई बायाँ पातोमा ढुंगाको घा, सारो छ । मुखदेखि रक्त निस्कन्छ ।

जम्दार वर्णसिंह रानाको पट्टी

- हवल्दार रथवीर शाहीलाई निधारमाथि चिऱ्याको ढुंगाको घा, थोरो (सानो) छ ।
- माखौ थापा सिपाहीलाई दाहिन्या गोडामा ढुंगाको घा, माझ छ ।

जम्दार समु थापाको पट्टी

- हस्त सिपाहीलाई बाउ (बायाँ) कमरमा, थाप्लामा ढुंगाको घा छ ।
- जयमल राउत सिपाहीलाई घुँडादेखि गोलीगाँठासम्म चिऱ्याको ढुंगाको घा, माझ (मध्यम) छ ।
- जिउना सिपाहीलाई घुँडो फोऱ्याको ढुंगाको घा, माझ छ ।
- सारंग रावतलाई दाहिना पाखुरामा, दाहिना तिघ्रामा ढुंगाको घा, साह्रो छ ।

जम्दार दलजित खत्रीको पट्टी

- जुथा रोकाया सिपाहीलाई दाहिन्या तिघ्रामा गोली भित्रै छ । घा साह्रो छ ।

रणभीम कम्पनीका

- सिपाही अमरसिंह खत्रीलाई बाउ हातका नाडीमा गोली भित्रै छ । घा साह्रो छ ।

जुद्धभैरव कम्पनीका

- हवल्दार दलसिंह घर्ती कपालमा ढुंगो लागी ठहर पऱ्यो (मऱ्यो) ।

रामवान कम्पनीका

- जम्दार दलखम्ब थापालाई बायाँ गोडामा ढुंगाको घा, थोरो छ ।
- जम्दार सन्तवीरलाई गोडामा ढुंगाको घा, थोरो छ ।

- सिपाही बलभद्र जैसीलाई कपालमा लागी तिघ्रामा लाग्यो, गोलीको घा, माझ छ ।

कुमाऊँको ज्वाला दल कम्पनीका

- जम्दार वीरभद्र चन्दलाई कपालमा ढुंगाको घा, थोरो छ ।
- सिपाही जुटुलाई कपालमा ढुंगाको घा, थोरो छ ।

रणजंग कम्पनीका

- जम्दार धनराज आलेलाई बायाँ गोडामा ढुंगाको घा, थोरो छ ।
- जम्दार अर्जुन कार्कीलाई ढुंगाको घा, माझ छ ।

कप्तान भक्ति थापाको अर्दली कम्पनीका

- सिपाही जसराज घलेलाई दाहिन्या गोडामा गोलीको घा, थोरो छ ।

कप्तान सम्शेर रानाको नरसिंह दल कम्पनीका

- सिपाही काल्या राउतलाई दाहिन्या कुममा गोलीले छिचोल्यो, घा साह्रो छ ।

डोटीको भीमदल कम्पनीका

- अजिटन जस्कर्ण खत्रीलाई बायाँ गोडामा ढुंगाको घा, साह्रो छ ।
- सिपाही अर्जुन वस्तीलाई घिच्रामा ढुंगाको घा, साह्रो छ ।

कप्तान चामु भण्डारीको देवदल कम्पनीको

- सिपाही खेटु चन्दलाई दाहिना हातमा गोलीको घा, थोरो छ ।

मर्ने जम्मा १
गोलीको घा ७
ढुंगाको घा १६
जम्मा २४

नक्सा ३ : सुदूरपश्चिम मुहुडा

बेशहर
बेलासपुर
नावागढ
सुरजगढ
रामगढ/रामशहर
सतलज नदी
नालागढ

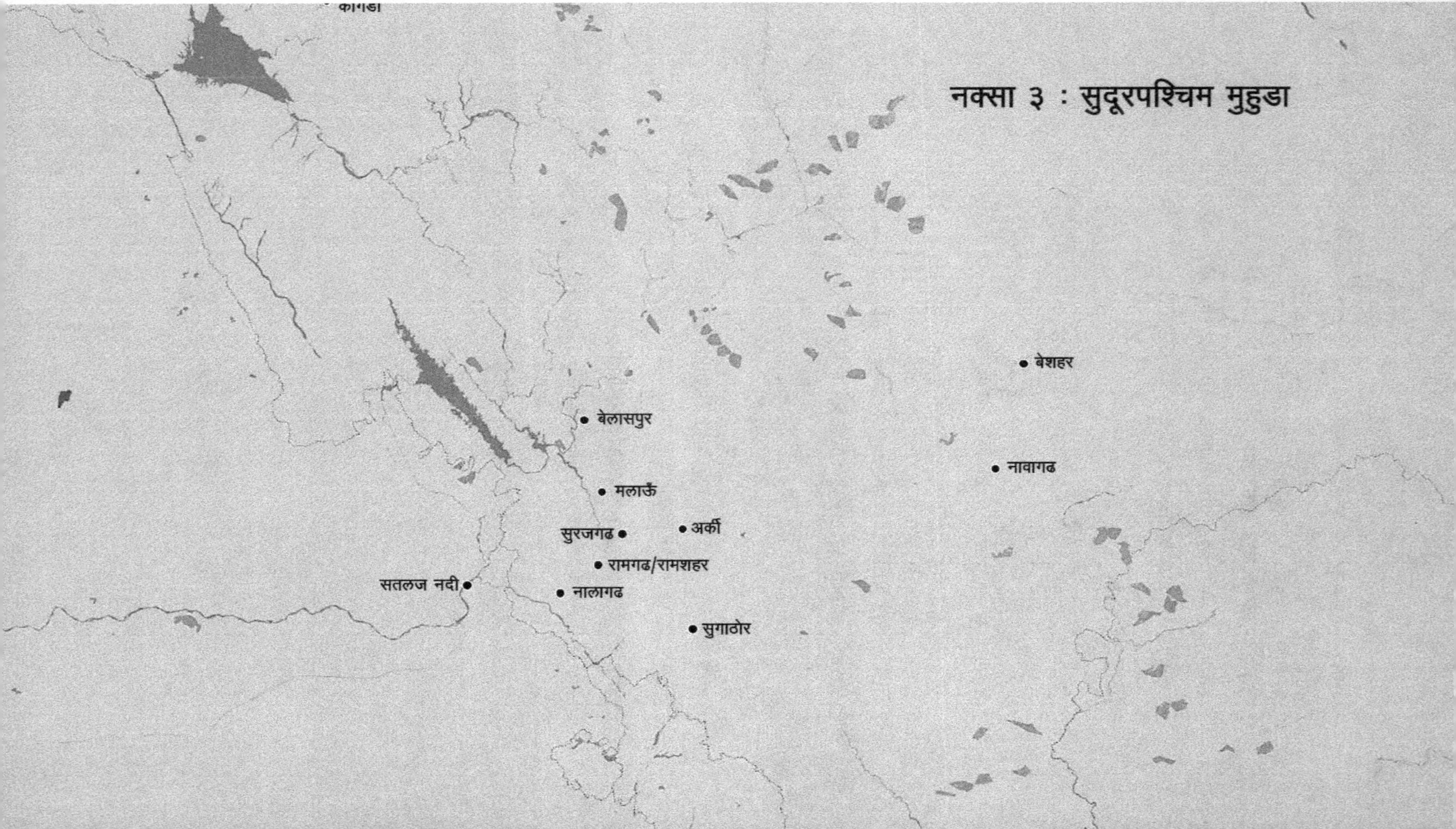

अक्टरलोनी सुस्ताए

नालापानीभन्दा उता नेपालको सबैभन्दा पश्चिम सिमानासम्मको भूभाग कब्जा गर्न कर्णेल डेभिड अक्टरलोनी खटिएका थिए । उनको डिभिजनमा ६,००० हिन्दुस्तानी पैदल सैनिक, २०० पायोनियर्स र युरोपेली आर्टिलरीका दुईवटा कम्पनी (६२ जना) थिए । हंडुरका राजा रामशरण र कम्पनीको शरणमा रहेका शिख राजा खास गरी पटियालाका राजाले दिएका म्यादी सिपाही पनि उनीसँग थिए ।

अक्टरलोनीले यी सिपाहीबाहेक ३,००० नोकर र ६,००० क्याम्प फलोअर्स गरी १९,००० भन्दा बढी मानिस रूपडमा भेला गरेका थिए । यिनको काम बुढाकाजी अमरसिंह थापासँग भएको अनुमानित ५,००० को नेपाली फौजसँग लड्नु थियो । अमरसिंहले नेपालमा आश्रित बेलासपुरका राजाबाट अन्न र १,००० जति फौजको सहयोग पाएका थिए ।[1]

अक्टरलोनी सबैभन्दा पहिले नालागढ पुगे । यो बुढाकाजी अमरसिंह थापाको मुकाम अर्की जाने ढोका थियो । त्यहाँ पुग्दा उनी अमरसिंहसँग डराए । उनलाई लाग्यो– "अमरसिंह आफ्ना कमजोरभन्दा कमजोर किल्लाको पनि रक्षा गर्न प्रतिबद्ध छन् ।" अमरसिंह मैदानी भागमा आएर लड्न चाहँदैनन् भन्ने पनि उनलाई थाहा भयो । त्यताका पहाडका किल्ला नालापानीभन्दा अग्ला ठाउँमा थिए । त्यसैले आफ्नो काम कठिन भएको अक्टरलोनीले बुझे । त्यति वेला अंग्रेजको पहिलो प्राथमिकता अमरसिंहलाई पूर्व जान रोक्नु थियो । त्यसैले अक्टरलोनीले अमरसिंह पूर्व जान सक्ने सबै नाकामा फौज तैनाथ गर्ने भए ।[2]

अक्टरलोनीले नालागढ किल्लालाई पहिलो निशाना बनाए । किल्लाको पर्खाल आफ्नो शक्तिशाली फौजले चाँडै भत्काउँछ भन्ने आशा उनले गरेका थिए

1 Pemble, Page 251-253.
2 Letter to Lieutenant Colonel Fagan from D. Ochterlony, 4th November 1814, Nepal Papers, Page 458-459.

तर पर्खाल भत्काउन उनले सोचेभन्दा बढी बल लगाउनुपर्‍यो । १८७१ साल कात्तिकको तेस्रो हप्ता अक्टरलोनीको फौज अरू एक-दुई घण्टामा पर्खाल भत्काइसक्ने गरी बल लगाउँदै थियो । त्यस्तैमा त्यहाँको नेपाली फौजका कमान्डर सुबेदारले आत्मसमर्पण गर्न आफू राजी भएको खबर पठाए । यसका लागि उनले दुईवटा शर्त राखे– आफ्नो फौजले अमरसिंहकहाँ जान पाउनुपर्ने र आफ्ना हतियार लैजान पाउनुपर्ने । अमरसिंहको फौजमा शामेल हुन पाउनुपर्ने मागलाई अक्टरलोनीले अस्वीकार गरे । हतियार भने जेसुकै गरे पनि आफूलाई मतलब नभएको खबर पठाए । अक्टरलोनीले उनीहरूको जीउ-धनको सुरक्षाको प्रबन्ध मिलाउने आश्वासन दिए ।[३] त्यसपछि नालागढ र नालागढका सुबेदारका सहोदर भाइले नेतृत्व गरेको, नालागढअन्तर्गतको किल्ला तारागढको फौजले हतियार बिसायो ।[४] ती दुईवटा गढमा ९५ जना (सुबेदार १, जम्दार ५, एक्का जम्दार २, पिपा जम्दार (भँडारे) १, हवल्दार १४, नायक ९, सिपाही ५२, अजिटन १, लेखनदास १, नर्सिंगावाला १, दमाहावाला ३, बाँसुरीवाला १, निशान बोक्ने १, कामी २, सार्की १) नेपाली सैनिक थिए ।[५]

आफ्ना एक जना सार्जेन्ट गुम्दा र सुबेदार, जम्दार र सिपाहीका साथै बजार चौधरी गरी ६ जना घाइते हुँदा अंग्रेजले नालागढमाथि कब्जा जमायो ।[६]

आत्मसमर्पण गरेको नेपाली फौजलाई अक्टरलोनीले लुधियाना पठाउने भए । सुबेदार र बाँकी सैनिकलाई खाइपाइआएको तलब दिने आश्वासन पनि दिए । नेपाली फौजलाई अक्टरलोनीले राम्रो व्यवहार गरेको खबर फैलाएर उनले अरू नेपाली सैनिकलाई पनि आत्मसमर्पण गर्न भड्काउन चाहेका थिए ।[७]

नालागढ र तारागढ लिएपछि अक्टरलोनीलाई अझ मास्तिर जाने बाटो खुल्यो । रामगढ, जुर्जुरे र चम्बा यहाँभन्दा उत्तरमा थिए । त्यसभन्दा माथि भक्ति थापाले रक्षा गरेको मलाऊँको डाँडो थियो । त्यसको मास्तिर एकातिर अमरसिंह थापाको मुकाम अर्की थियो भने अर्कातिर अमरसिंहका मित्र बेलासपुरी राजाको मुकाम ।

---

3 Letter to Lieutenant-Colonel Fagan from D. Ochterlony, 6th November 1814, Nepal Papers, Page 453.

4 Letter to Lieutenant-Colonel Fagan from D. Ochterlony, 6th November 1814, Nepal Papers, Page 453; Letter to Lieutenant-Colonel Fagan from D. Ochterlony, 7th November 1814, Nepal Papers, Page 456-457.

5 Return of the Goorkha Troops in the Fort of Nalagurh and Hill bourg of Tarragurh, Nepal Papers, Page 454.

6 Return of Killed and Wounded in Brigadier Ochterlony's Detachment at the Siege of Nalagurh, 5th November 1814, Nepal Papers, Page 456.

7 Letter to Lieutenant-Colonel Fagan from D. Ochterlony, 7th November 1814, Nepal Papers, Page 456-457.

अक्टरलोनीले नालागढ र तारागढ लिएकै दिन अमरसिंह अर्कीमा सानो फौज राखी बाँकी फौज लिएर रामगढ झरे ।[८] यो खबर पाएपछि अक्टरलोनीले लेफ्टिनेन्ट कर्णेल थम्सनलाई सानो फौजसहित त्यता पठाए । १८ पाउन्डका गोला खाने दुईवटा र छ पाउन्डका गोला खाने चारवटा तोप अनि केही ठूला हाउविट्सर र मोर्टार लैजाने बाटो बनाउन थाले ।[९]

अक्टरलोनीले लडाइँमा अलि बढी हतियार खर्च भए होस् भन्ने रणनीति लिएर बाटो बनाउने काम थालेका थिए । उनलाई लागेको थियो– "हतियार बढी खर्च गर्दा सिपाही बढी खर्च हुँदैनन्, फौजले शारीरिक परिश्रम धेरै गर्नु पर्दैन ।"[१०]

ठाउँ र परिस्थितिले गर्दा आफ्नो कामको प्रगति ढिलो हुन्छ भन्ने अक्टरलोनीले बुझेका थिए । हतार गरेर हमला गर्दा झन् ढिलो हुन्छ भन्ने पनि उनलाई लागेको थियो । "छिटो-छिटो हमला गर्दा सफल भइने भए म त्यसो गर्न आतुर हुने थिएँ ।", उनले आफ्ना कमान्डरलाई रिपोर्ट गरे । यस्तो रिपोर्ट लेखेका वेला उनले माथि पहाडको टुप्पोमा रामगढ किल्ला देखेका थिए । त्यहाँ पुग्न साढे पाँच किलोमिटर अप्ठ्यारो उकालो चढ्नुपर्छ भन्ने उनलाई थाहा थियो ।[११]

तर, अक्टरलोनीले छिटै थाहा पाए– "रामगढ किल्लामा दक्षिण र उत्तरबाट हमला गर्न नसकिने रहेछ ।" रामगढको दक्षिणमा रहेको, रामगढभन्दा अलि अग्लो कोटमा चाहिँ दक्षिणतिरको ठाउँ नुरीबाट हमला गर्न सकिने उनले देखे । आफ्ना ७,००० कुल्ली र हात्तीलाई हातहतियार बोकाएर उनले आफ्नो फौज नुरी पठाए ।[१२]

अंग्रेज आफूतिर बढ्दै आएको देखेर अमरसिंहले थप रक्षा चौकी बनाए । अक्टरलोनीका विश्वासपात्र लावटीले १८७१ साल मंसिर १३ गते आफ्नो फौज विभाजन गरी ५० जनालाई नेपाली किल्लामा हमला गर्न पठाए । त्यसको केही समयपछि उनी स्वयम् पनि नेपाली किल्लामा हमला गर्न पुगे । उनीहरू त्यहाँ पुगेको केही बेरमै नेपाली फौज अंग्रेजमाथि खनियो । अक्टरलोनीले पठाएको थप बल आई नपुग्दै लावटी पछि हटे । घेरामा परेर लावटीका ४१ सिपाही मारिए, ३३ घाइते भए ।[१३]

काठमाडौंमा यस लडाइँको खबर यस्तो पुग्यो– "पश्चिम मुहुडाको रामशहरमा कुइऱ्या गैह्र वैरीको फौज आई लाग्दा हाम्रा भारापाँच (सबै) को सल्लाह मिलाई

8 Henry T. Prinsep, Page 105-106.
9 Pemble, Page 255.
10 Letter to Lieutenant-Colonel Fagan from D. Ochterlony, 7th November 1814, Nepal Papers, Page 456-457.
11 Letter to Lieutenant-Colonel Fagan from D. Ochterlony, 7th November 1814, Nepal Papers, Page 456-457.
12 Pemble, Page 257-258.
13 Pemble, Page 259.

हान्दा शुरूमा तोप र बन्दुकको लडाइँ भयो । पछि तरबार चल्यो । हाम्रो फत्ते भयो । वैरीका पगरीवाला गोरा २४ र काला तिलंगा ७५० मरे, घायल धेरै भए ।'

यो खबर पाएपछि काठमाडौंमा तोप र बन्दुकको तीन सलक (आवाज) लगाई बढाइँ भयो । भीमसेन थापा र रणध्वजले "त्यहाँ पनि बढाइँ गर" भनी पाल्पा र अन्य ठाउँका भारदार, सुब्बा, सुबेदारहरूलाई आदेश दिए । पाल्पामा पनि तोप र बन्दुकको तीन सलक मिलाई बढाइँ भयो । पाल्पाले रुद्रपुरलगायत सल्यान, पदनाहगढीसम्मका जग्गा जग्गाका भारदार, सुब्बा, सुबेदारहरूलाई पनि "बढाइँ गर" भनी आदेश दियो ।

यस खबरले पाल्पाका कमान्डरमा यस्तो आशा जगायो– "ईश्वरको कृपा, राजाको प्रताप, जर्नेल तथा काजी (भीमसेन र रणध्वज) को चाँजो तद्दिर (व्यवस्थापन) र भारदारका मेहनतले गर्दा हेपेर आइलागेको कुइऱ्याको फौजलाई जग्गा जग्गैमा काटी हटाउने काम भयो । यति भएपछि दून गैह्र बैराठगढीतिर गएको वैरीको पनि शेखी झऱ्यो होला । त्यहाँका वैरीलाई अहिलेसम्म नहटाएको भए अब काटी हटाउने काम गर्न्यै छन् ।"[१४]

यसपछि अक्टरलोनीले आफ्नो फौजले नुरीको बाटो भएर नेपाली किल्लामा धावा बोल्न नसक्ने ठहऱ्याए । अंग्रेज फौज अमरसिंहलाई उत्तरबाहेकका तीन दिशाबाट घेरेर बस्यो । नेपाली बसेभन्दा उत्तरको राज्य बेलासपुरका राजा महा चन्दले नेपालीलाई सहयोग गरिरहे । नेपालीका धुवाँधार शत्रु संसार चन्दलाई बेलासपुरमाथि हमला गर्न अक्टरलोनीले उक्साएका त थिए तर संसार चन्दले त्यसो गर्न मानेनन् ।[१५]

अक्टरलोनीले स्थानीय बासिन्दाबाट सहयोग र जानकारी पाएका थिएनन् । अर्की कहाँनेर पर्छ भन्नेसम्म पनि उनलाई थाहा थिएन । त्यसैले उनी हताश भएका थिए । उनलाई लाग्यो– "लडेर नेपालीलाई जित्न सकिँदैन । नेपालीलाई जित्ने एउटैमात्र उपाय हो, घेर्नु र रसदपानी रोकेर अनिकाल लगाउनु ।"

यस्तैमा हिउँद लाग्यो । अंग्रेज सिपाही बिरामी पर्न थाले । ४,६०० मध्ये ६०० सैनिक बिरामी भएकाले उनीहरूलाई फर्काउनुपऱ्यो ।

यसैबीच अंग्रेज फौजको हेडक्वार्टरले आफ्नो सर्वोत्तम मध्येको एक बटालियन थप बल अक्टरलोनीको मद्दतका लागि पठायो । त्यो फौज पुसको मध्यतिर रामगढको सामुन्ने पुग्यो । अब अक्टरलोनीलाई अमरसिंहलाई उत्तरतिरबाट पनि

---

१४ उजीरसिंह थापा र वीर भञ्जन पाँडेले १८७१ साल पौष सुदि १० रोज ६ मा मुकाम नुवाकोटबाट चढाएको अर्जी, पोका ७, पत्र संख्या ६९ ।

15 Pemble, Page 260.

घेर्न सकिन्छ भन्ने लाग्यो । उनले आफ्नो फौजलाई माँगु पठाउने भए । पुस १५ गते साँझ पर्नेबित्तिकै थम्सन १४ कम्पनी, १,००० अक्जुलरी फौज र छ पाउन्डका गोला खाने दुईवटा तोप अनि दुईवटा हाउविट्सर लिएर माँगुमा हमला गर्न गए । भोलिपल्ट बिहान अंग्रेज फौज डाँडा उक्लन थाल्यो । टिपाअगाडि पुग्दा उसले अचानक नेपाली फौजको हमलाको सामना गर्नुपर्‍यो । यसपछि थम्सनले नेपाली किल्लामा तोपले मात्रै हमला गर्न सकिन्छ भन्ने ठाने र तोप बोकेका हात्ती आएपछि मात्र हमला गर्ने विचार गरे ।

राति अमरसिंह रामगढबाट माँगु गए । पुस १७ गते उज्यालो हुनुअघि नै २,००० देखि २,५०० नेपाली सिपाही अंग्रेज फौजसामु पुगे । त्यहाँ तीन घण्टा लडाइँ भयो । हातमा खुकुरी बोकेका नेपाली सिपाहीले थम्सन बसेको ठाउँमा समेत हमला गरे । यहाँ नेपालीले अंग्रेजलाई कतिसम्म तर्साए भने खुकुरी देख्दामात्रै पनि अंग्रेजका सिपाही डराउने भए । उसका धेरै सैनिक डराएर भागे । कति काटिए ।

तैपनि अंग्रेज सिपाहीले मैदान छाडेनन् । बन्दुक चलाएर नेपालीको हमलालाई निस्तेज पारे । बन्दुकको हमला खप्न नसकेर नेपाली फौज फर्कियो । अंग्रेजका अनुमानमा यस लडाइँमा १५० जना नेपाली मरे भने २५० जना घाइते भए । अंग्रेजतर्फ भने नौ जना मरे र ४४ जना घाइते भए । यस लडाइँको सफलताले गर्दा अंग्रेजमा नेपालीलाई अझमाथि धपाउने आँट आयो ।

यो सानो विजय हात लागे पनि समग्रमा अंग्रेज फौज हमला र घेराबन्दी दुवै काममा सफल भएन । नेपालीमाथि उसले गरेको हमला प्रभावकारी भएन । नाकाबन्दी गरेर नेपालीलाई घुँडा टेकाउन पनि अंग्रेज सफल भएन ।

त्यसपछि अक्टरलोनी मलाऊँ किल्ला हान्ने विचार गरेर त्यताको जानकारी बटुल्न थाले ।[१६]

16 Pemble, Page 261-265.

नक्सा ४ : झाम्टा-जैथक

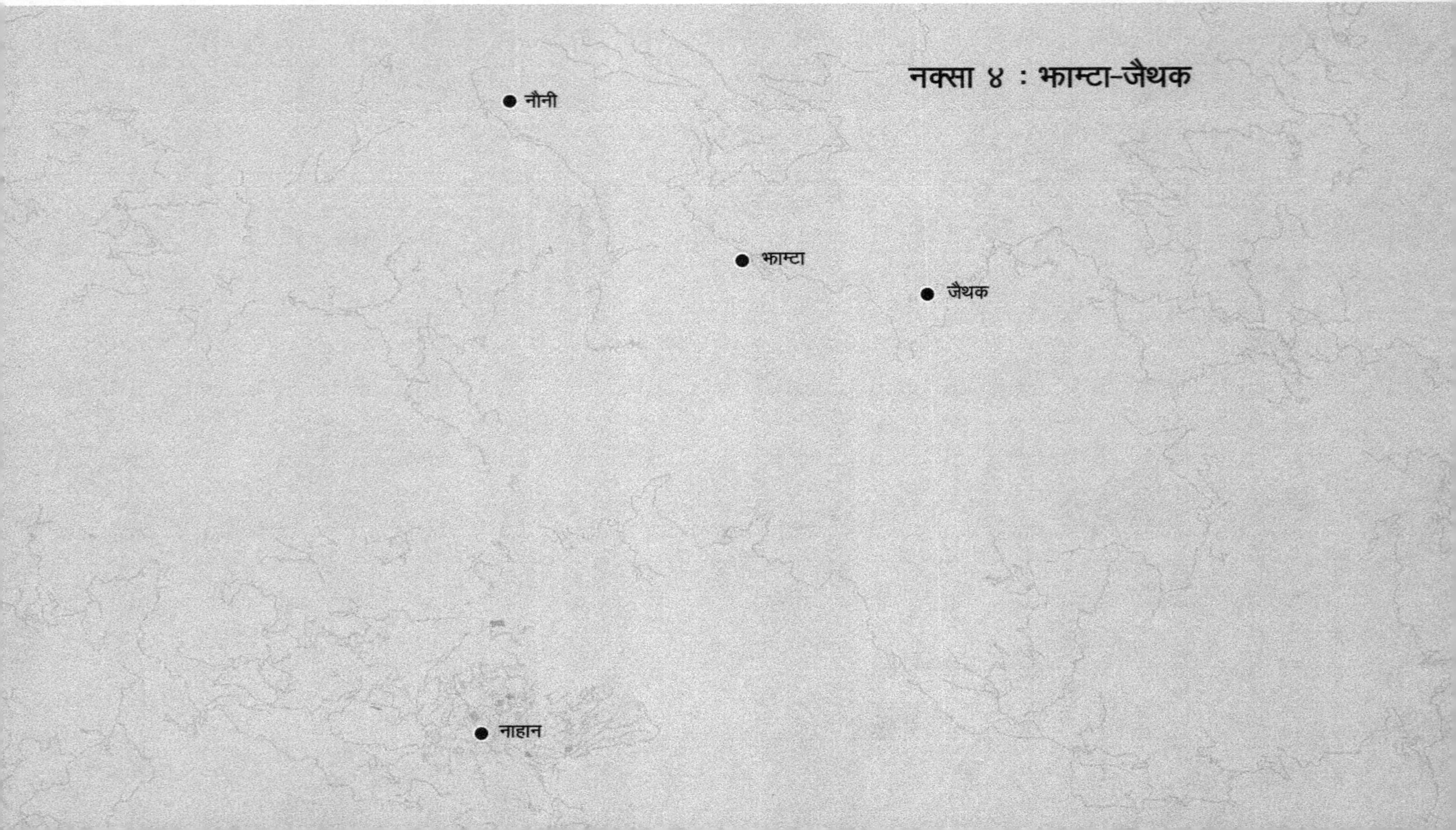

झाम्टामा पनि अंग्रेजको हार

अक्टरलोनी रूपड पुग्नुभन्दा पहिल्यै नाहानमा हमला गर्न मेजर जेनरल जिलेस्पीलाई आदेश दिइएको थियो । उनको कमान्डमा रहेको फौजको एक हिस्साले त्यतिञ्जेलमा नालापानी कब्जा गरी सक्नुपर्थ्यो[1] तर त्यस कामको नेतृत्व पाएका मबीले नालापानी कब्जा गर्न नसकेकाले जिलेस्पी आफैं नालापानी हमला गर्न हिंड्नुपर्‍यो । त्यसैले उनले नाहानमाथि हमला गर्न भ्याएनन् ।

नालापानीमा जिलेस्पीको ज्यान गएपछि उनले नेतृत्व गरेको फौज सम्हाल्ने जिम्मेवारी पनि अक्टरलोनीले पाएका थिए । जिलेस्पीको मृत्युपछि नालापानी कब्जा गर्ने जिम्मा कर्णेल मबीलाई नै दिइएको थियो । अक्टरलोनीले मबीलाई आदेश दिएका थिए– "नालापानी विजय गरिसक्नेबित्तिकै नाहानतिर सोझिनू । त्यता जाँदा क्यार्दा उपत्यका अथवा पहाडमुनिको बाटो हिंडेर जानू । अहिले तिमीअन्तर्गत रहेका मेजर रिचर्ड्स यसअघि क्यार्दा दून गइसकेका छन् । उनलाई त्यहाँका स-साना कुरा पनि थाहा छ । तिमीले उनी र लेफ्टिनेन्ट योङसँग सल्लाह गर्दा राम्रो हुन्छ । नाहानको किल्ला किल्लाजस्तो छैन, घरजस्तो छ भन्ने सुनेको छु । यसलाई ६ पाउन्डका गोला खाने तोपले उडाउन सकिन्छजस्तो लाग्छ । त्यसैले तिमीले खलङ्गा हान्न ल्याएका १२ अथवा १८ पाउन्डका गोला खाने, जुन खालका भए पनि दुईवटा तोप तिमीसँगै लिएर जानू । कुनै किल्ला अथवा रक्षा चौकी हान्नुपर्ने भएमा ठूलो खजाना लिएर जानू । यसो गर्दा ढीलो हुन्छ भनेर यी हतियार नलिई नजानू ।"[2]

यसैबीच अंग्रेजले नालापानीपश्चिम र नाहानपूर्वको काल्सी बजारमाथिको बैराठ किल्लामा कब्जा जमाउने विचार गर्‍यो । किल्लाबाहिर ठाउँ-ठाउँमा रक्षा चौकी खडा गरिएका थिए । त्यसैले यो किल्ला दह्रो थियो । १८७१ साल मंसिर

1 Letter to Major General Gillespie from G. H. Fagan, 24th October 1814, Nepal Papers, Page 179-181.

2 Letter to Colonel Mawbey from D. Ochterlony, 16th November 1814, Nepal Papers, Page 475.

१५ गते क्याप्टेन फास्टको नेतृत्वमा रेगुलर र इरेगुलर दुवै किसिमका फौज यो किल्लामा हमला गर्न पठाइयो । यस किल्लामा नेपालीले सामान्यमात्र प्रतिरोध गरे । उनीहरूले हडबडाएर किल्ला छाडे[३] । उनीहरू जमुनापार भागे ।[४]

बैराठका मुख्य जमीनदार र बासिन्दा यसअघि नै आफ्नो ठाउँ छाडेर भागिसकेका थिए । त्यसपछि त्यहाँका नेपाली सिपाही आत्तिएका थिए । कसरी हो कुन्नि, यस किल्लामा केही स्थानीय बासिन्दा पनि बस्दै आएका रहेछन् । उनीहरूले नेपाली सिपाही आत्तिएको खबर मंसिर २१ गते अंग्रेजछेउ पुऱ्याए । सानो फौज पठायो भने यो किल्ला सजिलै लिन सकिन्छ भनेर उनीहरूले अंग्रेजलाई हौस्याए ।[५]

काल्सीदेखि दून उपत्यकाको उत्तरपश्चिम सिमानाबाट लगातार उठेको अग्लो पहाड हिमालसम्मै पुग्छ । सामरिक महत्त्वको बैराठको किल्ला यही ठाउँमा थियो । यो किल्ला जित्दा अंग्रेजलाई ठूलो लाभ र नेपालीलाई ठूलो हानि भयो किनभने यहाँभन्दा पूर्वमा रहेको नेपालको अधीनको भूभाग र पश्चिममा रहेको भूभागबीच सम्पर्क गर्ने मुख्य बाटो यही थियो ।

यस जीतबाट अंग्रेज सिपाही हौसिएका थिए । उनीहरूलाई लाग्यो– "दून उपत्यकाको सबैभन्दा पूर्वको लक्करघाट ठाना हाम्रो कब्जामा आइसकेको छ । बैराठ पनि पश्चिममा रहेको अमरसिंहको फौज र पूर्वमा रहेका नेपालीबीच खबर आउने जाने बाटोमा पर्छ । अब नेपालको राजधानी र अमरसिंहले शासन गरेको जमुनापश्चिमको भूभागबीचको सोझो सम्बन्ध विच्छेद भएको छ । पूरै दून उपत्यका हाम्रो कब्जामा आइसकेको छ । अब यहाँ हाम्रा थाना बाक्लैसँग राख्न सकिन्छ, जसले गर्दा अमरसिंहले पूर्वतिर सम्पर्क गर्ने मध्यपहाडको बाटो बन्द हुन्छ । यसो भएपछि उनले पश्चिमको आफ्नो भूभाग त्यागेर फर्कनु परेका खण्डमा भोट भएर मात्र जान पाउँछन् ।"[६]

रणनीतिक महत्त्वको हुनाले यो किल्लालाई नेपालीले मजबूत बनाएका थिए । बैराठ किल्ला कब्जा गर्ने अंग्रेज सैन्य अधिकारीका अनुसार किल्लाको भित्री भाग राम्रोसँग मर्मत गरिएको थियो । किल्लाभित्र ३०० मानिस सजिलै अटाउन सक्थे । ढुंगाको पर्खाल राम्रोसँग लगाइएको थियो । बाहिरी भागको पर्खाल १०

3 Letter to John Adam from G. H. Fagan, 10th December 1814, Nepal Papers, Page 490-492.

४ चौतरिया बम शाहलाई काजी रणजोर थापा, जसपाउ थापा, काजी रेवन्त कुँवर, लक्षवीर शाही, सरदार भैरवसिंह, सरदार रणसुर थापाले १८७१ माघ सुदि ८ रोज ६ मा मुकाम जैथक किल्लाबाट पठाएको पत्र, पोका ३, पत्र संख्या ३७५ ।

5 A Translation of Sub Surren's Report of the Evacuation of Baraut, Nepal Papers, Page 498.

6 Letter to John Adam from G. H. Fagan, 10th December 1814, Nepal Papers, Page 490-492.

फिटजति अग्लो थियो । बीच-बीचमा गोली हान्न मिल्ने खालका प्वाल थिए । किल्लाको बाहिरी भागभन्दा भित्र १५ देखि ३० फिट पर्तिर अर्को पर्खाल थियो । लिउनले नजोडेका ढुंगाको यो पर्खाल भर्खरै मर्मत गरिएको थियो । यसमा पनि गोली हान्ने प्वाल थिए । यो पर्खालभित्रको सुरक्षाका लागि पर्याप्त अग्लो थियो । नालापानीमाजस्तो गरी यहाँ पानी बाहिरबाट ल्याउनुपरेको थिएन । किल्लाभित्र एउटा इनार थियो, जहाँ ६ फिट पानी थियो ।[७]

यति बलियो किल्लामा २५० जना नेपाली सैनिक थिए । उनीहरूले डटेर सामना गरेका भए यो किल्ला कब्जा गर्न वैरीलाई सजिलो हुने थिएन । किल्ला कब्जा गर्ने अंग्रेज सैनिक अधिकारी स्वयम् लेख्छन्– "वैरीले यो ठाउँ यत्तिकै खाली गरिदिनु हाम्रा लागि सौभाग्यको कुरा हो । उनीहरूले किल्ला नछाडेका भए हामीले काल्सीबाट यहाँसम्म मोर्टार ल्याउन झन्डै-झन्डै असम्भवजस्तै काम गर्नुपर्थ्यो । वैरीले यसको रक्षा गर्न खोजेका भए हाम्रा बन्दुकले मात्रै केही गर्न सकिने थिएन ।"[८]

बैराठ किल्ला अंग्रेजले कब्जा गरेपछि बुढाकाजी अमरसिंह थापा मुख्य शरीरबाट छुट्टिएको अंगजस्ता भए । किल्ला छाड्ने नेपाली सैनिकलाई जमुनापार रहेका अरू नेपाली सैनिकले 'निमक हराम'को संज्ञा दिए । "बैराठमा रह्याका निमक हरामले वैरी नआई गढी छोडी जमुना तरी भागिदिंदा चिठीपत्र आवतजावत बन्द हुँदा त्यसतर्फ गलवा खबर (हल्ला) बढ्न गयो ।"[९] कुमाऊँमा बसेका चौतरिया बम शाहलाई उनीहरूले लेखेका थिए ।

"बैराठ हात गरी यसतर्फका कुइऱ्यालाई काटी, धपाई त्यसतर्फ आउन्यै छौं । ...बैराठ नखुलिञ्जी (फिर्ता नभइञ्जेल) सरकारमा अर्जीबिन्ती लेखिँदैन ।", नेपाली काजी र सरदारहरूले अरू ठाउँका नेपालीलाई लेखेका थिए । यो लेखाइले नेपालीहरू यो किल्ला हात पार्न आतुर थिए भन्ने देखाउँछ । उनीहरूले काजी र सरदारको यो अठोट 'सरकारमा चह्राइ पठाउनुभया बढिया' हुने ठानेका थिए । अन्तका भारदारको हौसला बढाउन उनीहरूले त्यस चिठीको "नक्कल उतारी जग्गा जग्गामा रह्याका भारदारलाई पठाइबक्सनुहोला" भनी बम शाहलाई अनुरोध गरेका थिए ।[१०]

---

7 Letter to S. Mawbey from G. Carpenter, 5th December 1814, Nepal Papers, Page 498 - 499.

8 Letter to S. Mawbey from G. Carpenter, 5th December 1814, Nepal Papers, Page 498 - 499.

९ चौतरिया बम शाहलाई काजी रणजोर थापा, जसपाउ थापा, काजी रेवन्त कुँवर, श्री लक्षवीर शाही, सरदार भैरवसिंह, सरदार रणसुर थापाले १८७१ माघ सुदि ८ रोज ६ मा मुकाम जैथक किल्लाबाट पठाएको पत्र, पोका ३, पत्र संख्या ३७५ ।

१० चौतरिया बम शाहलाई काजी रणजोर थापा, जसपाउ थापा, काजी रेवन्त कुँवर, लक्षवीर शाही, सरदार भैरवसिंह, सरदार रणसुर थापाले १८७१ माघ सुदि ८ रोज ६ मा मुकाम जैथक किल्लाबाट पठाएको पत्र, पोका ३, पत्र संख्या ३७५ ।

बैराठगढी भएको ठाउँ काल्सीका बासिन्दा पनि नेपालीका विरुद्ध थिए । उनीहरूले दुई जना नेपालीलाई पक्डेर लेफ्टिनेन्ट कर्णेल कार्पेन्टरलाई बुझाएका थिए । यसरी बुझाइएका मानिसले कार्पेन्टरलाई काजी रणजोर थापाका साथमा १,०००/१,२०० र रामगढमा रहेका बुढाकाजी अमरसिंहका साथमा ५,०००/६,००० सैनिक रहेको बताएका थिए ।[११]

दून पुग्नेबित्तिकै नालापानी कब्जा गरेर नाहान हान्नू भनी आदेश पाएको मबीको फौजले सोचेभन्दा बढी फौज, हतियार र समय खर्च गरेर भए पनि नालापानी कब्जा गरिसकेपछि नाहान जाने फुर्सद पायो । यतिञ्जेल दूनमा अल्झिएको त्यस फौजलाई जमुनापश्चिममा रहेको नेपाली फौजलाई ध्वस्त पार्ने काममा कर्णेल अक्टरलोनीको मद्दतका लागि नाहान पठाइयो । तोपवालाहरू मंसिर २३ गते र बाँकी फौज मंसिर २५/२६ गते नाहान जाने भए ।[१२] नालापानी जितेको यो फौजको मनोबल बढेको थियो । बैराठको किल्ला जितेर फौज अझ उत्साहित भएको थियो ।

'नाहान हान्नू' त भन्नुमात्रै हो । यो ठाउँ फराकिलो थियो । चौबाटो भएको र दह्रो गढी किल्ला नभएकाले नेपाली फौज नाहानमा थिएन । त्यसभन्दा अलि टाढाको झाम्टा र जैथकका डाँडामा रहेका किल्लामा बसेको थियो ।[१३]

नालापानीमा हार भएपछि रणदीपसिंह चमुवामा बसेका थिए भने काजी रेवन्त कुँवर, कप्तान बलभद्र कुँवर आफ्ना साथको गोलबल लिई बैराठगढी कब्जा गरी बसेका अंग्रेजलाई अप्ठ्यारो पार्ने गरी जमुना नदी किनारको गढीमा बसेका थिए ।[१४] उनीहरूले अंग्रेजको ठूलो फौज नाहानतिर जान लागेको थाहा पाए । पश्चिमका भारदारहरूले उनीहरूलाई "तोपगैह्र सबै खरखजाना उठाई झाम्टामा आई बस्नू" भनी बारम्बार आदेश दिए । त्यसपछि उनीहरू फौज, तोप, बन्दुक, खरखजाना सबै उठाई जैथक (झाम्टा र जैथकनजीकै पर्छन्) किल्लामा गए । फिरंगीको कम्पनी पनि नाहान पुगिसकेको थियो ।[१५] पुसका ७ दिन जाँदा अंग्रेजको फौज तिलकपुरमा देखियो । पछि ऊ नाहान गई बस्यो ।[१६]

---

11 Letter to Colonel S. Mawbey from G. Carpenter, 5th December 1814, Nepal Papers, Page 498 to 499.

12 Letter to John Adam from G. H. Fagan, 2d December 1814, Nepal Papers, Page 472.

१३ काजी रणदीपसिंहले १८७१ साल पौष सुदि २ रोज ६ मा मुकाम चमुवाको टिपाबाट लेखेको अर्जी, पोका ३, पत्र संख्या ४४४ र काजी रणदीपसिंह बस्न्यात, काजी रेवन्त कुँवर, कप्तान बलभद्र कुँवर, सरदार रिपुमर्दन थापालाई काजी रणजोर थापा, काजी जसपाउ थापा, सरदार रणसुर थापा, भैरवसिंहले मिति पौष वदि ७ रोज २ मा मुकाम जैथकबाट लेखेको पत्र, १ सी. २९, पोका ९८/७९ ।

१४ भीमसेन थापा र रणध्वज थापालाई रिपुमर्दन थापाले संवत १८७१ साल मिति पौष वदि १२ रोज १ मा मुकाम श्रीनगरबाट लेखेको पत्र, डीएनए २/१५ ।

१५ काजी रणदीपसिंह बस्न्यात, काजी रेवन्त कुँवर, कप्तान बलभद्र कुँवर, सरदार रिपुमर्दन थापालाई काजी रणजोर थापा, काजी जसपाउ थापा, सरदार रणसुर थापा, भैरवसिंहले मिति पौष वदि ७ रोज २ मा मुकाम जैथकबाट लेखेको पत्र, १ सी. २९, पोका ९८/७९ ।

१६ अहिमान, १ सी. ४४१ ।

पुस १५ गते झाम्टा किल्लाभन्दा डेढ किलोमिटरपश्चिमको रक्षा चौकीमा नेपालीको बलियो आड तोड्न र पानीको मुहान टुटाउन मेजर जेनरल मार्टिन्डेलको नेतृत्वमा रहेको अंग्रेज फौजले नेपाली फौजमाथि आक्रमण गर्ने भयो । यसका लागि मेजर लुड्लो र मेजर रिचर्डका दुईवटा पंक्तिलाई देब्रे र दाहिनेतिर खटाइयो । मेजर लुड्लोको नेतृत्वमा १,०७४ जना सैनिक खटिएका थिए । उनीहरूसँग छ पाउन्डको गोला खाने एउटा तोप र साढे पाँच इन्चको हाउविट्सर थिए । रिचर्डसँग ७०८ जनाको फौज अनि छ पाउन्डको गोला खाने एउटा तोप र साढे पाँच इन्चको हाउविट्सर थिए ।[१७]

यो लडाइँको बयान लडाइँ लड्ने नेपाली सिपाही अहिमानसिंह अधिकारीका मुखबाट सुनौं :

> *पुसको १५ दिन जाँदा चन्द्रग्रहण थियो । उसै दिन बिहान हुँदो, सोमवार जाँदो मंगलवार लाग्दो राति नाहानदेखि दुई मुख गरी वैरी आयो र त्यस्तै वेलामा एक मुख पूर्व लगाई पश्चिम फिरी किल्ला झोकन र दोस्रो मुख उत्तर लगाई पूर्व फिराई हान्न भनी आयाको रहेछ ।*
>
> *उत्तर आयाको चाँडै आई जोरियो । पूर्वको मुहुडालाई फेरो भएछ र हामीलाई बडो तवल पऱ्यो । झाम्टा देवीमा फिरंगी आइपुग्यो, लडाइँ जोरियो । हाम्रा बन्दुक अगाडि चले । दोहोरो आवाज हुन लाग्यो । हाम्रा लश्करले मुहुडा फिराए । लडाइँ बिग्र्यो भनी सरदार भैरवसिंह, सुबेदार र बाँकी रहेका सरसिपाहीले काजी जसपाउसँग बिन्ती गरे । आडमा जानुपर्छ भन्दा "यो बिग्रेको लडाइँ भारदारको हो, म सपारूँला, सप्रेन भने ज्यान दिउँला" भनी काजी जसपाउ अडिए । भागेको लश्करलाई पनि फिराए ।*
>
> *त्यसै बखतमा रणजोर थापाले गुहारी पठाएको गोरख पल्टन आइपुग्यो । तरबार बरोबर पाऱ्यौं । जम्दार बहादुर राना, जम्दार अहिमानसिंह अधिकारी, जम्दार भद्र थापा, अजिटन अम्बरसिंह थापा, जम्दार जसु आले, सिपाही रणवीर घर्ती गैह्र २०/२५ जनाले तरबार गर्दा फिरंगीको मुहुडा भाँच्यौं । फिरंगी तीन मुख भै भाग्न लाग्यो । हाम्रा लश्करले छेकी छेकी हान्न लाग्यो । पाउ भर लपेटा दिंदा वैरी नेपाली फौजका बीचमा परेको थियो ।*
>
> *त्यसै वेलामा काजी जसपाउ थापाले सरदार भैरवसिंहलाई पठाए । भैरवसिंहले लश्करलाई अब बढ्नु छैन, पूर्वदेखि पनि अर्को मुख*

17 Letter to Colonel Fagan from G. Martindell, 27th December 1814, Nepal Papers, Page 503-504.

आएको छ भनी लश्कर फिराए । एक-एक फिरंगीका बन्दुक हाम्रा सबै सिपाहीले ल्याए र जैथक किल्लामा दाखिला भए ।

पूर्वबाट आएको वैरीसित पनि लडाइँ हुन लाग्यो । फिरंगी टापुमा थियो । हामी भीरमा पर्न गएका थियौं । साँझसम्म पनि जित-हार नहुँदा जम्दार बहादुर राना, जम्दार अहिमानसिंह अधिकारी, घर्ती जम्दार, हवल्दार लक्षिमन गुरुङ र २०/२५ जना सिपाहीले फिरंगी बसेको टिपाभन्दा झन् अग्लो टिपा उछिनी फिरंगीलाई डेउढा लायौं । त्यसै वेलामा काजी, सरदारले लश्करलाई "लौ तरबारको बखत भयो, लौ नगरा दे, लौ घोक पार" भनी गोरखकाली पुकारी तरबार पाऱ्यौं । फिरंगी भाग्न लाग्यो ।

फेरि बीचमा कोही फिरंगी अडिएर लडाइँ दिन लाग्यो तैपनि जित हाम्रो भयो । फिरंगीका सुबेदारसमेत ४४ जना पक्रियौं । २०/२५ घडी रातमा लडाइँ सांगे भयोथ्यो । यो लडाइँ बहुत बाजी माथ भयाको हो । ग्रहणका दिनको लडाइँ बाजी माथै हो ।[१८]

काजी र सरदारहरूले चाहिं त्यस लडाइँको बयान यसरी गरेका छन् :

मार्ग सुदि १५ रातमा झाम्टाश्रीका भञ्ज्याङमा निस्कने गरी दुई पल्टन आयो । एक घडी रातदेखि जोडिएको लडाइँ डेढ प्रहर दिनसम्म चल्यो । झन्डै दुई किलोमिटरसम्म लपेटा लिई रेणुकातर्फको डाँडो समाई जैथकदेखि झन्डै दुई किलोमिटर कच्चा मोर काटियामा आयो । फेरि सिपाही शामेल गरी उसतर्फ जाइलाग्यौं । बन्दुकको 'बुवाँ धुवाँ' जोरीकन ६ घडी रातसम्म लपेटा लैग्या । ईश्वरका कृपा, ख्वामित् (राजा) का पुण्य प्रतापले र पाँच (भारदार आदि) का मिहिनेतले दुवैतर्फको लडाइँ फत्ते भयो । वैरी हटी नाहानै गयो ।[१९]

त्यस दिन भएछ के भने, यस लडाइँमा खटिएका अंग्रेज कमान्डर मार्टिन्डेलले बिहान उज्यालो हुनुअघि दुवै पंक्ति तिनलाई तोकिएका ठाउँमा पुगिसक्लान् भन्ने विश्वास गरेका रहेछन् तर मेजर लुड्लोको पंक्ति निर्धारित समयभन्दा धेरैपछि पनि त्यस ठाउँमा पुगेनछ । मार्टिन्डेलले पछि थाहा पाए– "यो थाहा पाएर तयारी

---

१८ अहिमान, १ सी. ४४१ ।

१९ काजी रणदीपसिंह बस्न्यात, काजी रेवन्त कुँवर, कप्तान बलभद्र कुँवर, सरदार रिपुमर्दन थापालाई काजी रणजोर थापा, काजी जसपाउ थापा, सरदार रणसुर थापा, भैरवसिंहले मिति पौष वदि ७ रोज २ मा मुकाम जैथकबाट लेखेको पत्र, १ सी. २९, पोका ९८/७९ ।

गर्ने मौका वैरीले पाए ।" (माथि अहिमानले भनेका छन् नि "हामीलाई बडो तवल पऱ्यो" भनेर !) । मेजर रिचर्डलाई फिर्ता बोलाउन मार्टिन्डेलले तारन्तर मान्छे पठाउँदा पनि अवेरसम्म उनी क्याम्पमा हाजिर भएनन् ।[२०] उनी भोलिपल्ट बिहान ३ बजेमात्र क्याम्पमा फर्किए । उनका तर्फ पनि ठूलो क्षति भयो ।[२१]

मेजर लुड्लोलाई शुरूमा त वैरीलाई हराउन सक्छुजस्तो लागेको थियो तर त्यसो भएन । धेरै ठूलो क्षति बेहोरेर यो पंक्ति फर्किन बाध्य भयो । मेजर लुड्लोले "वैरी पनि धेरै मारिए तर कति भन्ने थाहा छैन" भनी आफ्ना कमान्डरलाई रिपोर्ट गरे ।[२२] भोलिपल्ट मार्टिन्डेलले त्यस लडाइँमा अंग्रेजतर्फका ३२ जना मारिएका, १०६ जना घाइते भएका र २१७ जना हराएका भनी रिपोर्ट गरे तर त्यस विवरणको अन्त्यमा उनले "यो विवरण गलत भएकाले प्रकाशित नगर्नें" भनी लेखे । के सही हो भन्ने विवरण भने उनले दिएनन् ।[२३] त्यस लडाइँमा लुड्लोले दाबी गरेजस्तो धेरै नेपाली मरेका थिएनन् । सुरवीर अधिकारी, रणसुर थापा, सबल अधिकारी र अरू २/४ सिपाही बितेका थिए, ३०/४० घाइते भएका थिए ।[२४]

त्यस लडाइँमा अंग्रेज फौजले अर्को पनि गल्ती गरेछ । मेजर लुड्लोलाई डाँडामा पुगेर नेपालीको रक्षा चौकीमा गोली र बम हानेर वैरीलाई भगाउन र भगाइसकेपछि किल्ला कब्जा गर्न आदेश दिइएको थियो तर उनका ठूला हतियारचाहिँ पछाडि बाटैमा रहेछन् । अरू खजाना पनि तोकिएका समयमा तोकिएका ठाउँमा पुगेनछन् ।

यो हारपछि ठाउँ अप्ठ्यारो भएकाले, वैरी बलियो ठाउँमा बसेकाले र वैरीले दृढतापूर्वक किल्ला रक्षा गरेकाले थप फौज नजुटाईकन यहाँ थप आक्रमण नगर्ने योजना मार्टिन्डेलले बनाए ।[२५] उनले मागेअनुसार क्याप्टेन लेजको नेतृत्वमा दूनमा रहेका 'सिक्स फ्ल्यांक'लाई पनि मार्टिन्डेलले हाँक्न पाउने भए । अरू कम्पनीलाई पनि हाँसीबाट नाहान पठाइयो ।[२६]

झाम्टामा भीषण लडाइँ हुन लागेको छ तर अहिले पूर्वतिर बुटवल र पर्साका लडाइँको बयान गर्न हतार गर्नुपरेको छ, जुन आगामी अध्यायमा दिइएको छ ।

---

20 Letter to Colonel Fagan from G. Martindell, 27th December 1814, Nepal Papers, Page 503-504.

21 Letter to Colonel Fagan from G. Martindell, 28th December 1814, Nepal Papers, Page 504.

22 Letter to Colonel Fagan from G. Martindell, 27th December 1814, Nepal Papers, Page 503-504.

23 Return of Killed, Wounded, and Missing, of Corps engaged with the Enemy on the 27th Instant, Camp Nahun 31st December 1814, Nepal Papers, Page 505.

२४ अहिमान, १ सी. ४४१ ।

25 Letter to Colonel Fagan From G. Martindell, 27th December 1814, Nepal Papers, Page 503-504.

26 Letter to Major-General Martindell from G. H. Fagan, 31st December 1814, Nepal Papers, Page 506.

नक्सा ५ : स्युराज-बुटवल

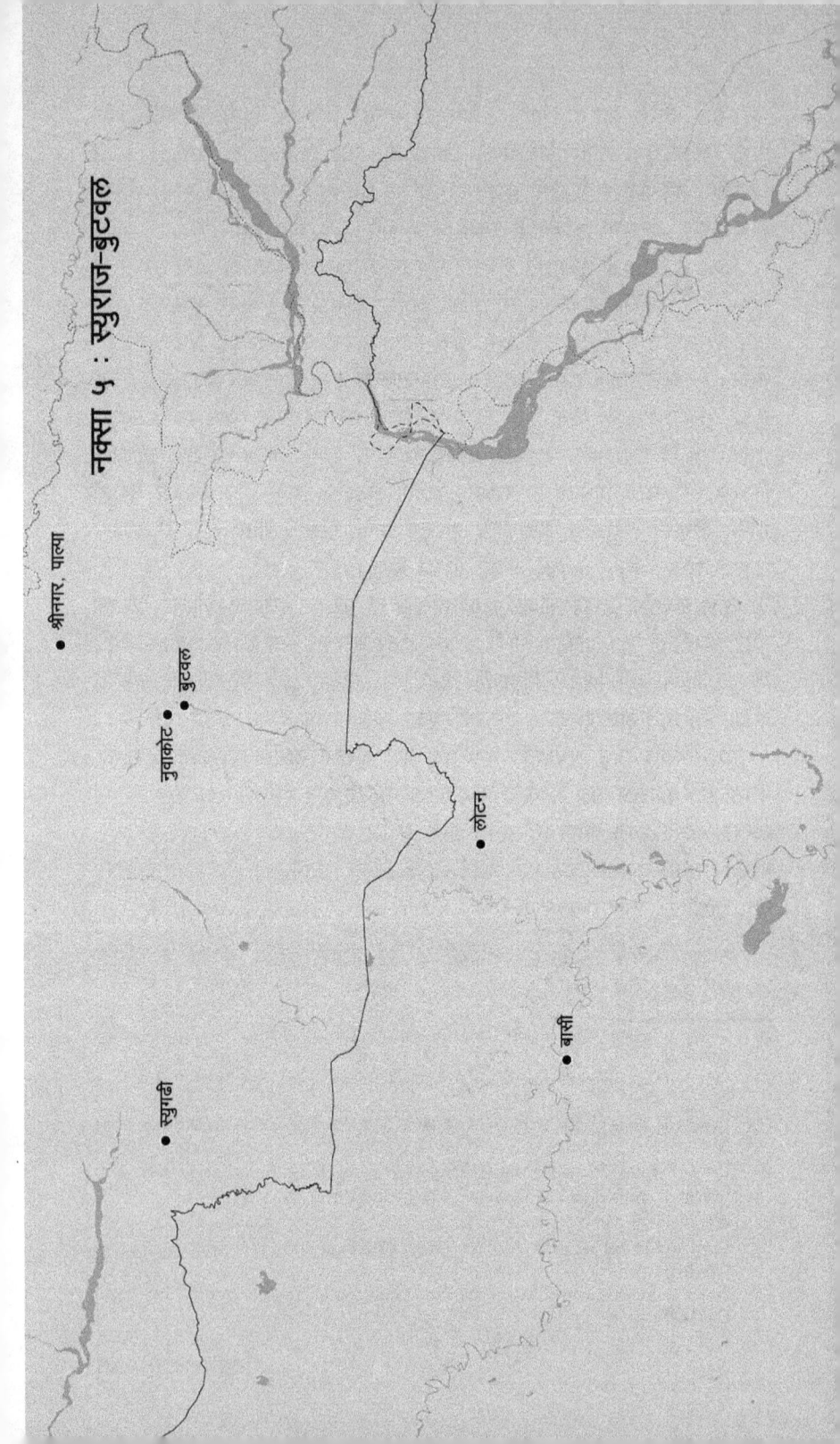

- श्रीनगर, पाल्पा
- नुवाकोट
- बुटवल
- स्युराटी
- लोटन
- बाँसी

बुटवल : अंग्रेजको अझ अर्को पराजय

लडाइँ हुने निश्चित भएपछि बुटवल र त्यस आसपास नेपाली फौज तैनाथ हुन थाल्यो । अंग्रेजले पाएको सूचनाअनुसार १८७१ साल असोज १२ गते बिहान ५० जनाको नेपाली फौज पहाडबाट तल झरेर सुदसर पुग्यो । त्यहाँ उनीहरूले धेरै हजार मानिस अटाउने ठूलो किल्ला बनाए । फौज निरन्तर थपिइरह्यो । तीन सय हतियारधारी सिपाही बुटवल पुगे ।[1] नालापानीमा अंग्रेजले नेपालीमाथि हमला गरेको केही दिनमा भवानीशंकर ६५ जनाको फौजसहित लाटबाट साढे पाँच किलोमिटर टाढा तुम्हुवा पुगे । रंगवीर जम्दार १०० मानिससहित लोटनबाट १६ किलोमिटर टाढा पर्ने कोन्धा गए । गोयुमुन राना २०० जना मानिससहित परेवा र मनिराज फौजदार ४०० मानिससहित बुटवल पुगे ।[2]

मंसिरको मध्यतिर अंग्रेजको फौज दोसाँधमा आइपुग्यो भन्ने खबर आएपछि पाल्पा र बुटवल खटिएका उजीरसिंह थापा सतर्क भए । जरूरी पऱ्यो भने साइत नहेराई कम्पू पल्टनका सिपाही भेला गरी हिंडिहाल्ने निधो गरे । अंग्रेज फौज बढेर आउन आँट्यो भने साँधभन्दा वरै आफूलाई सजिलो हुने ठाउँमा अवसर छोपी, चाँजो पुऱ्याई, गोलबल मिलाई हान्ने विचार गरे ।

त्यति वेला पाल्पामा १,०००/१,२०० ढाक्र्याहरूको भीड थियो । ती ढाक्र्याहरूलाई दरमाह खर्चको ठेगान गरी पुग्नेसम्मलाई बन्दुक र बन्दुक नपुग्नेलाई धनुष दिई काज लगाउने हो कि उसै राख्ने हो भनी उजीरसिंहले राजालाई सोधेर पठाए ।[3] "कुइऱ्याले हात छोडेपछि आफ्नातर्फबाट मैदानमा गै छाती थापऱ्या काम नगर्नू, वैरी छली उसको मुलुक लुट्ने, पोल्ने र झार जंगलमा उसलाई अप्ठयारो पारी हान्ने काम गर्नू" भनी राजा र भीमसेन थापा तथा रणध्वज थापाले आदेश दिए ।

---

1 Letter to John Adam from W. Martin, 5th October 1814, Nepal Papers, Page 131.

2 Translation of a report received from Mirza Hussun Ulle Beg, 30th October 1814, Nepal Papers, Page 177-178.

३ उजीरसिंह थापाले १८७१ साल मार्गशीर्ष वदि २ रोज ३ मा मुकाम पाल्पा, श्रीनगरबाट पठाएको अर्जी, पोका ७, पत्र संख्या ३१ ।

बुटवललगायतका ठाउँको रक्षाका लागि त्यति वेला नुवाकोटगढीमा बसेका उजीरसिंह थापा र वीरभञ्जन पाँडेले अभिमर्दन शाही, उदयसिंह बस्न्यात र उपेन्द्र कार्कीलाई आफ्ना एक-एकवटा कम्पनी लिई बुटवलदेखि दक्षिण दोसाँधनेरका जंगलमा गै मौका हेरी वैरीलाई हान्नू, आफूलाई अप्ठ्यारो पर्लाजस्तो लाग्यो भने वैरी भएको ठाउँ छली उसका मुलुकका गाउँघर पोली लुटी जंगलमै आई बस्नू भनी आदेश दिए ।

त्यति वेला कुनै पनि महत्त्वपूर्ण काम गर्दा साइत हेराउने चलन थियो । लडाइँमा वैरीमाथि प्रत्याक्रमण गर्दा त होइन, वैरीमाथि जाइलाग्दा चाहिँ ज्योतिषीले भनेको साइतमा काम थाल्ने गरिन्थ्यो । सोहीअनुरूप भगीरथ जैसीले भनेबमोजिम यी तीन कम्पनीलाई १८७१ मंसिर २८ गते ६ घडी रात बाँकी छँदा आफू बसेका ठाउँबाट हिंडी पुस संक्रान्तिका सूर्योदयका वेलामा वैरीको मुलुक कुल्ची काम गर्नू भनी पठाइयो ।

हरि शाहीले जमाउन लागेको कम्पनी साँझ ब्याहानमा तयार हुन आँटेको थियो । उनलाई पनि हात्तीसारतर्फका सिमानाको जंगलमा सोही पाठ अह्राई पठाउने विचार उजीर र वीरभञ्जनले गरेका थिए । अर्घाखाँचीका मधेसबाट पनि यस्तै काम गर्नुपर्छ कि भन्ने ठानिएको थियो ।[४]

मेजर जेनरल जोन सलिभन ऊडको कमान्डमा रहेको अंग्रेज फौजमा शुरूमा ४,५०० सिपाही खटाइएका थिए । यसलाई छ पाउन्डका गोला खाने चारवटा तथा तीन पाउन्डका गोला खाने तीनवटा तोप, तीनवटा चार इन्च मोर्टार र दुईवटा ४.४ इन्च हाउविट्सर दिइयो । पछि १८ पाउन्डका गोला खाने दुईवटा तोप थपिए । छ पाउन्डका गोला खाने तोप थपेर आठवटा बनाइए ।[५]

ऊडलाई थाना कब्जा गर्नु पर्‍यो भनेमात्र चाँडै तराई (नेपाल) पुग्नू, त्यसो गर्नु छैन भने कात्तिक ३ गतेभन्दा अघि तराई नपुग्नू भन्ने आदेश दिइएको थियो ।[६] तर ऊडको फौज यसभन्दा धेरै ढिलो हिंड्यो । फस्ट बटालियनको एउटा हिस्साको फौजको हिंडाइ साह्रै ढिलो भएकाले ऊडले केही समय रोकिनुपर्‍यो । ढिलो हिंडेको त्यो फौज मंसिरको अन्त्यमा मात्र ऊड भएठाउँ आइपुग्यो । पछि आएको फौजलाई सैनिक क्याम्पमा लगाइने बजारको बन्दोबस्त र हातहतियार जिम्मा दिएर पुस ३ गते ऊडको फौज लोटनतिर अघि बढ्ने भयो ।[७]

४ भीमसेन थापा र रणध्वज थापालाई उजीरसिंह थापा र वीरभञ्जन पाँडेले, मार्ग सुदि २ रोज ३ मा मुकाम नुवाकोटगढीबाट पठाएको चिठी, १ सी. १६४, ७५/१७४ ।

5 Secret letter from Lord Moira, 2d August 1815, Nepal Papers, Page 673-763.

6 Letter to Major General Wood from G. H. Fagan, 23d September 1814, Nepal Papers, Page 126-129.

7 Letter to Lieutenant-Colonel Fagan from J. S. Wood, not dated, Nepal Papers, Page 510-511.

ऊडले अर्को पनि समस्या भोगेका थिए । उनको फौजका साथमा जाने सुपरिन्टेन्डिङ सर्जनलाई "ऊडको फौजमा शामेल हुनू" भनेर कात्तिकको आधाआधितिरै आदेश दिइएको भए पनि उनी पछिसम्म हाजिर भएका थिएनन् । ऊडले उनको अत्तोपत्तो केही पाएका थिएनन् । उनी आउलान् भनेर ऊडले फील्ड अस्पताल अथवा औषधिसम्बन्धी केही तयारी गरेका थिएनन् । सहायक सर्जन त ऊडसँगै थिए तर ऊडका विचारमा उनी सुपरिन्टेन्डेन्टले सम्हाल्नुपर्ने काम सम्हाल्न सक्ने थिएनन्, कच्चै थिए । ऊडका केही सिपाही बिरामी भएकाले उनीहरूलाई सिभिल सर्जनकहाँ पठाउनुपरेको थियो । लेफ्टिनेन्ट कर्णेल रोटनले बिरामी परेको निहुँ गरेर ऊडको फौजमा शामेल नहुने बताए तर ऊडका विचारमा उनी फौजमा शामेल हुनै नसक्ने गरी बिरामी थिएनन् । लखनऊबाट आइपुग्नुपर्ने हात्ती र भरिया पनि आइपुगेका थिएनन् । उनीहरू केही दिनमा लोटन आइपुग्ने आशा ऊडले गरेका थिए ।[८]

मंसिरको दोस्रो हप्ता ऊडको फौज लोटन आइपुगेको खबर आएपछि भीमसेन थापा र रणध्वज थापाले उजीर र काजी वीरभञ्जन पाँडेलाई आदेश थिए– "तिमीहरू दुई जना नुवाकोट बसी पछाडिको बलियो गरी थाम्नू । सरदार, कुम्मेदान, केही पल्टनका जम्दार, सिपाही र अरू कम्पनी, जागिऱ्या, ढाक्र्या, झाराली र चाहिंदा लश्कर खटाई हान्न पठाउनू ।"

उजीरहरू तानसेनबाट हिंड्ने साइत काठमाडौंबाट हेरेर पठाइदिएको थियो तर पाल्पाका ज्योतिषी भगीरथले त्यो साइत ठीक छैन भनी मंसिर २२ गतेको साइत निकाले । उजीरहरू त्यही साइतमा नुवाकोट जाने भए ।[९]

यसबीचमा ऊडले क्याप्टेन हिथकोटले पठाएको अंग्रेजका लागि नराम्रो खबर पाए । खबर थियो– "८,००० को नेपाली फौज पहाडबाट मैदानमा झऱ्यो । त्यस फौजले पुस ४ गते राति अंग्रेजको क्याम्पमा धावा बोल्ने योजना बनाएको छ ।" यो खबर सुनेर ऊडले आफ्नो फौजको केही हिस्सालाई दुईवटा हाउविट्सरसमेत लिई पुस ३ गते रात पर्नुभन्दा पहिल्यै लोटन पुग्नू भनी आदेश दिए । हिथकोटलाई सकेसम्म आफ्नो किल्ला मजबूत राखेर त्यहीं बस्नू, आफ्नो थप बल आइपुग्नुभन्दा पहिल्यै नेपाली फौजले हमला गर्छ भन्ने लाग्यो भने पछि हट्नू भनी आदेश दिए । ऊडले पठाएको थप बल पुस ३ गते बिहान लोटन पुग्यो । त्यति वेलासम्म त्यहाँ नेपाली फौज देखिएको थिएन । त्यहाँबाट १०

8 Letter to Lieutenant-Colonel Fagan from J. S. Wood, not dated, Nepal Papers, Page 510-511.

९ भीमसेन थापा र रणध्वज थापालाई उजीरसिंह थापाले मार्गशीर्ष वदि ५ रोज ६ मा श्रीनगर, पाल्पाबाट लेखेको चिठी, पोका ७, पत्र संख्या २७ ।

किलोमिटरजति टाढाको एउटा गाउँमा भने नेपालीले लुटपाट र आगजनी गरेको खबर ऊडले पाए ।[१०]

नवाब बजिरले ऊडलाई पठाउन लागेका ३० वटा हात्ती लखनऊबाट पुस १ गतेमात्र हिंडे । ती पुस १२/१३ गतेसम्ममा आइपुग्थे । इलाहबादबाट पठाएका १८ पाउन्डका गोला खाने दुईवटा तोप पनि पुस १० गते ऊडको क्याम्पमा आइपुग्ने आशा थियो ।

ऊडको फौजको हिंडाइ ढिलो भएको थियो । भारी बोकेका बन्जाराका गोरुगाडा ढिलो हिंड्थे । ती अझैसम्म ऊड भए ठाउँ आइपुगेका थिएनन् । पछि रहेका दुईवटा कम्पनीलाई तोप र हात्ती लिएर आउन आदेश दिएर ऊड पुस ९ गते लोटनबाट बुटवल हिंड्ने भए ।[११] यतिञ्जेलमा ऊडको फौजका लागि सुपरिन्टेन्डिङ सर्जनको व्यवस्था भइसकेको थियो ।[१२]

पुसको दोस्रो हप्ताको शुरूमा काला गोरा फौज पाल्पाली राजाका साथमा रहेका पर्वते सिपाहीसहित जर्नेल ऊड हमला गर्न आउन लागेको र उनले १० हजारको लश्कर, १८ वटा तोप, १४ वटा हात्ती र केही घोडा पनि साथ ल्याएको खबर नुवाकोटगढी आइपुग्यो ।

अंग्रेज विषदेखि सारै डराउँछ । त्यसैले विष लगाएर मात्र काँड हान्नू भन्ने उर्दी धनुषी कम्पनी गैह्र सबैलाई फिँजाइयो ।[१३] लडाइँ जित्नका लागि ज्योतिषी मनि जैसीले बनाएका दुई तामापत्र काठमाडौंबाट पाल्पा पठाइए । तिनलाई पाल्पा र प्युठानका गढीका मध्यमा गाड्नू भनिएको थियो । लेखिएको विधिअनुसार एउटा तामापत्र नुवाकोटका ठूलागढीमा गाडियो, अर्को प्युठान पठाइयो ।

उता अंग्रेज फौजमध्ये अलिकति लेफ्टिनेन्ट एन्डरसनको नेतृत्वमा स्युराजतर्फ गयो ।[१४] त्यस फौजमा १,१०० जति सिपाही र १५० सशस्त्र प्रहरी थिए । उनीहरूलाई स्युराजमा गएर हिन्दुस्तानको प्रहरी चौकी स्थापना गर्नू भनी आदेश दिइएको थियो ।[१५] ठूलो फौजचाहिं थमुवा भन्ने गाउँसम्म आयो । नेपाली सुराकीले अंग्रेज

10 Letter to Lieutenant Colonel Fagan from J. S. Wood, 20th December 1814, Nepal Papers, Page 511-512.

11 Letter to Lieutenant Colonel Fagan from J. S. Wood, 20th December 1814, Nepal Papers, Page 511-512.

12 Letter to C. W. Gardiner from J. Gordon, 23d December 1814, Nepal Papers, Page 510.

१३ उजीरसिंह थापा, वीरभञ्जन पाँडेले १८७१ मार्गशीर्ष सुदि ९ रोज ४ मा मुकाम नुवाकोटगढीबाट पठाएको अर्जी, पोका ७, पत्र संख्या २१ ।

१४ भीमसेन थापा र रणध्वज थापालाई उजीरसिंह, वीरभञ्जन पाँडेले १८७१ पौष वदि ४ रोज ६ मा मुकाम नुवाकोटबाट पठाएको चिठी, १ सी. ४४१, पाना ८, पत्र संख्या १ ।

15 Letter to Lieutenant Colonel Fagan from J. S. Wood, 20th December 1814, Nepal Papers, Page 511-512.

फौज तीनमुख गरी बुटवल आउँछ भन्ने खबर ल्याए । थमुवा मैदान हुनाले नेपाली कमान्डरले आफ्ना सैनिकलाई अंग्रेज फौजलाई हान्न त्यहाँ पठाउन नहुने ठहऱ्याए । अंग्रेज फौज मगैया, भवरीमा बास बस्दै नौवाडिही गाउँ आइपुग्यो, जुन नुवाकोटबाट ११ किलोमिटरमात्र टाढा पर्छ । त्यहाँबाट त्यो फौज बकुली आउँछ भन्ने खबर आयो । बकुली आउँदा उसले बेतहीको जंगल हुँदै आउनुपर्थ्यो । बकुलीभन्दा यता खुला मैदान थियो, जहाँ नेपाली फौजले अंग्रेजलाई हान्न सक्दैनथ्यो । त्यसैले अंग्रेज बेतहीको जंगलमा आउँदा बीचमा ढाड हान्न मिल्छ कि मिल्दैन भनी हेर्न कुम्मेदान कृपासुर थापा, कुम्मेदान दलखम्ब थापा, सरदार संगत, सरदार जगदेउ भण्डारी र जम्दारलाई पठाइयो । त्यहाँ ढाड हान्न मिल्ने देखियो । चिना हेराउँदा पनि जंगलमा वैरीको ढाड हान्दा बढिया हुन्छ भन्ने देखियो ।

नुवाकोटमा रहेका ढाक्र्या, जागिऱ्या, भारापाँच (सबै भारदार), थरघर सबैले सल्लाह गर्दा जंगलमा गै ढाड हान्नेमा सहमति भयो । त्यसका लागि कृपासुर थापा, दलखम्ब थापा, दुई जना कुम्मेदान र सबुज पल्टनका दुई फयर, गुरुबक्सका तीन पट्टी र सरदार संगत, जगदेउ भण्डारी र उनीहरूका साथका मानिस पठाउन तयार पारियो । वैरी त्यही बाटो आउने खबर आयो भने उनीहरूलाई त्यता खटाउने भइयो ।[१६]

यसपछि के भयो भन्ने कुरा अंग्रेज फौज हाँक्ने ऊडका मुखबाट सुनौं :

> *मैले पुस २० गतेको चिठीमा लेखेको मेरो अपरेशनको योजना त्यस साँझ स्थगित गरेर पुस २२ गतेलाई सार्नुपऱ्यो किनभने मैले त्यस वेला पहिले थाहा पाएभन्दा फरक जानकारी पाएँ । त्यो के भने मुजकोट किल्लानजीक पानी नपाइने रहेछ । पानी लिन साढे चार किलोमिटर टाढाको महापुर जानुपर्ने रहेछ ।... किल्लाछेउको अग्लो भूभाग महापुर र रामचलमा किल्लाबन्दी पोस्ट स्थापना गर्ने भइयो । यसका लागि मेरो फौजलाई चार भागमा नबाँडी नहुने भयो ।*
>
> *मुजकोटपश्चिमको भिरालो, साँघुरो र जंगलैजंगलले ढाकेको डाँडाको टाकुराबाट फौज बढाउने विचार गरिएको थियो तर साँझ यो योजना त्यागियो किनभने राजा रुद्रसिंहले पठाएका दुई जना चिवाले ल्याएको ताजा खबरले डाँडाको बाटो जान नसकिने बतायो । धेरै वर्षदेखि*

---

१६ भीमसेन थापा र रणध्वज थापालाई उजीरसिंह र वीरभञ्जन पाँडेले १८७१ पौष वदि ४ रोज ६ मा मुकाम नुवाकोटबाट पठाएको चिठी, १ सी. ४४१, पाना ८, पत्र संख्या १ ।

पाल्पाली राजासँग गोरखपुरमा बसेका पहाडे ब्राह्मण कनकनिधि तिवारीले पनि यसै भने । कनकनिधिले महापुरको बाटो जाँदा एकदमै अप्ठ्यारो हुन्छ भने, जुन ठीक कुरा हो भन्ने प्रष्ट थियो । उनले तिनाऊ नदी पार गरेर सिमलारबाट १८ किलोमिटर टाढाको वसन्तपुर कब्जा गर्न सल्लाह दिए । त्यहाँ झोलाझाम्टा र रसदपानी राखेर पाल्पातर्फ अघि बढ्न उनले सल्लाह दिए । पाल्पामा अंग्रेजको पूरै फौजका लागि पर्याप्त रसदपानी पाइने पनि उनले बताए । त्यहाँबाट उत्तरमा पर्ने, ग्यारिसनलाई पानी आपूर्ति गर्ने इनार रहेको ठाउँ नुवाकोटमा आक्रमण गर्न सकिन्छ । तिवारीले सबैभन्दा पहिले मुजकोटको पहाडको पुच्छारको ठाउँभन्दा पारिपटिको, बुटवलबाट डेढ किलोमिटरपश्चिमको जितगढीको निरीक्षण गर्न, त्यसलाई कब्जा गर्न र निर्जन बुटवल बजारलाई पोलेर खरानी पार्न सल्लाह दिए ।

यसो गर्दा सफल भइने कुरामा शंकै छैन भनी कनकनिधिले बताए । यसरी हामीले पहिलो पोस्ट कब्जा गर्दा नेपालीहरूबीच जुन आतंक फैलन्छ, त्यसबाट यसपछि हामीले गर्ने आक्रमणलाई अरू उपायबाट भन्दा बढी फाइदा पुग्छ । यो योजना ठीकजस्तो लाग्यो । कनकनिधिले यो योजना सफल हुने र यो काम गर्न आफूले सघाउने कुरा यस्तो दृढता र उत्साहका साथ बताए कि मैले भोलिपल्ट बिहान पुस २२ गते जितगढी किल्लाको अवलोकन गरी आक्रमण गर्ने दृढ निश्चय गरें । मेजर कोम्यानलाई उनको कमान्डमा रहेको फौज लिएर जितगढी र बुटवलको बीचबाट अघि बढ्न आदेश दिएँ । यस टोलीलाई देब्रेतिरबाट आक्रमण गर्न र मुख्य फौजलाई अगाडि र दाहिनेबाट आक्रमण गर्न आदेश दिएँ । मेजर कोम्यानको कमान्डमा सातवटा कम्पनी थिए । मेरा साथमा २१ कम्पनी थिए ।

बिहान कुहिरो हटेर बाटो देखिने बित्तिकै हामीले क्याम्पबाट अघि बढ्ने विचार गर्‍यौं तर मैले आशा गरेझैं म र मेरो अग्रपंक्तिको फौज हामीले पुग्न चाहेको ठाउँअगाडिको खुला मैदानमा पुग्नुका सट्टा अचानक नेपालीको गढीको मुखमा पुगेछौं र गढीबाट भीषण एवम् पार गर्न नसकिने खालको गोलाबारी भयो । पूरै फौज र बन्दुक आइपुगुञ्जेल गढीको अवलोकनका लागि म र मेरा स्टाफसँग आएका केही सिपाहीले जवाफी गोली चलाए । त्यसपछि ग्रिनेडवाला र हिन्दुस्तानी पैदल फौजको सहयोगमा बहादुर कमान्डर कर्णेल हार्डीम्यानको फौज अघि बढ्यो । ग्रिनेडवाला र एक बटालियन कम्पनी गढीको दाहिनेतिरको

डाँडा कब्जा गर्न सफल भयो । बहादुर तथा शान्त अफिसर क्याप्टेन क्रुकरले नेतृत्व गरेको यस टोलीले वैरीका चीफ सुरज थापालाई मारेर आफ्नो सामुन्नेका वैरीलाई पहाडमाथि धपायो । तर रूखले छेलिएर बसेका हठी वैरीले लगातार गोली बर्साइरहे । गढीभन्दा पछाडिको पहाडभर वैरीको फौज ओइरियो । गढी हामीले कब्जा गरेको भए पनि त्यसलाई थेग्न नसकिने गरी उनीहरू आए । त्यसैले विना अर्थ सिपाहीको जीवन खेर नजाओस् भनेर मैले मेरो फौजलाई युद्ध मैदानबाट पछि हटाउने फैसला गरें ।

आक्रमणको शुरूमै क्याप्टेन म्याक्डोवेललाई गम्भीर चोट लाग्यो । यसले गर्दा हामी बहादुर तथा जोशिला क्याप्टेनको सेवा पाउनबाट वञ्चित भयौं । लेफ्टिनेन्ट मोरिसन पनि गम्भीर घाइते भए ।

वैरीका पनि धेरै मानिस मारिए र घाइते भए । मुख्य सरदार र त्यसमुनिका पदका चार जना मारिए ।

हाम्रा सामान बोकेका अधिकांश भरियाले आफूले बोकेका भारी फालिदिंदा हाम्रो फौजमा केही अलमल भयो तर युरोपेली र भारतीय सैनिकले खजानाका अधिकांश भारी बोकेर ल्याए ।

खासमा कनकनिधि तिवारीले हाम्रो फौजलाई गलत बाटो देखाएका रहेछन् । उनलाई ह्यामिल्टनले सिफारिश गरेका थिए । ह्यामिल्टनले नेपालको नक्शा बनाउँदा पनि तिनै कनकनिधिको सहयोग लिएका थिए । किल्लाभन्दा ४६ मिटर टाढा भएका वेलामा उनले मलाई किल्ला देखाएका थिए । त्यसपछि उनी अचानक हराए । उनलाई के भयो भन्ने कुरा मलाई थाहा छैन । उनी अहिले वैरीका साथमा छन् भने उनले पक्कै पनि हामीलाई विश्वासघात गरेको ठहर्छ ।[१७]

ऊडले कनकनिधिलाई बेकारमा शंका गरे । उनी यस लडाइँमा मारिइसकेका थिए ।[१८]

---

17 Letter to Lieutenant-Colonel Fagan from John S. Wood, 4th January 1815, Nepal Papers, Page 524-525.

१८ दिनेशराज पन्त, गोरखाली विजययात्रा, काठमाडौं, २०७० पेज ५७ । (यो किताबमा दुईवटा पुराना लिखत दिइएका छन् । कनकनिधिसम्बन्धी जानकारी भएको लेखोटमा लेखिएका अलि पहिलेका धेरै कुरा गलत छन् तर नेपाल र अंग्रेजबीच झाम्टामा भएको लडाइँको बयान सो लडाइँ लडेका सिपाहीले लेखेको बयानसँग वाक्य वाक्य मिल्छ । त्यसका आधारमा नेपाल-अंग्रेज लडाइँका कुरा ती लडाइँ लड्नेले लेखेका बयानका आधारमा गरेझैं लाग्छ । पूर्वको एउटा लडाइँको मितिचाहिँ खाली राखिएको छ ।)

लडाइँअघि जितगढीको रक्षार्थ वीरभञ्जन पाँडे २० पट्टी सिपाहीका साथमा २०० नालसहित बसेका थिए । लडाइँ हुन लागेको थाहा पाएपछि नुवाकोटमा बसेका उजीरसिंह थापा पाँच पट्टी सैनिक र ढाक्र्या गरी ७००/८०० सयको फौज लिएर जितगढीमा रहेको फौजलाई गुहार दिन झरे ।[१९] उनीहरूले नांगो तरबार लिएर अंग्रेजमाथि हमला गरे । यस क्रममा कुम्मेदान कृपासुर थापा, जम्दार भीमसेन देउजा, जम्दार सुरवीर बोहरा, रनसुर बानियाँ, सिपाही हनवीर अधिकारी, नहकुल बानियाँ, जुठ्या बस्न्यात, जम्दार जसिवन्त शाही, जम्दार बुद्धिबल रानासमेत ४०/५० जना नेपाली ढले ।[२०] अंग्रेज लडाइँमा हारेर फर्क्यो ।

यस लडाइँमा नेपालीले अंग्रेजका धेरै बन्दुक फेला पारे । तीमध्ये एउटा बन्दुक भीमसेन थापा र रणध्वज थापामार्फत राजालाई चढाइएको थियो । त्यो बन्दुक बढिया भएको पाएपछि राजाले थप बन्दुक पनि मगाउनु भनी भीमसेन थापा र रणध्वज थापालाई भनेका रहेछन् । पाल्पाका कर्णेल उजीरसिंह थापा र बलभञ्जन पाँडेले सिपाही हतियार विनाका भएकाले रोगन नलगाएका बन्दुक सिपाहीलाई बाँडिदिएका थिए । रोगन लगाएको एउटा बन्दुक नमूनास्वरूप प्युठानको हतियार कारखाना पठाइदिएका थिए । बाँकी बचेका रोगन लगाएका ६ वटा बन्दुक उनीहरूले राजालाई पठाइदिए ।[२१]

अंग्रेजको यो हारपछि नेपालीले पाल्ही र नचरवलमा लुटपाट गर्लान् भनेर गोरखपुरका मेजिस्ट्रेट एकदमै डराएका थिए । यस्तैमा उनले खबर पाए– “कम्पनीको भूभागमा पसेर लुटपोल गर्न १,००० नेपाली सिपाही बुटवलबाट जंगलको बाटो हुँदै दक्षिण लागेका छन् ।”[२२] उनले गुहारका लागि जेनरल ऊडलाई बारम्बार अनुरोध गरे । जवाफ नआएपछि उनले पर्साबाट नेपाल हमला गर्न खटिएका मार्लीलाई गुहारे । मार्लीले पाल्ही र नचरवलको सुरक्षाका लागि आफ्नो क्याम्पबाट फौज पठाउनु आफ्नो अधिकारभन्दा बाहिरको कुरा

---

१९ यो संख्या अलि अमिल्दो देखिन्छ किनभने उजीरसिंह थापाका पालामा लडाइँ गर्न्याहरूका नाउनामेसीका ढड्डा, श्री सुवज पल्टनका पगरी, हुद्दा, सिपाही, लाजिमा गैह्रको ७१ सालका खान्गी ढडाबमोजिमको नामेसीमा १३७९ जनाको नाम उल्लेख छ । यीमध्ये ३२ जना बानादार (बाजा बजाउने), १५ जना लोहार, २१ जना सार्की र एक जना सुनार (चाँद बनाउने) थिए । सो बेरूवा कागजअनुसार जम्दारले नेतृत्व गरेको पट्टीमा ५२ देखि ५४ जना हुन्थे । त्यति वेला त्यहाँ रहेका १८ वटा पट्टी हरेकमा ५२ जना, दुईवटा पट्टी हरेकमा ५३ जना र एउटा पट्टीमा ५४ जना थिए । १ सी. ४४१ ।

२० दिनेशराज पन्त, गोरखाली विजययात्रा, पेज ५७ ।

२१ १८७१ साल मिति पौष सुदि १३ रोज २ मा मुकाम नुवाकोटगढीबाट उजीरसिंह थापा र वीरभञ्जन पाँडेले चढाएको अर्जी, पोका ७, पत्र संख्या ३० ।

22 Translation of a Report from the Thanadar of Loutun, 13th January 1815, Nepal Papers, Page 536.

भएको बताएर सहयोग गर्न अस्वीकार गरे । बरू उनले यो कुरा उल्लेख गरेर बुटवलछेउमा रहेको डिभिजनका कमान्डर जेनरल ऊडलाई चिठी लेखे ।[२३]

त्यसपछि ऊडले ती ठाउँको सुरक्षाका लागि आफ्नो फौज पठाउन कुनै हालतमा सक्दिनँ भनेर मेजिस्ट्रेटलाई जवाफ पठाए । त्यसो गर्दा फौजको ज्यान खतरामा पर्न सक्ने र आफ्नो फौज धेरै समय ती ठाउँमा बसिरहन पनि नसक्ने कारण उनले देखाए । "यहाँभन्दा अगाडि पहाडको अझ नजीकसम्म बढ्ने त कुरै आउँदैन । हाम्रो फौज जेनरल मार्लीलाई सहयोग गर्न त्यता जान पनि सक्दैन ।" ऊड लडाइँसँग यसरी तर्सिएका थिए ।

यसैबीच स्युराज टप्पाको सुरक्षाका लागि लेफ्टिनेन्ट एन्डरसनको नेतृत्वमा गएको बलियो फौज पनि नेपाली सैनिकबाट डराएको थियो । आफ्नो फौजमाथि हमला गर्न असाध्यै धेरै वैरी भेला हुँदै गरेको बताएर "त्यहाँबाट हट्न आदेश पाऊँ" भनी एन्डरसनले ऊडलाई अनुरोध गरे । त्यसपछि ऊडले एन्डरसनलाई लोटनतिर मोडिन आदेश दिएका थिए ।[२४]

एन्डरसनको अंग्रेज फौज स्युराज, मैनारीगढीतिर आउँदै गरेको थाहा पाएपछि सल्यानमा खटिएका रूद्रवीर शाहीलाई स्युराज जानू भन्ने हुकुम काठमाडौंबाट गयो । उनले तयार गरेका नयाँ, काँचो बाँसका धनु त्यत्तिकै पठाउँदा बाटामा बिग्रने हुनाले बाँस सेकाई, सुकाई ताछ्न लाउँदा उनको फौज त्यता जान अलि ढिलो भएको थियो । बलिया हतियारले सुसज्जित एन्डरसनसँग भिड्ने थप बल पठाउनका लागि रूद्रवीरले सुबेदार खम्ब शाहीको नेतृत्वमा धनुषी कम्पनी खडा गरे, जसलाई गाण्डीवध्वज नाउँ दिइयो । दशवटा बन्दूक, ४०० धनुष र विष लिएर यो कम्पनी स्युराज गयो ।[२५]

यस्तो तागतको नेपाली फौजसँग एन्डरसन डराएर आत्तिएका थिए ।

त्यसपछि मेजिस्ट्रेटले गोरखपुरमा रहेका लेफ्टिनेन्ट कर्णेल रोटनलाई सतर्क गराए– "१,००० नेपाली सिपाही आफूलाई चाहिने सामान आफैं बोकेर जंगलको बाटो हुँदै तिम्रो क्यान्टोनमेन्टभन्दा २७५ मिटर टाढा अचानक आइपुग्न सक्छन् । उनीहरूले गोरखपुर शहरमा हमला गर्ने धेरै सम्भावना त देख्दिनँ तर यस्तो हुँदैन भन्न पनि सकिँदैन । यसअघिका घटनाले के देखाएका छन् भने नेपाली सिपाहीहरू यहाँ आएर हमला गरेर फेरि जंगलमै फर्किए भने उनीहरूलाई कसैले भेट्न सक्दैन ।"[२६]

---

23 Letter to R. Martin from B. Marley, 9th January 1815, Nepal Papers, Page 543.

24 Letter to R. Martin from Johan S. Wood, 11th January 2015, Nepal Papers, Page 544.

२५ भीमसेन थापा र रणध्वज थापालाई रूद्रवीर शाहीले १८७१ साल पौष वदि १४ रोज २ मा मुकाम सल्यानबाट पठाएको पत्र, १ सी. ४४१, पोका र पत्र उल्लेख छैन ।

26 Letter to Lieutenant Colonel Rotton from R. Martin, 14th January 1815, Nepal Papers, Page 535-536.

माघ ४ गते मेजिस्ट्रेटले पाएको रिपोर्टअनुसार नेपाली फौज कम्पनीको भूभागमा पस्यो । राति १० घर भएको एउटा गाउँमा गएर जमीनदारका चारवटा घरमा आगो लगाइदियो, १५६ रुपियाँ बराबरको धनमाल पोलिदियो, १७ रुपियाँ बराबरको गाउँलेको धनमाल लुटेर लग्यो ।[२७]

ऊडको आदेश पाएर लेफ्टिनेन्ट एन्डरसनको फौज लोटनतिर लागेपछि नेपाली फौज स्युराज ठाना पुग्यो । अंग्रेजको रिपोर्टअनुसार त्यहाँ ३,००० नेपाली फौज गएको थियो ।[२८] तर नेपालीको यति ठूलो फौज त्यता गएको थिएन । स्युराजका लागि थप बल पठाउनुपर्ने सल्यान र त्यस वरपर त्यति ठूलो फौज थिएन ।

त्यताको फौज उतै अल्झनुपरेको थियो किनभने सल्यानमा खटिएका रूद्रवीर शाहीले त्यति वेला अंग्रेजको लश्कर खैरीगढमा आएर बसेको खबर पाएका थिए । त्यहाँबाट पदनाहा आउँछ कि भन्ने डर उनलाई लागेको थियो । नेपाली लश्कर स्युराज पठाएको थाहा पाएर अंग्रेज रझेटतिर आयो भने उसलाई धपाउन सकिँदैन कि भन्ने संशय रूद्रवीरको मनमा थियो । स्युराजमा रहेको नेपाली लश्करलाई रझेट पुग्न ९/१० दिन लाग्थ्यो । सल्यानले हेर्नुपर्ने ठाउँको सुरक्षाका लागि ८/९ कम्पनी नभई पुग्दैनथ्यो तर त्यहाँ जम्मा एउटा कम्पनीमात्र थियो । त्यसैले रूद्रवीरले आफ्नै खान्गी दिने गरी १०० नाल थपेका थिए । तीमध्ये ५० नाल एक जना सुबेदारका साथ रझेटमा राखेका थिए भने ५० नाल आफ्ना साथमा ।[२९]

लोटनका पाँचवटा टप्पाका धेरै रैती र बासिन्दा गाउँ छाडेर भागे । गाउँमा बसेकाहरू पनि आतंकित थिए । पहिले लेफ्टिनेन्ट एन्डरसनले बोलाएकाले फौजसँग स्युराज मार्च गर्न गएका बजारका मानिसहरू पनि भागे । एन्डरसनले उनीहरूलाई फर्केर फौजमा आऊ भनेर फेरि पनि अनुरोध गरेका थिए तर उनीहरू फौजमा फर्कन तयार भएनन् । उनीहरूले “बरू ज्यान जाओस्, फौजमा जाँदैनौं” भनिदिए ।

यो घटनाको अनुसन्धान गर्ने टोलीले अंग्रेजलाई यस्तो सिफारिश गऱ्यो :

> *गाउँलेलाई जसरी हुन्छ, शान्त पार । बजारका मानिसलाई लेफ्टिनेन्ट एन्डरसन भए ठाउँ पठाउनका लागि सकेसम्म आफ्नो शक्ति देखाएर राम्रा मुखले सम्झाऊ । लोटन जान उनीहरूले डराउनुपर्दैन भनेर बताउन ठानेदारलाई आदेश देऊ ।*

---

27 Translation of an Arzee from the Thannahdar of Loutun, Reporting that mozeh Jitkee, in Tuppah Batunpar, had been burnt and plundered, Nepal Papers, Page 544.

28 Letter to Major General Wood from G. H. Fagan, 23d September 1814, Nepal Papers, Page 126-129.

२९ भीमसेन थापा र रणध्वज थापालाई रूद्रवीर शाहीले १८७१ साल पौष वदि १४ रोज २ मा मुकाम सल्यानबाट पठाएको पत्र, १ सी. ४४१, पोका र पत्र उल्लेख छैन ।

बाँसीको अवस्था नराम्रो हुनाले, ठानामा १० जनामात्र प्रहरी भएकाले र त्यस ठाउँका मानिसलाई ढाढस दिएर शान्त बनाउनु जरूरी र उचित भएकाले २० जना प्रहरी र एक जना जमीनदार तुरुन्तै पठाइदेऊ ।

ठानेदारलाई चनाखो भएर रहन र स्युराजबारेको खबर दिनैपिच्छे पठाउन आदेश देऊ ।

सो टोलीले मेजर जेनरल ऊडलाई पनि दिनैपिच्छे रिपोर्ट पठाउन आदेश देऊ भनेर समेत सिफारिश गऱ्यो ।[30]

ईस्ट इन्डिया कम्पनीले ऊडलाई निकै ठूलो र महत्त्वपूर्ण जिम्मेवारी दिएको थियो । उनको पहिलो काम थियो– बुटवल र स्युराजको तराईमा अंग्रेज शासन स्थापित गर्नु । यसभन्दा ठूलो अर्को काम थियो– बुटवल आक्रमण गरेपछि नुवाकोट हुँदै तानसेन जानु र त्यहाँको नेपाली पोस्टमा आक्रमण गरी कब्जा जमाउनु । त्यसपछि रिडीघाट पनि कब्जा गर्नु । पाल्पा र रिडीघाट कब्जा गरेपछि नेपालको राजधानी र यहाँभन्दा पश्चिमको नेपाल राज्यबीचको सम्पर्क विच्छेद हुन्थ्यो । यसो गर्दा नेपालको शक्ति ह्वात्तै घट्ने आशा अंग्रेजहरूले गरेका थिए ।[31]

अंग्रेजको यो चाहना पूरा भएन । बरू उसले बुटवलमा निकै धेरै क्षति बेहोर्नुपऱ्यो । उसको शान र मनोबल पनि घट्यो । उसको राज्यमा आतंक फैलियो ।

लडाइँका चिठी खोज्ने क्रममा मैले के थाहा पाएँ भने पाल्पा सबैभन्दा बढी र तारन्तार चिठी लेख्ने मुकाम थियो । त्यहाँबाट स-साना कुराका लागि पनि चिठी लेखिन्थ्यो तर यी चिठी भेटिन सक्ने सबै ठाउँमा खोज्दा पनि यो लडाइँको तयारी र लडाइँको विवरण उल्लेख भएको एउटा पनि चिठी फेला परेन । त्यसैले यस लडाइँबारे गोर्खा पक्षको विस्तृत बयान थाहा पाइएन ।

30 Translation of a Report from Roopchund, Thanna of Purgunnah Bansee, 10th January 1815, Nepal Papers, Page 545.

31 Letter to Major General Wood from G. H. Fagan, 23d September 1814, Nepal Papers, Page 126-129.

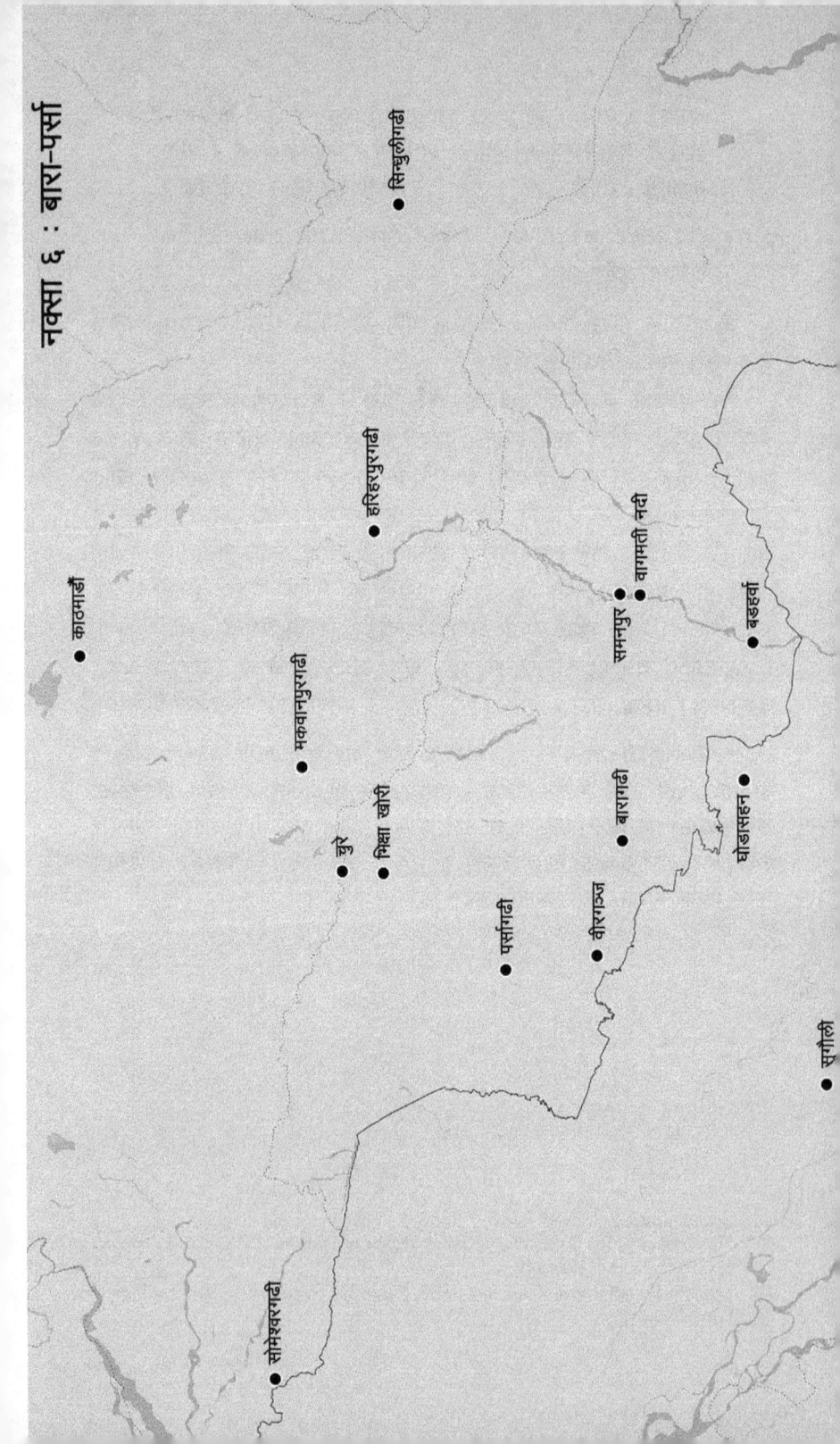

नक्सा ६ : बारा-पर्सा
काठमाडौँ
सोमेश्वरगढी
मकवानपुरगढी
चुरे
भिक्षा खोरी
हरिहरपुरगढी
सिन्धुलीगढी
पर्सागढी
वीरगञ्ज
बारागढी
समनपुर
वागमती नदी
घोडासहन
बडहर्वा
सुगौली

काठमाडौं ताक्दा अंग्रेजको बेहाल

१८७१ साल मंसिरको आधाउधीतिर बारागढीमा फिरंगीको फौज आयो भनी बाराका भिखा चौधरीले भैरवसिंह बस्न्यातलाई खबर गरे । भैरवसिंहले यो खबर तुरुन्तै काठमाडौं पठाए । बारा र पर्सा काठमाडौंबाट झन्डै-झन्डै सोझै दक्षिणमा पर्छन् । काठमाडौं हमला गर्न अंग्रेजलाई सबैभन्दा छोटो बाटो यही थियो । अंग्रेजले नालापानी, झाम्टा, बुटवल जित्दा नेपालीले ती ठाउँमात्र गुमाउनुपर्थ्यो । अरू भाग नेपालकै अधीन हुन्थ्यो । काठमाडौं जित्दा सारा नेपाल राज्य गुम्थ्यो । त्यसैले यो खबरले काठमाडौंमा सनसनी फैलायो । त्यसपछि चौतरिया प्राण शाह, कर्णेल रणवीर थापा, काजी दलभञ्जन पाँडे, सरदार बखतसिंह बस्न्यात र कम्पुका तीन फयर, भैरव वीरभद्र जंगलाई त्यता पठाइयो ।

बारागढीमा अंग्रेज फौज आइपुग्नु भनेको नेपालको हात्तीसारभन्दा अझभित्र आउनु थियो तैपनि एउटा आस के थियो भने बारागढी जंगलभित्र थियो, त्यहाँ पठाइएका भारदार पाकापाकै थिए । उनीहरूले आफ्नो फौजको चाँजो र गोलबल मिलाई अंग्रेजलाई अप्ठ्यारो पर्ने गरी हान्न्या काम गर्न जानेकै छन् भन्ने विश्वास थियो ।[1] तर, बारागढी गुमेपछि नेपाल कमजोर भयो । नेपालीहरूका विचारमा "बारागढी हात रह्याको भया जंगल पनि थियो, गढीमा रहन्न्या र गुहारी जान्न्या भारा (भारदार) र फौजले दोहोरो पारी हान्न सजिलो हुन्याथियो । गढी उसका हात पर्‍यापछि चाँजो पुर्‍याइ जुक्तिसित हान्नुपर्न्या भयो ।"[2]

यति महत्त्वपूर्ण गढी अंग्रेजले सजिलैसँग लिएको थियो । त्यो गढी कब्जा गर्न क्याप्टेन हे मंसिर ११ गते राति १२ बजे वनकट्टुवाबाट सोझो बाटो हुँदै बारागढीतिर हिंडेका थिए । उनी मंसिर १२ गते बिहान बारागढी पुगे । त्यहाँ

१ उजीरसिंह थापाले १८७१ साल मार्गशीर्ष वदि २ रोज ३ मा मुकाम पाल्पा, श्रीनगरबाट पठाएको अर्जी, पोका ७, पत्र संख्या ३१ र वीरभञ्जन पाँडेले १८७१ साल मिति मार्गशीर्ष वदि ३ रोज ४ मा मुकाम बुटवलबाट लेखेको अर्जी, १ सी. ३८५, ९/२१० ।

२ भीमसेन थापा र रणध्वज थापालाई उजीरसिंह थापाले १८७१ मार्गशीर्ष वदि ५ रोज ६ मा श्रीनगर, पाल्पाबाट लेखेको पत्र, पोका ७, पत्र संख्या २७ ।

भएका ४०/५० जना नेपालीहरू नगरा बजाएर उनको हमलाको प्रतिरोध गर्न तयार भए । क्याप्टेन हेलाई तुरुन्तै हमला गर्दा आफ्ना धेरै मान्छे नगुमाई गढी जित्न सकिएला जस्तो लागेन । त्यसैले छ पाउन्डका गोला खाने तोप नआइपुगुञ्जेल हमला नगर्ने विचार उनले गरे । उनी गढीबाट बन्दुकको दर्‍याँसमा बसे र पहिले घुमाउरो बाटोबाट पठाएको तोप छोटो बाटोबाट लिन मानिस पठाए । तोप राति अबेरमात्र आइपुग्यो । भोलिपल्ट उनले हमला नगरीकन गढीमा कब्जा जमाए । गढीका कमान्डर जम्दार गम्भीर बिरामी भएकाले क्याप्टेनले उनलाई बन्दी बनाएनन्, बरु "चाहन्छौ भने परिवारसहित गढीभित्रै बस" भने ।[३]

अंग्रेजले बारागढी कब्जा गरेको भोलिपल्ट नेपालले अर्को ठूलो क्षति बेहोर्नुपर्‍यो । बरहवामा सरदार परशुराम थापाको नेतृत्वमा तीनवटा कम्पनीका १५० जना सिपाही थिए । मेजर ब्राड्शको नेतृत्वमा गएको अंग्रेज फौजले त्यहाँ हमला गर्दा सरदारसमेत ५१ जना मारिए, एक जना घाइते भए । पचास जनाजति वागमती नदीमा डुबेर मरे । २३ जनालाई अंग्रेजले बन्दी बनाएर दीनापुर पठाए ।[४] अंग्रेजले दुई जना पैदल सिपाही र दुई जना घोडचढीमात्र गुमायो । अंग्रेजका २२ जना सिपाही र सात जना म्यादी घोडचढी घाइते भए ।[५]

बारागढी र बरहवा कब्जा भएपछि अंग्रेजले वागमती नदीभन्दा पश्चिमको तराई आफ्नो अधीनमा भएको ठान्यो । नेपालको मनोबल, भूभाग र सैन्यशक्ति घट्यो ।

अन्त खटिएका नेपाली कमान्डरका विचारमा त्यहाँ रहेको नेपाली फौज 'मैदान जग्गामा गाफील' भइरहेकाले अर्थात् असावधान भएर बसेकाले अंग्रेजतर्फ उस्तो क्षति नभई नेपालतर्फ ठूलो क्षति हुनगयो ।[६]

यी दुवै हमलाको नेतृत्व मेजर ब्राड्शले गरेका थिए, जसको मुख्य काम सैनिक आक्रमण होइन, राजनीतिक परिचालन थियो । बारागढीको छेउमा रहेको पर्सागढी हानेर अघि बढ्नका लागि मेजर जेनरल मार्ली तयार भएका थिए ।

यस्तैमा नेपालको दरबारबाट खटाइएका प्राण शाहहरूको टोली रतनपुर पुगी त्यहाँ मुकाम गरी बस्यो । यो फौजलाई मंसिर २० गते राजाले यस्तो आदेश दिए– "फिरंगी आई प्रगन्ना अम्मल गर्न्या तरह गरी बसिरहेछ... बूढा, पक्का विश्वासी

---

3 Letter to Major Bradshaw from E.P. Hay, 25th November 1814, Nepal Papers, Page 307-308.

4 List of Nepaulese Sirdars, &c., Killed and Wounded in the Attack on the Nepaulese Post of Burhurwa, on the Morning of the 25th November 1814, Nepal Papers, Page 309.

5 Return of Killed and Wounded in the Attack on the Nepaulese Post of Burhurwa, under Major Bradshaw, on the Morning of the 25th instant, H. Sibley, Camp Burhurwa, 25th November 1815, Nepal Papers, Page 309.

६ भीमसेन थापा र रणध्वज थापालाई उजीरसिंह थापाले १८७१ मार्गशीर्ष वदि ५ रोज ६ मा मुकाम श्रीनगर, पाल्पाबाट लेखेको पत्र, पोका ७, पत्र संख्या २७ ।

चिवा पठाई वैरीको खबर... बुझी बल खजानाको संभार राखी सायेत पारी हान्नू । कदाचित् आफ्ना जमीनदार निमख हरामी भई वैरीतर्फ मिली उनीहरूले वैरीलाई जंगलैमा पनि डोहोऱ्याई ल्याउन बेर छैन । चारैतर्फको खबर बुझी सबै कुराको सम्भार गर्नू । ...कुइऱ्याको लश्कर मकवानपुऱ्या साहेबलाई साथ लिई दुई-तीन मुख गरी पहाड उक्लन्या चाँजो गरी राखेछ । ताहाँ यस्तो भयापछि वैरी पछि राखी अघि बढन्या काम नगर । मकवानपुर, हरिहरपुर छिचोल्न आयाका वैरीलाई जहाँ गम पर्छ, छेकी काट्यापछि त्यसतर्फको काम सल्लाह गरी चाँजासित गरौला ।"

यसै क्रममा काठमाडौंबाट सरदार सरवर रानालाई एक कम्पनी दिई मकवानपुरगढीको पूर्व पर्ने ठिंगनतिर पठाइयो । ठिंगन वैरीलाई सजिलो हुने ठाउँ भएकाले त्यतातिर पाका मानिस र अलिक बन्दुक थपी पठाउन प्राण शाहहरूले राजालाई बिन्ती गरे ।[७] यता खटिएको फौजलाई भीमसेन थापा र रणध्वज थापाले पनि आदेश दिए जसमा भनिएको थियो– "चिवाले ल्याएको खबरमाफिक नहडबडाई सबैका मतले हान्नुपर्छ भन्ने ठहरियो भने आफूले रतनपुरमा रही चाहिने भारदार र फौज बढाई सायेतमा हान्नू । गोलदार नभएका सिपाहीलाई के गर्ने भन्ने थाहा हुँदैन । त्यसैले १००/२०० लाई एक जना गोलदारअन्तर्गत राखी यिनले अह्रायाका माफिक गर्नू भनी सुनाउनू । यस गोलदारका साथ यति मान्छे छन् भनी घरसमेत नामनामेसी लेखी राख्नू र उनीहरूलाई फिरंगीको फौज भएका ठाउँदेखि १/२ दिनको फरक गरी जत्रतत्र फिँजाई वैरीका मुलुकमा गै लुटपिट गर्न्या र गाउँ पोलन्या काम गर्नू ।"

चितवनमा सुब्बा भवानीदत्त थापा, हरिहरपुरगढीमा हरि सुबेदार, जगन्नाथ खत्री पहिल्यै तैनाथ थिए । उनीहरूलाई चाहिँदो झारालीलाई काम लगाउन आदेश पठाइयो । सोमेश्वरगढीमा पहिल्यैदेखिका मानिस छँदै थिए । पत्थरघट्टातर्फ हर्नामाडी निस्कने चुरेमा १/२ गोलदार धनुषी खटाई पठाउनू भन्ने आदेश पनि भीमसेन र रणध्वजले प्राण शाहहरूलाई पठाए । त्यति वेला हर्नामाडी निस्कने चुरे र पाउसका चुरेमा बर्जनाथका सुबेदार फौदसिंह थापा र वीरदलका सुबेदार जीउझसिंह थापाका दुई कम्पनीका १२० जनाको फौज बसेको थियो । बसेको ठाउँ अप्ठ्यारो हुनाले उनीहरू त्यहाँबाट हिंडेका थिए । उनीहरूलाई आफूलाई सजिलो हुने ठाउँमा बसेर ख्वामितको सेवा गर्नू भन्ने आदेश प्राण शाहहरूले दिएका थिए ।[८]

रतनपुरमा बसेको टोलीले पठाएका चिवा अैमान बोगटी र सुबेदार किस्मानन्द पर्सा पुग्न सकेनन् । उनीहरूले त्यहाँका रैतीसँग सोधपूछ गरेर अंग्रेजतर्फको खबर

---

७ प्राण शाह, रणवीरसिंह थापा र दलभञ्जन पाँडेले १८७१ साल मार्गशीर्ष वदि ८ रोज १ मा मुकाम रतनपुरको ठूलो चौरबाट लेखेको अर्जी, पोका ३, पत्र संख्या ३२६ ।

८ भीमसेन थापा र रणध्वज थापालाई रणवीरसिंह थापा, काजी दलभञ्जन पाँडेले १८७१ साल मार्ग वदि ८ रोज १ मा मुकाम रतनपुरको ठूलो चौरबाट लेखेको पत्र, १ सी. ४४१, पाना ८, पत्र संख्या १८ ।

ल्याए, जसअनुसार पर्सामा अंग्रेजको फौज ६०० नाघ्दैनथ्यो । फौज बसेको ठाउँभन्दा अलि वर पहरेदारजस्तो गरी ५०/६० जना तिलंगा बसेका थिए । उनीहरूले ल्याएको खबरअनुसार मार्लीको फौज बसेको ठाउँभन्दा अलि वर जंगलका मुखमा बस्दा वैरीको लश्कर देखिन्थ्यो । त्यहाँबाट वैरीलाई हान्दा आफूलाई सजिलो पर्थ्यो । बारा गएका जम्दार चामु राउत, हवल्दार जयसिंह बुढाले ल्याएको खबरअनुसार त्यहाँ बन्दुकले सुसज्जित सिपाही १,००० मात्र थिए । बेल्दार र लुटाहाचाहिँ धेरै थिए । सपहीमा १००/१२० जना तिलंगा बसेका थिए ।

यति कुरा थाहा पाएपछि रतनपुरमा भएका सबैले सल्लाह गर्दा अहिले पर्सामा गएर हान्ने, बारालाई चाहिँ अहिले नछुने भन्ने निधो भयो । पर्सा हान्नका लागि सरदार बखतसिंह बस्न्यात, सरदार शमशेर राना, कप्तान वीरकेशर पाँडे र कप्तान प्रसादसिंह बस्न्यात, कम्पुका दुई फयर, दुर्गाबक्स कम्पनी, कालीदत्त कम्पनी, सुबेदार कोकिल र ढाक्र्यासहित ४२५ जनालाई पाँचवटा तोपसमेत दिएर मंसिर २२ गतेको साइतमा सपही पठाइयो । उनीहरूलाई आडपयाड बेस गरी चाँजासँग बस्नू र आइलाग्यो भने हान्नू भनी आदेश दिइयो । चौतरिया प्राण शाह र काजीहरू रणवीरसिंह थापा अनि दलभञ्जन पाँडे रतनपुरमै बसे ।[९]

यसबीच अंग्रेज फौज पहिलेभन्दा अझअघि बढेर जंगलभन्दा साढे छ किलोमिटर टाढा र बारागढीभन्दा तीन किलोमिटरपश्चिम पोजिसन बनाएर बस्यो । बारागढी यसअघिदेखि नै चम्पारन लाइट इन्फ्यान्ट्री भनिने फौजको कब्जामा थियो । अंग्रेजका तर्फबाट यस रणभूमिमा खटिएका कमान्डर मार्लीले कानपुरबाट उनलाई पठाएको ब्याटरिङ ट्रेन केही दिनमा आइपुग्ने आशा गरेका थिए ।

यतिञ्जेल नेपालीले हमला नगरेकाले बारागढीको सुरक्षा सुधार गर्न समय पाएकोमा उनी दंग थिए । त्यहाँ खटिएको अंग्रेज फौज रामगढ बटालियनसँग छ पाउन्डको गोला खाने एउटा तोप थियो । छ पाउन्डकै गोला खाने अर्को तोप समनपुरमा थियो । हरिहर कब्जा हुनेबित्तिकै त्यसलाई हरिहरपुर पठाउने योजना थियो । छ पाउन्डको गोला खाने एउटा तोप मार्लीले बारागढीमा राख्न लागेका थिए । छ पाउन्डकै गोला खाने अर्को एउटा तोप पर्सामा थियो ।[१०]

नेपाली फौजले पुस १९ गते राति (सन् १८१५ को पूर्वसन्ध्या) समनपुर र पर्सा गरी दुई ठाउँमा अंग्रेज फौजमाथि हमला गर्ने निधो गर्‍यो । त्यति वेला हमला

---

९ प्राण शाह, रणवीरसिंह थापा र दलभञ्जन पाँडेले १८७१ साल मार्गशीर्ष वदि ८ रोज १ मा मुकाम रतनपुरको चौरबाट लेखेको अर्जी, पोका ३, पत्र संख्या ३२६ र भीमसेन थापा र रणध्वज थापालाई प्राण शाह, रणवीरसिंह थापा, काजी दलभञ्जन पाँडेले १८७१ साल मार्ग वदि ८ रोज १ मा मुकाम रतनपुरको ठूलो चौरबाट लेखेको पत्र, १ सी. ४४१, पाना ८, पत्र संख्या १८ ।

10 Letter to Colonel Fagan from B. Marley, 24th December 1814, Nepal Papers, Page 513-514.

गर्नुअघि ज्योतिषीले ठहराइदिएको साइतमा वैरीको छाउनीमा किलो गाड्ने चलन थियो । समनपुरमा खटिएका कप्तान सर्वजित थापा, लप्टन कर्णेलसिंह, लप्टन पृथी हमाल र भाष्कर जैसीले यो काम ढाक्या चामु बानियाँले गर्दा राम्रो हुन्छ भन्ने ठहराएकाले चामु बानियाँ अंग्रेजको पहरा छली उसका छाउनीमा किलो ठोकी फर्किए ।[११] राति नेपाली फौजले समनपुरमा हमला गरी अंग्रेजलाई सातो जानेगरी हराइदियो । नेपाली पक्षले गरेको अनुमानअनुसार त्यस दिन त्यहाँ ८० देखि १०० जनासम्म अंग्रेज मारिए, २००-२५० घाइते भए । नेपालीतर्फ जम्दार बलवंत रैका, बलभद्र राउत, अमल्दार जीवन खवाससमेत २०/२५ जना ढले, ४०/५० जना घाइते भए ।[१२]

लेफ्टिनेन्ट स्ट्रेटटेलका अनुसार समनपुरको त्यो हमला अंग्रेज फौजले यसरी भोगेको थियो :

> *वैरीका सिपाही बिहान ५ बजे तीन गोलामा अघि बढेर हाम्रो पोस्टतिर आए । बीसवटाजति तोपबाट हाम्रो क्याम्पलाई ताकेर तुरुन्तै भीषण गोलाबारी गरे । हाम्रा क्याप्टेन र अरू अफिसरहरूले हाम्रा सिपाहीलाई लडाइँमा उतार्न हर कोशिश गरे तर वैरीको विनाशकारी गोलाबारीका सामुन्ने हाम्रो केही लागेन । दश मिनेटजति दुवैतिरबाट उत्तिकै जोशका साथ लडाइँ चलेपछि हामीले क्याप्टेन र लेफ्टिनेन्टबाट निर्देशन र सहयोग पाउन छाड्यौं । मलाई के डर लागेको छ भने उनीहरू सख्त घाइते भएर हल न चल भए होलान् र पछि मारिए होलान् । यी दुई बहादुर अफिसरको मृत्युपछि हाम्रा सिपाही उत्साहहीन भए र हडबडाएर पछि हट्न थाले । त्यसपछि वैरी अघि बढ्यो । उसले हाम्रा पालमा आगो लगाइदियो । हाम्रो डिपोमा पनि वैरीले आगो लगाइदियो । हाम्रो फौजले ठूलो क्षति बेहोर्नु परेको र वैरीको तागत धेरै ठूलो भएको थाहा पाएपछि हाम्रो फौज पछि हट्नु सबैभन्दा बढिया हो भन्ने ठानियो ।*
>
> *बारागढी जाने बाटो वैरीले थुनिदिएपछि हामी भर्खर घोडासहनमा आइपुग्यौं । हाम्रो कति क्षति भयो भनी भन्न सक्ने अवस्था छैन । लडाइँमा भड्किएका हाम्रा सिपाही छिनछिनमा आइरहेका छन् । वैरी कति थिए भनी यकीनसाथ भन्न सक्दिनँ तर २,००० जति थिए होलान् ।*[१३]

११ चामु बानियाँले चढाएको अर्जी, पोका ३, पत्र संख्या २११ ।

१२ दिनेशराज पन्त, गोरखाली विजययात्रा, काठमाडौं, २०७०, पेज ५८ ।

13 Letter to Captain Watson from F. Strettell, 1st January 1815, Nepal Papers, Page 521-522.

पर्साको लडाइँचाहिँ मेजर ग्रीनस्ट्रीटले यसरी भोगेका थिए :

एक घण्टाजतिको घमासान लडाइँपछि हामीले मैदान छाड्यौं । हाम्रा बन्दुक र सरसामान सबै वैरीको कब्जामा परे । उज्यालो भएपछि म हाम्रो पोस्टतिर जान लागेको थिएँ । त्यताबाट भीषण गोलाबारी भएको सुनें । सकेसम्म चाँडो दौडेर जाँदा मैले धेरै घाइते र अफिसरहरू भेटें । अफिसरहरूले मलाई के बताए भने वैरीका १० हजारजति सैनिक भएकाले अहिले त्यो पोस्ट पुनः कब्जा गर्ने प्रयास गर्नु बेकार हुन्छ । म अहिले सिर्सिया नदीको पूर्वी किनारमा रोकिएको छु । घाइतेलाई सुरक्षा दिएर बसेको छु । चाँडै बेतियातिर लाग्छु । घाइते यति धेरै छन् कि उनीहरूलाई लिन डोली र फौज पठाउनुपर्छ जस्तो लागेको छ ।[१४]

मेजर ग्रीनस्ट्रीट यो रिपोर्ट लेख्दा कति हडबडाएका थिए भने उनले आफूले लेख्नुपर्ने सबै कुरा लेखेनछन् । त्यसैले एउटा चिठी पठाइसक्ने बित्तिकै उनले अर्को चिठी लेखे र भने– "म त्यहाँ पुस २० गते बिहान १० बजे पुगेको थिएँ । घाइते धेरै छन् । उनीहरूलाई मार्लीको क्याम्पतिर बिस्तारै लैजानुपर्ला । यहाँका गाउँ निर्जन छन् । गाइड पाइँदैन । मेरा अनुमानमा क्याप्टेन सिब्लीले आज बिहान वीरगति प्राप्त गरे ।"[१५]

पर्सामा अंग्रेजको जुन पोस्टमाथि नेपाली फौजले हमला गरेको थियो, त्यसको नेतृत्व क्याप्टेन सिब्लीले गरेका थिए । यी उनै व्यक्ति थिए, जसले यसभन्दा ३८ दिन पहिले मंसिर १२ गते बरहवामा नेपाली फौजलाई ठूलो क्षति पुऱ्याएको हमलामा अंग्रेजतर्फ भएको क्षतिको रिपोर्ट तयार पारेका थिए । अहिले उनको कमान्डमा रहेको पोस्टमा भएको लडाइँबारे अर्का अफिसर स्मिथले तयार गरेको औपचारिक रिपोर्टले यसो भन्नुपऱ्यो :

कमान्डर क्याप्टेन सिब्ली मारिएको शोकको घडीमा यो दुर्भाग्यपूर्ण घटनाको रिपोर्ट तयार गर्ने अप्रिय जिम्मेवारी मेरा काँधमा आएको छ । उज्यालो हुनुभन्दा आधा घण्टाजति पहिले नेपालीको एकदमै शक्तिशाली फौजले क्याप्टेन सिब्लीको नेतृत्वमा रहेको फौजमाथि चारैतिरबाट आक्रमण गऱ्यो । त्यति वेला त्यहाँ २१० जवान, ५० जना इरेगुलर घोडचढी सैनिक, छ पाउन्डको गोला खाने एउटा र डेढ पाउन्डको गोला खाने एउटा तोप थिए । हामीले पाएको जानकारीअनुसार खुकुरी र खुँडाले सुसज्जित वैरीका पाँच बटालियन

14 Letter to Major-General Marley from J. Greenstreet, not dated, Nepal Papers, Page 523.
15 Letter to Major-General Marley from J. Greenstreet, not dated, Nepal Papers, Page 523.

रेगुलर र असंख्य इरेगुलर हमला गर्न आएका थिए । उनीहरूले हात्तीमाथि जञ्जाल जडान गरेका थिए ।

सबैभन्दा पहिले उनीहरूले इरेगुलर घोडचढी सैनिक बसेपछाडिको भागका गार्डमाथि हमला गरे । हामी सबै शस्त्रले सुसज्जित थियौं र उनीहरूलाई जवाफी हमला गर्न तयार थियौं । त्यस दिनको ड्युटी अफिसर भएकाले म अघिल्लो पंक्तिमा थिएँ । हमला थालेको केही मिनेटमै वैरीले हामीमाथि भीषण गोलाबारी गऱ्यो ।

यति नै वेला वैरीले हाम्रो दायाँ भागमा पनि हमला गऱ्यो । मैले क्याप्टेन सिब्लीलाई डेढ पाउन्डको गोला खाने तोपबाट गोली हान्ने आदेश दिन अनुरोध गरें । उनले तुरुन्तै आदेश दिए । तर हामीले यो तोप राम्ररी चलाउन सकेनौं किनभने यसका कार्टियज ठूला थिए । तिनलाई भित्र पठाउन धेरै अप्ठ्यारो पर्थ्यो । केही राउन्ड गोली चलाएपछि यसलाई जञ्जालको गोलीले होला, ढालिदियो । यस्तैमा क्याप्टेन सिब्ली एडभान्स्ड गार्डमा आए । मेन बडीबाट फर्कंदा उनको खुट्टामा घाउ लाग्यो । केही मिनेटपछि मेन बडीबाट एक जना सिपाहीले क्याप्टेनको छातीमा गम्भीर चोट लागेको बतायो । उसले फौजको कमान्ड गर्ने जिम्मेवारी तिम्रो भयो भनी मलाई बतायो । त्यसपछि म एडभान्स्ड गार्ड छाडेर मेन बडीमा आएँ । त्यसमा तीनतिरबाट हमला भएको रहेछ । पछाडिपट्टिबाट छ पाउन्डका तोपका गोला आइरहेका थिए । वैरीको मुख्य निशाना त्यता भएजस्तो देखिन्थ्यो । एडभान्स्ड गार्ड आफ्नो ठाउँमा बस्न नसकेर मेन बडीतिर आयो । मेन बडीमा गोलाकार बसेर हामीले एक घण्टासम्म आफ्नो रक्षा गऱ्यौं ।

हाम्रा सबै गोलीगठ्ठा सिद्धिए । सबै युरोपेली र बन्दुकधारी सिपाही या त मारिइसकेका थिए या घाइते भएका थिए । म र लेफ्टिनेन्ट माथिसनले हाम्रो पोस्टको पछाडि रहेको ठाउँतिर भाग्नुपर्छ भन्ने ठान्यौं । यति वेला मैले क्याप्टेन सिब्लीलाई हाम्रो यो योजनाबारे बताएँ र उनको कम्पनीका चार ग्रिनेडवालालाई सिब्लीलाई काँधमा बोकेर अघि बढ्न आदेश दिएँ । हामी बाहिर निस्किँदा त्यहाँ वैरी धुइरिएका रहेछन् । त्यहाँबाट उम्कने आस मरेपछि हामी बाँचेका जति सबै हाम्रो पोस्टको दाहिनेतिरको नालामा निस्कियौं । नाला तर्न सकिँदैनथ्यो । केही वैरीले हामीलाई पछाडिबाट खेदे । डेढ किलोमिटरभन्दा अलि टाढा आइपुगेपछि हामीलाई गुहार दिन आएका मेजर ग्रीनस्ट्रीटको फौजसँग भेट भयो । यो टोली आउन लागेको खबर सिब्लीलाई

पहिल्यै पठाइएको थियो तर हमला होला भन्ने डर नभएकाले उनले यो टोलीलाई छिटो आउनू अथवा विस्तारै आउनू केही पनि भनेका थिएनन् । हाम्रा कति सिपाही मरे भनेर म अहिल्यै भन्न सक्दिनँ तर मेरा अनुमानमा हाम्रो तीन चौथाइभन्दा बढी फौजको क्षति भयो ।[१६]

पछि थाहा भयो, त्यस दिन अंग्रेजका १२२ जना सिपाही मारिए, १८६ जना घाइते भए र ७३ जना बेपत्ता भए । त्यस हमलामा उनीहरूका ३२ जना घोडचढी पनि मारिए ।[१७]

नेपाली फौजले पर्सामा अंग्रेजका १२ जना गोरा र १,१६१ तिलंगा गरी १,१७३ जना मारिएको ठानेको थियो । समनपुरमा गोरा छ जना र तिलंगा ३५१ जना गरी ३५७ जनाको ज्यान गएको विश्वास नेपालीले गरेका थिए । पर्सामा ४४ जना नेपाली सैनिकको ज्यान गयो भने १४७ जना घाइते भए । पर्सा र समनपुर हमलाबाट नेपालले अंग्रेजका तीनवटा तोप, २९७ वटा बन्दुक, छवटा दूरबीन, २,२२७ पत्थर, ७०४ गोली, १,८९२ गठ्ठा, चारवटा बाँसुरी, चारवटा तमोर, चारैवटा हात्ती र दुईवटा ऊँट हात पाऱ्यो ।[१८] पर्सामा पाइएका मध्ये ठूलो तोप चुरेमा राख्न पठाइयो । लुटेका नगदी, जिन्सी, घोडा जजसले लुटेको थियो उसैलाई दिइयो ।[१९]

पर्सा र समनपुर जितेको खुशखबरी गढ गौंडाका भारदार र सिपाहीलाई पठाइयो । यो जीतको खबरले अन्तका नेपाली सैनिक तथा भारदारहरूको मनोबल यसरी बढायो– "चिठी बाँची सुन्याबित्तिकै मनमा बहुतै हर्क भयो । अहमत्याई गरी आयाको वैरी थियो, कटाई पाएछ, बढिया भएछ ।"[२०]

अंग्रेजलाई भने यस घटनाले साह्रै अत्याएको थियो । यी दुई पोस्टमा भीषण हमला भएको खबर पाएपछि मार्लीले बारागढीलाई सुदृढ बनाए । यस्तैमा नेपालीले फेरि हमला गर्न लागेका छन् भन्ने खबर आएपछि अरू चार कम्पनी उनले त्यता पठाए ।[२१]

---

16 Letter to Captain Matson from C. Smith, 2nd January 1815, Nepal Papers, Page 530-531.

17 Return of Killed, Wounded and Missing, of the detachments at Parsa and Summundpore, on the 1st January 1815, Nepal Papers, Page 533.

१८ गढ हान्न जान्याहरूको विस्तार, १ सी. ३८६, ०/१ ।

१९ भीमसेन थापा र रणध्वज थापालाई प्राण शाह, कर्णेल रणवीरसिंह थापा, काजी दलभञ्जन पाँडेले १८७१ साल पौष वदि ११ रोज ६ मा मुकाम रतनपुरबाट पठाएको पत्र, १ सी. ४४१, पोका ८, पत्र संख्या ६ ।

२० भीमसेन थापा र रणध्वज थापालाई रूद्रवीर शाहीले १८७१ साल पौष वदि १४ रोज २ मुकाम सल्यानबाट लेखेको पत्र, १ सी. ४४१, पोका र पत्र उल्लेख छैन ।

21 Letter to Lieutenant Colonel Fagan from B. Marley, 2d January 1815, Nepal Papers, Page 523, and letter to Lieutenant Colonel Fagan from B. Marley, 3d January 1815, Nepal Papers, Page 521.

हमला भएको चौथो दिन अंग्रेजले फेला परेका आफ्ना घाइते र लाश बटुले र लगे । तिनमा क्याटेन सिब्ली, युरोपेली तोपखानाका छमध्ये चार जना र क्रिश्चियन ड्रमरका लाश पनि थिए । यस काममा नेपालीले बाधा पारेनन् । उनीहरूको अन्त्येष्टि सैनिक सम्मानका साथ गरियो । नेपालीका डरले गर्दा अन्त्येष्टिमा बन्दुकको सलामी दिन भने उनीहरू डराए । गोन्ड नदीछेउछाउ धेरै वैरी देखिएको रिपोर्ट पाएकाले मार्ली आफैं गोन्ड नदीको किनारतिर गए । अंग्रेजले त्यहाँ ब्याटरिङ ट्रेन र लाइट ट्रेन राख्यो । यस काममा पनि नेपालीले उनीहरूलाई केही बाधा पारेनन् ।[२२]

"हाम्रो हारको एउटैमात्र कारण शत्रु धेरै हुनु हो ।", नराम्रो हार खाएको चार दिनपछि मार्लीले यसो भनेर चित्त बुझाए ।[२३]

पुस २५ गते मार्लीले आफ्नो क्याम्प पर्साभन्दा अढाई किलोमिटर दक्षिणमा राखे । त्यहाँ वैरीको थप फौज उत्साहका साथ पश्चिम लागिरहेको खबर पाए । उनले सुने– "नेपालीहरू बेतिया र अंग्रेजको डिपो डढाउन र ध्वस्त पार्न प्रतिबद्ध छन् ।"

उता, अंग्रेजको फौजमा भने गडबडी भएको थियो । हिन्दुस्तानी सिपाहीमा असन्तुष्टि बढेको थियो । उनीहरू भाग्ने अवस्थासम्म पुगेका थिए तर पछि कसो-कसो उनीहरूलाई थामथुम पारियो । फौजका कमान्डर मेजर जेनरल मार्ली यसबाट आत्तिए र उनले सारण, तिरहुत र छिमेकी जिल्लाका बासिन्दालाई अंग्रेज सेवामा आऊ भनेर घोषणा गर्न लगाउनुपर्छ भनी ब्राड्शलाई सल्लाह दिए । बेतियाका राजाले कम्तीमा ८०० मानिस पठाउने वचन दिए । ब्राड्शले मराठा राजा अमृत रावसँग उनका ३०० वटा घोडा मागे ।

अंग्रेजका विचारमा पर्सामा जंगल घना थियो । त्यहाँ वैरी अपर्झट जंगलभित्र पस्न सक्थे । तराईका बासिन्दा डराएका थिए । यो अवस्थाले गर्दा अंग्रेजको हौसला बढ्न पाएको थिएन । गाउँलेहरू गाउँ छाडेर अन्नपात लिएर जंगल पसेका थिए । गाउँलेले अंग्रेजबारे सही जानकारी वैरीलाई दिने गरेका छन् भन्ने उनीहरूलाई लागेको थियो । यसलाई अंग्रेजले सबैभन्दा ठूलो समस्या ठानेका थिए । उनीहरू स-साना कुरामा चित्त बुझाएर बसेका थिए । "वैरीले बारागढीमा समेत हमला गर्ने कोशिश गर्दा पनि हामीले उनीहरूको प्रयास सफल हुन दिएका छैनौं ।", उनीहरूको चित्त बुझाउने अर्को बाटो यस्तो थियो ।[२४]

अहिले यसरी आत्तिएको मार्लीको फौजलाई दुई महीनापहिले कात्तिक २३ गते मकवानपुर र हरिहरपुरगढी ध्वस्त पारेर काठमाडौं कब्जा गर्न अघि बढ्नू भनी

22 Letter to G. H. Fagan from B. Marley, 4th January 1815, Nepal Papers, Page 526.
23 Division Orders by Major-General Marley, Commanding the Dinapore Division of the Army-Camp, Ammurputtee, 4th January 1815, Nepal Papers, Page 526-527.
24 Letter to Colonel G. H. Fagan from B. Marley, 11th January, Nepal Papers, Page 528-529.

आदेश दिइएको थियो । मार्लीले चुरेभन्दा तल मैदानमै यस्तो अवस्था भोग्नुपर्ला भनेर सोचिएको थिएन ।

नेपालसँगको लडाइँमा मार्लीको फौजले गर्नुपर्ने काम अरू ठाउँमा खटिएको फौजले गर्नुपर्ने कामभन्दा कता हो कता महत्त्वपूर्ण थियो । फागनले उनलाई यो जिम्मेवारी दिँदा लेखेका थिए– "तिमीलाई सुम्पेको काम विशेष रूपले महत्त्वपूर्ण छ ...एशियामा फैलिएको हाम्रो देशको ख्याति कायम राख्न, हाम्रो विशाल साम्राज्यको सुरक्षा गर्न र भविष्यमा यस्तो लडाइँ नहोस् भन्नका लागि तिमीले छिटो र सफलतापूर्वक यो काम गर्नुपर्छ । यस काममा तिमीले जति महत्त्वपूर्ण योगदान दिन सक्छौ, त्यति अरूले दिन सक्दैनन् । तिम्रो कमान्डमा भएको डिभिजनलाई सुसज्जित बनाउन चाहिने हातहतियार र अन्य सामान बडो दुःखले जुटाइएको छ । यसो गर्दा राज्यलाई ठूलो भार परेको छ ।"[२५]

यति सुसज्जित डिभिजनका सबैभन्दा माथिल्लो तहका कमान्डर यति वेला थकित र कमजोर भएका थिए । उनलाई लाग्यो– "नारायणी र वागमतीका बीचको तराईलाई सुरक्षा दिन, बेतियाको ठूलो डिपोको रक्षा गर्न, हेटौँडा, मकवानपुर र हरिहरपुरमा यस्तै डिपो स्थापना गर्न अनि बेतियाबाट हेटौँडा, मकवानपुर र हरिहरपुरमा सुरक्षित तरीकाले रसदपानी र खजाना लैजान हामीसँग अहिले भएको बल पर्याप्त छैन । यस कामका लागि र हेटौँडा र मकवानपुरबाट काठमाडौँसँग सम्पर्क कायम गर्न दीनापुर डिभिजनमा अहिले भएकोभन्दा धेरै ठूलो बल चाहिन्छ । अहिले बेतियाको रक्षा गर्ने काम सबैभन्दा महत्त्वपूर्ण छ ।"[२६]

यस्ता वेलामा ब्राड्शले बारागढीको जंगलको पारिपट्टि नेपालीको ठूलो फौज जम्मा हुँदै छ भन्ने खबर र नेपालीले अंग्रेजलाई हमला गर्न दिएको धम्की पाए । बारागढी बलियो बनाइएकाले उनी अलि ढुक्क थिए तर पनि दुई महीना पहिले "वागमतीपश्चिमको सबै तराई आफ्नो अधीनमा आयो, त्यहाँका रैतीले हाम्रो शासन स्वीकार गरे" भनेर दंग परेका ब्राड्शलाई अहिले यस्तो डर लागेको थियो– "बारागढी नेपालीले लिए भने मार्लीले कब्जा गरेको बाहेक चम्पारनको सबै तराई हाम्रो हातबाट गुम्छ ।"[२७]

माघको पहिलो हप्ता अंग्रेजले बाराभन्दा धेरै पूर्वमा रहेको निजाम तारा (हालको नेपालको पूर्वी सिमाना काकडभिटाभन्दा पूर्व) मा वैरीको फौज धेरै मात्रामा बढेर ७०० जवान भेला भएको खबर पाए । सरदार गजसिंहको कमान्डमा यसभन्दा ठूलो फौज चाँडै आउँदै छ भन्ने खबर पनि उनीहरूले सुने । त्यसपछि

25 Letter to Major General Marley from G. H. Fagan, 6th November 1814, Nepal Papers, Page 214-224.

26 Letter to Major-General Marley from George Dick, T. Chamberlain, 7th January, Nepal Papers, Page 529-530.

27 Letter to J. Adam from P. Bradshaw, 22d January 1815, Nepal Papers, Page 420-423.

किसनगञ्जको फौजका कम्पनीलाई तयार राखेर आवश्यक परे तितलियाको स्टेशनमा पठाउन अनुरोध गरे । निजाम तारामा रहेको नेपाली फौजलाई तर्साउन एउटा कम्पनीलाई अरू कामबाट छुट्टी दिएर तितलियामा राखियो । त्यसलाई सिमानामा गश्ती गर्दै अघि बढ्न आदेश दिइयो ।[२८]

यस्तैमा जनकपुरतिरबाट पनि अंग्रेजलाई अत्याउने खालका खबर उनीहरूले पाए । नेपाली फौजको चार रेजिमेन्ट जनकपुर आइपुगेको खबर तिरहुतका जिल्ला मेजिस्ट्रेटले सुने । तिरहुतमा आफ्ना एक जना पनि सिपाही नभएकाले आवश्यक सहयोग पठाइदिनू भनी उनले मार्लीसँग माघ १ गते गुहार मागे ।[२९] यसको तीन दिनपछि नेपाली फौजको चार रेजिमेन्ट जनकपुर आइपुगेको बताउँदै उनले त्यहाँबाट सबैभन्दा नजीक रहेका मार्लीलाई "सक्छौ भने फौजी सहयोग पठाऊ" भनेर ताकिता गरे ।[३०] त्यसको दुई दिनपछि सहयोग पठाइदेऊ भनी उनले मार्लीलाई फेरि अनुरोध गरे ।[३१]

मार्लीले आफ्नो फौज त्यता पठाएनन् । त्यसपछि मेजिस्ट्रेटले दीनापुरमा रहेका कर्णेल ग्रेगोरीसँग गुहार मागे । ग्रेगोरीले पटनाको अस्थायी बटालियनका क्याप्टेन पिचलाई जतिसक्दो धेरै फौज भेला गरेर तुरुन्तै मुजफ्फरपुर पठाउन आदेश दिए । गंगापार रहेको फौजलाई पनि तुरुन्तै हाजीपुरतिर मार्च गरेर पटनाबाट आएको फौजमा शामेल हुन आदेश दिए । उनी बाँकी फौज लिएर भोलिपल्टै हाजीपुर जाने भए । त्यतातिरको कम्पनीको भूभागको सुरक्षा गर्न सकेसम्म कोशिश गर्ने भए । क्याप्टेन कार्टरलाई पनि आफूसँग भएका दुई कम्पनी लिएर पटनामा गंगा तरेर हाजीपुर गई त्यहाँ आइपुगेको फौजमा शामेल हुन आदेश दिए । फौजी सामान बोक्न १०० जना भरिया र २०० जना कुल्ली पठाउन र फौजलाई चाहिने सहयोग पुऱ्याउने व्यवस्था गर्न तिरहुतका मेजिस्ट्रेटलाई भने ।[३२] मेजिस्ट्रेटले दरोगा र थानेदारलाई फौजलाई सहयोग गर्न आदेश दिए । यति वेलासम्ममा ६,००० जतिको नेपाली फौज जनकपुरबाट रुपैठागढीतर्फ लागेको र महोत्तरीका मानिस घर छाडेर दक्षिणतिर भागेको खबर पनि उनले पाए ।[३३]

---

28 Letter to Lieutenant-Colonel Fagan from B. Latter, 16th January 1815, Nepal Papers, Page 542.

29 Letter to Major-General B. Marley from C. T. Sealy, 12th January 1815, Nepal Papers, Page 534.

30 Letter to Major-General B. Marley from C. T. Sealy, 15th January 1815, Nepal Papers, Page 535.

31 Letter to Major-General Marley from C. T. Sealy, 17th January 1815, Nepal Papers, Page 546.

32 Letter to C. Sealy from R. B. Gregory, 16th January 1815, Nepal Papers, Page 546.

33 Letter to Colonel Gregory from C. T. Sealy, 17th January 1815, Nepal Papers, Page 547, and Translation of a Report from Mohurrir and Jemmadar of The Thannah of Jalla, dated 15th January 1815, Nepal Papers, Page 547.

त्यति वेला भरिया पाउन अंग्रेजलाई सजिलो थिएन । ग्रेगोरीकहाँ पठाएका १०० जना कुल्लीमध्ये ६० जना बाटैबाट भागे । उनीहरूलाई जबरजस्ती काममा लगाउँदा अप्ठ्यारो भएको थियो । ग्रेगोरीले आफ्ना सिपाहीको ठूलो हिस्सा भरियाहरू सामान बाटैमा छाडेर नभागून् भनी टहल गर्न लगाउनुपरेको थियो ।[३४]

अंग्रेज सैनिक र गैरसैनिक अधिकारीहरूले यसअघि बारा पर्सामा यति ठूलो नेपाली फौज छ भन्ने ठानेका रहेनछन् क्यारे ! अब उनीहरू त्यतातिर कुन ठाउँमा कति नेपाली फौज छ भनी खोजी गर्न थाले । यसका लागि उनीहरूले आफूले बन्दी बनाएका चन्द्रशेखर उपाध्याका नोकर लक्षलाई नेपाल पठाए । लक्ष आफ्नो क्याम्पबाट पुस २७ गते हिंडे । रतनपुर, सपही हुँदै बारागढीसम्म पुगेर पुस २९ गते अंग्रेजको क्याम्प फर्किए । उनले अंग्रेजलाई यस्तो विवरण दिए :

> *रतनपुरमा रहेको फौज : रेगुलर २,००० र इरेगुलर ३,००० ।*
>
> *मुख्य व्यक्ति : प्राण शाह, काजी दलभञ्जन पाँडे, कर्णेल रणवीर थापा (भीमसेनका भाइ), क्याप्टेन सर्वजित थापा ।*
>
> *सपहीमा रहेको फौज : रेगुलर २,००० र इरेगुलर ३,००० ।*
>
> *मुख्य व्यक्ति : सरदार बखतसिंह र सरदार भैरवसिंह, क्याप्टेन प्रसादसिंह, कोकिल खवास (तोपखाना प्रमुख) ।*
>
> *सिमरा बासामा रहेको फौज : रेगुलर २,००० र इरेगुलर ३,००० ।*
>
> *मुख्य व्यक्ति : शमशेर राना, क्याप्टेन वीरकेशर पाँडे ।*
>
> *भाटामा रहेको फौज : रेगुलर २,००० र इरेगुलर ३,००० ।*
>
> *मुख्य व्यक्ति : इन्द्रवीर खत्री (दशरथ खत्रीका छोरा) ।*

यसबाहेक उनले थप खबर पनि दिए– "बारा-पर्सा पठाउन नेपालले ३२ कम्पनी इरेगुलर तयार राखेको छ । यिनलाई एउटा पोस्ट र अर्को पोस्टका बीचमा खटाइएको छ । बहुअर्वा, समनपुर र पर्सामा मारिएका मानिसका ठाउँमा भर्ना गर्न थप मानिसलाई झारा लगाइएको छ ।"

समनपुर र पर्सामा नेपाली फौजका कति मारिए भन्नेबारेमा लक्षलाई या त थाहा भएन, या त उनले बताउन चाहेनन् । उनले अंग्रेजलाई बताएअनुसार समनपुरमा दुई जना सुबेदार र पर्सामा एक जना हवल्दार मारिए । यी लडाइँमा

---

34 Letter to Major Gordon from R. B. Gregory, 16th January 1815, Nepal Papers, Page 536-537.

घाइते भएका ३५० नेपाली सैनिकलाई काठमाडौं पठाइएको पनि लक्षले अंग्रेजलाई बताए ।[३५] समनपुर र पर्सामा तीन जनामात्र नेपाली मरे भन्ने कुरा साँचो थिएन । ती लडाइँमा यीभन्दा धेरै नेपाली मारिएका थिए । घाइतेलाई काठमाडौं पठाएको कुरा भने सही थियो ।

पर्साको हमलापछि बन्दी बनाइएका अंग्रेजका सिपाहीलाई नेपालीले नभएको कुरा गरेर तर्साए । उनीहरूले भने– "नेपालले पहाडको फेदमा १८ हजार सैनिक राखेको छ । काठमाडौंबाट भीमसेन थापा आइपुग्ने बित्तिकै उनीहरूलाई मैदानमा खटाइन्छ ।"

अंग्रेजले पर्सामा आफूमाथि हमला गर्न जंगलमा रहेका सबै १२ हजार फौज पठाएको हुनसक्ने अनुमान गरे । उनीहरूका विचारमा यी १२ हजार फौज यसरी बाँडिएका थिए :

रतनपुर मुख्यालयमा : ४,००० ।

सर्वजित काजीको नेतृत्वमा समनपुरमा : ४,००० ।

शमशेर राना र कोकिल खबासको नेतृत्वमा पर्सामा : ४,००० ।

उनीहरूको अर्को अनुमानमा प्राण शाहसँग मुख्यालयमा ५,०००, समनपुरमा ४,०००, रतनपुरमा ३,००० र पश्चिमबाट आएका १,००० गरी पर्सामा १३,००० नेपाली फौज थियो ।[३६]

***

पराजित, लज्जित, हताश र थकित भएका वेलामा अंग्रेज फौजले आफ्नै कमान्डरबाट अर्को झट्का बेहोर्नुपर्‍यो । फागुन १ गते बिहान मेजर जेनरल मार्ली आफ्नो क्याम्पमा भेटिएनन् । उनी किन र कता गए भन्ने कुराको भेउ कसैले पाएन । त्यसपछि मेजर जेनरलभन्दा एक तहमुनिका कमान्डर लेफ्टिनेन्ट कर्णेल डिकले फौजको कमान्ड सम्हाले ।

भएको के थियो भने मार्लीका कामबाट गभर्नर जेनरल असन्तुष्ट थिए । उनलाई लागेको थियो– "मार्लीमुनिका सैन्य अधिकारीले वैरीको फौज कति थियो भन्नेबारे सही जानकारी पाएका थिए तर मार्लीले वैरीको फौज कता हो कता ठूलो छ भनी उनीहरूलाई तर्साएका थिए । गभर्नर जेनरलका विचारमा मार्लीले आफूभन्दा

35 Number and Disposition of the Nepalulese Force upon the Frontier of Chumparun, communicated by Luchee, Servant of the Prisoner Chunder Sekher Opadeea, Nepal Papers, Page 538-539.

36 Statement of the Goorka Forces (as reported by various Persons) which from their present Situations can be opposed to Major-General Marley's Army, Nepal Papers, Page 539-40.

माथिको आदेश उल्लंघन गरेर अक्षम्य काम गरेका थिए । उनले अपराधी ठहरिने हदसम्मको गैरजिम्मेवार काम गरेका थिए । गभर्नर जेनरलले मार्लीका ठाउँमा मेजर जेनरल जर्ज ऊडलाई नियुक्त गरेका थिए । आफ्नो कार्यभार ऊडलाई हस्तान्तरण गर्न मार्लीलाई आदेश दिएका थिए । आफ्नो बेइज्जती गरेको ठानेर मार्लीको शिर निहुरिएको थियो । त्यसैले उनले जर्ज ऊड आउञ्जेल नपर्खने विचार गरे । बरू उनलाई बेतियामा भेटेर आफ्नो कार्यभार सुम्पने विचार गरेर माघ २९ गते राति उनी चुपचाप क्याम्पबाट निस्केका थिए ।"[३७]

मार्लीका ठाउँमा खटिएका मेजर जेनरल जर्ज ऊडको डिभिजनका हिन्दुस्तानी फौज नारायणीदेखि कोशीसम्मको अंग्रेजको उत्तरी सिमानामा राखिए । त्यसो गर्दा सारण, तिरहुत र तराईको सुरक्षा हुन्छ र नेपालमाथि हमला गर्न अनुकूल समय आउनासाथ फौज खटाउन सकिन्छ भन्ने अंग्रेजलाई लागेको थियो । यूरोपेली फौज र आर्टिलरीलाई स्थायी ब्यारेकमा राखियो । तत्काल नचाहिने फौजलाई बिदा दिइयो । बुटवल हान्न गएको मेजर जेनरल जोन सलिभन ऊडको नेतृत्वको फौजका धेरै सैनिक बिरामी परे । उनको फौजलाई बुटवलबाट फिर्ता बोलाइयो र गोरखपुरसमेतको सुरक्षा हुने गरी राखियो ।[३८]

थोरै ठाउँमा बाहेक सन् १८१४ को अन्त्य र १८१५ को शुरूवात अंग्रेजका लागि शुभ भएन । झाम्टामा मार्टिन्डेलले, बुटवलमा ऊडले र पर्सामा मार्लीले नेतृत्व गरेको फौजको असफलताले अंग्रेजलाई धक्का पुऱ्यायो । हिन्दुस्तानमा रहेको अंग्रेज नेतृत्वले यस्तो महसूस गऱ्यो– "मेजर जेनरल ऊड र मार्लीको डिभिजनको हमलालाई नेपालीले सफलतापूर्वक प्रतिरोध गरेको र मेजर जेनरल मार्टिन्डेलले नेतृत्व गरेको डिभिजनमा भएको दुर्दशा हाम्रा लागि ठूलो अफसोसको विषय हुनेछ ।"[३९]

अघि अध्याय ७ को अन्तिममा झाम्टामा मार्टिन्डेल र काजी रणजोर थापाले अर्को भयानक लडाइँको तयारी गरिरहेको कुरा बताइएको थियो । यतिञ्जेलमा उता लडाइँ भइसक्यो होला । अर्को अध्यायमा त्यही लडाइँको बयान गरिएको छ ।

---

37 Pemble, Page 226-227.
38 Letter to the Honourable the Secret Committee from Lord Moira, 1st June 1815, Nepal Papers, Page 559-567.
39 Political Letter from Bengal, 25th January 1815, Nepal Papers, Page 489-490.

झाम्टामा फेरि घम्साघम्सी

नेपालको अधीनमा रहेको सतलजछेउको भूभागमा राजनीतिक परिचालन गर्नका लागि अंग्रेजले विलियम फ्रेजरलाई खटाएको थियो । त्यहाँ फ्रेजरले म्यादी फौज गठन गरेका थिए तर तालिम नपाएका, आधुनिक हतियारविनाका यी म्यादी सिपाहीको भर पर्न हुन्न भन्ने लागेको थियो मेजर जेनरल मार्टिन्डेललाई । तीमध्ये केहीलाई झाम्टा र त्यस नजीकको जैथक किल्लामा नेपालको थप बल आउन नपाओस् भनेर नाहानको पश्चिमतिर राखियो । उनीहरूलाई हान्न सरदार रणसुर थापा १८७१ साल माघ २० गते बिहान चार कम्पनी लिएर गएका थिए । लडाइँ भयो । मार्टिन्डेलले नपत्याएका ती म्यादीले नेपालीलाई हराए । त्यस लडाइँमा २३ जना नेपाली मरे, धेरै घाइते भए ।[१] त्यसको भोलिपल्ट म्यादी फौज जैथकको किल्लाभन्दा झन्डै पाँच किलोमिटर टाढा रहेको नौनी टिपामा गयो । उनीहरू अघि बढिसकेपछि बाध्य भएर मार्टिन्डेलले तिनको सहयोगका लागि लेफ्टिनेन्ट कर्णेल केलीको नेतृत्वमा १,२०० को फौज पठाए । नौनी डाँडामा अंग्रेज बलियोसँग बस्यो ।[२]

यसरी आमनेसामने बसेका वेला नेपालीले त अंग्रेजलाई हानि पुऱ्याएका थिएनन् तर मौसमले धेरै दुःख दियो । अंग्रेज त्यहाँ पुगेको केही समयदेखि तीन दिनसम्म नबिराईकन हिउँदे झरी पऱ्यो । दिउँसै रात पर्ने अँध्यारो भयो । केली हतारमा त्यहाँ पुगेका थिए । उनीसँग पाल थिएन, खानेकुरा थिएन । भएको खानेकुरा पकाउने इन्धन थिएन, दाउरा भिजेर बल्दैनथे । मौसम उनीहरूका लागि कतिसम्म प्रतिकूल भयो भने केलीको फौजका २० जना सिपाही र १२ जना भरिया जाडोले मरे । अरू धेरै गम्भीर बिरामी भए । तीस जना हिंडडुल गर्न नसक्ने भए । मार्टिन्डेलले नौनी डाँडाबाट आफ्ना फौज फिर्ता बोलाउन चाहेका थिए तर उनले

---

१ अहिमान, १ सी. ४४१ ।

2 Pemble, Page 186.

त्यसो गरेनन् । केलीको नेतृत्वको फौजका ठाउँमा छ पाउन्डका गोला खाने तोप र माउन्टेन गन साथ लगाएर लुड्लोको फौज पठाए ।[३] त्यसपछि पनि पानी रोकिएन, जसले अंग्रेज फौजलाई निकै अप्ठ्यारो पाऱ्यो । अंग्रेजले नौनी डाँडामा ४५० फौज र तीनवटा छ पाउन्डका गोला खाने तोप थप्यो । त्यसपछि झाम्टा र झाम्टाछेउको नेपालीको अर्को किल्ला जैथक हान्न उत्साहित भयो ।[४]

नेपाली फौज अंग्रेज फौजको यस्तो बिजोग भएको ठाउँभन्दा पाँच किलोमिटरमात्र टाढा बसेको थियो । नेपालीलाई पनि यो झरीले सताएको हुँदो हो तर अरू धेरै कुराको सविस्तार वर्णन गरेका नेपाली जम्दार अहिमानले नेपालीले यो झरी कसरी झेले भन्नेबारे केही पनि लेखेका छैनन् । अंग्रेज फौजले पार्न लागेको विपतका तुलनामा यो विपत सानो हो भनेर लेख्न लायक ठानेनन् कि ? बरू उनले लडाइँकै कुरा लेखे :

> *त्यसको १०/१२ दिनपछि राजगढीदेखि काजी अजम्बर पंथ, सरदार बालसुन्दर थापा झाम्टालाई बल दिन चंडालगढीमा आइपुगेका थिए । बल थपियो भनी फिरंगीले थाहा पाएछ र श्रीमोहरको कृष्णसिंहलाई लश्कर दिई पंथ काजीलाई हान्न पठायो । चंडालगढीमा लडाइँ जोरियो । पंथ काजी, बालसुन्दर थापा सरदारले जित्या । जजाल खोलामा आइबस्या । "नौनी टिपामा वैरी बस्याको रहेछ । त्यो वैरीलाई हानूँ ?" भनी झाम्टामा रहन्या काजी, सरदारहरूलाई सोध्या । "वैरी असजिला ठाउँमा छ, तपाईं यहीं आऊ र मतले जसो ठहर्ला, सो गरौंला" भनी पठाया र पंथ काजी पनि झाम्टैमा भेला हुन आया । वाहाँपछि पूर्वपट्टि रेनुकाको तलाउनजीक वैरी देखियो । सरदार बालसुन्दर थापालाई पठाया । लडाइँ जिती आया ।*[५]

यसपछि अंग्रेजले नौनीका वल्ला टिपामा डेरा हाल्यो र झाम्टा देवीका काननेरको भन्ज्याङमाथि तोप छाँद्यो । नेपालीले पनि आड बनाई तोप छाँदे । त्यति गरेपछि कुइन्याका तोपले हानि गर्दैन भन्ने नेपालीले ठानेका थिए । झाम्टामा रहेका नेपाली काजी र सरदारहरूले झाम्टाभन्दा पूर्व कुमाऊँमा रहेका चौतरिया बम शाहलाई अनुरोध गरे– पूर्वबाट आयाको खरखजाना र फौज "चाँडो पठाइबक्सन्या काम भया बढिया होला ।"[६]

---

3 Pemlbe, Page 186.

4 Pemble, Page 188.

५ अहिमान, १ सी. ४४१ ।

६ चौतरिया बम शाहलाई काजी रणजोर थापा, जसपाउ थापा, काजी रेवन्त कुँवर, लक्षवीर शाही, सरदार भैरवसिंह, सरदार रणसुर थापाले १८७१ माघ सुदि ८ रोज ६ मा मुकाम जैथक किल्लाबाट पठाएको पत्र, पोका ३, पत्र संख्या ३७५ ।

झाम्टामा लडाइँ जोरिन लागेको थाहा पाएर बुढाकाजी अमरसिंह थापाले थप बल झाम्टा पठाए । यो फौज आउँदै छ भन्ने थाहा पाएपछि आफ्नो तोपखानालाई नेपालीले क्षति पुऱ्याउलान् भनेर मार्टिन्डेल डराए । त्यता आउन लागेको नेपालीको थप बललाई रोक्न लेफ्टिनेन्ट फ्रेडेरिक योङको नेतृत्वमा रहेको २,००० जनाको म्यादी फौज नौनी डाँडाबाट फागुन १० गते हिंड्यो । भोलिपल्ट साँझमा चंडालगढीको खोंचमा अंग्रेज र नेपाली फौजको भेट भयो । नेपाली फौज जुन ठाउँमा बसेको थियो, त्यो देख्दा लेफ्टिनेटन्ट योङ आत्तिए । दुई हजार जनाको फौजको नेतृत्व गरेका योङ जहान केटाकेटी साथमा लिएर आएको नेपालीको ५०० जनाको फौजमाथि हमला गर्न डराए । उनलाई डोहोऱ्याएर त्यहाँ लाने राजा कृष्णसिंह पनि आत्तिए । नेपालीमाथि हमला गर्न आफूले आदेश दिएका खण्डमा म्यादी सिपाहीले त्यो आदेश टेर्दैनन् भनी कृष्णसिंहले योङलाई पनि अत्याए । यो अवस्था योङलाई नै लाजमर्दो लागेको थियो ।

म्यादी फौज नेपालीको बाटो छेकेर बसेको थियो । भोलिपल्ट बिहान नेपाली फौजले अंग्रेज फौजमाथि हमला गऱ्यो । नेपालीहरूले पहिले गोली चलाए । त्यसपछि खुकुरी निकालेर जाइलागे । त्यस्तैमा म्यादी फौजका बीचमा जैथकबाट नेपालीको २,००० को थप बल आउँदै छ भनेर हल्ला चल्यो । अंग्रेजका अनुसार यो हल्ला अरूले नभई स्वयं कृष्णसिंहले चलाएको हुनुपर्छ । यो हल्ला चलेपछि म्यादी फौज हतियार छाडेर भाग्यो । कति जवान भीरबाट खसेर मरे, कति काटिए । यस घटनामा म्यादी फौजका १८० जना सिपाही मारिए, २७३ जना घाइते भए, १,५०० भागे ।[७]

म्यादी फौज मारिएकै वेलामा मार्टिन्डेलले झाम्टामा हमला गर्ने योजना बनाएका थिए । बल थपिएकाले त्यहाँ भएको नेपाली फौजमा पनि साहस चढेको थियो । अहिमानको बयान :

> *झाम्टामा भयाका भारदार काजी रणजोर थापा, काजी जसपाउ थापा, काजी अजम्बर पंथ, काजी रेवन्त कुँवर, कप्तान बलभद्र कुँवर, सरदार रणसुर थापा, लक्षवीर शाही, सुबेदार, जम्दार, हुद्दा सिपाही सबै भारी लश्कर भैरह्याको थियो । त्यस्तै वेलामा अंग्रेजसित अडाअडी परिरह्याको थियो । त्यस्तैवेलामा मार्टिन्डेल जर्नेलले भारी फौज लिएर अन्धाधुन्ध गरी आड मिच्न लाग्यो । हामीले पनि गोरखकाली पुकारी १,४०० को एउटै आवाज भयो । वैरी हट्यो । जित हाम्रो भयो । वैरीका ७०० मरे । गोराले गोरैलाई हान्या भनी कोइ जिम्दारले कहन आयो ।*[८]

7 Pemble, Page 190-191.

८ अहिमान, १ सी. ४४१ ।

यो हारपछि अंग्रेज फौज अलमलियो । उसलाई आफ्ना सुराकीले गलत सूचना ल्याउने गरेका छन् भन्ने लाग्यो । झाम्टा अग्लो र अप्ठ्यारो ठाउँमा थियो । त्यहाँ बाटो बनाए पनि त्यो बाटो काम नलाग्ने ठहरियो ।

नेपालीको पनि अवस्था उति राम्रो थिएन । लडाइँ गरेर नेपालीलाई हराउन नसकिने रहेछ भन्ने ठानेर अंग्रेजले धेरै अघिदेखि रसद थुनेको थियो । बाटो बन्द गरेको थियो । जमीनदार सबै आफ्ना हात गरिसकेको थियो । "नेपाली खलङ्गामा रुपियाँको मानुचावल पनि पाइन्या भयेन । तेस्तै भैरह्याको थियो ।"[९]

अंग्रेजले चैत २ गते झाम्टा डाँडामा उक्लने बाटो तयार भएको ठान्यो । चैत ३ गते १८ पाउन्डका गोला खाने तोप र २०० लश्कर साथ लिएर नाहानबाट अंग्रेज फौज अघि बढ्यो । त्यस हूलको रक्षाका लागि साना तोप पनि खटाइएका थिए । दुई दिन लगाएर तोप उकालेपछि अंग्रेजले चैत ६ गते झाम्टा किल्लामा तोपको हमला खोल्यो । नेपाली फौजले त्यो हमला यस्तो देख्यो, त्यसलाई यसरी बेहोर्‍यो :

> *उस्का १२/१५ दिनपछि नाहानदेखि फिरंगीले धर्ती धकेल भन्याको तोप हिंडायो । अगाडि एक पल्टन, पछाडि एक पल्टन, बीचमा तोप र सडक बनाउन्या बेलदार राखी सडक बनाउँदै नौनी टिपामा ल्याउन लागिरह्याको थियो । त्यस्तै वेलामा हाम्रा लश्करमा मत लय हुन (मत मिल्न) लागि रह्याको थियो । हाम्रा मत लय हुँदाहुँदै तोप आडमा ल्याइपुर्‍यायो । दिनभर हाम्रा काठकिल्लालाई हान्न लाग्यो । हाम्रो किल्ला मैदान तुल्यायो । राति हामी काठकिल्ला तयार गर्थ्यौं । दिनमा उसले बम गोला हानेर भत्काइदिन्थ्यो । सात दिनपछि किल्ला हान्न छोड्यो । उस्का १०/१२ दिनपछि हाम्रा काठकिल्लामा वज्र पनि पर्‍यो र निशान पनि भाँचिएछ ।*[१०]

अंग्रेजले नेपाली रक्षा चौकीमा धेरै दिनसम्म तोपबाट गोलाबारी गर्‍यो । त्यति गर्दा पनि त्यो पोस्ट धूलो भएन । मूल्यवान् तीन महीना र अथाह खरखजाना खर्च गरिसकेपछि चैतको आधाउधीतिर मार्टिन्डेलले यो किल्ला बसेको पहाड हमला गरेर कब्जा गर्न नसकिने ठहर्‍याई यस्तो कोशिश नगर्ने निधो गरे ।[11] यस्तो निर्णय गरेकोमा अंग्रेज फौजमा मार्टिन्डेलको कडा आलोचना गरियो । उनलाई कातर ठहर्‍याइयो ।

---

९ अहिमान, १ सी. ४४१ ।

१० अहिमान, १ सी. ४४१ ।

11 Pemble, Page 199.

तर, मार्टिन्डेलले यो किल्ला त्यत्तिकै छाडेनन् । उनले विलियम रिचर्डलाई चैत २० गते १,१०० सिपाही, ६०० जति म्यादी सिपाही र दुईवटा साना मोर्टारका साथमा झाम्टानजीकको डाँडामा पठाए । उनको फौज डेढ दिन लगाएर त्यहाँ पुग्यो । चैत २२ गते बिहान ३:३० बजे उनी फौज लिएर नेपालीको किल्लातिर हिंडे । फौजको एक हिस्सालाई अगाडि गएर वैरीमाथि हमला गर्न खटाइयो, अर्कोलाई मोर्टार, बारुद र बन्दोबस्तीका सामान डाँडामाथि ल्याउन लगाइयो । कृष्णसिंहका म्यादी फौजलाई वैरीले पछिल्तिरबाट अप्रत्याशित हमला गरेमा ऊसँग जुध्ने वा उसलाई अल्झाउने काममा खटाइयो ।

अढाई किलोमिटरजति हिंडेपछि अंग्रेजले धेरै मानिस चुपचाप, हलचल नगरीकन बसेको देखे । उज्यालो राम्रो भई नसकेकाले रिचर्डलाई आफ्ना म्यादी फौज त्यहाँ पुगिसकेछन् जस्तो लाग्यो । उनीहरू नजिकिँदै जाँदा पनि त्यो फौज चुपचाप, हलचल नगरीकनै बसिरह्यो । ती मानिसको ३७ मिटरजति नजीक पुगेपछि उनीहरूले चारैतिरबाट गोली बर्साए । अगाडि गएको अंग्रेज टोलीले पनि गोली चलायो । दश मिनेटजति गोली चलाएर अंग्रेज फौज बिस्तारै अघि बढ्यो । त्यहाँ रिचर्डका म्यादी फौज नभएर १,००० जति नेपाली रहेछन् । उनीहरू तुरुन्तै भागे । अंग्रेजले नेपालीलाई खेदे । उनीहरू पञ्जाल डाँडा नपुगेसम्म भागे ।

रिचर्डले आफ्नो फौजलाई डाँडामुनि रोके । म्यादी फौज आइपुगोस् र आफ्नो फौजले केही बेर भए पनि थकाइ मारोस् भनेर । त्यसपछि दुई मुख गरी नेपालीमाथि हमला गर्न लगाए । नेपाली फौज उनीहरूका अगाडि टिक्न सकेन, आफ्नो किल्ला छाडेर भाग्यो । पुस १५ गते रिचर्ड र उनको फौज आफ्ना धेरै सिपाही गुमाएर जुन ठाउँबाट फर्कनुपरेको थियो, त्यो ठाउँ (किल्ला भएको दाहिने डाँडो) अहिले उनले सजिलै कब्जा गरे । अजम्बर पंथले चंडालगढीमा जुन म्यादी फौजलाई नराम्रोसँग हराएका थिए, आज त्यही म्यादी फौजको बलले उनलाई बन्दी बनायो । अंग्रेजका ८ जना मारिए, ५१ जना घाइते भए ।[१२]

अहिमानका अनुसार नाहानदेखि चार पल्टन लिएर एक साहेब जैथक किल्लाको पूर्वपट्टि आएको थियो । त्यसलाई हान्न काजी अजम्बर पंथ, कप्तान बलभद्र कुँवर, सरदार बालसुन्दर, गोरख पल्टनका ७/८ पट्टी गरी १,४०० को फौज गएको थियो, जुन अंग्रेजले अनुमान गरेभन्दा ४०० बढी थियो । यति कुशल नेतृत्वको फौज यति सजिलै कसरी हाऱ्यो होला ? अहिमानका विचारमा "लुटाहा र लश्कर बहुत पछि लाग्दा, लुटाहाहरूले गर्दा त्यो लडाइँ बिग्र्यो ।"[१३]

12 Pemble, 199-200.

१३ अहिमान, १ सी. ४४१ ।

जैथक किल्ला रहेको दाहिने डाँडामा नेपालीलाई यसरी, यति सजिलै हराएको भए पनि यस डाँडामा रहेको जैथकको मुख्य किल्लासहितका कुनै पनि नेपाली किल्लामा थप हमला गर्न मार्टिन्डेलले आफ्नो फौजलाई आदेश दिएनन् । नेपाली फौज त्यहीं बसिरह्यो । अंग्रेजका विचारमा त्यहाँ तीनवटा दिशाका किल्लामा नेपालीको १,००० भन्दा ठूलो फौज थिएन ।

महाकाली पारिका अरू ठाउँका सिपाहीजस्तै झाम्टाका नेपाली सिपाही पनि वैशाखदेखि अंग्रेजका फौजमा जान लागे । यो मात्रा बिस्तारै बढ्दै गयो । "नेपालीको नूनपानी र आफ्ना बाफज्यादा (पुर्खा भन्ने अर्थमा) को नाउँ समझन्या सेवक जो थिया, पानीको सामल गरी जेठसम्म रह्याका थिया ।"[१४] 'पानीको सामल गरी' अर्थात् अन्नका सट्टामा पानी खाएर ! अहिमानको यो भनाइ बढाइचढाइ होइन । अंग्रेजले पनि नेपालीहरू नाजुक अवस्थामा रहेको पाएका थिए । उनीहरू ज्याद्रा भएर निस्किएका थिए । अंग्रेजको तोपले भत्काएका किल्ला नेपालीहरूले रातारात ठड्याए । ठूलठूला काठका मूढा राखेर बमगोलाको प्रहार छेक्ने बनाए । जमीनमुनि दुला बनाएर जंगली जनावरले झैं आफ्नो टाउको ओताए । अंग्रेजले घेरा गरेपछि उनीहरूकहाँ भोकमरी भयो ।[१५]

घेरामा, यस्तो अवस्थामा एक डेढ महीनासम्म नेपाली फौज थप बल आउला भनी बस्यो तर झाम्टामा थप बल होइन, एउटा खबर पुग्यो– बडा बम शाहले पनि घा (सन्धि) गऱ्या, बुढाकाजी अमरसिंह थापाले पनि घा गऱ्या । तिमीहरू पनि घा गर, बन्दुकमा कूप गर (बन्दुक बिसाऊ) ।

यो खबर सुनेपछि काजी जसपाउ थापाले आफ्ना लश्करलाई सोधे– "राजाको ढुंगो (देश) डुबाई आफ्नो जीउ बचाउनुहुन्छ कि हुँदैन ?" लश्करले "हुँदैन, लौ, चाँडै लडाइँ गरौं" भने । काजीले उनीहरूलाई थुम्थुम्याए– "अब २/४ दिन पर्खौं । मेरो लाग्यो भन्या लडाइँ निश्चयै गरौंला ।"

काजी जसपाउको केही लागेन । अमरसिंह थापाले यो ठाउँ खाली गरी दिने सम्झौता गरेपछि १८७२ साल जेठ १० गते काजी रणजोर थापाले जैथकको किल्ला खाली गरी दिए र किल्ला अंग्रेजको अधीनमा भयो ।

"हिजो पनि ख्वामितका काम निमित्तमा बाबुबाजेको ज्यान गयाको हो । मेरो पनि ख्वामितका नूनपानीले जन्म्याको शरीर हो । बुद्धिले भेटायासम्म सोझो गर्न्या हो भनी यो जीउ ख्वामितका काममा संकल्प गरेको छु ।", लडाइँ हारे पनि अहिमानले राजाका लागि काम गर्ने अठोट यसरी व्यक्त गरेका थिए ।

---

१४ अहिमान, १ सी. ४४१ ।
15 Pemble, Page 204.

यो भुक्तमानले अहिमानलाई ठूलो ज्ञान दिएको थियो । त्यो हो, सबैभन्दा ठूलो हतियार अन्न रहेछ । "सिपाहीले खान नपाउँदा, जमीनदार वैरी हुन जाँदा मुलुक गयाको हो । जसले सिपाहीको पेट बलियो राखेको छ, जसका सिपाही तिखा, टाठा छन्, जसले जमीनदारलाई आफू राजी राख्याको छ, मुलुक त्यसैको हुँदो रहेछ । जमीनदार, सिपाही राजी भयाका छन् भन्या ठूलो वैरी भया पनि भय हुँदो रहेनछ ।"[१६]

---

१६ अहिमान, १ सी. ४४१ ।

नक्सा ७ : मलाऊँ

लाग गाउँ
मलाऊँ किल्ला
नारायण कोट
बथोह (अक्टरलोनीको क्याम्प)
सुरजगढ

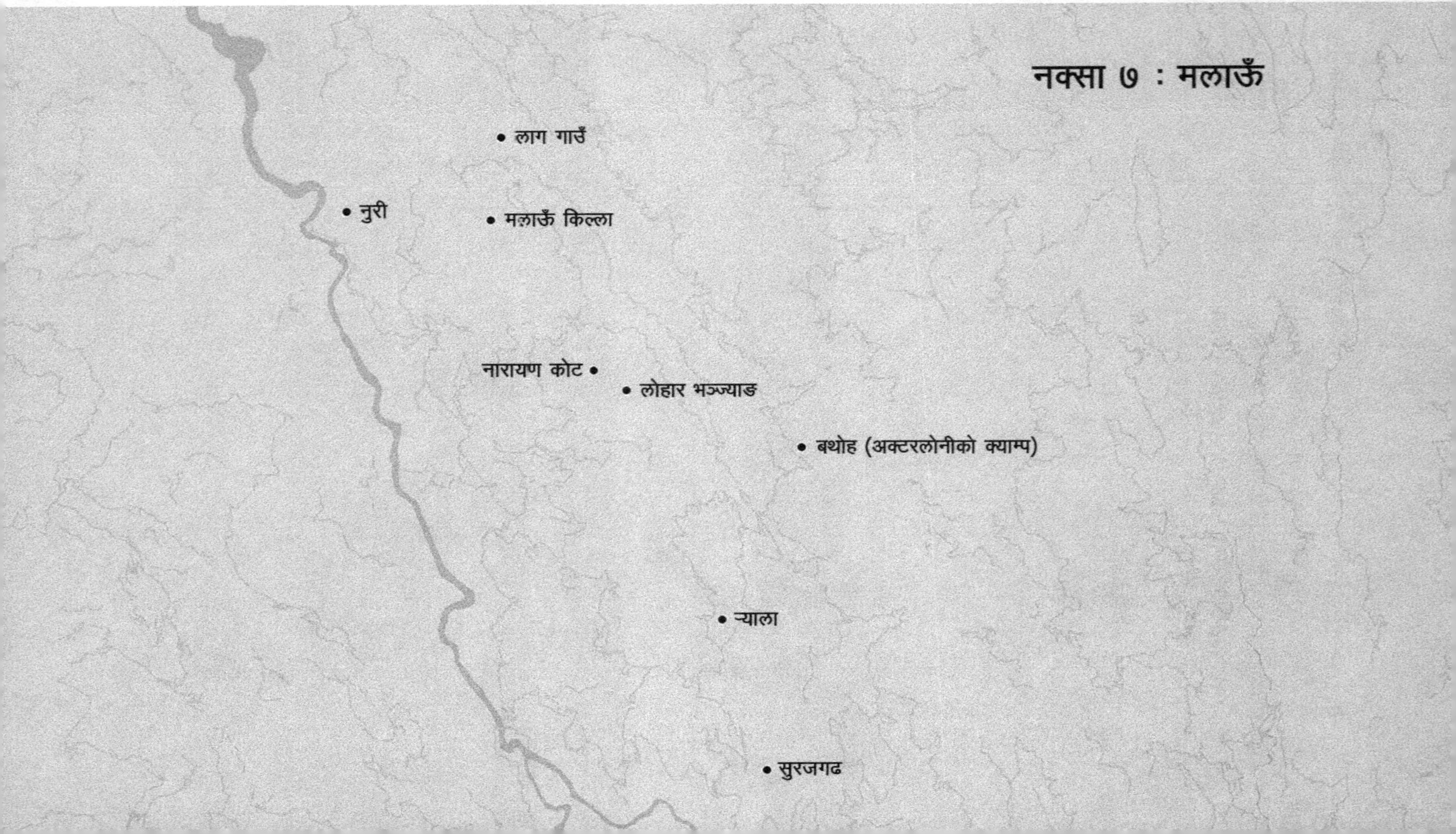

भक्ति ढले

१८७१ साल पुसको आधाउधीतिर अक्टरलोनीलाई आफ्नो अभियानबाट उस्तो उपलब्धि भएन भन्ने लागिसकेको थियो । त्यसको दोष भने उनले लडाइँको मैदानको भौगोलिक बनोटलाई दिएका थिए– "अलिकति ठाउँ सर्दा वैरी हामी पुग्नै नसकिने त होइन तर असाध्यै कठिन हुने ठाउँमा पुगिसक्छन् । त्यसमाथि अंग्रेजको फौज नांगो तरबारको सामना गर्न बानी परेको थिएन ।"[१]

बुढाकाजी अमरसिंह थापालाई सजिलै हराउन नसकेका अक्टरलोनीले केही पहिलेको एउटा घटना सम्झिए । त्यो थियो– "वासुदेव नाम गरेका नेपाली पण्डित बनारसमा रहेका अंग्रेज अधिकारी ब्रुककहाँ पुगे । उनले भीमसेन थापाका सहायक तथा बुढाकाजी अमरसिंह थापाका छोरा रणध्वज थापाले आफूलाई लेखेको पत्रमा अंग्रेजका लागि खुशीको खबर भएको सुनाए, रणध्वज थापा र अमरसिंह थापा बाबुछोरा नै अंग्रेज फौजसँग मिल्न चाहन्छन् । त्यसका लागि अंग्रेजले रु. ३०,००० आम्दानी हुने भूभाग र वार्षिक रु. २,००० भत्ता दिनुपर्छ ।"

वासुदेवले काठमाडौं पुग्ने सर्वोत्तम र नेपालीले पहरा नदिएको बाटो छ भनेर पनि अंग्रेजलाई बताए । यो बाटो थियो, रामनगरबाट ३२ किलोमिटर मैदान हिंडेर चितवन पुग्ने । चितवनबाट ४९० किलोमिटरमा महिन कोट, त्यहाँबाट २० किलोमिटरमा थानकोट भञ्ज्याङ, त्यहाँबाट सात किलोमिटर[२]मा काठमाडौं । रामनगरबाट चितवनसम्म हात्ती, ऊँट र बयलगाडी जान्छन् । यस बाटोमा नेपालीका किल्ला छैनन् ।[३]

अंग्रेजले वासुदेवको कुरामा विचार गरे र बुढाकाजी अमरसिंहलाई लोभ्याउन खोजे । आफ्नो अधीनमा रहेका भूभाग र सैनिक अंग्रेजलाई सुम्पिएका खण्डमा

---

1 Letter to J. Adam from D. Ochterlony, 1st January 1815, Pakistan Papers, Page 274.

२ यो दूरी मापन सही होइन : लेखक ।

3 Extract from a Private letter from Mr. W. A. Brooke to The Principal Private Secretary of the Governor General, Pakistan Papers, Page 88-90.

अमरसिंह र उनको परिवारलाई वर्षेनी कम्तीमा २४,००० रुपियाँ दिने भए । यो रकम बढाउन र नगदका सट्टामा जग्गा पनि दिन सकिने गरी अंग्रेज लचिलो भए । अमरसिंहलाई लोभ्याउने जिम्मा अक्टरलोनीलाई दिइयो ।[४]

यसको अलिपछि बेशहर र अन्तको केही भूभागलाई स्वतन्त्र राज्य बनाएर त्यो राज्य अमरसिंहलाई दिने लोभ देखाउने विचार पनि अंग्रेजले गरे । वासुदेवको कुरासमेतका आधारमा अंग्रेजलाई लागेको थियो– "बुढाकाजी अमरसिंह यस्तो प्रस्ताव गर्न इच्छुक छन् तर अंग्रेजले आफ्नो प्रस्ताव अस्वीकार गर्ला भन्ने डरले उनले त्यसो नगरेका हुन् । अंग्रेजले प्रस्ताव गर्ने बित्तिकै उनले यो कुरा स्वीकार गर्छन् ।" तर पूर्वमा अंग्रेजको हार भएकाले अंग्रेजले यस्तो प्रस्ताव गरेका हुन् भन्ने अमरसिंहलाई पर्न नदिन उनीहरू सतर्क थिए । त्यसैले उनीहरूले यस्तो प्रस्ताव गर्न उपयुक्त समय पर्खनुपर्ने ठाने ।[५]

जनवरीमा रामगढमा हमला गर्ने अंग्रेजको योजना असफल भयो । कुल्ली र भरिया भागे, त्यहाँको उकालो अंग्रेज सैनिकले चढ्न नसक्ने खालको रहेछ भन्ने थाहा भयो । यो कुरा उनीहरूलाई पहिले थाहा थिएन । हिउँदमा दुई दिनसम्म हिउँ पर्‍यो । बाटो बन्द भयो । यस्तो कठिनाइ सामना गरेर अघि बढेको अंग्रेज फौजलाई झाडीमा लुकेर बसेका नेपाली सिपाहीले लगातार हमला गरे ।

अंग्रेजका विचारमा यति वेला अमरसिंहले हमला गरेका भए अंग्रेज फौज टिक्ने थिएन तर अमरसिंहले हमला गर्नेभन्दा पनि आफ्नो रक्षा गर्ने नीति लिएका हुनाले अंग्रेजले त्यो भुक्तमान खप्नुपरेन ।

माघको मध्यतिर अक्टरलोनीले आशा नगरेको एउटा चिठी पाए, बुढाकाजी अमरसिंहले जैथक किल्लाका कमान्डर आफ्ना छोरा रणजोरलाई लेखेको । त्यसमा नेपालबाट थप फौज आउँदै छ भनी लेखिएको थियो । चिठी पढ्दा अक्टरलोनीलाई लाग्यो, त्यो चिठी अमरसिंहले जानीजानी अक्टरलोनीका हातमा पुगोस् भनेर पठाएका थिए । चिठी रणजोरलाई खबर दिन होइन अक्टरलोनीलाई तर्साउन लेखिएको थियो ।[६]

यसैबीच अक्टरलोनीलाई बुढाकाजी अमरसिंहसँग भेटेर कुराकानी गर्नुपर्छ भन्ने लाग्यो । उनले अमरसिंहका छोरा रामदासलाई आफ्नो सद्भाव स्वीकार गर्न अनुरोध गरे र उनका विश्वासिला मान्छे आफूकहाँ पठाऊ भनी सन्देश लेखे । उनले नेपालबाट अमरसिंहले पैसा र फौजको सहयोग पाउलान् भनी आफूलाई

---

4 Letter to Colonel Ochterlony from J. Adam, 29th December 1814, Pakistan Papers, Page 84-87.

5 Letter to Colonel Ochterlony from J. Adam, 15th July 1815, Pakistan Papers, Page 91-93.

6 Letter to J. Adam from D. Ochterlony, 25th January 1815, Pakistan Papers, Page 276-277.

विश्वास नभएको पनि रामदासलाई बताएका थिए तर यो कुरा सुन्दा अमरसिंहले आफ्नो अनादर गरेजस्तो ठान्न सक्छन् भन्ने डर अक्टरलोनीलाई थियो । त्यसैले यस्तो लाग्छ भने यो कुरा अमरसिंहलाई नबताउनू भनी रामदासलाई भने ।[७]

फागुनको शुरूमा अक्टरलोनीले आफ्नो फौजको एउटा टोलीलाई मलाऊँ डाँडातिर पठाए र रामगढलाई तीनतिरबाट घेरे । हात्तीलाई बोकाएर १८ पाउन्डका गोला खाने तोप पनि डाँडामा पुऱ्याए ।[८]

अंग्रेज नेपालीसँग डराएको थियो तर नेपालीको अवस्था पनि नाजुक थियो । नालापानी किल्लामा हार भएको केही समयपछि रेवन्त कुँवर र बलभद्र कुँवर जीवनपुर जमठमा खटिएका थिए । मंसिर २७ गते बैराठबाट श्रीमोहरका म्यादी फौजका ५/७ सय सिपाही र अंग्रेजको दुई पल्टन नियमित फौज जमुना तरी पूर्व आयो । त्यो फौज रेवन्त र बलभद्र बसेको किल्लाबाट बन्दुकले निशाना हान्न सकिने ठाउँमा मोर्चा जोडेर बस्यो । नेपालीसँग बन्दुक, खजाना, सिपाही उति धेरै थिएनन् । उनीहरूसँग वैरीलाई अप्ठ्यारो पारी 'उसको थाप्ला आफ्नो हात' गरी काटी हटाउने आत्मविश्वासमात्र थियो ।[९] आफ्नो क्षमताभन्दा बढीको यस्तो आत्मविश्वासका भरमा अंग्रेजलाई धपाउन सकिँदैनथ्यो ।

यस्तै, तपोवन लकरघाटमा १,०००/१,२०० को अंग्रेज फौज आएको थियो । नेपालीले हान्न जाँदै गर्दा भाग्यो । हान्न गएका नेपाली अघि जुन-जुन जग्गामा बस्न खटिएका थिए, उहीं आइबसे ।[१०]

पश्चिम मुहुडामा बल र खजानाको चरम अभाव थियो । त्यसैले नेपाली काजी र सरदारहरूले पूर्वबाट आउने भारदार र खजाना चाँडो गरी पठाइदिन पाल्पा बस्ने कर्णेलहरूलाई अनुरोध गरेका थिए ।[११] उनीहरूले अंग्रेजसँग भएका जस्ता सारै ठूला हातहतियार मागेका थिएनन् । अंग्रेजहरूले सडक बनाएर र हात्तीमा बोकाएर तोपसहितका हातहतियार झाम्टागढी र रामगढका किल्लानजीकका डाँडामा उकाल्दै

---

7 Letter to J. Adam from D. Ochterlony, 29th January 1815, Pakistan Papers, Page 278-279.

8 Pemble, Page 267-270.

९ कर्णेल उजीरसिंह थापा र काजी बाबा रणजीत कुँवरलाई रेवन्त कुँवर र बलभद्र कुँवरले १८७१ साल पौष वदि १४ रोज २ मा मुकाम जीवनपुर, जमठबाट पठाएको पत्र, पोका ३, पत्र संख्या ३६५ ।

१० बखतावरसिंह बस्न्यातले १८७१ साल माघ वदि १० रोज ६ मा मुकाम श्रीनगरबाट पठाएको अर्जी, पोका ७, पत्र संख्या १४२ ।

११ कर्णेल उजीरसिंह थापा र काजी बाबा रणजीत कुँवरलाई रेवन्त कुँवर र बलभद्र कुँवरले १८७१ साल पौष वदि १४ रोज २ मा मुकाम जीवनपुर, जमठबाट पठाएको पत्र, पोका ३, पत्र संख्या ३६५ र चौतरिया बम शाहलाई काजी रणजोर थापा, जसपाउ थापा, काजी रेवन्त कुँवर, लक्ष्वीर शाही, सरदार भैरवसिंह, सरदार रणसुर थापाले १८७१ माघ सुदि ८ रोज ६ मा मुकाम जैथक किल्लाबाट पठाएको पत्र, पोका ३, पत्र संख्या ३७५ ।

गरेका वेला नेपाली काजी र सरदारहरूले अल्मोडामा रहेका चौतरिया, काजी र कप्तानहरूलाई भनेका थिए– "दश-बाह्र भारी कागज र कार्तोस गार्न्या पठाइदिया बढिया होला । कागजबाट हर्कत (कागजको अभाव) छ ।"[१२]

पूर्वबाट पठाएका खजाना पनि उस्ता बलिया र उति धेरै थिएनन् । जर्नेल भीमसेन थापा र रणध्वज थापाले प्युठानको हतियार कारखानालाई "१५/२० हजार पत्थर मुहुडामा पठाउनू" भनी आदेश दिएका थिए । प्युठानको हतियार कारखानाका सुबेदार धर्मराज खत्रीले पत्थरखानीमा पत्थरको ताकिता गर्न मानिस पठाएर खानीबाट आउने बित्तिकै पश्चिम मुहुडातर्फ पत्थर पठाउने विचार गरेका थिए ।[१३]

अंग्रेजले नालापानी र बैराठ कब्जा गरेपछि पश्चिम मुहुडामा रहेको नेपाली फौजसँग बाँकी नेपालको सम्पर्क पूरै विच्छेद नभए पनि नेपालीलाई धेरै अप्ठ्यारो परेको थियो । एकपटक श्रीनगरबाट पश्चिम पठाएका हल्कारा बुढाकाजीछेउ पुगी त्यहाँका चिठी लिई नाहान, झाम्टा आएका थिए । त्यहाँका समेत चिठीका मुठा लिई दुई दिनको बाटो काल्सी पुग्दा अंग्रेजले ती हल्कारालाई समात्यो । नेपालीले ती हल्कारालाई अंग्रेजले समातेको मात्र थाहा पाए । उनलाई बन्दी बनायो कि चिठी खोसेर छाडिदियो भन्ने थाहा पाउन सकेनन् ।[१४]

हल्कारालाई समातेर उनीहरूले बोकेका चिठी खोसेपछि अंग्रेजले नेपालीका महत्त्वपूर्ण जानकारी हात पार्थ्यो । जस्तै; काजी बखतावरसिंह बस्न्यातले जर्नेल भीमसेन थापा र काजी रणध्वज थापालाई एउटा चिठीमा लेखेका थिए– "मैले जोगीको भेषमा दुई जना मानिसलाई बाँसभित्र चिठी हालेर अमरसिंह थापाकहाँ पठाएको थिएँ । उहाँबाट पनि यसै रीतले जवाफ आयो । ...अमरसिंह थापाले फौज र खरखजाना मागेका छन् । ब्राह्मणलाई प्रार्थना गर्न लगाउनू भनेका छन् । सहयोग चाँडै आइपुगे खरखजाना र चिठी पठाउने बाटो खुला गर्न सकिन्थ्यो । वैरीलाई धपाउन सकिन्थ्यो । ढिलो भयो भने देश थाम्न कठिन पर्छ । वैरीले यहाँका मानिसलाई उक्साइरहेका छन् । ...अमरसिंहकहाँबाट चिठी लिएर आउने मानिस राजगढमाथिको बोस्लानको माथिल्लो बाटो आउन खोजेका थिए तर

---

१२ चौतरिया बम शाहलाई काजी रणजोर थापा, जसपाउ थापा, काजी रेवन्त कुँवर, लक्षवीर शाही, सरदार भैरवसिंह, सरदार रणसुर थापाले १८७१ माघ सुदि ८ रोज ६ मा मुकाम जैथक किल्लाबाट पठाएको पत्र, पोका ३, पत्र संख्या ३७५ ।

१३ भीमसेन थापा र रणध्वज थापालाई जितमान बस्न्यात, टीकावल्लभ पाँडे, धर्मराज खत्रीले १८७१ साल माघ सुदि १० रोज १ मा मुकाम प्युठान (मुकाम लेखेको ठाउँ च्यातिएको छ तर यो प्युठान हुनुपर्छ) बाट पठाएको पत्र । १ सी. ४४१, पोका ८, पत्र संख्या ७ ।

१४ कृष्णानन्द षड्डुडी र धनवीर थापाले १८७१ साल माघ सुदि १५ रोज ५ मा मुकाम श्रीनगरबाट चढाएको अर्जी, पोका ३, पत्र संख्या ४३१ ।

त्यसो गर्न नसक्ने भएकाले उनीहरू राजगढ फर्किए । त्यहाँ १२ दिन बसे र तल्लो भेगको बाटो आए ।"[१५]

यो चिठी काठमाडौं गएन, अंग्रेजको हात पर्‍यो, जसले गर्दा अंग्रेजको आँखा छलेर चिठी पठाउने नेपालीको काइदा उनीहरूले थाहा पाए । चिठी खोस्न उनीहरूलाई थप सजिलो भयो ।

फागुनको शुरूमा अक्टरलोनीका तोपले रामगढको नेपाली किल्लामा गोला बर्साए । अंग्रेजले त्यहाँका नेपालीलाई 'आत्मसमर्पण गर' भन्यो तर रामगढको रक्षार्थ बसेको नेपाली फौजले आत्मसमर्पण गर्न मानेन । ढुंगा लिएर अंग्रेजको तोपका गोलाको सामना गर्न तयार भयो ।

फागुन ७ गते पनि अंग्रेजले नेपालीलाई आत्मसमर्पण गर्ने मौका दियो तर नेपाली डगेनन् । अंग्रेजले तोपका गोला बर्साइरह्यो । नेपालीले छ पाउन्ड गोला खाने तोपबाट वेला-वेलामा गोला हाने । अंग्रेजले धेरै गोला हानेपछि रामगढ किल्लाको पर्खाल भत्कियो । बिहान ८ बजेदेखि अंग्रेजको प्रचण्ड गोलाको सामना गरेका नेपालीले ४ बजे युद्धविराम गरे । दुई थरीबीच कुराकानी भयो । रामगढको नेपाली फौजलाई आफ्ना हातहतियार, निशान, बाजागाजा र सम्पत्ति लिएर मलाऊँ जान दिइयो । एकपटकमा ओसार्न नसकेका सामान फेरि लिन नआउञ्जेल अंग्रेजले ती सामान सुरक्षित राखिदिने भए । यसका बदलामा रामगढमा रहेको नेपाली फौजको नेतृत्व गरी रहेका सुबेदारले जुरजुरेमा रहेको नेपाली फौजलाई पनि यही शर्तमा जुरजुरे छाड्न मनाउन कोशिश गर्ने भए । भोलिपल्ट जुरजुरेबाट पनि नेपाली हटे ।

यसरी अंग्रेजले दुईवटा बलिया किल्ला हात पार्‍यो । उसका एक जना पनि सैनिक घाइते भएनन् । नेपालीका थप किल्लामा हमला गर्ने बाटो खुलेकोमा अंग्रेजले उल्लास मनाए ।[१६]

रामगढबाट किल्ला छाडेर आफ्नो ठूलो फौजमा शामेल हुन हतियार, नालनिशानसमेत लिएर निस्केको नेपाली फौजलाई देशद्रोही ठहर गरियो । उनीहरूको नाक कान काटियो, सुबेदारलाई नेल ठोकियो । भक्ति थापाले जोगाएकाले सुबेदारले मृत्युदण्ड भने भोग्नुपरेन ।[१७]

लडाइँका वेलामा वैरीसँग मिल्नुलाई देशद्रोह गरेको ठानिन्थ्यो । यो आरोप लाग्नु भनेको मृत्युदण्डको भागिदार हुनु थियो । यस्तै देशद्रोह गरेको आरोप

15 Translation of a Letter from Kajee Buktawar Sing Bishneit to General Beem Singh Thappa and Kajee Rundoz Thapa, dated the 7th of Cheet (1st April 1815), Nepal Papers, Page 586-587. यहाँ चैत ७ भनेको चैत्र वदि ७ हो, चैत ७ गते होइन ।

16 Pemble, Page 267-270.

17 Pemble, Page 272-273.

लागेका र सोधपूछ गर्दा कायल भएका एक जना जम्दार र हवल्दारलाई श्रीनगरमा झुन्ड्याइएको थियो ।[१८] त्यस्तो अपराध गर्ने मानिस मार्न्या जातको भए मारिदिनू र नमार्न्या जातको भए नेल हाल्नू भन्ने आदेश राजाले दिएका थिए । सोहीबमोजिम लडाइँमा अंग्रेजसँग मिलेका पाल्पाका अपदस्थ राजा शूरवीर सेनलाई चिठी पुऱ्याउने सिंह्या बराकोटी र काल्या रानालाई पाल्पामा सबैले देख्ने ठाउँमा झुन्ड्याई मारिएको थियो ।[१९]

श्रीपञ्चमीमा पश्चिम मोहोडामा पुग्ने गरी चाँडो जानू भनी नेपालबाट पठाइएका र चौतरिया बम शाहले चाँडो आओ भनी डाकेका सुबेदार र जवान २२ दिन लगाएर अल्मोडा पुगे । त्यहाँबाट देहराको द्वारामा पुग्दा उनीहरूले बाटोमा अंग्रेज आउँदै छ भन्ने थाहा पाए । उनीहरूसँग बन्दुक थिएनन्, तरबारमात्र थिए । त्यसपछि उनीहरू सल्लाह गरेर जता जानुपर्छ, त्यतै जाउँला भनी त्यहीं बसे । उनीहरू अमरसिंहलाई सहयोग गर्न त्यसभन्दा पश्चिम जान सकेनन् ।[२०] यस्तै अर्को टोली पनि चौतरियासँग सल्लाह गरेर जता जानुपर्छ, त्यतै जाउँला भनी बस्यो । यस टोलीले आफ्ना किल्लाको रक्षाका लागि सुबेदारको नेतृत्वमा राखेको फौजसँग थोरैमात्र बन्दुक थिए, बाँकी सिपाहीले धनुषले काम चलाउनु परेको थियो ।[२१]

यसबीच काठमाडौंबाट पठाइएका र श्रीनगर पुगेका भारदार र कम्पनीलाई पश्चिमतर्फ चाँडो पठाउनू, आइनपुगेकालाई चाँडो झिकाउनू, बीचमा अलमलिए भने वेलामा ठाउँमा पुग्दैनन् भनी श्रीनगरका काजीलाई राजाले आदेश दिए । त्यतिञ्जेल कुँवर काजीका पल्टनका सुबेदार अैमान बस्न्यात र नन्दराम खत्रीमात्र श्रीनगर पुगेका थिए । उनीहरूलाई मुहुडातिर पठाइएको थियो तर जमुनाको घाटमा अंग्रेज फौज बसेकाले उनीहरूलाई पश्चिम जान अप्ठ्यारो परेको थियो । त्यहाँ जागिरे, भारदार, सिपाही थिएनन्, भएका ढाक्र्याहरूसँग पनि बन्दुक र गोलीगठ्ठा थिएन । खान नपाएका सिपाही लडाइँमा शामेल हुन सक्दैनथे ।[२२]

18 Translation of a Letter from Kajee Buktawar Sing Bishneit to General Beem Singh Thappa and Kajee Rundoz Thapa, dated the 7th of Cheet (1st April 1815), Nepal Papers, Page 586-587, Copy of the Confession of Ajeet Mahal, Jemmadar, and Bheem Sing Kote, Havildar, written in the Presence of Arbitrators (Punchach), Nepal Papers, Page 587.

१९ उजीरसिंह थापा र वीरभञ्जन पाँडेले १८७१ साल पौष सुदि १५ रोज ४ मा मुकाम नुवाकोटगढीबाट पठाएको अर्जी, पोका ७, पत्र संख्या २० ।

२० भीमसेन थापा र रणध्वज थापालाई सुबेदार बहादुर कुँवर, सुबेदार वीरनरसिंह थापा, सुबेदार भैरवसिंह थापाले संवत् १८७१ साल मिति फाल्गुण वदि १ रोज ६ मा मुकाम नाहानबाट पठाएको पत्र, १ सी. १६४, ७५/३१५ ।

२१ रणजीत कुँवर, सुबेदार, जमादार गैह्र कम्पनीले १८७१ साल फाल्गुण वदि १३ रोज ४ मा मुकाम जागेश्वरबाट पठाएको अर्जी, पोका ३, पत्र संख्या ३६७ ।

२२ बखतावर सिंह बस्न्यातले १८७१ साल फाल्गुण वदि ३ रोज १ मा मुकाम श्रीनगरबाट लेखेको अर्जी, पोका ३, पत्र संख्या २६७, पेज १ ।

यसैबीच पश्चिमबाट काठमाडौँमा खबर आयो– "पश्चिम मुहुडामा अहिलेसम्म अमरसिंहलाई सहयोग गरिरहेका, नेपालमा आश्रित बेलासपुरे राजा आफ्नो ठाउँ छाडेर सतलजपार भागे । उनका साथको फौज पनि भाग्यो । बाँकी भागका जमीनदारले विद्रोह गरे ।" यो खबर सुन्दा पाल्पामा रहेका भारदार र कम्पनीहरूले सोचे– "जमीनदारको विश्वास नेपालले पाएका ठाउँमा अंग्रेज पहाड उक्लन सकेन तर पश्चिममा मुलुक पनि नयाँ, जमीनदार पनि नयैं हुनाले जमीनदारहरूको विश्वास नेपालीले पाएनन्, जसले गर्दा अंग्रेज अघि बढ्न सक्यो ।" उनीहरूलाई गढ कुमाऊँबाट अंग्रेजलाई एकपटक बेस्सरी काटी हटाउन सके र विद्रोह गर्ने जमीनदारहरूका १२ वर्षदेखि उँभोका मानिसलाई काटी साफ गर्न पाए अंग्रेज पहाड चढ्न सक्दैन भन्ने लाग्यो तर यो काम गर्न नेपालीसँग सिपाही र हातहतियार थिएनन् ।[२३] नेपाली निरीह बन्दै गइरहेका थिए ।

रामगढ हात परेपछि अंग्रेजले तारागढको किल्ला पनि तोड्ने प्रयास गऱ्यो । चैत १ गते राति नेपालीले त्यो किल्ला खाली गरिदिए । त्यसपछि अंग्रेजको निशाना रामगढभन्दा १० किलोमिटर उत्तरमा रहेको चम्बागढ भयो । चैत ५ गते चम्बागढको सामुन्ने अठार पाउन्डको गोला खाने तोप खडा गरियो । त्यस तोपको मारमा किल्ला एक घण्टा पनि टिकेन । त्यहाँका धेरै सिपाही पहिल्यै भागिसकेका थिए । बाँकी बसेका ५० जनाले आत्मसमर्पण गरे । रामगढका सिपाहीको गति भोग्नु नपरोस् भनेर उनीहरूले आफूलाई युद्धबन्दी बनाउन अनुरोध गरे । यी सिपाहीका जहान छोराछोरी मलाऊँमा थिए । उनीहरूसँग नेपालीले बदला लेलान् भन्ने डरले उनीहरूलाई पनि अंग्रेज फौज भए ठाउँ लगियो । त्यतिञ्जेल लडाइँ भएझैं देखाउन अंग्रेजले लगातार तोप गोला चलायो ।[२४]

चम्बागढ अंग्रेजले लिएपछि अमरसिंहले अंग्रेजमाथि हमला गर्ने विचार गरे । चैत ८ गते मलाऊँको डाँडातिर शिख फौज रहेको ठाउँमा आफ्नो फौज पठाए । त्यहाँ गएका नेपाली सिपाही रात नपरुञ्जेल चुपचाप बसे । राति जून अस्ताएपछि त्यहाँ रहेका ३०० शिख सिपाहीमाथि जाइलागे । यस हमलामा ६० जनामात्र शिख सिपाही बाँचे, बाँकी सिद्धिए ।

चैतको २०/२२ सम्ममा अमरसिंहको दक्षिण भाग्ने बाटो पनि थुनियो । अब मलाऊँ लिन सकेका खण्डमा अंग्रेजले अमरसिंहलाई हलचल गर्न नसक्ने बनाउन सक्थ्यो । यसबीचमा अंग्रेजले बन्दुकसमेत लिई अंग्रेज फौजमा शामेल हुन आउने नेपाली सिपाहीलाई रू. १० र खाइपाई खाएको सुविधा दिने घोषणा

---

२३ उजीरसिंह थापा, वीरभञ्जन पाँडे र दलकेशर पाँडेले १८७१ फाल्गुण वदि १३ रोज ४ मा मुकाम पाल्पा, श्रीनगरबाट पठाएको अर्जी, डीएनए २/८६ ।

24 Pemble, 272-273.

भयो । यस्तै गरी सुवेदार, जमादार र अरू अफिसरले एक महिनाको तलब बराबरको रकम इनाम पाउने भए । उनीहरू अंग्रेज फौजमा लिइने भए । नेपालीलाई लोभ्याउने काम कुमाऊका सुब्बा जय किसनले गर्ने भए ।[२५] यतिञ्जेलमा ३२४ जना नेपाली सिपाही अक्टरलोनीकहाँ पुगिसकेका थिए । तीमध्ये केही भगौडा थिए भने केही युद्धबन्दी । अक्टरलोनीले यिनको पल्टन बनाए, जसलाई नसीरी अर्थात् मित्र पल्टन नाम दिइयो । यसरी अंग्रेज नेपाली विरुद्ध नेपालीलाई नै लडाउन सक्ने भइसकेको थियो ।[२६]

***

समुद्र सतहबाट ४,०५० फिट र गम्रोला खोलाबाट ठाडो २,००० फिट उठेको साँघुरो र बांगोटिंगो डाँडोमा थियो मलाऊँ किल्ला । त्यस डाँडाको सबैभन्दा उत्तरमा रतनपुर, त्यसपछि क्रमशः मलाऊँ, लोहार भञ्ज्याङ (देउथल), बरोग, ज्याला, पाटा र सुरजगढ पर्थे ।

नेपालीलाई धेरै किसिमले कमजोर बनाइसकेपछि अक्टरलोनीले मलाऊँ किल्लामा पूर्वबाट हमला गर्ने विचार गरे । उनको योजनाअनुसार १८७२ साल वैशाख ४ गते बिहान लेफ्टिनेन्ट लिड्लीका दुईवटा कम्पनी छ पाउन्डका गोला खाने दुईवटा तोप लिएर क्याप्टेन स्टिवार्ट बसेको ल्याग डाँडाबाट जयनगरतर्फ जानेभए । अपराह्न ल्याग डाँडाबाटै क्याप्टेन हेमिल्टनको टुकडी जयनगर पुगेर अघिल्लो टोलीमा शामेल हुने भयो ।

दुईवटा कम्पनी लाइट पैदल र म्यादी फौज वैशाख ४ गते पाटामा भेला भएर राति ज्याला गएर बस्ने भए । वैशाख ५ गते झिसमिसेमा आधा कम्पनीलाई जयनगरमा राखेर क्याप्टेन हेमिल्टन र लेफ्टिनेन्ट लिडली ज्याला जाने भए । ग्रिनेड हान्ने बटालियन र छ पाउन्डका गोला खाने दुईवटा तोप बोकेको फौज पनि त्यहीवेला ज्याला पुग्ने भयो । चार सय नियमित फौज लिएर क्याप्टेन लवरी ४ गते नै कल्ली जान तयार भए । क्याप्टेन शावरको नेतृत्वमा २०० नियमित फौज र ५०० रोज्जा म्यादी फौज रतनगढमा तयार राखियो ।

वैशाख ५ गते बिहान झिसमिसे हुनुभन्दा पहिल्यै क्याप्टेन लवरीको टुकडीलाई लोहार भञ्ज्याङ (देउथल दोस्रो) को डाँडामा पुग्न आदेश दिइयो । त्यति नै वेला एक बटालियन, लाइट इन्फ्यान्ट्रीका बाँकी, ३०० म्यादी र पायोनियरको एउटा कम्पनीलाई दुईवटा छ पाउन्ड गोला खाने तोपका साथमा लोहार भञ्ज्याङको डाँडामा पुग्न लगाइयो । वैशाख ५ गते बिहान चाँडै क्याप्टेन शावरको टुकडीले

25 Colman, Page 197.
26 Pemble, Page 274–275

अगाडिबाट मलाऊँ क्यान्टोनमेन्टभित्र पस्ने प्रयास गर्ने भयो । क्याप्टेन बोअरको टुकडीले पछाडिबाट क्यान्टोनमेन्टभित्र पस्ने प्रयास गर्ने भयो । यसरी मलाऊँ किल्ला रहेका डाँडाका ऱ्याला र अंग्रेजले देउथल दोस्रो नाम दिएको[२७] लोहार भञ्ज्याङको पोस्ट कब्जा गर्ने योजना तयार भयो ।[२८] त्यति वेला अमरसिंह थापा र भक्ति थापा सुरजगढमा थिए । अक्टरलोनीले डाँडातिर फौज पठाएको थाहा पाएपछि भक्ति थापा पश्चिम मुहुडाबाट र अमरसिंह थापा पूर्वी मुहुडाबाट लोहार भञ्ज्याङतिर गए ।

क्याप्टेन बोअरको नेतृत्वको टुकडी बिहानै कल्ली गाउँबाट हिंड्यो । त्यो फौज मलाऊँ गाउँ पुग्दा नेपाली फौजले हमला गऱ्यो । नेपाली फौज पुगेको ठाउँको देब्रे डाँडामा तैनाथ गरिएका अंग्रेजका धेरै र बलशाली म्यादी सिपाही उनीहरूलाई तैनाथ गरिएको ठाउँबाट आत्तिएर तेज गतिमा भागे । यसो भएपछि क्याप्टेन बोअरले आफूसँग भएको नियमित फौजलाई बलियो ठाउँमा राखे । यसरी भागेका म्यादी धुरिएर आउलान् र आफू क्याप्टेन शावरसँग मिलेर वैरीमाथि हमला गर्न जाउँला भनी बोअरले सोचेका थिए तर ती १०० जनाजति म्यादी दिनभर क्याप्टेन बोअरको छेउ परेनन् । नेपालीको बल थपियो र उनीहरूले बोअरको क्याम्पमाथि लगातार हमला गरे तर क्याम्प कब्जा गर्न नेपाली सफल भएनन् ।[२९]

क्याप्टेन शावर अग्रपंक्तिमा बसेर आफ्नो टुकडी हाँकिरहेका वेला नेपाली र अंग्रेज सिपाही आम्नेसाम्ने भएर लडे । नेपाली सिपाहीका अगाडि अंग्रेज टिक्न सकेनन् । त्यस टुकडीका एक जना लेफ्टिनेन्ट घाइते भए । त्यसपछि शावर ढले । शावर ढलेपछि उनको फौज आत्तियो र छरिएर लाग गाउँ फर्कियो । लाग गाउँमा भेला भएर उसले नेपाली फौजलाई पहाडको टुप्पोतिर धपायो ।[३०]

क्याप्टेन बोअरले क्याप्टेन शावर ढलेको र उनको फौज अलमलिएको थाहा पाए । त्यसपछि आफूसँग भएको बलले मात्र वैरीमाथि हमला गर्दा आफ्ना धेरै फौजको क्षति हुन्छ भनेर हतार हतार गरी टिप्नो किल्ला फर्किए । बोअर कति आत्तिएका थिए भने उनले आफ्नातर्फका १८/२० सिपाही मरे/घाइते भए होलान् भनी रिपोर्ट गरे ।[३१] पछि थाहा भयो, संख्या त उनले भनेको ठीकै रहेछ तर त्यसमा मर्ने एक जनामात्रै रहेछन्, १७ जनाचाहिँ घाइते रहेछन् ।[३२] नेपालीहरूले

---

२७ दिनेशराज पन्त, गोरखालीको विजययात्रा, पेज ५६ र Pemble, Page 281.

28 Movements to be made by different Detachments of the Army, on the 14th and 15th April 1815, Nepal Papers, Page 593-594.

29 Letter to Captain Cartwright from C. Bowyer, 16th April 1815, Nepal Papers, Page 595.

30 Letter to Brigadier Arnold from F. Rutledge, 15th April 1815, Nepal Papers, Page 594.

31 Letter to Captain Cartwright from Captain Bowyer, 16th April 1815, Nepal Papers, Page 595.

32 Casualty List of a Detachment of Native Infantry, under the Command of Captain Bowyer. Camp Ruttungurh, 15th April 1815, Nepal Papers, Page 597.

त्यस दिन अंग्रेजका १००/१५० जना मरेको र २००/३०० घाइते भएको अनुमान गरेका थिए, जुन बढाइचढाई हो भन्ने स्पष्ट छ । त्यस दिन जम्दार सुरवीर खड्कासमेत ४०/५० जना नेपाली मरे । सरदार बिरू थापासमेत ६०/८० जना नेपाली घाइते भए । त्यस फौजको नेतृत्व भक्ति थापाले गरेका थिए ।[३३]

वैशाख ५ गते नै अंग्रेजका दुई कम्पनी, हंडुरका राजाका ३०० जना, नसीरी गोर्खाका ३०० र मुन्नीका ३०० जनाको फौजले लोहार भञ्ज्याङ (दोस्रो देउथल) सम्मको भूभागमा कब्जा जमायो । त्यसपछि उनीहरूले त्यस किल्लालाई मजबूत बनाए । थप मद्दत चाहिएकाले अक्टरलोनीले हंडुरका राजालाई जति मान्छे भेला गर्न सक्छौ, भेला गरेर पठाऊ भने । उनीहरू लडाइँ लड्न सक्ने बलिया त हुने थिएनन् तर पनि होहल्ला गर्न काम लाग्लान् भनेर ।

राति राजगढमा भएका नेपाली भारदारले सल्लाह गरे । सल्लाहअनुसार, बुढाकाजी अमरसिंह थापा र भक्ति थापाको नेतृत्वमा दुईवटा फौजले भोलिपल्ट दुई मुख गरी उकालो चढेर अंग्रेजमाथि हमला गर्ने भयो । वैशाख ६ गते भक्ति थापा २,००० जति नेपाली फौजको नेतृत्व गरेर लोहार भञ्ज्याङ गए ।[३४] उनको फौजले अंग्रेजका एउटाबाहेक सबै पोस्टमा हमला गर्‍यो । त्यति वेला बुढाकाजी अमरसिंह थापा बन्दुकको मार लाग्न सक्ने दूरीमा बसेर निशान लिएर आफ्नो फौजलाई हौस्याइरहेका थिए । त्यस लडाइँमा आफ्नो फौजले अहिलेसम्म झेल्नुपरेका मध्येको सबैभन्दा साहसिक र बलशाली हमला झेलेको अनुभव अक्टरलोनीले गरे ।[३५]

भक्ति थापाले थम्सनका दुईवटा छ पाउन्ड गोला खाने तोप कब्जा गर्न तोपखानामा हमला गरे । त्यस क्रममा सुबेदार हृदयसिंह थापा र २०/२५ जना जम्दारसमेत ३००/४०० नेपाली मारिए ।[३६] त्यति क्षति हुँदा पनि भक्ति थापाले तोपखानामा फेरि हमला गरे । तोपखानाका एक जनाबाहेक सबैलाई घाइते बनाए । त्यसपछि पैदल फौजसँग लडाइँ लडे । दुई घण्टासम्म भीषण लडाइँ भएपछि नेपाली फौज आत्तिएर भाग्यो । अंग्रेजका अनुमानमा त्यस लडाइँमा २,००० जना नेपाली सिपाही मारिए ।[३७] यी दिनका लडाइँमा अंग्रेजतर्फ ६३ जना मारिए, २८९ जना घाइते भए ।[३८]

---

३३ दिनेशराज पन्त, गोरखाली विजययात्रा, पेज ५६ ।

३४ दिनेशराज पन्त, गोरखाली विजययात्रा, पेज ५६ ।

35 Letter to Lieutenant-Colonel Fagan From Ochterlony, 17th April 1815, Nepal Papers, Page 591-593.

३६ दिनेशराज पन्त, गोरखाली विजययात्रा, पेज ५६ ।

37 Letter to Lieutenant-Colonel Fagan From Ochterlony, 17th April 1815, Nepal Papers, Page 591-593.

38 Abstract Return of the Killed and Wounded of the Troops under the Command of Major-General D. Ochterlony, in two Actions with the Enemy on the Malaown Range of Mountains, on the 15th and 16th April 1815, Nepal Papers, Page 599.

अंग्रेजले रणमैदानमा एक जना नेपाली अफिसरको लाश फेला पाऱ्यो । लडाइँमा कुन नेपाली अफिसर मारिएछन् भनी थाहा पाउन त्यो लाश लोहार भञ्ज्याङ (देउथल) को अंग्रेज क्याम्पमा लगियो । त्यहाँ रहेका नसीरी अर्थात् भगौडा र युद्धबन्दी भई अंग्रेजका तर्फबाट लडिरहेका पहिलेका नेपाली सैनिकले त्यो लाश भक्ति थापाको भएको बताए र उनको मृत्युमा दुःख व्यक्त गरे । अक्टरलोनीले उनको शवलाई सम्मानका साथ कपडाले बेरेर नेपाली फौजको जिम्मा लगाइदिए ।[३९] नेपाल दरबारका राजाबाहेकका सबैलाई आशीष दिने हैसियत भएका, दीर्घकालसम्म लडाइँ लडेका, ज्येष्ठतम सिपाही भक्ति थापा ७३ वर्षको उमेरमा १८७२ साल वैशाख ६ गते कहिल्यै नउठ्ने गरी मलाऊँको लोहार भञ्ज्याङको रणभूमिमा अस्ताए ।

39 Pemble, Page 283.

भक्ति थापा : वीर हुन्, वीर होइनन्

भक्ति थापालाई अंग्रेजले निकै प्रशंसा गरेका छन् । यो लडाइँभन्दा पहिले १८७० साल असोजमा मण्डलामा भएको लडाइँमा पनि भक्ति थापाले देखाएको वीरताको प्रशंसा देशदेशावरमा भएको रहेछ । यस्तो झूटो खबर फैलाएको भनी ती लडाइँमा लडेका अरू सिपाही र कमान्डरहरू भक्ति थापासँग रिसाएका रहेछन् । यो कुरा चन्द्रवीर कुँवरले भीमसेन थापा र रणध्वज थापालाई यसरी बताएका थिए :

मण्डलामा भएको लडाइँमा उनले देखाएको वीरताको देश-देशमा धेरै तारीफ भएको भनी सरकारमा जाहेर गराउलान् । अरूलाई बौलाहा तुल्याई आफ्नु सरम थाम्ने स्वभाव कप्तान भक्ति थापाको अघिदेखिको हो ।

वैरीले मण्डला घेर्न आउँदा श्री गोरख पल्टनले तीन मुख गरी लपेटा लिँदा मण्डला घेर्न आयाको वैरी सबै सोहोरिएर कप्तान भक्ति थापा बसेका टिपामुनि पुग्यो । वैरी धेरै थिए तर भक्ति थापा कप्तान एकै ठाउँ डल्लिएर बसे । गमसँग काम गरौंला भनी टिपाबाटै बन्दुक हान्न लगाए, मैदानमा झरेनन् ।

अघि जुम्लामा विद्रोह हुँदा पनि सिंहकोट मैले उछिनेको थिएँ, छिनासिम पनि मैले नै उकासेको थिएँ तर पातीचाहिँ भक्ति थापाले लगाए (जस आफूले लिए) ।

अघि (१८६६ साल भदौमा) गणेश घाटीमा बिहानदेखि साँझसम्म लडाइँ भैरह्यो । चार/पाँच सय वैरी मार्‍यौं, गणेश घाटी थाम्यौं । काजीले गुहार दिन पठाएका भक्ति थापा घोर्‍या टिपा पुगेका थिए । त्यसभन्दा मुनिका दुईवटा गढी वैरीले कब्जा गरेको थियो । गणेश घाटीका आडमा दोहोरो बन्दुक चल्दै थियो । म केही फौज लिई गणेश घाटी थाम्न बसें । काजी जसपाउ थापा घोर्‍या टिपा र

दुईवटा गढी उकास्नलाई केही फौज लिई गए । कप्तान भक्ति थापाको लश्कर कोही आड पार्न लागे, कोही भात पकाउन लागे । तलका दुईवटा गढी उकासी काजी जसपाउ थापा घोऱ्या टिपामा पुग्दा वैरी भाग्यो ।

वैरी भागेको देखेर हाम्रा तासा, नगराको शब्द सुनी भात घोप्टयाउँदै, दगुर्दै सिपाही आए । भक्ति थापा आइपुग्दा साँझ परिसकेको थियो । सत्र सय वैरी मारें भनी राजालाई अर्जी लेखे । उनले टिपामा आड बार्न नलागेको भए, चार घडीअघि रणमैदानमा आइपुगेका भए, १,७०० त के ३,४०० वैरी मारिन्थ्यो तर त्यहाँ पनि पाती भक्ति थापा आफैंले लगाए ।

त्यसपछि मालकाँडामा बसेका वैरीलाई हान्नुपऱ्यो भनी काजीले चिठी पठाउनुभयो । राति नै खोला तरी मालकाँडाका नेपाली फौजलाई गुहार दिन जाऔं भनी मैले अनेक तरहसँग भनें । बूढा पनि, जान्ने पनि उनै थिए तर उनले "भोलि जाऊँला" भने । "आज गयो भने हामी जान पाउँछौं, नत्र पाउँदैनौं" भनी फेरि मैले भनें । सबै भक्ति थापाका कुरा पत्याएर उनैका कुराका पछि लागे, हाम्रा कुरा कसैले खाएनन् । फलस्वरूप हामी त्यता जान पाएनौं ।

मण्डलामा पनि आफू-आफूले गर्नुपर्ने मेहनत सबैले गरेको हो तर त्यहाँ पनि पाती कप्तान भक्ति थापाले आफैं लाए । मान्छेले जति कहनी गर्छन्, उति करनीले गरेका भए, भारतखण्ड भरमा हाम्रो हुकुम हुने थियो । यो झेल आफूहरूले बुझ्न चाहिन्छ । ख्वामितको भलो हुने, थापाहरूलाई जस हुने कुनै पनि काममा हामी कुँवरहरू पछि सरेका छैनौं । कहनी नसुन्नू, करनी हेर्नू ! विवेक गर्ने ईश्वरले आफूहरूलाई कृपा गरिराखेका छन् । विवेक गरेका खण्डमा मानिसको दिल बढ्छ ।[1]

चन्द्रवीर कुँवरले मण्डलामा भएका कुराको विस्तार त्यस दिनका लडाइँमा शामेल भएका सरदार, सुबेदार र जम्दारहरूले लेखेका चिठीबाट पनि प्रष्ट हुने बताएका थिए । ती लडाइँमा लडेका सरदार, जम्दार, अजिटन गरी ४२ जनाले पनि भक्ति थापा लड्ने वेलामा पछि परेको तर लडाइँमा जितेको जस उनले लिएको भनी भीमसेन थापा र रणध्वज थापालाई पत्र लेखेका थिए ।

---

१ जर्नेल भीमसेन थापा र रणध्वज थापालाई चन्द्रवीर कुँवरले १८७० साल पौष वदि १४ रोज ३ मा मुकाम नाहानबाट लेखेको पत्र, डीएनए २/७७ ।

उनीहरूले लेखेका थिए :

> *आश्विनका २१ दिन जाँदा १३ घडी रात चढ्दा अघि मण्डलामा ५०/६० वैरी आइलाग्दा हामी पनि खबरदारी भएका थियौं । रात बिहाउने बखतमा ७,००० फौज, तीन तोप, २५ निशान खोली मण्डला छिन्ने मनसुबा गरी, अघोर शब्द गरी वैरी आइलाग्यो । अघि हामी बसेको टिपा पनि, मण्डलागढी पनि छिन्ने गरी घेऱ्यो । उसले जग्गा जग्गा समस्त गरी घेरेका वेलामा हामीले सबै पल्टन बाटुलो गरी निशान खोली, नगरा बजाई, तरबार निकाली जाइलाग्दा मण्डलागढी र अरू जग्गामा आएको वैरी सबै हट्यो । हामी लपेटा लिएर जाइलाग्यौं, बीचमा वैरी अडियो । हामी पनि अडियूँ ।*
>
> *मण्डलाका पश्चिमपट्टि गोरखका चार पट्टी, कुँवर कप्तानका दुई कम्पनी र रणसुर थापा सरदारहरू थिए । उनीहरूले आडबाट हान्दा समस्त वैरी ३२/३३ खेप हाम्रापट्टि आइलाग्यो । हामीले हटायूँ । बन्दुकको यत्रो लडाइँ आजसम्म देखेको थिएन तर यो लडाइँ जित्दा आफ्नो र आफ्नो पल्टनको धेरै-धेरै तारीफ र बढाइँ देश-देशमा गयो भनी भक्ति थापाले बन्देउ थापालाई लेखेका रहेछन् । सो बेहोरा बन्देउ थापाले सरकारमा चढाई पठाएका रहेछन् ।*[२]

यस चिठीका अनुसार भक्ति थापाले गरेको बढाइचढाई भीमसेन थापा र रणध्वज थापाकहाँ पुग्दा उनीहरूले यसबारेमा भएको सत्य कुरा लेख्नू भनी बक्सी (सेनालाई तलब बाँड्ने) वीरभद्र कुँवरलाई लेखेछन् । उनले सो बेहोरा आफ्ना बुबा चन्द्रवीर कुँवरलाई लेखेछन् । त्यसपछि त्यस लडाइँमा जानेलाई यो कुरा सोध्न ठूलो कचहरी बसेछ ।

त्यस चिठीमा अगाडि लेखिएको छ– "अघि रणजीत सिंहको फौज नआउँदै रणबमको एक पट्टी, जम्दार धनवीर गुरुङ र भक्ति थापाका पल्टनका ३० तिलंगा, प्रतिमन थापा र बानियाँ जम्दार त्यहाँ थिए । मण्डला लुट्न वैरी आउँदा जम्दार धनवीर आफ्ना पट्टी लिई गुहार दिन गए । भक्ति थापा कप्तानका तिलंगा गुहार दिन गएनन् ।"

यो लामो चिठीमा धेरैवटा लडाइँको बयान गरिएको छ, जसमा भक्ति थापा खटिएको कुरा त उल्लेख छ तर उनले हमला गरेको कुरा छैन । चिठीको अन्त्यमा एउटा लडाइँको प्रसंग निकालेर भनिएको छ– "यस दिन पनि भक्ति थापा कप्तानका पल्टन लडाइँमा शामेल हुन पनि आएनन् । यहाँ एक थोक भएको थियो, सरकारलाई अर्को थोक लेखेछन्, जुन भारदारले गर्नु उचित होइन । भएकै कुरा लेख्नु उचित हो ।"

२ जर्नेल भीमसेन थापा र काजी रणध्वज थापालाई १८७० साल पौष सुदि २ रोज ६ मा मुकाम नाहानबाट चामु बस्न्यातसमेतले लेखेको पत्र, डीएनए २/३० ।

यी चिठी हेर्दा भक्ति थापाले अनेक प्रपञ्च गरेर आफ्नो तारीफ गराएजस्तो लाग्छ । यी दुईवटा चिठीका भरमा उनको मूल्यांकन गर्दा एकपक्षीय भइन्छ । त्यसैले भक्ति थापाले लेखेका चिठी पनि पढ्नुपर्छ । मण्डलाको लडाइँपछि १८७० साल कात्तिकमा भक्ति थापाले राजा गीर्वाणयुद्ध र पाल्पामा रहेका अमरसिंह थापा (यिनलाई भक्ति थापाले बडाकाजी जर्नेल अम्बरसिंह थापा भनेका छन् । यी अर्कीमा रहेका बुढाकाजी अमरसिंह थापा होइनन्) लाई अलग-अलग चिठी लेखेका थिए ।[३] दुवै चिठी राजा र अरूलाई गरिने सम्बोधन र केही शब्दबाहेक एउटै बेहोराका छन् । राजाले दिएको आदेशलाई मर्जी र अरूले दिएको आदेशलाई आज्ञाजस्ता केही शब्दमात्र फरक छन् । यी चिठी निकै लामा (१५ इन्च चौडा र ३८ इन्च लामा) छन् । यिनमा १०२ लाइन छन् । एक लाइनमा २७ शब्दसम्म परेका छन् । चिठीमा उनले महाकालीपारि नेपालको सिमाना फैलाउने क्रममा नेपाली फौजले वैरीबाट केकस्ता बाधा-अडचन भोग्नुपरेको थियो र उनीहरूसँग लडाइँ कसरी गरिएको थियो भन्नेबारेमा उल्लेख गरेका छन् ।

चिठीमा सबैभन्दा पहिले भरोली, मण्डला नेपालीले जितेपछि त्यस क्षेत्रका राजा रजौटाहरूको प्रतिक्रिया उल्लेख गरिएको छ । भक्ति थापाले लेखेका छन्– "रामशरण, संसार चन्द र जालन्धरका राजा रजौटा, पहाडका भगौडा सबै बटुलिए र अंग्रेजसँग गुहार माग्ने निधो गरे । पञ्जाबका राजा रणजीत सिंहसँग कुरा गर्दा उनले मुख लुकाई पेट दिए ।" त्यसपछि यी सबैको मुख्तियार भएर रामशरण र पट्यालाका नौधा मिश्र अक्टरलोनी भए ठाउँमा गए । उनीहरूले भने– "शतरुद्रावार र जमुनापारका राज्यको रक्षा गर्लाऊ भनेर हामीले तिमीलाई मानेका थियौं । आज नेपालीले हाम्रो जमीन दाब्दा तिमीले गुहार दिएनौ भने हामी बलियाकै पछि लाग्छौं ।" त्यस चिठीका अनुरार उनीहरूले अलिकति घुर्की लगाए । त्यसपछि नेपालीलाई त्यहाँबाट धपाउन मद्दत गर्न अनुरोध गरे । नेपालीलाई हटाएपछि नजराना र पहाडको 'बादशाही कौडी' पनि दिउँला भने । अक्टरलोनीले नेपालीलाई हटाउने काममा उनीहरूलाई नैतिक समर्थन गरे । नेपालीलाई हटाउन तिमीहरूले सकेनौ भने मद्दत पनि दिउँला भनेर वचन दिए । त्यसबापत अक्टरलोनीले नेपालीलाई हटाएपछि पहाडको बाली र सिरमोरका पाँच-सात गाउँको आम्दानी आफूले लिन्छु भने । अक्टरलोनीले रणजीत सिंहलाई भनेछन्– "नेपालीलाई हान, हटाऊ । हान्न, हटाउन सक्दैनौ भने त्यो मुलुक कम्पनी साहेबको हो, मुलुक छोड ।"

---

३ जर्नेल अमरसिंह थापालाई भक्ति थापाले १८७० साल कात्तिक सुदि ९ रोज ३ मा मुकाम अर्कीबाट लेखेको पत्र, १ सी. ३८५, पाना २५ र भक्ति थापाले १८७० साल कात्तिक सुदि ९ रोज ३ मा मुकाम अर्कीबाट चढाएको अर्जी, पोका ४, पत्र संख्या १७ ।

यति भएपछि अक्टरलोनीका चपरासीहरू रणजीत सिंहका रैतीका घरघर डुली झारा लाउन थालेछन् । मानिक टपरामा १,०००/१,२०० फौज बटुली सिरमोरका पाँच-सात गाउँ लुटेछन् । यो खबर रणजोरले बुढाकाजी (अमरसिंह) लाई लेख्दा बुढाकाजीले "तिम्रा तैनाथीका दुई कम्पनी पठाऊ" भनेकाले भक्ति थापाहरूले सुबेदार प्रबल थापा र तिलक सेनका दुई कम्पनी खटाई पठाए । बुढाकाजीका सल्लाहले र खटनले उनीहरू भरोलीमा गइबसे ।

भक्ति थापाले चिठीमा लेखेका छन् :

> *मोरनी किल्लादेखि भरोली सात किलोमिटर मैदानका मुखमा रहेछ । मोरनीदेखि मण्डला साढे १२ किलोमिटर रहेछ । मोरनीदेखि नाहान २५ किलोमिटर रहेछ । नाहानदेखि मण्डला साढे २१ किलोमिटर रहेछ । ...ताहाँपछि पट्यालाको अलवेलसिंह फौज लिई आउँदा काजीमपुर मानिक टपरामा उसको फौज भरिएछ । रणजोरले यो खबर बुढाकाजीलाई लेख्या । रणजोरले मलाई पनि "तिमी यता आउनुपऱ्यो" भनी लेख्या । बुढाकाजीबाट पनि मलाई तिम्रो पल्टन लिई तिमी सर्वथा गरी मोरनी पुग भन्ने आदेश आयो । मेरा तैनाथको एउटा कम्पनी नालागढीमा थियो, अर्को कम्पनी बेशहरका राम शहरमा थियो । अर्को कम्पनी गढवालको उल्खागढीमा थियो । यी तीन कम्पनी काजीका चाँजाले त्यहाँ राख्याका थिया । एक कम्पनी सुगाठोरमा राखी तीन कम्पनी लिई श्रावणका १९ दिन जाँदाको साइत गरी मोरनीमा गऱ्याँ । २२ दिन जाँदा मोरनी पुग्याँ । वहाँ पुग्यापछि आफूले जान्या बुझ्याको चरचाँजो गऱ्यूँ । ...मलाई रणजोरले नाहान डाकी पठाया । मोरनीका तीन कम्पनीलाई "भरोलीमा काम पऱ्यो भन्या उनलाई गुहारा दिनू" भनी अह्राई नाहान गऱ्याँ । श्रावणका २९ दिन जाँदा म नाहान पुग्याँ ।*
>
> *नाहान पुग्यापछि खजाना नभयाका ठाउँमा खजाना दिऱ्यूँ । आफ्नो तरताकिता सबै थोकको गऱ्यूँ । तेस्तैबीचमा भदौका २२ दिन जाँदा दोस्रो प्रहरमा भरोलीमा सुवेदार प्रबल थापा, तिलक सेन यी दुई कम्पनी बस्याका जग्गामा (वैरी) आइलागेछ । लडाइँ भयो । सुबेदार बहाँबल थापा, चामु थापा, बाजवर्ण थापाले यो खबर सुन्दा यी तीन कम्पनी गुहारी जाइलाग्या । यसरी पाँच कम्पनी शामेल भई सोहरा लाउँदा मनिमाजिराको गोपालसिंहको भतिजो सरदार र १४/१५ जना अरू ठहरै भया, ४०/५० घायेल भया । ख्वामितका प्रतापले र आफूहरूका जसले वैरी हट्यो । हाम्रो जीत भयो ।*

ताहाँपछि "वैरी मण्डलामा आउँछ, तिम्रो मोरनीको एक कम्पनी त्यहाँबाट झिकी मण्डलामा राख" भनी काजी रणजोरले भन्या । नन्दबक्स कम्पनीका सुबेदार बाजवर्ण थापालाई कम्पनी लिई मण्डला झिक्यूँ । मण्डलाको डाँडो उत्तरपट्टि टिपामा कुँवर कप्तानका दुई कम्पनी, सरदार रणसुर थापाको तैनाथको एक कम्पनी बस्याका थिया । मण्डलाका गढीमा ५० जना मानिस खटाईकन गढीभित्र राख्याका थिया । आश्विनका ७ दिन जाँदा बाजवर्ण थापाको कम्पनी मण्डलामा पुग्यो । आश्विनका ८ दिन जाँदा मण्डलादेखि पूर्व वैरीका नगिच तोपका टिपामा जाई बाजवर्ण थापाले टिपा उछिन्नू, फतन सिउबंदीमा राख्याका (बहीमा नाम चढाइएका सिपाही) ले भरोली जानू, भरोलीका सुबेदार प्रबल थापा र तिलक सेनका दुई कम्पनी बाजवर्ण भयाका ठाउँ गुमटीका टिपामा रातबिरात गरी शामेल हुनू भनी रणजोरले पनि, मैले पनि लेख्याको थियो । वैरी पनि उसै टिपा उछिन्न तयार भयाको रहेछ । त्यस्तैबीचमा बाजवर्ण थापा पुगी टिपा उछिनेछ । हाम्रो फौजले टिपा उछिन्याको देख्दा वैरी पनि आइलागेछ । गोली चलाई, घोक पारी वैरी आइलाग्यो । त्यस्तैबीचमा दुई कम्पनी भरोलीदेखि धाएर आइपुग्यो । तीसमेत तीनवटै कम्पनी शामेल भयाछन् । काँठाकुम्ला राख्न नपाई वैरी जोरिएछ । उसैबीचमा दोहोरो बन्दुक चल्याछन् । वैरी भन्या ३,००० को पेटमा रहेछ । उसले पनि गोली बहुत चलाएछ । हाम्राले पनि गोली बहुतै गरी चलायाछन् । नजीकै ढुंगाको पनि हानाहान भएछ । सात घडीसम्म लडाइँ भएछ ।

त्यस्तैबीचमा नाहानदेखि गोरख कम्पनीका चार पट्टी तोप पुऱ्याउन गढी आयाका रह्याछन् । सरदार रणसुर थापाको तैनाथीका कम्पनीलाई गढी किल्ला थाम्न वहाँ राखी ती चार पट्टी गुहारीलाई आइपुग्याछन् । लड्दा लड्दा घाम पनि डाँडामा बस्दा ख्वामितका प्रतापका प्रभावले र आफूहरूका जसले वैरी भाग्यो । लडाइँ जित भयो । वैरीका ३०/३५ ठहरै पऱ्या । ६०/७० जना घायेल गया । हाम्रातर्फ सुबेदार प्रबल थापालगायत १३ जना ठहर पऱ्या । जम्दार बागसिंह अधिकारीसमेत छ जना घाइत्या भया ।

वहाँ लडाइँ लागिरहेछ भन्ने खबर नाहानमा आउँदा नाहानका संभारलाई कप्तान चन्द्रवीर कुँवरका पाँच कम्पनी राखी, काजी रणजोर थापा, म, चामु भण्डारी मण्डला गयाँ । म सल्लाहले गुमटीका टिपामा आऱ्याँ । गुमटीका टिपादेखि मण्डला दुई किलोमिटरजति

रहेछ । मण्डलादेखि पूर्व दिशा खोला रहेछ । खोलादेखि पूर्व एक टिपा रहेछ । वाहाँदेखि घुमीकन वैरीका नगिचै उसैका थाप्लामाथि कम्पनी बस्याका ठाउँमा म गइबस्याँ । म गयापछि मोरनीका दुई कम्पनी पनि झिक्याँ, पाँच कम्पनी शामेल भया । पाँच कम्पनीका ढाक्र्या, सुबेदार र जम्दार, उमराव गरी ८६१ मसँग शामेल भया ।

म गयादेखि पुडो पाँच-छ दिनसम्म पाँच-सात सय आई करेउली गर्दै थियो । सात-आठ जना मारिएपछि करेउली गर्न छाड्यो ।

उसले बाँध्याका किल्ला, मैदानमा जाई नलाग्नू, आइलाग्यो भन्या नउठन्या गरी बेस्करी कर्दल गरी काट्नू, आफूले बढीकन मैदानमा नझर्नू, सर्वत्रदेखि कटक आउँछ, आफूले संभार र होशियारी राखनू भनी बुढाकाजीबाट पनि, रणजोरबाट पनि घरीघरी चिठी खबर आउँदै थिया ।

देशका ब्यरुम्यारु सब एकठा हुन लागिरह्याथ्या । पट्यालादेखि नौधा मिश्रले झारा ताकिता लगाई सात सेरको गोला खान्या तोप एक, सेर तीनको गोला खान्या तोप एक र एक-दुई फौज फेरि पठाइदियो । फिरंगीका दबावले शतरुद्रापूर्व जमुनापश्चिमका जति सिंह थिया, ती सबै बटुलिया । लोग्नेमान्छे एउटा पनि घर नबसी सब बटुली आई एकठा भया ।

काजी रणजोरले पनि गोरख पल्टनका चार पट्टी पठाइदिया । दशैंको नवमी, आश्विनका २१ दिन जाँदा सोमवार ११ घडी दिन चढ्दा वैरी २३ निशान, दुई तोप, ४,००० फौज लिईकन मण्डलादेखि पूर्वतर्फ गुमटीका टिपादेखि पश्चिम सरासर आइलाग्याको देख्दा हामीले पनि एक कम्पनी गुमटीका टिपाका संभारलाई राखी जाइलाग्यौं । हामीले पनि कत्ति भय, क्लेश नमानी सरासर जाईकन एक सलक लाउँदा १६/१७ वैरीका ठहर पर्‍या, ४०/५० घायल गया । त्यसपछि वैरी हटी बन्दुकका दर्‍याँसमा जाइबस्यो ।

वहाँदेखि तोपको लडाइँ भयो । नाहानबाट काजी रणजोरले पठायाको तोप थियो । मण्डलाका टिपादेखि गोलन्दाजले तोप चलाउँदा, हाम्रा पट्टिबाट सिंघनाथ कम्पनीको तोप चलाउँदा दोहरा तोप लाग्दा गोलन्दाजले तोपको गोला वैरीका गोलामा पर्दा वैरी छिन्नभिन्न भई भाग्यो । लडाइँ जितियो ।

आश्विनको २२ दिन जाँदा मंगलवार दशमीका रात्रि १२/१३ घडी जाँदा १००/१२० मानिस २०/२५ बन्दुक लिई, बन्दुक चलाई घोक

पारी मण्डलामा आइलाग्दा किल्ला भित्रदेखि पनि बन्दुक चलाएर आफ्नो खबरदारी ताकिती गऱ्यूँ । दुई सिपाहीलाई खबर गर्न मण्डला पठाऊँ । किल्लामा पुगी कसो हो भनी सोध्दा किल्लावालले "त्यो चोर हो, आयाथ्यो, गयो" भनी भन्दा हाम्राले पनि हेऱ्याछन् । कतै देखिएनछ र आई खबर कह्या ।

दशमी जाँदो, एकादशीको बिहानउँदो नगरा होऱ्या वेलामा खलङ्गादेखि उसको फौज चल्याको खबर चिवाले ल्यायो । वहाँदेखि विकट (पहरेदार) ले पनि खबर ल्यायो । हामीले पनि उठी हेऱ्यूँ, देख्यूँ । पल्टनका भेरी पनि लायूँ । खरखजाना पनि बाँध्यूँ, तुलकलाम सब तयार गऱ्यूँ । मण्डलाका टिपामा बस्न्यालाई खबर पनि गर्दिऱ्यूँ । आफू सबै तयार भऱ्यूँ । त्यस्तै वेलामा कालो घटा भई पृथ्वी ढाकी तोप माझमा लाई ६०/७० निशान खोली वैरी आयो । आठ हजार बन्दुक लिई प्यादाको गन्ती नराखी वैरी आयो । उसका बाजाले र घोकले पृथ्वी कम्पन गरी सरासर आई हाम्रो पानीघट्ट लियो । मण्डला जान्या बाटाको टिपा पनि लियो । मण्डलाको नगिज चमारका घर थिया । उस जग्गामा जाई मण्डला पनि घेऱ्यो । मण्डलादेखि पश्चिम घडनारीको आड थियो । उसै घडनारीमा पनि पुग्यो । वैरीले समस्त, सब घेऱ्यो ।

उसले त्यस्तो गर्दा हामीले सिपाहीको दिल खुशी बनाई, उनीहरूको शानसिकल बढाई "त्यस टिपाका वैरीलाई घोक पनि हाल्नू, भेरी पनि लाउनू, नगरा, तासामार्फा पनि लाउनू, एक सलक बन्दुक लगाई इतरवितर वार हाल्नू" भनी सिपाहीलाई उर्दी दिऱ्यूँ ।

गुमटीका टिपाका स्याहारलाई सुबेदार बाजवर्ण थापाको कम्पनी राख्यौं । मण्डलाका टिपामा सरदार बलभद्र कुँवर आफ्ना तैनाथको कम्पनी लिई बस्याका थिया । सल्लाहले जग्गा थाम्न सरदार बलभद्र कुँवर वाहीं बस्या । वैरी हान्न हामी हिंड्यूँ । टिपामा पुग्ने बित्तिकै घोक पनि पाऱ्यूँ, हाँक पनि पाऱ्यूँ । नगरा, तासामार्फा, भेरी पनि लाऱ्यूँ । सलक पनि लाऱ्यूँ । भय, क्लेश कत्ति नराखी तिर्खेतमा पानी खाँदाझैं वैरीमाथि जाइलाग्दा वैरी ठहर्न सकेन । वहाँदेखि लपेटा लिई झन्डै दुई किलोमिटर जंजालका दऱ्याँससम्म लपेटा लिऱ्यूँ ।

पश्चिमतर्फ पनि सरदार रणसुर थापाको तैनाथको एक कम्पनी, नाहानका पल्टनका चार पट्टी, कुँवर कप्तानका दुई कम्पनीले वैरीलाई वहाँदेखि हटाई सिमलका बोटसम्म झाऱ्या । हाम्रा पल्टनले टिपादेखि

लपेटा लिई झम्टँदा मण्डला घेऱ्याको वैरी पनि उसै लपेटा देख्दा भाग्यो । वहाँदेखि हामीले पनि एक जंजालका दऱ्याँससम्म लपेटा लिञ्यूँ । वैरी बाक्लो देख्दा, उसको खलङ्गानजीक देख्दा, मैदानमा नझर्नू र उसका खलङ्गामा जाई नलाग्नू भनी काजीले सल्लाह दियाको थियो । तसर्थ वैरी पनि ठूलो मैदान गरी आउनाले एकतर्फ तरबार हालूँ भन्या पनि एकतर्फ छिचोलन्या भयो र उसैमाफिक गरी ठूलो मैदान गरी हामीले पनि जुध्नुपऱ्यो । दोहरा बन्दुक तोप चल्नाले, गोली गोली जुध्नाले, दोहोरा बाजाका घोकका, बन्दुकका सोहराले पृथ्वी कम्पमान भयो । पहरा पनि खस्लान् भन्याजस्तो गर्जमान भयो । बडो हाहाकार पऱ्यो । वैरी पनि अचेत भयो । त्यस्तो देख्दा हामी अलिक बढीकन गञ्यूँ । जाई सोहरा लाञ्यूँ । वैरी पनि सोहरीइकन, मुस्लो पारी, कालो घटा बनाई तरबार हाल्न दौडीकन म भयाका ठाउँमा आयो । हामीले पनि "बन्दुक खाँदी तयारमात्रै भई रहनू र वैरी जसै नजीक आउँछ, नबिरेन्या गरी त्यसैबीचमा एकै सलक गरी लाउनू" भनी उर्दी दिञ्यूँ ।

त्यस्तैबीचमा वैरी पनि माडिईकन आइलाग्यो । हाम्रा एकै सोहरा लाग्दा वैरीका ३०/४० जना ठहरै भए । धेरै घायल भइगए । यसै पाठसित २३ पल्ट आयो । हामीले यसै चाँजाले हटाञ्यूँ ।

यसैबीच, वैरी कप्तानका पट्टीतिर बटुलिएको देखेर सरदार रणसुर थापाका पल्टनको सुबेदार चामु बस्न्यात २२ जना मान्छे लिई हामीसित आई शामेल भया । सुबेदार बाजवर्ण थापालाई गुमटीका टिपाको सम्भार गर्नलाई राख्याका थिया । ठानाका संभारलाई ३० जना मान्छे राखी उनी पनि आइलाग्या । नगरा दिई, भेरी, तासामार्फा लगाई, निशान खोली, घोक पारी सर्वत्रदेखि बन्दुकको सोहरा लाउँदा वैरी १८ घडीसम्म लड्यो । ख्वामितका प्रतापका दाहले वैरी हट्यो । फत्तेनामा ख्वामितको भयो । वैरी जत्रतत्र गरी भाग्यो । वैरीका २५१ खेत रह्या, ४०० घायल गया ।

आश्विनका २३ दिन जाँदाको लडाइँ यस्ता तरहले जितियो । "...अब फिरंगीसितको दोस्ती तोड्नुछैन । फिरंगीसितको दोस्ती गर्न्या काम ज्हाँ मैले गऱ्याँ, तसअर्थ पत्र देखत आऊ" भन्न्या आदेश जाँदा "अवश्य आउनू, नआया बिरेन्या छ" भनी (बडाकाजीले ?) भन्दा आश्विनका २४ दिन जाँदा वहाँबाट हिंडी पाँच दिन घोरनीमा बसी कात्तिक ३ दिन जाँदा सुगाठोर आइपुग्याथ्याँ । कात्तिकका ८

दिन जाँदा अर्की आऱ्याँ । (बूढा)काजीसित भेट भयो । नौ दिन जाँदा पल्टनको हाजिरी लिनुभयो । म अर्की बस्याको छु ।

***

साल ६८ मा दर्शन पुग्याथ्याँ । एक माना चामलको र एकवटा ठहरको मेहर मलाई रहन्याथियो । कोट कांगडामा पगरी अड्क्याको देख्दा बाछाइको गाजो हो, छोईकन छोडैनन्, सिंह हटाई ख्वामितको नगरा कोट कांगडामा बज्ला, हाम्रो मऱ्या गति होला, जिया पति (बाँचे इज्जत/प्रतिष्ठा) रहला भनी चित्तले ठहराई मेहरले विरह मोचन गराई बक्सनुभयो र हुकुम शिर चह्राई कामको सुर देखेर आऱ्याँथ्याँ ।

जो अघि तपाईंहरूको कृपा थियो, सो कृपा म बेशहर आइपुग्यापछि रहेन, (राजालाई पठाएको अर्जीमा चाहिं यो वाक्य यस्तो छः जो मेहर हामीलाई बिदा गरी बक्सनुभयोथ्यो, सो मेहर म बेशहर आइपुग्यापछि रहेन) तापनि म तपाईंका चाँजभित्रको छु, हाम्रा पनि तपाईंहरूले देखिदियाको होन्यायी (हुने) हो । (अर्जी : चाकर हुँ) तपाईंहरूका चित्तमा आयाको कुरालाई म झिजो क्यान गरूँला ! तपाईंहरूका बोलबिन्तीले सबको उद्धार हुन्छ । (अर्जी : ख्वामितले वज्रको तृण तुल्याया पनि हुन्छ । तृणको वज्र गऱ्या पनि हुन्छ । सेवकले ख्वामित खुशी गर्नुपर्छ ।) कोट कांगडाको काम छ भन्या तपाईंहरूको सल्लाह, आज्ञा आओस् (अर्जी : मर्जी हुन्छ) नखाई नखाई म ५२ लाखको पाउर खाली गरूँला । मैले थकाइ र पटाइ मान्याको छैन । यसतर्फको काम हाल छैन भन्न्या (अर्जी : मर्जी भया), कुरिकुराउ छ भनी (अर्जी : मर्जी भया) मलाई बोलाहटको मोहर बिन्ती गरी पठाइदिनुहवस् (अर्जी : मर्जी आवस) र म दर्शन गर्न आउँला) । बाँकी आफ्ना आफ्ना टहलमा रिझाई माथि बडाबडा मानिसले र तल माझी, कुम्हाल, लदरोइले पनि आफ्नो एक पलना सबैले पाया, म रिझाउँदै थिऱ्याँ । त्यो एक पलनाको झिजो पनि मैले गरिनँ । हिजो लमजुङका राजा रिझाउँदा, ढगैताघ्री, त्तरापु, पाउचोक, भोट नार्फू, मनानी गाउँ यति एक पलना गरी बस्याको थियो । त्यो पनि बाछाइ दरबार छ, तपाईंहरूछेउ पनि सम्झायाँ (अर्जी : आफैं सम्झना रहला) भनी मैले झिजो केही गरिनँ । ढुंगामुढाले रिझाउँदा म बरोबरका भाइलाई नेपालमा पनि, गोरखा शहरमा पनि, भोट मधेस अन्यत्र पनि घर, खेत, खर्क भोट, मुलुक, गाउँघर सबैलाई छन्, (अर्जी : सबैलाई

बक्सेकै छ) मलाई अन्यत्र जग्गा कहीं थिएन। घरखेत भन्या पनि, छाप भन्या पनि, एक पलना भन्या पनि, डेरा भन्या पनि, कबीलालाई बास भन्या पनि पूर्वपश्चिमबाट आउँदा-जाँदा बास भन्या पनि त्यति पाँचवटा खेत र पवाघर (अर्जी : बक्सनुभयाको) थियो। यो गोल शामेल गरी (अर्जी : ख्वामितका) टहलमा लागिरह्याथ्याँ। त्यो डेरा पनि उठ्यो भन्दा सबै दाजुभाइ, छोरा, भतिजा, कबीलाको (अर्जी : कबीलाको मात्र छ) स्याहार गर्न जान्छौं भन्न लागिरह्याछन्। मलाई त्यति पाँचवटा खेत र बास अर्घेलो भयो भन्या म तपाईंहरूसित क्या झिजो गरूँ (अर्जी : क्या अर्जी गरूँ) !

बाँकी कम्पनीका अर्थ खाँदपुरमा साल प्रति १२/१२ हजार टुट्या, वनगढमा साल एक प्रति १२/१२ सय टुट्या, तसौलीका कम्पनीका गुठी बाँधियामध्ये ६५१ रुपियाँ, श्री बद्रीज्यूलाई साल ७० मा कम्पनीका खान्गीमध्ये चढ्यो, लालमोहरले लेखालीका कम्पनीका साल ६९ मा दुई कम्पनीका कुमाऊँका, भोटका जिनिसमध्ये एक कम्पनीको साल एक प्रति १,००० टुट्या। साल ६८ मा अर्दली कम्पनी हिजो जुम्लादेखि बाँधियाका निशान हुन्, आज मास्नु हुँदैन भनी तपाईंहरूको आज्ञा (अर्जी : मर्जी) हुँदा सुबेदार सात पगरीलाई दर्शन गराई दर्शन भेटका लागि पुग्याको गढमा पुऱ्याउन, नपुग्याको बुढाकाजीछेउ भनी हाजिरी देखाई, खाई बाली पुऱ्यादिनन् भनी तपाईंहरूको आज्ञा (अर्जी : मर्जी) पाई उमेद बढाई ३०० बन्दुक उठाई आत्राँथ्याँ। जसवा बक्सँदा चार सुबेदार तुल्याई ल्यात्राथ्याँ। गढमा पाँच कम्पनीका जग्गामा छ कम्पनी तुल्याउन जानिनस् भनी मर्जी आउँदा यी ५०० मानिसको बाली पर्दा मानिसले मलाई नछोड्दा कबीलाका नाकको नथ पनि रहेन, चुल्हाको ताउलो पनि रहेन। म रिझाई खान्या हुँ, झिंझ्याई खान्या होइन। आज मेरो झिजो बढेरै पऱ्यो। तपाईंहरूको कृपा भया मलाई झिक्नुको मोहर (कामबाट हटाउने लाल) मोहर बिन्ती गरी पठाइदिनुहवस् (अर्जी : मर्जी आवस्, म ख्वामितको दर्शन गर्न आइपुगुँला। लोहोटा, झारी उठाई, घोडाको घाँस काटी रिझाउँला) आई दर्शन गरुँला। तपाईंहरूसितको भेट पनि होला। त्राहाँ भन्या पल्टनका झिंजाले पनि, विना कामले पनि, आफ्ना दुःखले पनि ठहर्न सकिनँ। (अर्जी : मर्जी आया दर्शन गर्न आइपुगौंला।) प्राण छउञ्जेल टहल छोडन्या छैन। (अर्जी : जो मेहर रहला सो गरुँला)।

मोहन मैनाली • १२९

पश्चिमका खैखबरका अर्थलाई नवरात्रिलाई रणजीत सिंह ज्वालाको दर्शन गर्न आयोथ्यो । दर्शन गरी लाहोरै गयो । टुरानीका फत्ते खाँले पनि लडाईंको ताकिता गऱ्यो भन्न्या खबर आउँदा रणजीत सिंहले पनि पहाडीको फौज र आफ्नो फौज पठाउन लागिरहेछ । संसार चन्दलाई चौकी पनि देला, टुरानीको चाप भएन भन्न्या चौकी पनि देवैन भन्छन् । टुरानीसितको लडाञी नपऱ्या उतातिरको बन्दोबस्त भयो भन्न्या जालन्धर काबु गरी अभिन्तर लड्नु नेपालसित आँट्याको छ भन्छन् । विस्तारमा घाटघाटका काजीका चिठी (अर्जी) ले सुन्नु (जाहेर) भयाको होला । (अर्जी : बाँकी नाति नयनसिंह थापा घरमा रह्याको थियो । अन्जान छ, शरणमा पठायाको छ । चाकरको पालना गऱ्याजाला ।)

बाँकी तपाईं सारा जगत्को महतारी छौ, तसमा पनि मेरा अर्थ तम्रो नजर देख्ता यस उमेरमा र उस डुफमा तम्रो नजर देख्ता म आयाँ । तम्रा काखको बालक भयाँ भनी बिन्ती गरी म यहाँ कदफादंग रह्या । सिपाहीलाई गाँस, मेरा वार कि पार होस् । पुगी आएन भन्न्या मलाई झिक्या जाला ।

(यो चिठी सामान्य सम्पादन गरिएको छ ।)

भक्ति थापाले सुखसित लडेका थिएनन् । लडेबापत उनलाई सरकारले उस्तो जागिर दिएको थिएन । उनले मलाऊँमा मारिनुभन्दा १५ महीनापहिले पाल्पा खटिएका अमरसिंह थापालाई यसबारे गुनासो गर्दै चिठी लेखेका थिए ।[४]

चिठीमा उनले लेखेका थिए– “पोहर पनि पाँचवटा बडा खेतबास आफ्ना कृपाले बिन्ती गरी थामी बक्सनुभयाको हो । अब उप्रान्त पनि त्यति पाँचवटा बडा खेतबासका सहारामा गोलबल (फौज) र बाँकी तीन पिंढी परिवारलाई यसै गौंडामा ल्याएर सँगै बसेका थियौं । त्यहाँ खबबज पऱ्यो भन्दै सबै चटपटाए । काजी (अमरसिंह) महतारी हौ, यो गोलबल थामिदिया टहलै गरूँला ।” (अमरसिंहलाई अरूले पनि महतारी अर्थात् आमा मानेका थिए ।)

४ जर्नेल काजी अमरसिंह थापालाई भक्ति थापाले १८७० साल माघ सुदि ५ रोज ४ मुकाम अर्कीबाट लेखेको पत्र, १ सी. २९, पोका ९८/६८ । (यी बुढाकाजी अमरसिंह होइनन्, पाल्पामा खटिएका अमरसिंह हुन् ।)

भक्ति थापाले आफूले "अधिकारस्वरूप मागेको होइन, कृपा होस् भनेको हुँ" भनेका थिए । अघि पाएको जागिर खोसिएको वा थमौती नभएको चिन्ता उनले चिठीमा प्रष्ट लेखेका थिए । त्यति पाँचवटा खेतबास पाउन उनले अचाक्ली बिन्ती गरेका थिए– "मलाई बन्दुक बँधाईकन पनि त्यो थामी बक्स्या जावस् ।"

पाल्पा खटिएका अमरसिंह थापा भीमसेन थापाका बाबु थिए । त्यसैले उनले भनेको भीमसेन थापाले मान्लान् भनेर भक्ति थापाले यस्तो बिन्ती गरेको हुनुपर्छ । "यस्तो गरी किन लेखिस् भनी आज्ञा होला... आफूबाट म उपर कृपा राखी यो गोलबल थामी बक्स्या टहल गर्न्यैछु । भोट, मधेस अनेत्र थरघर भयाको मेरो त्यसै जग्गाले छ । कृपा रह्या जाला ।"

नक्सा ८ : कुमाऊँ
कालीमठ
उल्खागढी
रिउनी
अल्मोडा
दार्चुला
सल्यान
पदनाहगढी

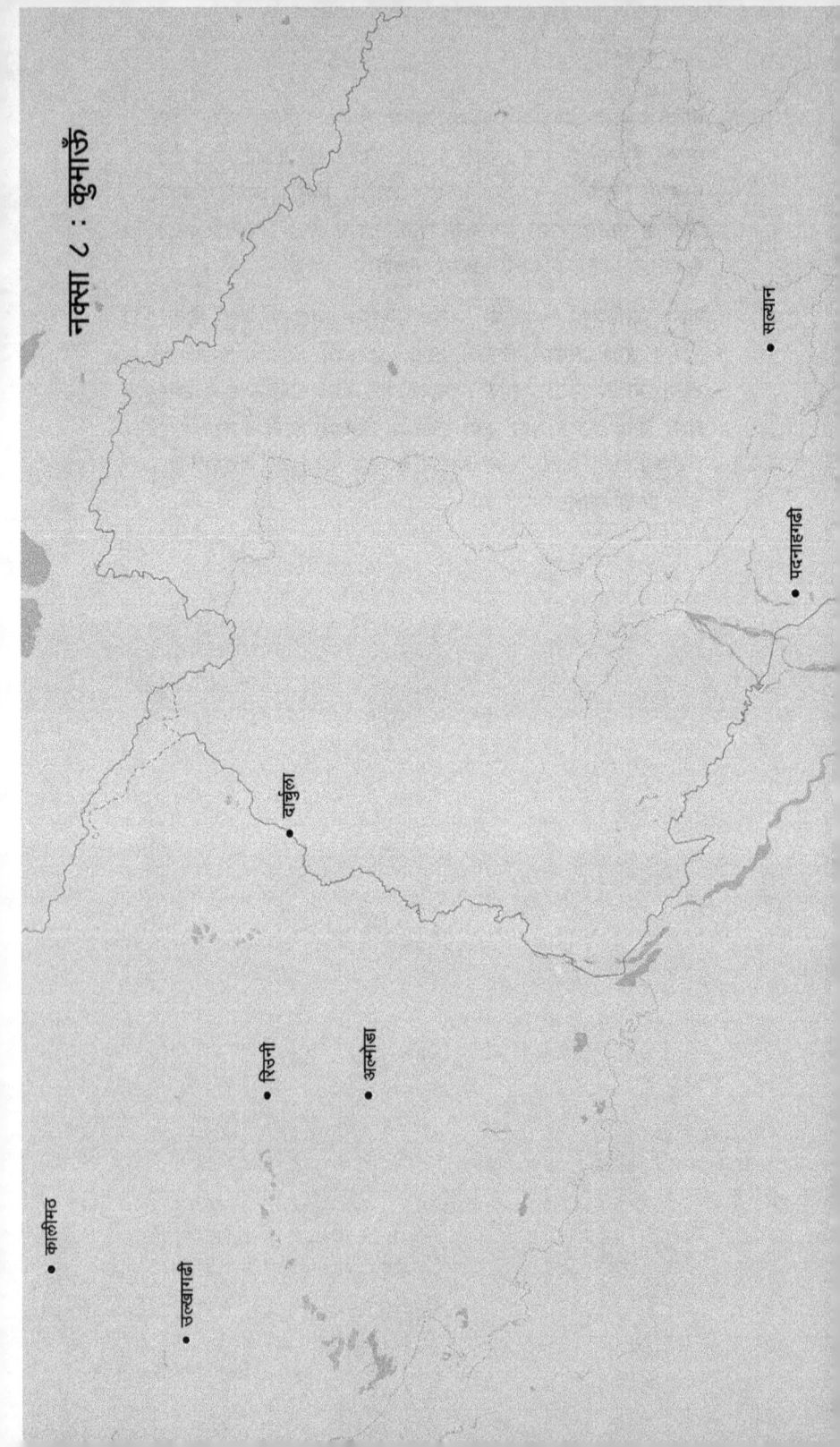

कुमाऊँ गयो

१८७२ साल वैशाख वदि ४ रोज ५, तदनुसार १८७२ साल वैशाख १७ गते बिहीवार, २७ अप्रिल १८१५ । अंग्रेजसँग लडाइँ शुरू भएको सात महीनाजति भएको थियो । कुमाऊँ नेपालीका हातबाट छुट्यो । कुमाऊँका चौतरिया बम शाहको एकै अनुरोधमा गढवालका नेपाली भारदार कम्पनीले पनि आफ्नो भूभाग अंग्रेजलाई सुम्पिदिए ।

पूर्वमा टिष्टा नदीदेखि पश्चिममा सतलज नदीसम्म फैलिएको नेपालका बीचमा महाकालीदेखि गढवालसम्मको भूभाग अंग्रेजको भयो । नेपाल दुई खण्डमा बाँडियो : टिष्टापश्चिम महाकालीसम्म एउटा खण्ड र गढवालपश्चिम सतलजसम्म अर्को खण्ड । नेपालको राजधानी रहेको भूभाग र पश्चिममा बुढाकाजी अमरसिंहको अधीनमा रहेको भूभागबीच आवतजावत र चिठीपत्र या त भोटको या त अंग्रेजको भूभाग भएर मात्र हुने भयो ।

यो नराम्रो खबर काठमाडौं पुग्यो ।

"कुमाऊँमा फौज बाक्लै भयाको थियो, गढिलो जग्गा हेरी केही दिन अड्याका भया पछि गयाको मद्दत पुगन्यै थियो । यति चाँडै त्यति हुन्या थिएन । कुइन्याले बतायाको होराहा पत्याई हातखुट्टा गाली कुमाऊँ छोडी आउँदा बितवल पर्न गयो । ...उनीहरूले सत्व छाडी डोटी आउँदा कुमाऊँमा वैरी बलियो गरी अड्न गयो ।" राजा गीर्वाणयुद्धलाई कुमाऊँमा खटिएका बम शाह, भारदार, काजीलगायतको आफ्नो फौजसँग झ्वाँक चल्यो ।

"कस्तै भया पनि दर्बार र मुहुडाको सुर बुझी मर्जीबमोजिम धैर्य भै केही दिन अड्याका भया पश्चिम जान्या मद्दत पनि पुग्दो हो, दुवै पक्षमा बात ठाडो रही काम हुँदो हो । कुमाऊँजस्तो जग्गा छुट्न जाँदा लड्नालाई बढता मेहनत पर्न्या र घा गर्नालाई नरमी हुन्या काम पर्न गयो ।", पाल्पा हेर्ने कमान्डर उजीरसिंहलाई यस्तो लाग्यो ।[१]

---

१ उजीरसिंह थापाले १८७२ साल मिति ज्येष्ठ वदि १२ रोज २ मा मुकाम पाल्पा, श्रीनगरबाट लेखेको अर्जी, पोका ३, पत्र संख्या १०० ।

यी प्रतिक्रिया सुन्दा कुमाऊँमा खटिएका चौतरिया बम शाह, भारदार, काजी र विभिन्न पदका सैनिकले गडबड गरेछन् जस्तो लाग्छ तर कुमाऊँको कुरा अर्कै छ।

कुमाऊँ अंग्रेजको फौजी हमलाको पहिलो निशाना थिएन। पश्चिम र पूर्वका महत्त्वपूर्ण किल्ला जितेपछि यो ठाउँ यसै जितिन्छ भन्ने अंग्रेजलाई लागेको थियो। त्यसैले उसले यहाँ हतियार परिचालनभन्दा राजनीतिक परिचालनमा जोड दियो। यस कामका लागि दिल्ली रेजिडेन्सीका द्वितीय सचिव एडवार्ड गार्डनरलाई विशेष सेवामा लगाइयो। उनको काम सबैभन्दा पहिले कुमाऊँका नेपाली चौतरिया बम शाहलाई लोभ्याएर विना लडाइँ कुमाऊँ हात पार्नु थियो। यस्तैगरी, डोटीमा रहेका हस्तदल शाहसँग पनि कुराकानी गरेर उनलाई समेत अंग्रेजका पक्षमा पार्ने जिम्मा पनि गार्डनरलाई दिइएको थियो।[२]

गार्डनर १८७१ साल मंसिर १ गते उनलाई खटाइएको पहिलो ठाउँ मुरादाबाद पुगेका थिए। त्यहाँ मुकाम बनाएर उनले कुमाऊँका जमीनदारहरूसँग गोप्य छलफल गरे। जमीनदार र ठूलाठालुहरूले कुमाऊँबाट नेपालीलाई खेद्ने काममा आफूले अंग्रेजलाई भरिसक्य सहयोग गर्ने वचन दिए।[३] नेपालीको शासनबाट चिढिएका त्यहाँका मानिसलाई लोभ देखाएर अंग्रेजले आफ्नो पक्षमा पार्‍यो।

गार्डनरले यहाँ बम शाह र कुमाऊँसम्बन्धी एकापसमा बाझिने जानकारी पाए। त्यसैले उनी अलमलिए। तैपनि बम शाहलाई फकाउने कामलाई उनले प्राथमिकता दिए। यस क्रममा बम शाहलाई दबावमा पार्न कुमाऊँतिर अंग्रेजको बलियो फौज आउनु आवश्यक देखे तर नालापानी किल्लामा नसोचेको मात्रामा फौज पठाउनु परेकाले कुमाऊँका लागि छुट्याइएको फौज पनि नालापानी मोड्नुपरेको थियो। त्यसैले हिन्दुस्तानको अंग्रेज सरकारका सचिव जे. आडमले कुमाऊँपश्चिमका किल्ला नजितेसम्म कुमाऊँ हमला गर्ने त कुरै छाडौं, कुमाऊँमा नेपालीलाई तर्साउनका लागि फौजको परेडसमेत नगर्ने जनाए।[४] त्यति वेला बम शाहलाई फकाउँदा, धम्क्याउँदा, अप्ठ्यारो पार्दा लडाइँ नगरीकन कुमाऊँ हात पर्ला भन्ने आशा अंग्रेजले गरेको थियो।

अरू ठाउँमा आशा गरेअनुरूप आफ्नो विजय नभएपछि अंग्रेजले नेपालीको बल र अवस्था कमजोर भएको यो ठाउँमा पनि फौज परिचालन गर्ने निर्णय गर्‍यो तर नियमित होइन, म्यादी फौज। क्याप्टेन एच. वाई. हियर्सेलाई यसअघि नै महाकालीपश्चिममा म्यादी पैदल सेना खडा गर्न लगाइएको थियो। लेफ्टिनेन्ट

---

2 Letter to C. T. Metcalfe from J. Adam, 23d October 1814, Nepal Papers, Page 138-141.

3 Secret Letter from Lord Moira, 11th May 1815 to The honourable the Secret Committee, Nepal Papers, Page 550-551.

4 Letter to Edward Gardner from J. Adam, 22d November 1814, Nepal Papers, Page 234.

कर्णेल विलियम गार्डनरलाई पुसको आधाआधीसम्ममा कुमाऊँमा हमला गर्न चाहिने १,५०० जनाको म्यादी फौज खडा गर्न लगाइयो । हियर्सेले खडा गरेको फौजलाई पनि कर्णेल गार्डनरको कमान्डमा राखियो । कर्णेल गार्डनर एडवार्ड गार्डनरको कमान्डमा रहने भए ।

पुस ९ गते कर्णेल गार्डनरलाई कुमाऊँ हमला गर्न अघि बढ्न आदेश दिइयो ।[५] कर्णेल गार्डनरले हतारहतार गरेर भए पनि म्यादी फौज खडा गरिसकेका थिए तर भरिया नपाएकाले र मौसम बिग्रिएकाले उनी फागुन २ गतेमात्र काशीपुरबाट कुमाऊँतिर हिंडे । उनले हियर्सेलाई उनी बसेको ठाउँबाट अल्मोडामा हमला गर भनी ताकिता गरिरहे ।

बम शाह त्यति वेला कुमाऊँको अल्मोडामा थिए । कर्णेल गार्डनर फौज लिएर आउन लागेको थाहा पाएपछि त्यो फौजलाई रानीखेतमै रोक्न बम शाहले आफ्ना भएजति जम्मैजसो १,५०० फौज त्यता पठाए तर त्यसो गर्न खतरा भएकाले नेपाली फौज अल्मोडै फर्क्यो । गार्डनरको फौज चैत १४ गते रानीखेतबाट अल्मोडातिर हिंड्यो । कर्णेल गार्डनरले आफ्ना हतियार हात्तीलाई बोकाएर ल्याउन खोजेका थिए तर त्यो बाटोमा हात्ती हिंड्न नसक्ने भएकाले हतियार भरियालाई बोकाउनुपर्‍यो । चैत १८ गते उनी कठरमल पुगे । त्यहाँ नेपालको सानो फौज तैनाथ थियो । कर्णेल गार्डनर आउन लागेको थाहा पाएर उनी आइपुग्नुभन्दा एक दिनअघि नै नेपाली फौजले यो किल्ला छाडिदियो ।[६]

खासमा कुमाऊँको रक्षा गर्न प्रतिबद्ध नेपालीका किल्ला ध्वस्त पार्न कर्णेल गार्डनरको फौज र खरखजाना दुवै पर्याप्त थिएनन् । स्थानीय जनताको सहयोगमा अल्मोडा पुगेपछि नेपालका चौतरिया, भारदार, काजी, सरदारलाई व्यक्तिगत लाभको लोभ देखाउँदा उनीहरूले अंग्रेज सामु आत्मसमर्पण गर्लान् भन्ने आशा अंग्रेजले गरेका थिए ।[७]

बम शाहले कुमाऊँ अंग्रेजसमक्ष समर्पण गरेका खण्डमा अंग्रेजले उनलाई कुमाऊँ अथवा अन्त कतै उपयुक्त जागिर दिने भएको थियो । अंग्रेजका अनुमानमा त्यति वेला बम शाहले वार्षिक १२ हजार रुपियाँ तलब पाउँथे । उनको पदका अरू पनि फाइदा थिए । त्यसैले उनलाई अहिले पाइरहेको भन्दा बढी लाभ दिनुपर्छ भनी अंग्रेजबीच छलफल भएको थियो ।[८]

---

5 Letter to Lieutenant-Colonel Edward from G. H. Fagan, 21st December 1815, Nepal Papers, Page 329 to 332.

6 Pemble, Page 294-295.

7 From Lord Moira to the Honourable the Secret Committee, 1st June 1815, Nepal Papers, Page 559-567.

8 Letter to C. T. Metcalfe from J. Adam, 23d October 1814, Nepal Papers, Page 138-141.

एडवार्ड गार्डनरले देखाएको लोभमा बम शाह परेनन् । यो उपायले काम नगरेपछि अंग्रेज फौजी उपायतिर लाग्यो । अरू धेरै ठाउँमा हमला गरेर कति ठाउँमा जितिसकेपछि, कति ठाउँमा हारिसकेपछि मात्र अंग्रेजले कुमाऊँमा रेगुलर फौज पठाउने निधो गऱ्यो । यसका लागि कर्णेल जे. निकोलसको नेतृत्वमा एउटा डिट्याचमेन्ट खडा गरियो । उनको नेतृत्वमा दुई बटालियन पैदल सेना र देहरादूनबाट झिकाएका पाँच कम्पनी कुमाऊँ पठाइए । उनीहरूका साथमा १२ पाउन्डका गोला खाने तोप र मोर्टार पनि त्यही अनुपातमा पठाइएका थिए । त्यसपछि हिन्दुस्तानी इन्फ्यान्ट्रीका थप दुई बटालियन पनि त्यता पठाइने भए । आवश्यकताअनुसार थप बल पठाउने तयारी पनि उनीहरूले गरे ।

कर्णेल निकोलस पहिलो बटालियन लिएर मुरादाबादबाट चैत १९ गते हिंडे । चैत २९ गते अल्मोडा पुगे । त्यहाँ खटिएको नेपाली फौजको बल देख्दा निकोलसले अर्को बटालियन र मोर्टार भएका अरू कम्पनी आइपुगेपछि मात्र नेपालीमाथि हमला गर्ने विचार गरे । तर १८७२ साल वैशाख १२ गतेसम्म थप बल आई नपुगेपछि निकोलसले आफूसँगै भएका फौजले हमला थाले ।[९]

कुमाऊँमा रहेको नेपाली फौजलाई बल दिन हस्तदल शाह यसअघि नै डोटीबाट कुमाऊँतर्फ लागेका थिए । यो कुरा थाहा पाएर क्याप्टेन हियर्सेको नेतृत्वको म्यादी फौजलाई पूर्वबाट आउने नेपालीको बललाई रोक्न, अल्मोडालाई बल दिन र हस्तदलको फौजमाथि हमला गर्न आदेश दिइएको थियो । यसै क्रममा १८७१ साल चैत २२ गते काली कुमाऊँमा भएको भिडन्तमा कप्तान हियर्से घाइते भइसकेका थिए । उनलाई नेपालीले बन्दी बनाइसकेका थिए ।

निकोलसको फौज त्यसको एक हप्तापछि मात्र आइपुगेको थियो ।[१०] फौज आइपुगेको भोलिपल्ट निकोलसको बटालियनका दोस्रा कमान्डर मार्टिन्डेलले ३०० मानिसका भरमा पहिले क्याप्टेन हियर्से बसेको ठाउँवरिपरिका भाग कब्जा गरे । यस क्रममा उनलाई नेपालको ठूलो फौजले हमला गऱ्यो । उनी हारे । हस्तदलले फुक्काफाल भएर काम गर्न पाएकाले शुरूमा नेपाली फौजले अंग्रेजलाई धेरै क्षति पुऱ्याएजस्तो देखियो तर पछि हेर्दा देखियो, त्यसो होइन रहेछ ।[११]

---

9 From Lord Moira to the Honourable the Secret Committee, 1st June 1815, Nepal Papers, Page 559-567.

१० बम शाह, चामु भण्डारी र अंगदले १८७२ वैशाख सुदि ८ रोज ३ मा मुकाम बैतडीबाट लेखेको अर्जी, महेशराज पन्त, वि.सं. १८७१-७२ को नेपाल-अंग्रेज युद्धमा नेपालले हार्नामा एउटा ठूलो कारण, पूर्णिमा, वर्ष १ अंक १, पेज ४७-५८ ।

11 Letter to John Adam from N. B. Edmonstone, Arch Seton, G. Dowdeswell, 21st June 1815, Nepal Papers, Page 619-637.

हस्तदल आफूले डोटीबाट ल्याएको तारा दल, भवानीबक्स कम्पनी र २००/३०० फौजका साथमा अंग्रेजको फौज बसेको ठाउँको उत्तरको भञ्ज्याङ गननाथछेउछाउ आइपुगेको कुरा कर्णेल निकोलसले थाहा पाए । उनले हस्तदल आउनुभन्दा पहिल्यै गननाथ बजारको रक्षा गर्न फौज पठाउन चाहेका थिए तर रसदपानी नभएकाले त्यसो गर्न सकेका थिएनन् । त्यसको भोलिपल्ट, १८७२ साल वैशाख १३ गते राति १२ बजे उनले मेजर आर. प्याटोनको नेतृत्वमा फौज पठाई हस्तदलको पिछा गर्न लगाए । यस फौजलाई आफूलाई धेरै खतरा नहुने भएमा हस्तदल किल्लामा पस्नुभन्दा पहिल्यै हमला गर्नू भनेर आदेश दिइएको थियो । आफूहरू पुग्नुभन्दा पहिल्यै हस्तदल किल्लामा पसिसकेका रहेछन् भने गननाथ र अल्मोडाका बीचमा पर्ने नजीकको बलियो ठाउँमा बस्नू र उनको किल्लामाथि गोला बर्साउनू भन्ने आदेश पनि यो फौजलाई दिइएको थियो ।[१२]

अंग्रेज फौज त्यहाँ पुग्दा हस्तदल किल्ला पसिसकेका थिए । अंग्रेजले हस्तदलको फौजमाथि हमला गऱ्यो । निकै टाढासम्म खेद्यो र छिन्नभिन्न पारिदियो । यस क्रममा अंग्रेज फौजका दुई/तीन जना मारिए, १३/१४ जना घाइते भए ।[१३] नेपाल पक्षको विवरणअनुसार, वैशाख १३ गते गननाथको बाटो हुँदै अंग्रेज फौज आउँदै गरेको कुरा नेपाली फौजले थाहा पायो । त्यस फौजमाथि हमला गर्न अल्मोडाबाट हस्तदल शाह र जया रोकाया फौज लिई गए । अंग्रेजसँग घमासान लडाइँ भयो । केही नेपालीको ज्यान गयो । हस्तदल र जया रोकाया कता गए भन्ने कुरा नेपाली फौजका सिपाहीलाई तत्काल थाहा भएन ।[१४]

हस्तदलको फौजमाथि हमला गर्न खटिएका मेजर प्याटोनले पछि पाएको खबरअनुसार त्यस रातको हमलामा हस्तदल शाह गम्भीर घाइते भएका थिए र उनलाई अल्मोडा लगिएको थियो । अर्का एक जना माथिल्लो दर्जाका नेपाली मारिएका थिए । अंग्रेजले उनी निश्चय पनि सरदार हुन् भनी ठाने । उनका बुट्टेदार पेटी, बन्दुक आदि अंग्रेज क्याम्पमा लगियो ।

अंग्रेजतर्फ पनि मेजर प्याटोनले पहिले अनुमान गरेभन्दा धेरै क्षति भएको थियो । पाँच जनाको अवस्था एकदमै गम्भीर थियो । क्याम्पमा उपचार हुन नसक्ने भएकाले उनीहरूलाई फौजका साथ लगाएर सकेसम्म चाँडो कठरमल पठाउने बन्दोबस्त गर्न लागियो ।[१५] अंग्रेजतर्फ दुई जना मरे, २६ जना घाइते भए ।[१६]

---

12 Letter to the Adjutant-General from J. Nicolls, 23d April 1815, Nepal Papers, Page 572.

13 Letter to Lieutenant Webb from R. Patton, 23d April 1815, Nepal Papers, Page 573.

१४ चौतारा रुद्रवीर शाहलाई कालधरले वैशाख वदि ४ रोज ५ मा मुकाम कुमाऊँको कोट बलगढीबाट पठाएको पत्र, १ सी. ३७९, पाना १२ ।

15 Letter to Lieutenant Webb from R. Patton, not dated, Nepal Papers, Page 574.

16 Return of Killed and Wounded, of a Detachment under Major R. Patton, in Action with Enemy, 23d April 1815, Nepal Papers, Page 575.

अंग्रेजले पाएको खबरअनुसार भोलिपल्ट बिहान नेपाली फौजको एक हिस्सा अल्मोडा फर्कियो ।[१७] तर पूरै फौज भने फर्कन पाएन ।[१८] हो, अंग्रेजले पाएको खबर सही थियो । त्यस रात ४०/५० जना नेपाली सिपाही कहिल्यै नफर्कने गरी आफ्नो फौजबाट छुट्टिइसकेका थिए, उनीहरूको ज्यान गएको थियो ।[१९] चौतरिया हस्तदलको कञ्चटमा गोली लागेको थियो । अल्मोडा ल्याउँदै गर्दा बाटोमा उनी बिते । माथि अंग्रेज मेजर प्याटोनले मारिए भनी खबर पाएका नेपाली हस्तदल शाह थिए । सरदार जया रोकायाचाहिँ घाइते भए । उनको पेटमा अति नै गम्भीर चोट लागेको थियो ।

हस्तदललाई मार्न सफल भएकोमा अंग्रेजले खुशियाली मनायो । कर्णेल निकोलसले भने– "बहादुर चौतरियाको मृत्यु भएकोमा उत्पन्न अफसोस अनि जाँगरिला र सतर्क शत्रु मासिएको खुशीको मिश्रित भावनामा म नेपालका राजाका काका हस्तदल चौतरियाको मृत्यु भएको घोषणा गर्दछु ।"[२०]

यस घटनाले नेपालीलाई हताश बनायो । त्यहाँ भएका सिपाहीले डोटीका चौतरियालाई आफ्नो अवस्थाबारे बताएर उनीसँग गुहार मागे– "अल्मोडामा पनि साह्रै सकस परिरहेछ । तसर्थ दरबारबाट आउने भारदार र लश्कर लिई रातसाँझ गरी अल्मोडामा चौतरियालाई गुहार दिन शीघ्र शीघ्र चाँडो आउनुहोला । अल्मोडाका लडाजीले सिकिस्त भयापछि धेरै बितवल पर्‍या छ । दरबारमा अर्जी बिन्ती लेख्नुहोला ।"[२१]

दुईवटा गोली लागेर घाइते भएका जया रोकाया पनि पछि बिते । त्यस लडाइँमा रणसुर कार्कीसमेतका सुबेदारको पनि ज्यान गयो ।[२२]

निकोलस वैशाख १५ गते दिउँसो १ बजे आफ्नो फौज लिएर सिलोटी डाँडातिर गए । अंग्रेज फौज उत्साहित र नेपाली फौज निरुत्साहित भएको देखेर उनले नेपालीका दुईवटा किल्लामा हमला गर्न आदेश दिए । दुवै हमला सफल भए । लेफ्टिनेन्ट कर्णेल गार्डनरको नेतृत्वमा रहेको म्यादी फौजले अर्को डाँडामा

17 Letter to Lieutenant Webb from R. Patton, not dated, Nepal Papers, Page 574.

18 Letter to the Adjutant-General from J. Nicolls, 24th April 1815, Nepal Papers, Page 574.

१९ चौतारा रुद्रवीर शाहलाई कालधरले वैशाख वदि ४ रोज ५ मा मुकाम कुमाऊँको कोट बलगढीबाट पठाएको पत्र, १ सी. ३७९, पाना १२ ।

20 Letter to the Adjutant-General from J. Nicolls, 24th April 1815, Nepal Papers, Page 574.

२१ चौतारा रुद्रवीर शाहलाई कालधरले वैशाख वदि ४ रोज ५ मुकाम कुमाऊँको कोट बलगढीबाट पठाएको पत्र, १ सी. ३७९, पाना १२ ।

२२ भीमसेन थापालाई मेजर जसिवन्तहरूले १८७२ साल वैशाख सुदि १ रोज ४ मा चलिचलाउ मुकाम अछामबाट लेखेको पत्र, क्याटलग चिठी नं. १७२ र चौतरिया रुद्रवीर शाहीलाई सुबेदार रण मल्लले वैशाख वदि ६ रोज ७ मा मुकाम झूलाघाटबाट पठाएको पत्र, १ सी. २९, पोका नम्बर ९८/१३४ ।

चढेर त्यहाँको नेपाली किल्ला लिएपछि सिलोटी डाँडातिर रहेका सबै किल्लामा अंग्रेजको कब्जा भयो ।

अंग्रेजको एउटा फौजले भागेका नेपालीलाई धपायो । केही नेपालीहरू कालीमठको सानो किल्ला र राजाको दरबारमा पसे । नेपालको थप फौज त्यहाँ पस्न नपाओस् भनेर अंग्रेजले कालीमठ जाने सबै बाटा छेक्यो र नेपालीलाई एकठ्ठा हुन दिएन । सानो मोर्टार र छ पाउन्डको तोप आफू भए ठाउँ आइपुग्ने बित्तिकै अंग्रेजले नेपालीमाथि हमला खोल्यो । अंग्रेजको अनुमानअनुसार त्यस दिन अंग्रेजको हमलामा परेर ४० जनाजति नेपाली या त मारिए या घाइते भए ।[२३]

अंग्रेजले कालीमठ र लालमन्डी पनि कब्जा गऱ्यो । नेपालीले एउटा पोस्ट कब्जा गरेका थिए तर त्यसलाई तुरुन्तै अंग्रेजले लियो । नेपालीले अंग्रेज फौजमाथि दुई-तीनपटक हमला गरे तर अंग्रेजको शक्तिका सामुन्ने नेपालीको केही लागेन । त्यस दिन दुवैतिर धेरै मरे, धेरै घाइते भए ।

तैपनि, नेपालीले पनि यत्तिकै लत्तो छाडेनन् । उनीहरू अंग्रेजको किल्लाको छ फिटजति अग्लो पर्खाल चढे र अंग्रेज फौजमाथि ढुंगा बर्साए । पर्खाल चढ्न कोशिश गर्दा एक जना नेपाली सिपाही ठाउँको ठाउँ मारिए ।

बेलुका ६ बजेदेखि अंग्रेजले साना मोर्टार चलायो । ठूलो मोर्टारचाहिँ राति १२ बजेदेखि चलायो । नेपालीले आश्रय लिएका किल्लामा अंग्रेजले आठ इन्चका धेरै गोला बर्सायो । उसको फौजचाहिँ लुकेर बस्यो । रातभर लडाइँ चलिरह्यो । धेरै नेपाली र खसिया (कुमाऊँका) सिपाही भागे ।

यी दुई दिनमा अंग्रेजतर्फ लेफ्टिनेन्टसहित ५० जना मारिए, १६१ जना घाइते भए ।[२४]

राति ९ बजेतिर (एडवार्ड गार्डनरले चाहिँ बिहान १० बजेतिर भनेका छन् । योचाहिँ सही हुनुपर्छ)[२५] चौतरिया बम शाहका तर्फबाट युद्धविरामको झन्डा लिएर दूत अंग्रेजकहाँ गए । दूतले बम शाह र नेपालीले बन्दी बनाएका अंग्रेज क्याप्टेन हियर्सेका चिठी लगेका थिए । बम शाहले यो ठाउँ छाडिदिने भएपछि कुमाऊँको युद्ध रोकियो ।[२६]

23 Letter to the Adjutant-General from J. Nicolls, 25th April 1815, Nepal Papers, Page 575-576.

24 Return of Men Killed and Wounded of the First Battalion of the Fourth Regiment of Native Infantry, and of the Flank Detachment under Captain Leys, on the 25th and 26th April 1815, Nepal Papers, Page 577; Return of Men Killed and Wounded of the Irregulars under the Command of Lieutenant Colonel Gardner, in the Assaults on Enemy's Position at Almora on the 25th April 1815, Nepal Papers, Page 578.

25 Letter to John Adam from Edward Gardner, 26th April 1815, Nepal Papers, Page 568.

26 Letter to the Adjutant-General from J. Nicolls, 26th April 1815, Nepal Papers, Page 576-577.

यसरी कुमाऊँ गुमेको खबर पाउँदा नेपालका राजा, जर्नेल भीमसेन थापा, काजी रणध्वज थापा, अरू ठाउँका रणमैदानमा खटिएका काजी, भारदार, सरदार र सिपाहीहरूलाई लागेको हुन सक्थ्यो, कुमाऊँपश्चिमको नालापानी किल्ला लिन अंग्रेजलाई ३७ दिन, ठूलो फौज र धेरै हातहतियार खर्च गर्नुपरेको थियो । पश्चिम मुहुडामा बुढाकाजी अमरसिंह थापा अक्टरलोनीसँग कात्तिकदेखि लडेका लड्यै छन् । वैरीलाई धक्का दिँदै, निराश बनाउँदै छन् । यता कुमाऊँमा चाहिँ नाथे एक हप्ताको लडाइँ पनि नथेग्ने !

तर, त्यहाँ भएका नेपालीहरूले त्यस लडाइँमा ठूलो सकस भोगेका थिए । सुबेदार रण मल्लका अनुसार :

> *वैशाख १५ गते दोपहरमा कुहिऱ्या आयो । कप्तान अंगद बसेका गढीमाथि अल्मोडाको सानु बजार दीपनका देवलको आड गरी अंग्रेज लड्यो । बम शाह, अंगद, जसमर्दन थापा, अमरसिंह रोकाया र केही सिपाही नन्दादेवीका किल्लामा पस्न भ्याएका थिए । त्यहाँ फौजका परिवारसमेत थिए । त्यसलाई अंग्रेज फौजले घेऱ्यो ।*
>
> *काजी चामु भण्डारी, सुबेदार खम्ब शाही सनालागढी, कालीमठमुनि थिए । आफ्ना फौजलाई बल दिन जालान् भनौं भने उनीहरूसँग बल थिएन । वैरीको बल भने असंख्य थियो । कुमाऊँले विद्रोह गऱ्यो । हलकारा र बाटो बन्दमन्द रह्यो ।*[२७]

यस लडाइँमा गढीमा पस्न नपाई छिन्नभिन्न भएका केही सिपाही पूर्वतिर लागेर झूलाघाट आई बसे । त्यहाँ आइपुगेका सिपाहीले यो खबर सरकारलाई लेखिपठाउन चौतरिया रुद्रवीर शाहीलाई अनुरोध गरेका थिए ।[२८]

अरू सिपाहीका भोगाइमा पनि त्यो लडाइँ भीषण थियो :

> *वैशाखका दिन १५ जाँदा वैरी आइपुग्यो । दरबारमा पस्यो । हाम्रो लश्कर लालमन्डीमा थियो । बडा चौतरिया बम शाह नन्दादेवीका थानमा पस्नुभयाको थियो । दरबारदेखि उँभो साना बजारमाथिका गढीदेखि उँधो वैरी भरिइरहेछ । साना बलले पुगन्या छैन । भण्डारी काजी र पार्छ कम्पनी कालीमठमा बस्याका थिया । साँझमा लडाइँ भयो । सक्यानन् । हटिकन कहाँ लश्कर छ, कहाँ छैन विचार, जो*

---

२७ चौतरिया रुद्रवीर शाहलाई सुबेदार रण मल्लले वैशाख वदि ६ रोज ७ मा मुकाम झूलाघाटबाट पठाएको पत्र, १ सी. २९, पोका नम्बर ९८/१३४ ।

२८ चौतरिया रुद्रवीर शाहलाई सुबेदार रण मल्लले वैशाख वदि ६ रोज ७ मा मुकाम झूलाघाटबाट पठाएको पत्र, १ सी. २९, पोका नम्बर ९८/१३४ ।

पर्दा लश्कर थाह-थिति केही छैन । ४,००० (अंग्रेज) फौज बागेश्वरको बाटो लाग्याको छ । अलमोडा जान्छ भन्ने हल्ला छ । थाहा केही भयाको छैन । काली कुमाऊँको बाटो ७,००० लश्कर आया भनी खबर आइपुगिरहेछ । अल्मोडामा भन्या वैरीको लश्कर २२ हजार पुग्याको छ । रातबिरात गरी पुग्या जावस् । कुमाऊँन्या (कुमाउँका मानिस) सबै वैरी भइरहेछन् । आफ्नो कोही छैन ।[२९]

यति वेला कुमाऊँको नेपाली फौजको अवस्था १८७१ साल पुस २० गते नेपाली फौजले पर्सा र समनपुरमा हमला गरेका वेला र हमलापछि अंग्रेज फौजको अवस्थाजस्तै थियो । त्यति वेला अंग्रेज फौज आत्तिएको थियो । उसले आफ्ना वैरी नेपालीको फौज कति हो कति ठूलो छ भन्ने ठानेको थियो । अहिले कुमाऊँमा रहेका नेपाली सिपाहीले पनि त्यहाँ आफ्ना वैरी जति थिए, त्यसभन्दा धेरै गुणा देखेका थिए । आउन लागेको अंग्रेज फौज नेपाली सिपाहीहरूले सुनेजति ठूलो थिएन । त्यहाँ भइरहेको फौज पनि त्यति ठूलो थिएन । लडाइँले अत्याएका नेपाली सिपाहीलाई हल्लाले थप गलाएछ ।

अमरसिंह थापालाई बल दिन काठमाडौंबाट पठाइएको फौज पनि केही समयदेखि कुमाऊँमै अड्किएको थियो । १८७१ साल फागुन १४ गते अल्मोडा आइपुगेका केही सैनिकले अंग्रेजको फौज कुमाऊँको चुरे घाटी नाघेर दुई मुख गरी त्यता आउन लागेको थाहा पाए । त्यति नै वेला चौतरिया बम शाहले उनीहरूलाई पश्चिम जान सकिन्छ, सकिँदैन भन्ने बुझेर मात्र जाऊ भने । आफूभन्दा माथिका पगरी र सुबेदारसँग बुझ्दा उनीहरूले थाहा पाए, थोरै बल गएर केही नहुने रहेछ । फेरि काठमाडौंबाट गएका थप सिपाहीसँग हातहतियार थिएन । उनीहरूलाई लाग्यो– "हतियार नभयाका सिपाही सुरा हुँदा रहेनछन् ।"

यसरी उनीहरू कुमाऊँमा बसेका वेला गननाथको लडाइँ भएको थियो । त्यहाँ हस्तदल शाह, सरदार जया रोकाया, रणसुर कार्कीको फौज नराम्रोसँग पराजित भएपछि त्यस फौजका खरखजाना उकासी ल्याउन थप सिपाही त्यता गएका थिए । उनीहरू फर्की आइपुग्दा नपुग्दै अल्मोडामा तोप र बन्दुकको लडाइँ जोरिइसकेको थियो । उनीहरूले त्यो लडाइँको बयान यसरी गरेका थिए :

सानु बजार अंग्रेजले लिएछ । पातालदेवीका टिपामा ९ घडी रात बिताई हान्न जाँदा चार खण्डका एक खण्ड मानिस टिपामा उक्लिए । त्यहाँ बसेका वैरी कदल काटे । टिपामा कब्जा जमाए ।

---

२९ कलिकर्ण शाही र लछिमन खत्रीले मिति वैशाख वदि ६ रोज २ मा मुकाम झुलाघाटबाट पठाएको अर्जी, १ सी. ४४६, पाना १२ ।

पछि सिलोटीबाट मोहनसिंह ७/८ सय पठान फौज लिई आउँदा दीप चन्दका देवलबाट गार्डनर २,००० फौज लिई आउँदा भरसात लडाइँ भयो । टिपामा बसेका केही मरे, केही घायल भए । उही बखतमा अंग्रेजले दुई मुख गरी मिच्यो ।[३०]

त्यहाँका नेपाली सिपाहीले गरेको लडाइँको बयान सुन्दा उनीहरू मर्न डराएजस्तो देखिँदैनथ्यो । नपत्याए उनीहरूले जर्नेल भीमसेन थापा र काजी रणध्वज थापालाई दिएको बयान पढौं :

बिग्रन्या वेलामा सबै थोकबाट बिग्रन्या रहेछ । भाग्यमानी मरी गया । हामीलाई भन्या ठग्या । साल, पगरी, पछेउराले कान लपेटेको थियो । कानबाट दोहरा गोली लागी बन्दुकका मोहोरीको आगोले लुगा डढ्दा हामी अभागीलाई गोलीले पनि भेटेन, तरबारले पनि भेटेन । बाँची रह्याका छौं । मिहिनेत अरूले, हामीले गऱ्या नगऱ्या जाँच्या जावस् ।[३१]

अब त क्या छ ! सिपाही पनि विना हतियारका छन् ।... १२/१५ हजार फौज र जमीनदार सबै उसका हात चढ्दा, रैती, ढुंगामाटो सबै वैरी पल्ट्याको जग्गामा केही गऱ्यापछि पनि पुग्दो रहेनछ । हाम्रा हतियार पनि सबैको रहेनछ । जम्मा ५/६ हजार लश्कर रहेछन् । यिनैको भर राखी शहरमा ऊ पस्यापछि पनि गननाथका किल्लाबाट चौतरियासित दुई दिनसम्म तोपको लडाइँ भएछ । सिपाहीहरूले झक मारी दिंदा कोही भागन्या, कोही मिलन जान्या, कोही आफ्ना ज्यानबच्चा स्याहार्न लाग्दा, कोही लडाइँमा पस्न जाई दिंदा, उस्का बमगोला किल्लाभित्र पर्न जाँदा किल्ला पनि भत्केछ ।[३२]

कुमाऊँ अंग्रेजको हात परिसकेपछि नेपालको थप बल धमाधम त्यता जान थाल्यो । राजाले गोरख गणका पाँच पट्टी, निशान र गुरुबक्स वीरभद्र जंग कम्पनीसहित वीरभञ्जन पाँडे र जयद्रथ अधिकारीलाई त्यता पठाए ।[३३]

---

३० भीमसेन थापा र रणध्वज थापालाई रणसिंह खड्का र महावीर खड्काले वैशाख सुदि १ रोज ४ मा मुकाम सोरबाट लेखेको पत्र, १ सी. ३७९, पो ०/२ ।

३१ भीमसेन थापा र रणध्वज थापालाई रणसिंह खड्का र महावीर खड्काले वैशाख सुदि १ रोज ४ मा मुकाम सोरबाट लेखेको पत्र, १ सी. ३७९, पो ०/२ ।

३२ काजी वीरभञ्जन पाँडेलाई रूद्रवीर शाहीले १८७२ ज्येष्ठ वदि ३ रोज ६ मा मुकाम वैतडीबाट लेखेको पत्र, डीएनए १/१६ ।

३३ वीरभञ्जन पाँडे, जयद्रथ अधिकारीले ज्येष्ठ वदि ५ रोज १ मा चलिचलाउ मुकाम लाफूबाट पठाएको अर्जी, १ सी. ४४१, पोका ८, पत्र संख्या १४ ।

अल्मोडा थाम्न कठिन भयो भन्ने खबर आएपछि बझाङी राजा इन्द्रसिंहले आफ्ना भाइ लछिमनसिंहलाई ६०/७० जवान दिई अलमोडा पठाए। उनले भीमसेनलाई पत्र लेखेर बताए– "अल्मोडा थाम्न सकिएन भने नेपाललाई गाह्रो पर्छ।"[३४]

यस्तैगरी, सुब्बा रूद्रवीर शाही पनि आफूसँग भएका बन्दुक र कम्पनी सबै लिई रातारात गरी सल्यानबाट डडेलधुरा पुगे तर बम शाह र अंग्रेजबीच सम्झौता भइसकेको खबर पाएपछि उनी डडेलधुरामै थामिए।[३५]

त्यति वेला थप बल पठाउनु बेकार थियो। त्यसैले कुमाऊँका खबर बुझेका रूद्रवीर शाहीले कुमाऊँको सहयोगका लागि धावा गरी गइरहेका काजीहरूलाई लेखे– "थप ८/९ सय त क्या १२/१५ हजार (फौज) भया पनि अंग्रेजसँग लड्न कठिन रहेछ। ...तसर्थ धावा गरी आउन्या काम छैन। विस्तारसित लश्करको संभार राखी आया बढिया होला। अछाममा सस्तो बेसाहा पनि छ। ताहाँ विस्तार भया पनि बढियै होला।[३६] यस्तो खबर पाएपछि जयद्रथ अधिकारी र काजी वीरभञ्जन पाँडे डोटीपूर्व बस्ने भए।"[३७]

खासमा, अंग्रेजले आफ्नो नियमित फौजका भरमा मात्र कुमाऊँ दखल गरेको होइन। निकोलसको नियमित फौज कुमाऊँ आइनपुग्दै गार्डनरको म्यादी फौजले नेपाली फौजलाई हायलकायल पारिसकेको थियो। जमुनापार रहेको नेपाली फौजलाई बल दिन पूर्वबाट गएको फौज अल्मोडा पुग्दा अंग्रेजको म्यादी फौज ढिक्लीमा आइसकेकाले बम शाहले पश्चिम जाने नेपाली सिपाहीहरूलाई त्यहीं रोक्नुपरेको थियो।[३८]

त्यति वेला कुमाऊँमा बम शाहको आदेश चल्न छाडिसकेको थियो, कर उठ्न छाडिसकेको थियो। उनलाई पैसाले आपत परेको थियो। उनले रिन गरेर खर्च धान्नुपरेको थियो तर पहिले लिएको रिन तिर्न नसकेकाले साहुहरूले पैसा दिन छाडेका थिए। "खानेकुरा नभएपछि के गर्न सकिन्छ र ? बितेका छ महीनादेखि

३४ भीमसेन थापालाई राजा इन्द्रसिंहले १८७२ साल वैशाख वदि १० रोज ५ मा बझाङबाट पठाएको पत्र, क्याटलग १७१ र भीमसेन थापालाई राजा इन्द्रसिंहले १८७२ साल वैशाख वदि ११ मा बझाङबाट पठाएको पत्र, क्याटलग, पत्र संख्या १७१।

३५ सुब्बा रूद्रवीर साहीले १८७२ वैशाख सुदि ४ मा चलिचलाउ मुकाम दर्नाबाट लेखेको पत्र, क्याटलग, पत्र संख्या १७३।

३६ काजी वीरभञ्जन पाँडेलाई रूद्रवीर शाहीले १८७२ ज्येष्ठ वदि ३ रोज ६ मा मुकाम वैतडीबाट लेखेको पत्र, डीएनए १/१६।

३७ वीरभञ्जन पाँडे, जयद्रथ अधिकारीले ज्येष्ठ वदि ५ रोज १ मा चलिचलाउ मुकाम लाफूबाट पठाएको अर्जी, १ सी. ४४१, पोका ८, पत्र संख्या १४।

38 Translation of a letter from Kaur Beer Udkaree and Bhukt Beer, to Raj Beer and Jahur Sing Udkaree at Nepaul, dated Kalmutheea, 1st April 1815, Nepal Papers, Page 590.

मेरो निजी पैसाले धानेको छु । मैले भर्खरै गहना बेचेर ८/१० सय रुपियाँ जुटाएँ । पैसा नभई के गर्ने ! हामीलाई धेरै कठिन पर्ने भएको छ । यहाँ पठाएका थप बल र पश्चिमतर्फका फौज पनि असहाय छन् । हामी के गरौं, तिमी चाँडै सल्लाह देऊ ।", बम शाहले पश्चिम नेपालमा रहेका आफ्ना भाइ रुद्रवीरसँग गुहार मागेका थिए ।[३९]

अंग्रेजले हमला गर्न लागेकाले बम शाहले नेपाल सरकारसँग पैसा र बल मागेका थिए तर सरकारले दिएन । "अल्मोडाको रक्षाका लागि पुग्ने बल तिमीसँगै छ" भनेर जति थप बल आउँछ मुहुडा पठाउनू भन्ने आदेश सरकारबाट गयो । "वैरीका १०० जना बराबर एक जना फौज मसँग भएको भए म यस ठाउँको रक्षा गर्ने थिएँ ।", बम शाहलाई लाग्यो । त्यहाँ पुगेका थप बलसँग हतियार थिएनन् । त्यसैले हतियारविनाका नेपाली सिपाहीलाई शक्तिशाली हतियार भएका वैरी भएका ठाउँ, अझपश्चिम पठाउन उनको मनले मानेन । नेपाली फौजको बाटो अंग्रेजले थुनेको थियो । त्यसैले उनीहरू अर्को बाटो कुमाऊँ गएका थिए । अंगद कप्तानले अंग्रेज फौजमाथि राति हमला गर्ने विचार गरेका थिए तर आफूसँग राम्रा हतियार नभएकाले त्यसो गर्न सकेका थिएनन् । नेपाली फौजलाई विभिन्न किल्लामा राखियो । त्यति वेलासम्ममा अंग्रेजको नियमित फौज कठरमलमा आइबसेको थियो । अंग्रेजसँग बल र खजाना ठूलो भएकाले एक-दुई ठाउँमा हराउँदैमा उनीहरू हट्दैनथे । यसरी बम शाह अप्ठ्यारोमा परेका थिए ।[४०]

अंग्रेज फौज कुमाऊँ आइसकेकाले जमुनापारिको नेपाली फौजलाई बल दिन काठमाडौंबाट गएका सिपाही अल्मोडामै रोकिए । उनीहरूलाई पनि पैसाको खाँचो थियो । "दुई हजार रुपियाँ रिन काडेर भए पनि तुरुन्तै पठाइदेऊ । पैसा नआए हाम्रो कम्पनी भोकले मर्छ । उनीहरूको मन खस्कन्छ ।", अल्मोडा पुगेका सिपाहीले पश्चिम नेपालमा रहेका नातेदारसँग यसरी गुहार माग्नुपरेको थियो ।[४१]

नेपाली फौज बसेका एकाध ठाउँबाहेक बाँकी सबैतिर अंग्रेजको एकछत्र राज भइसकेको थियो । त्यति वेलाको त्यहाँको अवस्थाबारेमा त्यहाँ रहेका सिपाहीले १८७१ साल चैत २५ गते भीमसेन थापालाई लेखेका थिए, "यहाँका मानिसले हामीलाई धोका दिए । हाम्रो फौज थपियो भने हामीले खान पाउँदैनौं । हामी जे देख्यो, त्यो बोल्छौं । हाम्रा विचारमा कुमाऊँ हाम्रा हातबाट गुम्यो । यस्तो

39 Translation of a letter from Bum Sah to Rooder Beer Sah (his brother) at Nepaul, dated 8th of Cheet (2d April 1815), Nepal Papers, Page 588.

40 Translation of a letter from Bum Sah to Rooder Beer Sah (his brother) at Nepaul, dated 8th of Cheet (2d April 1815), Nepal Papers, Page 588.

41 Translation of a letter from Bugat Beer Udkaree and Ram Beer Kajee to Major Dille Ram Jeossee, Army Agent at Penthanna, dated 1st April 1815, Nepal Papers, Page 589.

हालतमा यहाँभन्दा पश्चिम रहेको नेपाली फौज कसरी बँच्छ, फर्केर यता कसरी आउँछ ? उनीहरूलाई जोगाउन १,०००/५०० नाल यहाँ पठाउनू । त्यसो नभए हामी सिद्धिन्छौँ । यो काम चाँडै भयो भने केही गर्न सकिन्छ कि ? भएन भने केही पनि गर्न सकिँदैन । हामी हाम्रो ज्यान दिन तयार छौँ तर विधिको विधानसँग केही लाग्दैन । घमण्ड गरेर मात्रै केही हुँदैन । हामी सकेजति गर्छौँ तर वैरीको फौज ठूलो छ, ६,००० बन्दुक र २,००० गोरा छन् । बल र हतियार चाँडै पठाउनुहोला । हामी कदापि हार्नु हुँदैन ।"

'हामी कदापि हार्नु हुँदैन' भन्ने वाक्य त्यस चिठीमा सातपटक लेखिएको थियो ।[४२]

चैतको अन्तिम साता क्याप्टेन हियर्सेको म्यादी फौजले काली कुमाऊँ सर गरिसकेको थियो । गार्डनरको म्यादी फौज अल्मोडाबाट तोपको मार हान्न सकिने ठाउँमा बसेको थियो । निकोलसले नेतृत्व गरेको नियमित फौज अल्मोडाभन्दा दुई दिनको बाटो टाढा काठको नाउ भन्ने ठाउँमा आइपुगेको थियो । उसको फौज दिनैपिच्छे बढ्दै थियो । थप बल आएपछि नेपाली फौजमाथि हमला गर्ने दाउमा अंग्रेज थियो ।[४३] यस्ता वेलामा निकोलसको फौज थपिएपछि नेपालीको केही लागेन । निकोलसको फौजका सामुन्ने नेपाली फौज चार दिन पनि टिकेन ।

राजा गीर्वाणले भनेझैँ कुमाऊँमा फौज बाक्लै त भयाको थियो तर त्यो फौज हतियारविनाको थियो । त्यसले लड्न सक्दैनथ्यो । हतियारविनाको फौज जस्तोसुकै गढिलो जग्गामा बसे पनि उसले अंग्रेजको शक्तिशाली हातहतियारको सामना गर्न सक्दैनथ्यो । उसका हातखुट्टा गल्ने अवस्था पहिल्यै सिर्जना भइसकेको थियो ।

हो, उनीहरू अडिन सकेका भए अंग्रेजसँग ठाडो बात गर्न सकिन्थ्यो । त्यसो नभएकाले नेपालले अंग्रेजले जे भन्यो, त्यही शर्त मान्नुपर्ने भयो । यस्तो चेपुवामा परेका वेला अंग्रेजको नियमित फौजले समेत हमला गरेपछि चौतरिया बम शाह एडवार्ड गार्डनरले लादेका शर्त मान्न बाध्य थिए । गार्डनरले राखेका शर्त मान्ने कि नमान्ने भनेर जवाफ दिन बम शाहलाई युद्धविराम भएदेखि दुई घण्टाको समय दिइयो । बम शाहले अल्मोडाको उत्तरमा रहेको किल्लामा बसेका काजी चामु भण्डारीसँग कुरा गर्ने चाहना व्यक्त गरेकाले मात्र जवाफ दिने म्याद थपिएको थियो ।[४४]

---

42 Translation of a letter from Karu Beer and Bukt Beer Udkaree, the Jemmadars and Officers, &c., of the Company to General Beem Singh and Kajee Rundoz Thappa, dated Kalee Mathee, 1st April 1815, Nepal Papers, Page 589.

43 Translation of a letter from Zabbur Udkaree to General Beem Singh and Rundoz Thappa, dated Almora, 3d April 1815, Nepal Paper Page 590.

44 Letter to John Adam from Edward Gardner, 26th April 1815, Nepal Papers, Page 568.

अंग्रेजले राखेका ती शर्त यसप्रकार थिए :

- अल्मोडाको किल्ला त्यही साँझसम्ममा अंग्रेजलाई सुम्पिनुपर्ने,
- चौतरिया बम शाह, सरदार र फौजले भोलिपल्ट साँझसम्ममा सबैतिरका सुरक्षा पोस्ट हटाउनुपर्ने,
- नेपाली फौजले युद्धबन्दी बनाएका क्याप्टेन हियर्सेलाई तुरुन्तै रिहा गर्नुपर्ने,
- युद्धबन्दी सकेसम्म चाँडो एक-अर्कालाई सुम्पिनुपर्ने,
- बम शाह र नेपाली फौजलाई आफ्ना हतियार, परिवार र निजी सम्पत्ति लिएर महाकाली तरेर पूर्व डोटी जान अंग्रेजले बाधा नपुऱ्याउने,
- चौतरिया बम शाह, सरदार र फौज दुवै पक्षले मञ्जूर गरेको बाटोबाट दिनको छ घण्टाका दरले हिंडेर महाकाली तर्नुपर्ने ।[४५]

१८७२ साल वैशाख १७ गते नेपाल र अंग्रेजबीच सन्धि भयो, जसमा चौतरिया बम शाह, काजी चामु भण्डारी, क्याप्टेन अंगदसिंह र सरदार जसमुन्डनले सही गरे । सो सन्धिअनुसार नेपालीहरू कुमाऊँको भूभाग अंग्रेजलाई सुम्पेर १० दिनभित्र महाकाली तर्ने भए । त्यतिञ्जेल उनीहरूको खानेबस्ने र सरसामान लैजाने प्रबन्ध अंग्रेजले गरिदिने भयो । नेपालीले लालमन्डीको किल्ला तुरुन्तै अंग्रेजलाई सुम्पने भए । अल्मोडा किल्लामा रहेका नेपाली फौजका परिवार र चल सम्पत्ति त्यहाँबाट हटाइसक्ने बित्तिकै उनीहरूले किल्ला खाली गरिदिने भए ।

अंग्रेजले कुमाऊँमा आफ्नो आधिपत्य जमेको घोषणा गर्ने तयारी गऱ्यो । यस खुशीयालीमा अंग्रेजले शाही सलामीस्वरूप तोप पड्कायो । यसपछि नेपाली फौजको बल चाँडै घट्ने, कुमाऊँपश्चिममा पनि नेपालीको हार भई लडाइँ थामिने र नेपाल सरकारलाई घातक थप्पड लाग्ने आशा अंग्रेजले गरेको थियो ।[४६]

वैशाख १८ गते राति चौतरिया बम शाह आफ्नो परिवार र अंग्रेजले दिएका भरियाले बोक्न सक्ने सम्पत्ति लिएर महाकालीतिर हिंडे ।[४७] लेफ्टिनेन्ट कर्णेल गार्डनर बम शाहलाई महाकाली तार्न उनीसँगै आउने भए । "बम शाहले अंग्रेज

45 Instructions to Lieutenant-Colonel Gardner in Conducting a Conference with the Choutra Bum Sah, relative to a Suspension of Arms between that Chieftain and The British Government Signed by Edward Gardner, J. Nicolls, 26th April 1815, Nepal Papers, Page 568.

46 Letter to John Adam from Edward Gardner, 27th April 1815, Nepal Papers, Page 568-569, Translation of a convention executed by Lieutenant-Colonel Gardner (authorised for that purpose by the Honourable E. Gardner, and Colonel Nicolls, acting on the part of the British Government) on one side, and by Bum Sah Choutra, Chamoo Bundaree Kajee, Ungut Sirdar, and Jasmun Dan Thappa for the Nepaul Government, on the other side, Nepal Papers, Page 570.

47 Letter to the Adjutant-General from J. Nicolls, 1st May 1815, Nepal Papers, Page 580-581.

सरकारबाट न्याय, उदारता र विश्वास पाएको महसूस गरून्" भनेर गार्डनर बम शाहको साथ लागेका थिए ।[४८] चारवटा हात्ती र ६०० भरियालाई खरखजाना बोकाई बम शाहहरू महाकालीपूर्व आए । थप खरखजाना ओसार्ने काम हुँदै थियो ।[४९]

राजा, भीमसेन थापा र रणध्वज थापालाई यो हार सह्य भएन । भीमसेन थापा र रणध्वज थापाले बम शाह र नेपाली फौज कुमाऊँ छाडेर पूर्व आएपछि त्यता पठाएका थप बललाई 'कुमाऊँका वैरीलाई उठा लाउन' (हटाउन) आदेश दिए । तर यो काम त्यति सजिलो छैन भनेर पाल्पाका कमान्डरहरूले भीमसेन थापालाई सम्झाए– "कुमाऊँबाट फिरेका भारदारका चिठी देख्दा यसो गर्ने मनसुवा र आँट उनीहरूमा रहेजस्तो लाग्दैन । उनीहरूको आँट नभएकाले पछि गएका भारदार र बलका आँटले मात्र यो काम गर्न कठिनै देखिन्छ ।"[५०]

सुब्बा रुद्रवीर शाहीले कुमाऊँबाट अंग्रेजलाई हटाउन १,५००/२,००० नाल नभई पुग्दैन भन्ने ठानेका थिए,[५१] जुन नेपालीले जुटाउन कठिन थियो ।

पूर्व विजयपुरमा तैनाथ नेपाली काजी र कम्पनीहरूले पश्चिमतर्फको यस्तो नराम्रो हाल सुने– "चौतरिया बम शाहहरू कुमाऊँ छोडी कालीवार आया । मुहुडामा रह्याका केही सुबेदार, केही कम्पनीसमेत फागुनमै अंग्रेज फौजमा शामेल भया । हाम्रा २/३ सय लश्कर राजगढीमा र ५/७ सय लश्कर झाम्टामा छन् । अनेत्र सबै रनवन वैरीले सिकिस्त गरी राख्याको (ज्यादै अप्ठ्यारो पारी राखेको) छ ।"[५२]

यस्तो खबर सुन्दा उनीहरूलाई लाग्यो– "कुइन्यासँग मात्रै भन्या ता परी आयाको बिहोरिंदो हो, लश्कर र खजाना पनि हाम्रो पोख्तै हो । तर लश्करहरूकाले पनि निमख हराम गरेपछि आफ्नो/बिरानो चिन्न कठिन भएछ ।"

उनीहरूले राजालाई पुरानो चलन सम्झाएर अहिले पनि यसै गर्न सल्लाह दिए– "हिजो सतौको लडाइँ बिग्रँदा पनि चौतरिया, काजीदेखि सिपाहीसम्मका जागिऱ्याहरूको आधा जागिर झिकी ढाक्र्यालाई बुझाउँदा... कार्य सिद्ध भयोथ्यो ।

---

48 Letter to the Adjutant-General from J. Nicolls, 30th April 1815, Nepal Papers, Page 579.

४९ बम शाह, चामु भण्डारी र अंगदले १८७२ वैशाख सुदि ८ रोज ३ मा मुकाम वैतडीबाट लेखेको अर्जी, महेशराज पन्त, वि.सं. १८७१-७२ को नेपाल-अंग्रेज युद्धमा नेपालले हार्नामा एउटा ठूलो कारण, पूर्णिमा, वर्ष १ अंक १, पेज ४७-५८ ।

५० भीमसेन थापा र रणध्वज थापालाई उजीरसिंह थापा, प्रसादसिंह बस्नेत र दलकेशर पाँडेले १८७२ वैशाख सुदि १५ रोज ३ मा मुकाम पाल्पाबाट पठाएको पत्र, डीएनए १/८३ ।

५१ भीमसेन थापा, रणध्वज थापालाई उजीरसिंह थापा, प्रसादसिंह बस्न्यात, दलकेशर पाँडेले पाल्पा, श्रीनगरबाट १८७२ वैशाख सुदि ४ रोज ७ मा लेखेको पत्र, १ सी. १०१, पोका १००/९८ ।

५२ बहादुर भण्डारी, गजसिंह खत्री, बलभन्जन पाँडे, अनुपसिंह अधिकारी, धौकलसिंह अधिकारीले १८७२ साल आषाढ सुदि १० रोज १ मा मुकाम विजयपुरबाट पठाएको अर्जी, पोका ७, पत्र संख्या २०७ ।

भोटतिर पनि चिट्ठीपत्र जाँदै गर्दा हुन् । चीनसँग हाम्रा घा रह्यैको छ । यस बखतमा भोटतिर प्रतीतको मानिस पठाई मद्दत खरखजाना झिकाउन्या पाठ र दक्षिण-पश्चिमतिरका वकिलहरूबाट कति कुरा आउँछन्, फेरि पनि वकिल थपी बक्सी पठाउन्या पाठ भयो हो(ला) ।'[५३]

यी काजी र कम्पनीले दिएका सुझाव पनि उति काम लाग्ने थिएनन् ।

करीब छ महीना पहिले अंग्रेज अधिकारीहरूले कुमाऊँमा रहेको नेपाली फौजको जस्तो हालत हुन्छ भन्ने अनुमान गरेका थिए, अहिले नेपालीको अवस्था त्यस्तै थियो । त्यति वेला विलियम फ्रेजरले भनेका थिए– "मलाई के भरपर्दो जानकारी आएको छ भने बम शाहले ३०० भन्दा बढी कुमाऊँनीको सहयोग पाउँदैनन् । अंग्रेज फौज त्यहाँ पुग्ने बित्तिकै त्यहाँका मानिसको आक्रोशको सामना गर्न बम शाहलाई अत्यन्तै कठिन हुनेछ । उनलाई सजिलै परास्त गर्न सकिनेछ ।"

"दूनमा हाम्रो कब्जा भएपछि र गढवालमा हंगामा उठेपछि बम शाहले हाम्रो शक्ति र दयामा भर पर्नुपर्छ । कुमाऊँका रैतीको रीसको सामना गर्न र भागेर दक्षिणपूर्व जानका लागि उनको आत्मसम्मानले दिँदैन । त्यसैले उनले हामीसँग दयाको भीख भाग्नुपर्छ ।"[५४]

हो, बम शाहले वैरीको दयाको भीख माग्नुपऱ्यो ।

***

धेरै वर्षपहिले महाकालीवारिका सबै राज्य लिइसकेपछि नेपाली फौज अझ पश्चिम बढेको थियो । "काजी जगजित पाँडे, सरदार अमरसिंह थापा, कप्तान गेलैञाँ, कप्तान रणवीर खत्री, सुरवीर खत्री, सुब्बा जोगनारायण मल्ल, सुब्बा फौदसिंह, थरघर, उमरावको पनि साथ लिई महाकाली तरी काली कुमाऊँनेरका धौलीमा गई ठाना बनाउन लाग्दा गगौलीमा महिन्द्र चन्द चढ्यो । हान्न जाँदा लडाइँ बिग्र्यो । अमरसिंह थापा वाहिं बस्या । फेरि धौली ठानामा लालसिंह चढ्यो । लडाइँ भयो । अल्मोडा सर भयो । कुमाऊँमा जोगनारायण मल्ल सुब्बालाई राखी गढ (वाल) हान्न गया । अलखानन्दा विना तरबारै सर भयो ।"[५५] १८४७ साल चैत ११ गते नेपालले कुमाऊँ विजय गरेको थियो । त्यति वेला कुमाऊँ जति सजिलै जितिएथ्यो, २५ वर्षपछि अहिले उत्तिकै सजिलो गरी गुम्यो ।

---

५३ बहादुर भण्डारी, गजसिंह खत्री, बलभन्जन पाँडे, अनुपसिंह अधिकारी, धौकलसिंह अधिकारीले १८७२ साल आषाढ सुदि १० रोज १ मा मुकाम विजयपुरबाट पठाएको अर्जी, पोका ७, पत्र संख्या २०७ ।

54 Letter to J. Adam from W. Fraser, 20th October 1814, Nepal Papers, Page 235-240.

५५ श्री हेमनारायणदेखि श्री ५ राजेन्द्र विक्रम शाहका पालासम्म राज्य गरेको वर्षको र ठाउँ-ठाउँ लडाइँ गर्न गयाको आर्मी भारदारहरूका नाम नामेसीसमेत खोलिएको र लडाइँ सर भै प्रवेश गऱ्याको मिति वारसमेतको इत्यादि वंशावली, १ सी. १०१, पोका १००/४ ।

"धेरै साधनस्रोतले सम्पन्न कुमाऊँजस्तो ठाउँ नेपालजस्तो निर्भीक, महत्त्वाकांक्षी र 'धूर्त' बैरीबाट खोस्न सकेकोमा" अंग्रेजले आफूलाई धेरै फाइदा भएको ठान्यो। कुमाऊँ लिएपछि अंग्रेजको राज्य मैदानी भागमा मात्र सीमित हुनुपरेन। उसको साम्राज्य हिमालयसम्म फैलन पुग्यो। हिमालयसम्मको व्यापारको बाटो खुल्यो। अंग्रेजका विचारमा फ्रेन्च र रसियाली सामानका ठाउँमा आफ्ना सामानले तिब्बतको बजार पाउन सक्ने भयो। बेलायती कपडा जलमार्गबाट कलकत्ता र गंगासम्म थोरै ढुवानी खर्चमा ल्याउन सकिन्थ्यो। यस्ता सामान हिमालपारि बेच्दा शल बनाउने ऊन किन्ने पैसा आउन सक्थ्यो। त्यसैले कुमाऊँ पहिले विचार गरेजसरी त्यहाँका अपदस्थ राजालाई नदिएर त्यहाँ आफ्नो आधिपत्य कायम गर्न अंग्रेज लोभियो।[५६]

महाकाली नदीको साँध लगाउँदा हिमालयपारि व्यापार गर्न बाधा पुग्ने देखिएमा, बाधा-व्यवधानविना हिमालयपार व्यापार गर्न महाकालीपूर्वको जमीन आफूलाई चाहिने भए त्यस्तो जमीन पनि आफ्नो भागमा पार्न अंग्रेज कस्सियो।[५७]

कुमाऊँको लडाइँ जित्दाको अर्को फाइदा पनि अंग्रेजले देखेको थियो। उसलाई के लागेको थियो भने कुमाऊँबाट धपिनुपरेकाले नेपालको अहंमा चोट लागेको थियो तर त्यसको बदला लिन नेपालले अंग्रेजमाथि कुनै किसिमले आक्रमण गर्ने आँट गर्न सक्दैनथ्यो किनभने कुमाऊँदेखि नेपालको राजधानीसम्मको सोझो बाटोबाट अंग्रेज काठमाडौं आइपुग्ला भन्ने डर नेपाललाई थियो।[५८]

कुमाऊँमा अंग्रेजले कब्जा गरेपछि नेपालको राजधानी र कुमाऊँपश्चिममा रहेको नेपाली फौजबीचको सम्पर्क पूर्ण रूपमा विच्छेद भयो। यसले गर्दा पश्चिम सिमानाछेउ रहेको नेपाली फौजलाई बल पठाउन नेपाल नसक्ने भयो। यसभन्दा पश्चिमका कमान्डरले काठमाडौं पठाएका चिठी अंग्रेजले अझ सजिलै खोस्न पायो। ती चिठी पढ्दा अंग्रेजले नेपालीले भोगिरहेका समस्या थाहा पाए। अंग्रेजका विचारमा कुमाऊँ जितेपछि अंग्रेज कति बहादुर, दृढ र जोशिलो छ अनि सैन्य दृष्टिले अंग्रेज नेपालभन्दा कति उपल्लो दर्जाको छ भन्ने पनि नेपालीले थाहा पाए।

कुमाऊँ लिएपछि पश्चिम मुहुडाको रक्षार्थ अमरसिंहको फौज बसेको ठाउँलाई नाकाबन्दी गरी उनलाई आत्मसमर्पण गर्न लगाउन वा हमलाको सामना गर्न बाध्य बनाउन अंग्रेज सुरियो तर उसलाई के पनि डर थियो भने अमरसिंह मलाऊँको डाँडामा बसेका थिए। त्यो ठाउँको अवस्थितिले उनलाई अतुलनीय फाइदा

56 Secret Letter from Lord Moira, Dated 11th May 1815 to The honourable the Secret Committee, Nepal Papers, Page 550-551.

57 Letter to the Honourable E. Gardner from J. Adam, 3d May 1815, Nepal Papers, Page 570-571.

58 Secret Letter from Lord Moira, Dated 11th May 1815 to The honourable the Secret Committee, Nepal Papers, Page 550-551.

दिएको थियो । त्यसमाथि नेपालीको युद्धकला त छँदै थियो । यी दुवै कारणले गर्दा अंग्रेजलाई त्यहाँ हमला गर्न असाध्यै गाह्रो भएको थियो र त्यो ठाउँ जित्न सकिएला भन्नेमा उसलाई यकीन थिएन ।[५९]

***

फ्रेजरले छ महीनापहिले नै अमरसिंह थापाको अवस्था पनि बम शाहको जस्तै हुन सक्छ भनेर अनुमान गरेका थिए– "भाग्ने ठाउँ नपाएर, सबैतिरबाट दबाव आएपछि थकित र गलित भएर उनले पनि हाम्रो दयाको याचना गर्नुपर्छ ।"[६०]

अमरसिंहका हकमा फ्रेजरको भविष्यवाणी सही साबित भयो कि भएन भन्ने बयान आउँदो खण्डमा ।

---

59 From Lord Moira to the Honourable the Secret Committee, 1st June 1815, Nepal Papers, Page 559-567.
60 Letter to J. Adam from W. Fraser, 20th October 1814, Nepal Papers, Page 235-240.

अमरसिंह पनि हारे

कुमाऊँ गयो । गढवाल पनि साथ लिएर गयो । बम शाहको एक वचनमा गढवालको नेपाली फौजले त्यो ठाउँ छाड्नुपऱ्यो । गढवालदेखि जमुनासम्मको भाग पहिल्यै गइसकेको थियो । जमुनापारको नेपाली फौजलाई यसरी एक्ल्याइसकेपछि जमुनादेखि सतलजसम्मको नेपाली भूभाग जित्न अंग्रेजलाई सजिलो भयो ।

कुमाऊँका जस्तै गरी जमुनापारका पनि जमीनदार र रैती नेपालको विपक्षमा गइसकेका थिए । पूर्वबाट थप बल आउला भन्ने यसअघिको झीनू आशा पनि अब बाँकी रहेन । निराश, थकित, हतियार र खजाना सकिँदै गएका, भोका र पराजित मनस्थितिमा रहेका नेपाली सैनिक अंग्रेज क्याम्पमा जाने क्रम बढ्यो ।

यसको ठीक विपरीत लामो समयसम्म आशा गरेको सफलता नपाएर निराश भएका अंग्रेजमा भने उत्साह फैलियो । मलाऊँ डाँडानजीकका अरू सानातिना किल्लाका सरदारहरू रणध्वज, निर्भयसिंह थापा र अरिमर्दन थापालाई आत्मसमर्पण गर्न अंग्रेजले लोभ्याए ।[१]

यसैबीच प्युठानको म्यागजिन (हतियार कारखाना) बाट ७० वटा बन्दुक, ६५ वटा संगीन, ११० वटा धनुष र ४,००० वटा पत्थर पश्चिम मुहुडातिर पठाइयो ।[२] तर, ती हातहतियार पश्चिम मुहुडा जाने बाटो थिएन किनभने त्यस बाटोमा पर्ने कुमाऊँ गढवाल अंग्रेजको हातमा गइसकेको थियो । बाटो मासिएकै त होइन तर नेपाली सेना र हतियारका लागि अगम्य बनेको थियो । ती हतियार कसै गरी त्यहाँ पुगेकै भए पनि अंग्रेजले हात्तीमा छाँदेर डाँडाको टुप्पोमा पुऱ्याएका विशाल तोपको सामुन्ने नेपालीका धनुष र पत्थरको के लाग्थ्यो र !

---

1 Letter to Major-General Ochterlony from R. Ross, 3d May 1815, Nepal Papers, Page 604-605.

२ भीमसेन थापा र रणध्वज थापालाई धर्मराज खत्रीले संवत् १८७२ साल मिति वैशाख वदि ८ रोज ३ मा मुकाम प्युठान, सिकुवा डाँडाबाट पठाएको पत्र, डीएनए २/८९ ।

त्यताका स-साना सबै किल्ला कब्जा गरेपछि अंग्रेज बुढाकाजी अमरसिंह र रणजोर बसेका दुई मुख्य किल्ला लिन उत्साहित भयो । मलाऊँको किल्ला कब्जा गर्नका लागि अक्टरलोनीले हात्तीमा बोकाएर १२ पाउन्डका गोला खाने दुईवटा तोप डाँडामा उकाले । १८७२ साल वैशाख २८ गते बिहान बुढाकाजी अमरसिंहले अक्टरलोनीलाई चिठी पठाएर उनको चाहना के छ भनी सोधे । अक्टरलोनीले उल्टो अमरसिंहको चाहना बुझ्न खोजे । अमरसिंहले अप्ठ्यारा चाहना नराख्लान् र गभर्नर जेनरललाई नसोधी ती चाहना पूरा गर्न सकौंला भन्ने विश्वास अक्टरलोनीलाई थियो ।[३]

अमरसिंहले आफ्ना चाहना नबताएपछि अक्टरलोनीले लडाइँ थामेनन् । वैशाख ३० गते बिहान उनले मलाऊँ किल्लाको छेउको नारायणकोटको सानो किल्लासामु आफ्ना १२ पाउन्डका गोला खाने तोप र हाउविट्सर खडा गरे । बीचमा केही छिन थामिएर बिहान ७ बजेदेखि दिनभर नारायणकोटको किल्लामा गोला बर्साए । भोलिपल्ट बिहान अमरसिंहका छोरा रामदास किल्लाबाहिर आए र अमरसिंह वार्ता गर्न तयार भएको बताए । त्यस दिन बेलुका अंग्रेजले रामगढबाट १८ पाउन्डका गोला खाने तोप पनि डाँडामा पुऱ्यायो । वार्ता भइरहेकाले गोला भने चलाएन । सन्धि नभएसम्म कडा नाकाबन्दी कायम राख्यो । समग्र शर्त दुवैलाई मान्य भएपछि सन्धिपत्र तयार गर्न लागियो । फारसीमा सम्झौता लेख्दा पछि अमरसिंहले "मैले बुझेको थिइनँ, त्यसैले यो सन्धि मान्दिनँ" भनेर बखेडा झिक्न नपाऊन् भनी अक्टरलोनीले सन्धि हिन्दी भाषामा लेखाउन खोजे । हिन्दी लेखनदास यस विषयमा अनुभवी नभएकाले केही ढिलो भयो ।[४]

१८७२ साल जेठ ४ गते 'काजी अमरसिंह थापाको उच्च ओहोदा, आनीबानी तथा उनले आफ्नो देश रक्षा गर्ने काममा देखाएको सीप, बहादुरी र बफादारीको ख्याल गर्दै' बुढाकाजी अमरसिंह थापा र मेजर जेनरल अक्टरलोनीबीच सन्धि भयो । सो सन्धिअनुसार :

अमरसिंह थापाले त्यति वेला राजगढमा रहेका आफ्ना फौजका साथ हतियार तथा साजसर्जाम, आफ्ना गणका निशान, दुईवटा बन्दुक र सबै निजी सम्पत्ति लिएर किल्ला छाड्ने भए । यस्तै गरी, रणजोर थापाले पनि आफ्ना २००

---

3 Letter to Lieutenant-Colonel Fagan from D. Ochterlony, 8th May 1815, Nepal Papers, Page 602-604.

4 Letter to Lieutenant-Colonel Fagan from D. Ochterlony, 27th May 1815, Nepal Papers, Page 606-607.

मानिसका साथ हतियार, निशान र एउटा बन्दुक अनि भारदार र ३०० जति निरस्त्र महिला, बालबच्चाका साथ आ–आफ्ना सम्पत्ति लिएर जैथक किल्ला छाड्ने भए ।

बुढाकाजी अमरसिंह थापा र रणजोर थापाले उनीहरूले चाहेका ठाउँमा भेट गर्न पाउने भए । उनीहरूले थानेश्वर, हरिद्वार र नुजीवाबादको बाटो अथवा आफूले रोजेको अर्को कुनै बाटो भएर महाकालीपूर्व जान पाउने भए । उनीहरूका सामान महाकालीपूर्वसम्म पुग्ने बन्दोबस्त अंग्रेजले मिलाइदिने भयो । अमरसिंह र रणजोरका व्यक्तिगत सम्मानका खातिर छुट्याइएका बाहेक अरू नेपाली सैनिक उनीहरूले र अंग्रेज सरकारले चाहेका खण्डमा अंग्रेजको सेवामा लाग्न सक्ने भए । अंग्रेज फौजमा भर्ना नभएका नेपाली सैनिकलाई दुई देशबीच शान्ति सन्धि नभएसम्म भत्ता दिइने भयो । अमरसिंह थापाले अर्की, मोरनी, जैथकलगायतका जमुनादेखि सतलजसम्मका सबै किल्ला छाड्न नेपाली सैनिकलाई आदेश दिने भए । ती ठाउँमा रहेका सैनिकका निजी सम्पत्ति नखोसिने भयो । हतियार र खजाना भने अंग्रेजले भण्डार गर्ने भयो । अमरसिंह थापाले काजी बखतावर सिंहलाई गढवालको किल्ला तुरुन्त खाली गरी ती किल्ला अंग्रेजलाई सुम्पेर कुमाऊँको बाटो हुँदै नेपाल जान आदेश दिने भए ।[५]

यो सन्धि गर्दा र सन्धिपछि किल्ला छाडेर महाकालीपूर्व आउँदा अमरसिंह र रणजोरको यसै पनि गिरेको नूर थप नगिरोस् भनेर अक्टरलोनी विशेष सतर्क थिए । उनले लेफ्टिनेन्ट रोसलाई २५० जना सिपाही लिएर अमरसिंहका साथ लागेर थानेश्वरसम्म जानू भनी आदेश दिए । अमरसिंह थानेश्वर हुँदै हरिद्वार र त्यसपछि अझ पूर्व जाने भएका थिए ।[६]

***

महाकालीपारिका सबै जमीन गुम्दा नेपालले वर्षेनि १६ लाख ६५ हजार आम्दानी हुने ठाउँ गुमायो ।[७] यसका अरू पनि नराम्रा परिणाम आए । अमरसिंह थापा र अक्टरलोनीबीच सन्धि हुन लागेका वेलामा पश्चिममा नेपालको हार हुँदै गएको थाहा पाउँदा पाल्पामा रहेको फौजमा चिन्ता थपियो । अंग्रेज बारातिर फेरि आउला भन्ने सबैभन्दा ठूलो डर थियो किनभने बारा नेपाल दरबारदेखि दुई दिनको बाटोमात्र

5 Convention or Agreement entered into between Kajee Ummer Sing Thappa and Major-General Ochterlony, on the 15th May 1815, Nepal Papers, Page 607-608.

6 Letter to Lieutenant-Colonel Fagan from D. Ochterlony, 27th May 1815, Nepal Papers, Page 606-607.

७ श्री महाकालीपश्चिमका राजाका मुलुकको आमदानी, १ सी. ३०, पोका ०/६ ।

टाढा पर्थ्यो । पाल्पाका कर्णेल उजीरसिंहहरूलाई बारादेखि यताका ठाउँ ठाउँमा नेपाली फौज छिचरो पातलो पाई अंग्रेजले काठमाडौं छिर्ने मौका पायो भने सबै कुरा बिग्रन्छ भन्ने लाग्यो । पश्चिम मुहुडाको नेपाली फौज धेरै बिग्रेको छैन भन्ने उनीहरूलाई विश्वास थियो । त्यो फौजलाई उकासेर बारामा खटाएमा त्यताको सुरक्षा हुन्छ भन्ने उनीहरूलाई लागेको थियो तर त्यसो गर्न एउटा समस्या थियो, त्यो फौज आउने बाटो नहुनु । बेशहरका राजा नेपालका पक्षमा रहिरहेका भए गर्मी याममा त्यहाँबाट भोट चढेर जुम्ला अथवा मुस्ताङ जताबाट छिर्न सकिन्छ, उताबाट आउन सक्थे भन्ने उनीहरूलाई लागेको थियो । तिनलाई बाटो देखाउन भोटको कछारका मानिस अगुवा लगाई भरपर्दा पाका मानिस पठाउने चाँजो भए बढिया होला भनी उनीहरूले भीमसेन थापा र रणध्वज थापालाई सल्लाह दिए ।[८]

उनीहरूको सल्लाह उस्तो व्यावहारिक थिएन । लडाईँमा ढलेर, बन्दी बनाइएर र 'निमक हराम' भएर धेरै नेपाली सैनिक नेपालका लागि काम नलाग्ने भइसकेका थिए । सन्धिपछि बुढाकाजीहरूले त नेपाल फर्कने बाटो पाएका थिए तर अरूको बाटो रोकिएको थियो । बेशहरका राजाको साथ नेपालीको हातबाट खुस्किइसकेको थियो । त्यहाँ स्थानीय म्यादी फौजले कब्जा जमाइसकेको थियो । बाटो नपाएर, अलमलिएर, भौँतारिएर अथवा राजीखुशीले हुन सक्छ, २,००० नेपाली सैनिक अंग्रेजको फौजमा भर्ना भइसकेका थिए ।[९] कतिले त हरुवा भएर नेपालमा मुख देखाउन लायक नभएको ठानेर उतै बस्ने निर्णय लिइसकेका थिए ।

***

पृथ्वीनारायण शाहले तीन शहर काठमाडौं जित्ने क्रममा भक्तपुरका अन्तिम राजा रणजीत मल्ललाई पराजित गरेका थिए, जो उनका मीतका बाबु थिए । त्यसको ४६ वर्षपछि पृथ्वीनारायणको राज्य विस्तारका प्रभावशाली उत्तराधिकारी बुढाकाजी अमरसिंह थापालाई आफ्ना छोराका मीतका बाबु अक्टरलोनीले हराए । आफ्ना छोराका मीत पृथ्वीनारायणको दया पाएर रणजीत मल्ल काशीवास गए भनिन्छ । अहिले बुढाकाजी पनि आफ्ना छोराका मीतका बाबुको दया पाएर अलि सम्मानका साथ महाकालीपूर्व फर्कन लागेका थिए ।

यस घडीमा अमरसिंहका छोरा र अक्टरलोनीका छोराको मितेरी साइनो गाँसिएको दिनको सम्झना गर्न उपयुक्त हुन्छ । उनै बुढाकाजी अमरसिंह थापाका मुखबाट :

---

८ भीमसेन थापा, रणध्वज थापालाई उजीरसिंह थापा, प्रसादसिंह बस्न्यात, दलकेशर पाँडेले १८७२ वैशाख सुदि ४ रोज ७ मा मुकाम पाल्पा, श्रीनगरबाट लेखेको पत्र, १ सी. १०१, पोका १००/९८ ।

9 Pemble, Page 286.

उप्रान्त लुनिअख्तरसँग भेट गर्न हामी हाम्रो मुकाम बागल (बागलको राजधानी अर्की) बाट उठेर सुगाठोर पुग्यासम्मको विस्तार अघि लेखी पठायाको हो । पुगी मालुम भयो हो (ला) ।

१८७० साल कात्तिक २५ गते सोमवार सुगाठोरदेखि उठी बघाटमा गै बस्यूँ । मंगलवारका दिन टक्सारमा पुग्ज्यूँ । उसै दिन लुनिअख्तर[१०] पनि पंजोरमा आइपुगेछ । लुनिअख्तरसमेत छ जना साहेब लुध्यानाबाट पंजोरसम्म आयाका रह्याछन् ।

हाम्रा वकिल जम्दार रामचन्द्र खत्री, निहाल गिरी पहिल्यै लुनिअख्तरकहाँ गयाका थिया । हामी टक्सार पुग्दाका दिन उसले ऊ दुई जनालाई अगाडि हामीछेउ पठायो । उन्हेरू आइकन "बघाटाको अम्बल, टक्सारदेखि कच्चा दुई किलोमिटरका बीचमा देवताको स्थान रहेछ, उसै जग्गामा भेट गरौंला, हामी यताबाट आउँछौं, उताबाट काजीले आउन्या काम गर्नू" भनी पठायाको छ भनी कुरा गऱ्या ।

२७ दिन जाँदा बुधवार कौन वेलामा आउँछ, कस्ता डबल (रित) सँग आउँछ त्यो पनि बुझ्नू, चाँडै आयो भन्या उसकै साथमा आउनू भनी सरदार निर्भयसिंह थापा र कृष्ण मुन्सीलाई पठायूँ । उन्हेरू उहाँ पुग्नि बित्तिकै लुनिअख्तर तयार भयेछ ।

गुनसिंह बर्गत अली खाँलाई पहिल्यै हाम्रा डेरामा पठायो । लगत्तै आफू लुनिअख्तर पनि तीन साहेब, कम्पनी, मालसामान र डेराडण्डा सबै पंजोरमा थामी आफ्नू छोरा अख्तरलुनी, कप्तान मोर साहेब दुई र छ हात्ती, १० घोडा आफ्ना टहलुवा चाकर, चप्रासीमात्र लिई देवताको स्थानमा आयो । सिपाही भन्या एक जना पनि लिई आयेन । देवताका स्थानदेखि नौ किलोमिटर टाढा पंजोरमा उसको डेरा थियो । नौ किलोमिटर वर ऊ आयो । टक्सारदेखि झन्डै दुई किलोमिटरयताबाट हामी गज्यूँ ।

---

१० अमरसिंह थापाले डेबिड अक्टरलोनीलाई लुनिअख्तर भनेका छन् । उनका छोरालाई भने अख्तरलुनी भनेका छन् । बाबु र छोराका बीचमा अन्तर देखाउन उनले बाबुलाई लुनिअख्तर भनेका हुन् भनी कसैकसैले उल्लेख गरेका छन् तर अक्टरलोनीको पागलपनले गर्दा उनलाई लुनिअख्तर अर्थात् मूर्ख तारा पनि भनिन्थ्यो । The Rise and Fall of the Crazy Star by R. V. Smit, https://www.thehindu.com/society/history-and-culture/the-rise-and-fall-of-the-crazy-star/article25991879.ece

उसले साथमा सिपाही कति ल्यायाको नदेख्दा हामीले पनि उपर भारदार कम्पनी फौज सबै डेरामा थामी रामदास थापा, अर्जुन थापा, लक्षवीर शाही, काजी रेवन्त कुँवरसमेत छ बीस (१२० जना) सिपाही साथ लिई देवताका स्थानमा गै हाम्रो लुनिअख्तरसँग भेट मुलाकात भयो। पैल्हे भेट हुँदामा लिन्यादिन्या कुरामा लुनिअख्तरले पनि हामीलाई केही दियेन। उसलाई पनि हामीले केही दिञूँन। उसै मिलन्या काम भयो।

कुराकहानी हुँदामा गोर्खा र अंग्रेजको अघिदेखिको दोस्ती हो, अंग्रेजसँगको दोस्ती राखना निमित्त अघि पनि रामपुरको नवाब गुलाम महमद खाँ र उजेरलीले तराईमा बसी अंग्रेजसँग हंगामा गर्छौं, वतन देऊ भन्न आउँदा अंग्रेजसँगको दोस्ती जानी उनलाई बस्न दियेनथिञूँ। फकिर बकसलाई हानी धपाई दियाथिञूँ। आज मण्डला र भरोलीमा पनि सरकारका मर्जीले तक्रार गर्‍यौंनँ। छोडिदिञूँ। तिमीले पनि दोस्ती समझन्या हो भन्न्या कुरा हामीले गर्दा यी दुई जग्गा अघि नेपालको अम्बल भई गोर्खैले खाई चर्ची आयाको भया हामी पनि तक्रार गर्न्या थिञुँनँ, तिमीले हाम्रो अम्बल भयाको जग्गा हो भनी हामीलाई लेखता सोधन्या, सही गर्न्या कुरा हामीले कतियेक गर्‍यौं। यी दुई जग्गाको सालिन्दा आमदानी गोर्खाले खायाको कति सही नहुँदा तक्रार गरियाको हो। राजाले पनि भरोलीका १२ गाउँमा आठ गाउँको सालिन्दा आमदानी खायाको रहेछ, चार गाउँको सालिन्दा आमदानी भन्या ६२ साललगायत कैल्हे खायाको रहेनछ। हामीले पनि निसाफैका कुरा गर्‍याको छ। यसमा अनुचित गर्न्या दोस्तीमा फरक समझन्या काम गर्नुपर्दैन। तिम्रो हाम्रो भेट मुलाकात जति भयो त गोर्खा अंग्रेजको दोब्बर दोस्ती बढन्या काम भयो भन्न्या कुरा गर्‍यो।

सतलजवारका, पारका राजा रजौटा र भगौडाहरू छोटा बुद्धि भयाका, अंग्रेज रणजीत सिंह --२-- मा गएकाले गोर्खासँग हंगामा गर्न्या कुराको थोरै हल्ला चलायो भन्या उत्ति कुरामा माथि पुगी गढकुमाऊँसम्मको दावा राखी हंगामा खडा गर्न तयार हुन्या एस्ता ऊ अंग्रेजले भन्या। अघि चार्ल्स मेटकाल्फ साहेब लाहोरमा पुगी रणजीत सिंहसित भेट गरी आयाको, पछि लुनिअख्तरले वाहाँ गै रणजीत सिंहसँग पनि, संसार चन्दसँग पनि भेट गरी आयाको,

रामशरणसँग भन्या बारम्बार भेट भयाको । हामीले पनि भेट मुलाकातमात्र गरी उपर्कुरा केही नगरीकन फिर्दामा भन्या दुष्ट राजा र भगौडाहेरू अंग्रेजको र गोर्खाको भेट मुलाकात भयो त कौन बडो बात भयो, हामीसँग पनि अंग्रेजले भेट गर्दै छ भनी हंगामाका कुराको चर्चा गर्न नछोड्न्या, भित्री कुरा आफूले उन्सँग खोलनु नहुन्या हुँदा गोर्खा अंग्रेजको एक रहेछ, दोस्तीमा फाटो पार्न सकिन्या रहेनछ भन्या बोध दुष्ट राजाहेरूलाई पार्न्या हो भन्या कुराको लुनिअख्तरको र हाम्रो सल्लाह भै पगरी बदल गर्न्या हो भनी ठहराई लुनिअख्तरको छोरा अख्तरलुनीको र रामदास थापा वा अर्जुन थापा दुईमा एकाको पगरी बदल गर्न्या हो भन्या कुरा भया । अर्जुन थापासँग उमेर नमिलन्या भयो । रामदास थापाको र लुनिअख्तरको छोरा (रोडरिक पेरेग्रिन, जन्म सन् १७८५) अख्तर लुनीको मित्यारी गराउन्या काम भयो ।

ऊ दुईको बदलाबदलीमा एक पगरी, एक दोसल्ला, एक थान किंखाप, एक पगरीमा बाँधन्या जडाउको सिर्पेच, दोपटा, एक थान बनारसी अतलस, एक रुमाल, दुई असर्फी राखी रामदास थापालाई उसले दियो । एक पगरी, एक दोसला, एक थान किंखाप, एक थान कोचीन, एक थान मलमल, दुई असर्फी, एक राम्रो घोडा रामदास थापाले उसलाई दियो । एक असर्फी राखी रामदास थापाले लुनिअखतरलाई सलाम गऱ्यो । लुनिअख्तरको छोरा अख्तरलुनीले एक असर्फी हातमा लिई सलाम गर्नालाई "मैले कसो गर्न्या हो ?" भनी मुन्सी बर्गत अली खाँसँग सल्लाह गर्दा "अंग्रेजले नजराना राखी आजसम्म कसैलाई सलाम गऱ्याको छैन, सलाम गर्न्या भया कर्नेल (अक्टरलोनी) कै सलाम गर" भन्या कुरा बर्गत अली खाँले गर्दा अख्तरलुनी उठी एक असर्फी राखी लुनिअख्तरको सलाम गर्न्याविलामा "एस् कुरामा मेरो चित्त बुझेन, अजोग्य कुरा गर्नु छैन, काजीका बेटाले मेरो सलाम गऱ्यापछि हाम्रा बेटाले काजीको सलाम गर्न्या जोग्य हो, काजीको सलाम गर" भन्या कुरा लुनिअख्तरले भन्दा एक असर्फी राखी अख्तरलुनीले मेरो सलाम गऱ्यो ।

एति काम भयापछि तीन जनावरको सर्वांग छाला, एक जिउँदो कस्तूरी मृग, नौ बिना, २१ च्याखुरा यति सौगाद भनीकन लुनिअख्तरलाई

हामीले दिञ्यूँ । नेपाल अंग्रेज दुवै सर्कारका दुश्मनहरूको दिल घटन्या, दोस्तको दिल बढ हुन्या र गोर्खा अंग्रेजको दोबर्दोस्ती बढन्या, सुबजी सरसी हुन्या काम भयो भन्न्या कुरा गऱ्यो ।

वाहाँपछि ऊ पनि आफ्नु डेरा पंजोरमा गयो । हामी पनि डेरामा आञ्यूँ ।

२७ दिन जाँदा भेट गर्न नगयाका भारदारहरूलाई भोलिपल्ट २८ दिन जाँदा भेट गर्न पठाञ्यूँ । हजार, १,२०० सिपाही साथमा लिई पंजोरैमा गै भेट गरी आया ।

लुनिअख्तरले जति गोर्खाका भारदार ञाहाँ भेटमा आयाका छन्, ऊ सबैलाई दिन भनी इनाम तयार गऱ्याको रहेछ । सो कुरा बर्गत अलीले हामीसँग गर्दा इनाम हामी लिन्याछौनँ, हामीलाई दोस्ती रहन्या काम भया हुन्छ भन्न्या कुरा गरी मैले इनाम नलिँदा उपर्भारदारलाई पनि इनाम दियेन । भक्ति थापालाई मात्र उनले पनि सौगात धेरै लग्याको रहेछ र एक पगरी, एक दोसल्ला, एक थान किंखाप, एक थान मलमल दियेछ । हामीले पनि पंजोरमा रह्याका साहेबहरूलाई केही दिन्या हो भनी चार घोडा, पहाडी गुठ पठाइदिञ्यूँ ।

यस बखत यो अंग्रेज गोर्खादेखि बहुत खुशी हुन गयो । जग्गा मिल्यो भनीकन र उपर्कुराले भन्या होइन । कति अर्थले भन्या, ...शतरुद्राका बीचका शिखहरूसँग रणजीत सिंहले पैसा लिन्थ्यो । अझ पनि शतरुद्रा...का बीचमा लाखौं रुपियाँ आम्दानी हुने मुलुक, कति एक किल्ला रणजीत सिंहको अम्मल छँदै छ । रणजीत सिंहलाई पैसा भर्नु पऱ्याको सहन नसकी पट्याला गैह्र शिखले हाम्रो रक्षा गर्न आऊ, तिमीलाई लैजान्छौं भन्दा लुनिअख्तर लुध्यानामा आई बस्याको छ । हुकुम उसको फिऱ्याको छ । तपनि लुध्याना जौन जग्गामा किल्ला हाली बस्याको छ, ऊ जग्गा भागसिंहको रहेछ । पैले साल तीन लाख रुपियाँ भागसिंहलाई दियेथ्यो । अझ पनि ३/३ हजार रुपियाँ सालिन्दा उसलाई दिँदै छ । बजार भन्याको एक जग्गा पतरियाको रहेछ । उसमा सालिन्दा ३/३ सय रुपियाँ तिरी बजार राख्याको छ । यताउताका राजा र शिखहेरूलाई सुलकका पाठ (मेलमिलाप) सँग भन्या काम कुरा गर्न पाउँछ । नजराना भनी दियाका रुपियाँ खाँदै छ । तपनि जोरसँग काबु गर्न र पैसा भरी लिन कसैसँग सक्याको

थियेन । मण्डलामा हामीले शिखलाई जिती अत्याई आफूले गर्न पर्न्या कुरो गोर्खाबाट भयो भन्न्या कुराले र गोर्खासँग तम्रा जोरले सकन्या रहेनछौ, मण्डलामा सक्यौन, पाँचपटक जाइलाग्यौ, गोर्खाको मुर्चा उठाउन सकेउन, आफू हटी आयौ, गोर्खासँग भेट मुलाकाद गरीकन जग्गा मैले थाम्याँ भनी सिंहलाई भन्ने ठाउँ पाउँदा र मौकामा अठ्याऊँ भन्या सिंहहरूलाई अठ्याउन हुन्या काम हुन जाँदा खुशी हुन गैह्रेछ ।

अघि हामी कांगडामा जाँदा त्यताका राजाहरूसँग सन्धि गरी गऱ्यूँ । किल्ला कांगडा घेरी तंग पारी, गलाएर रानी र निबास निकासनालाई ११ दिनको भाका मागी धर्मपत्र लेखिदिंदा ११ दिनको भाका दिंदा अघि रानी र निबास असबाप निकाली पछि संसार चन्द आफू किल्लामा किल्लेदार राखी रातमा निस्की सिंह ल्याउँदा पछाडिका राजाहरू पनि उतै मिलन गया । हंडुरको नाला जेउन्यागढ पनि घेरिन गया र कांगडाको काज पुग्याको छैन, दाईया रह्याको छ । उस बखतमा शत्रुले पछाडिबाट आक्रमण गर्ने ठाउँ बन्द नगरी भयेन र फौज हटी पछाडिको हंगामा मेटी आफू पक्को हुन्या बन्दोबस्त गरियो । अब काज गर्नालाई तिमी क्या सल्लाह दिन्छौ भन्दा उसले भन्यो, हिजो राजा र संसार चन्दमात्र हुँदा तिम्रो कांगडाको काज पुगेन, आज शिख संसार चन्द एक भैरह्याछन्, सिंहको बल खजाना धेरै छ । तिमीहरूले मात्र मारीतरी (मरीमरी ?) काज गर्दा भारी पर्न जाला । हामीले लाहोरमा चढाइ गर्दा काज गऱ्या सरल होला । (हामीले) "आफ्नो बन्दोबस्तले काज गर्छौं" भन्दा "पहाडमा जहाँसम्मको काज गर्छौ गर । मद्दतका अर्थलाई हामी शिखलाई पनि दिन्याछौनँ, तिमीहरूलाई पनि दिन्याछौनँ" भन्या कुरा गऱ्यो । सबै कुरा एकै बखत खोलीकन गर्न उससँग नहुन्या । त्यतिसम्मको कुरा बोलिराखेछ ।

अब उप्रान्त बखतमाफिकको आहाँ यससँग गर्न्या कुरा गरी ताहाँ लेखन्या कुरा लेखी पठाउँला ।

डिल्लीवाल वैद्य गजपति राई पनि आइरह्याछन् । अटकमा मोर्चा लाग्याका वेलामा कश्मिरका बंडा गरी खान्या कुरा पनि गऱ्योथ्यो । पगरी बदलको कुरो पनि गऱ्योथ्यो । अटकको लडाइँ जित्यापछि यी कुरा केही रहेन । आफूले बोल्याको आफूले गर्न्या हो, हामीले गरी हुन्या होइन भन्न आया । "बिदा देऊ, दरबार जान्छु" भनी बारम्बार

भन्छन् । "तिनलाई लाहोरै थाम्नू, झिकन्या काम गर्नु छैन" भनी हामीलाई सर्कारबाट मर्जी आयाको हुनाले बिदा दिन सकिजुँन । उाँही बस्याका छन् । सर्कारमा बिन्ती गरी पठायाको छ । जो मर्जी आवला सोहीबमोजिम गरौंला ।[११]

यी दुई कमान्डरले छोराहरूबीचको मीत साइनोमार्फत दुई देशको मितेरी गाँसेको १७ महीनापछि बुढाकाजी अमरसिंहले आफूले शासन गरेको भूभाग छाड्नुपर्‍यो । मार्टिन्डेलले लाख कोशिश गर्दा पनि जित्न नसकेको जैथक किल्ला रणजोरले १८७२ साल जेठ १० गते विनालडाइँ खाली गरिदिनुपर्‍यो । महाकालीपारिका सबै भूभाग नेपालका हातबाट गुमे ।

अढाई महीनाअघि १८७१ साल फागुन २१ गतेसम्म पनि अमरसिंह थापा आफ्नो विजय हुन्छ भनी आशावादी थिए । उनले राजालाई भनेका थिए :

म घेराभित्र रह्याको छु तापनि दिनहुँ वैरीसँग लडाइँ गरी रह्याको हुनाले अवश्य फत्य हुन्या देख्याको छु । ...रणजीत सिंहलाई हामीपट्टि मिलाउन्या मेरो इच्छा पूर्ण गर्न मैले पहिला दुई-तीन लडाइँ जित्न पर्‍या छ । ती मिल्यापछि नेपाली र शिखहरू मिली जमुनातिर बढ्यापछि दक्षिणका राजाहरू, लखनौका नवाबसमेत हाम्रा पक्षमा मिल्न आउन्या आशा छ । ...मचाहिँ घेरामा परे तापनि लडेर जितिछोडन्या छु । मेरा भारदारले पनि यही संकल्प लियाका छन् । नेपालीहरूलाई वैशाख विशेष गरी शुभ छ भनी पंडितहरूले भन्याकाले त्यसमा साइतको दिन हेरी लडेमा हामी अवश्य जित्न्या छौं । बिस्तारै र विचारपूर्वक दुश्मनलाई मिलाउन्या सुरमा म छु तर फिरंगी लड्न हतपताई रह्याको हुनाले यो हुन सक्तैन । वैशाखसम्म लडाइँ जावस् भन्न्या आशा म राख्तछु । त्यस महीनामा असल मौका पारी लड्न्या छु । दुश्मनलाई हटायापछि कि रणजोरसिंह कि म हजुरका पाउमा हाजिर हुन्याछौं ।[१२]

---

११ जर्नेरल अमरसिंह थापालाई बुढाकाजी अमरसिंह थापाले १८७० साल मार्गशीर्ष सुदि १ रोज ३ मा मुकाम बागलबाट लेखेको पत्र, नेपाल-अंग्रेज युद्ध शुरू हुनुभन्दा १ वर्षअगाडि अमरसिंह थापाका छोरा र अक्टरलोनीका छोराले मितेरी लाएथे, महेशराज पन्त, पूर्णिमा वर्ष ३, अंक १, पेज ४८-६४ ।

12 Translation of Intercepted letters, 12th April, 1815. From Amer Singh and His son Ram Doss and Urjan Thappa to the Rajah of Nepaul dated Rajgurah 2d March 1815, Pakistan Papers, Page 101-112 and Nepal Papers, Page 553-556. यसको नेपाली अनुवाद मैले सन्धिपत्र संग्रहको पेज ६३४-६३७ बाट लिएको हुँ । यो चिठीको पूर्ण पाठ सन्धि खण्डमा दिइएको छ ।

वैशाखमा अमरसिंहले आस गरेजस्तो गरी नेपालीलाई फलिफाप भएन। वैशाख सकिएर जेठ लाग्नासाथ अमरसिंहले आफूले ठूलो दुःख गरेर आर्जेको ठाउँ छाड्नुपर्‍यो। राजाका पाउमा हाजिर हुन काठमाडौं जान बोलाहट आउला कि भनेर उनी आफ्ना छोरासहित पूर्वतिर लागे। यति वेला उनका हातमा विजयको फूलमाला थिएन, शिर ठाडो थिएन, हात रित्तो थियो र शिर निहुरिएको।

उता अंग्रेजको शिर भने उँचो भयो। लर्ड मोइराले लेखे :

> *अमरसिंहमाथि हामीले गरेको हमलाको सौभाग्यपूर्ण र गौरवमय परिणामले गर्दा र कुमाऊँ कब्जा भएकाले कालीपश्चिमको भूभागमा नेपाली शासनको अन्त्य भयो, जहाँ ऊ ३० वर्षदेखि आधिपत्य जमाएर बसेको थियो। नेपालले आफ्नो एक तिहाईभन्दा बढी भूभाग गुमायो।*
>
> *यसले गर्दा हामी चाँडै स्वागतयोग्य शान्ति कायम गर्न सक्ने भएका छौं, दम्भी र हिंस्रक नेपाल सरकारको महत्त्वाकांक्षा चकनाचूर भएर दबिएको छ र उसको शक्ति खुइलिएको छ। हाम्रो सम्मानमा जुन चोट लागेको थियो, त्यसमा मलम लागेको छ, हिन्दुस्तानभर हाम्रो सैन्य ख्याति बढेको छ।*[१३]

***

अमरसिंह थापा र पश्चिम मुहुडामा रहेको उनको फौज असारको दोस्रो हप्ता महाकाली तर्‍यो र डडेलधुरामा बस्यो।[१४] अंग्रेजले युद्धबन्दी बनाएका काजी अजम्बर पंथ साउन ७ गते जाँदा बैतडी आइपुगे। यसका साथै पहिलेको पश्चिम मुहुडामा रहेका नेपालीबारे नराम्रो खबर बैतडी आइपुग्यो, अंग्रेज फौजमा नगएका जमुनापार रहेका नेपालीको घरबारी उठ्न लागिरहेछ भनी सुनिन्छ। ...कोही खाना बिग्रेर गलेका छन् भन्छन्। कोही बाटो नपाई, कोही बिस्याहार भै, कोही गुहार नपाई, कोही गढ नभई बसेका छन् भन्छन्।[१५]

डडेलधुरा आएपछि अमरसिंहले हिमाली भेगमा रहेको तीर्थस्थल जाने इच्छा व्यक्त गरे जुन डडेलधुराबाट १० दिनको बाटो टाढा थियो। आफ्ना छोरा

13 Letter from Lord Moira to the Honourable the Secret Committee, 1st June 1815, Nepal Papers, Page 559-567.

14 Letter to J. Adam from E. Gardner, 30th July 1815, Nepal Papers, Page 817.

१५ बम शाह, वखतवारसिंह, रणदीपसिंह बस्न्यात, अजम्बर पंथ, चामु भण्डारी, अंगदसिंह, रिपुमर्दन थापा र जसमर्दन थापाले १८७२ साउन सुदि १२ रोज ४ मा मुकाम बैतडीबाट पठाएको अर्जी, डीएनए १/१९।

रणजोरलाई काठमाडौं जान बोलावट आइदिए हुन्थ्यो भन्ने चाहना पनि उनले गरेका थिए ।[१६]

धनकुटामा खटिएका अमरसिंह थापाका छोरा भक्तवीरले अमरसिंहका अर्का छोरा रणध्वजलाई चिठी लेखेर अमरसिंहलाई काठमाडौं झिकाइ घरमै राख्ने इच्छा व्यक्त गरे ।[१७] पश्चिम मुहुडाको टोली डडेलधुरा आइपुगेको थाहा पाएपछि राजाले साउनको पहिलो हप्तातिर अमरसिंह थापा, रेवन्त कुँवर, बलभद्र कुँवर र भैरवसिंहलाई दरबार बोलाए । उनीहरूका परिवार र बालबच्चा बोक्न डोले पठाइदिए । रणजोर थापा र जसपाउ थापालाई दैलेख बस्नू भन्ने आदेश दिए ।[१८]

साथै रामदल, वरख, नयाँ श्रीनाथ, सिंहनाथ, सबुज, अमरदल, अर्जुन वाण, रणजंग कम्पनीलाई दुल्लु गई बस्न राजाले आदेश दिए । नयाँ पुराना गोरखलाई काठमाडौं बोलाहट भयो । यीबाहेक अरू काठमाडौं गए भारी सजाय हुने भनी चेतावनी पनि राजाले दिए । राजाको यो हुकुम नआउँदै जमुनापारबाट आएका पंथ काजीबाहेक सबै भारदार र कम्पनी डडेलधुराबाट पूर्व लागिसकेका थिए । बुढाकाजीले आफ्ना छोरा रणजोरसित दुल्लुमा बसौला भनी बम शाहसँग रहेका केही फौजलाई पनि लगेका थिए । नबोलाएका भारदार र सैनिक काठमाडौं नजाउन् भनेर बम शाहले चाँडो हिंड्न सक्ने मानिसलाई घाट (नदी तर्ने ठाउँ) मा पठाए । नदी तार्ने मान्छेलाई राजाको मोहर (आदेश) देखाएर जस-जसलाई बोलाहट आएको छ, उसलाई मात्र नदी तर्न दिने, अरूलाई नदिने व्यवस्था मिलाए । बुढाकाजीले आफूसँग लगेका मानिसलाई लैजान्छन् कि फिराइदिन्छन् भन्नेमा बम शाहलाई धरमर थियो । ढाक्र्याचाहिँ जुम्लाको बाटो जान लागेका छन् भन्ने खबर बम शाहले पाएकाले उनीहरूको पनि बाटो बन्द गर्न मानिस पठाए । ती सबै मानिस घर जान आतुर थिए ।[१९]

अमरसिंह डडेलधुरा आएकोमा बम शाहले आरिस गरेका थिए । अमरसिंह थापा महाकालीपूर्व आउनुअघि १८७२ साल जेठको अन्त्यमा बम शाहले एडवार्ड गार्डनरलाई पोल लगाएका थिए– "अमरसिंह र उनको समूह अंग्रेजसँग सन्धि गर्ने कुराका विरोधी हुन् ।" त्यसैले सन्धि नभएसम्म अमरसिंहलाई उतै बन्दी बनाइदिन

16 Letter to J. Adam from E. Gardner, 30th July 1815, Nepal Papers, Page 817.

१७ काजी रणध्वज थापालाई भक्तवीर थापाले १८७२ श्रावण सुदि १२ रोज ४ मा मुकाम धनकुटाबाट लेखेको पत्र, डीएनए ४/१३ ।

१८ भीमसेन थापा र रणध्वज थापालाई उजीरसिंह थापाले १८७२ साल श्रावण वदि १० रोज २ मा पाल्पा, श्रीनगरबाट पठाएको पत्र, दिनेशराज पन्त र जनकराज सापकोटाको लेख '१९८ वर्ष अघिको पत्र'मा उद्धृत, कान्तिपुर दैनिक फागुन १७, २०७० ।

१९ बम शाहले १८७२ भाद्र वदि १० रोज ४ मा बैतडीबाट लेखेको अर्जी, पोका ३, पत्र संख्या ३७८ ।

अथवा बन्दी नबनाउने भए उनलाई सल्यानभन्दा तलको भागबाट मात्र नेपाल पस्ने व्यवस्था मिलाउन उनले गार्डनरलाई अनुरोध गरेका थिए ।[२०] तर अंग्रेजले उनका यी दुवै कुरा मानेको थिएन । अहिले बम शाहले राजालाई पोल लगाए– "पश्चिमबाट आएको खजाना, बन्दुक हामीले केही देख्युँनँ । सुन्याको भन्या तीन तोप र ४/५०० बन्दुक होला । काजी ताहिँ बिन्ती गर्नन् ।"

यसैबीच भदौको मध्यतिर राजाले बम शाहलाई यसअघि अमरसिंह थापाले गरिआएको कामको मुख्तियारी दिए । बम शाहले खुशी भएर यो मुख्तियारी सम्हाले ।[२१]

20 Letter to J. Adam from Edward Gardner, 7th June 1815, Nepal Papers, Page 791-794.

२१ बम शाहले १८७२ भाद्र वदि १० रोज ४ मा मुकाम बैतडीबाट लेखेको अर्जी, पोका ३, पत्र संख्या ३७८ ।

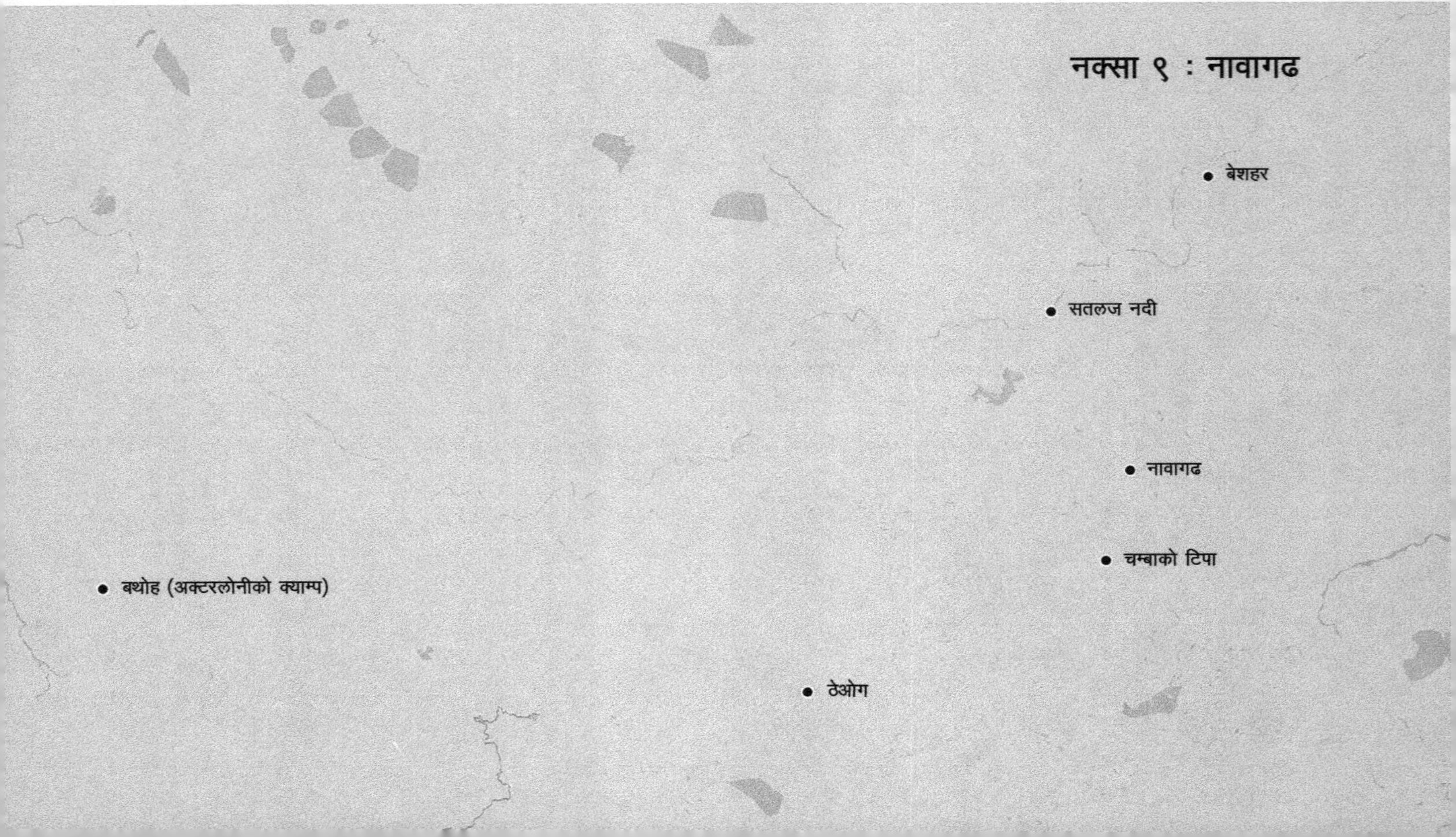

नक्सा ९ : नावागढ
बेशहर
सतलज नदी
नावागढ
चम्बाको टिपा
बथोह (अक्टरलोनीको क्याम्प)
ठेओग

कीर्ति रानाको कीर्ति

१८७२ साल वैशाख २२ गते । अक्टरलोनी मलाऊँ किल्लाको सामुन्ने पूर्वमा तल गम्रोला खोलाको खोंचको बथोह भन्ने ठाउँमा किल्ला जमाएर बसेका थिए । नेपाली कमान्डर कीर्ति राना र उनको पूरै फौजलाई बन्दी बनाइएको छ भन्ने मौखिक खबर उनको क्याम्पमा पुग्यो । त्यसको भोलिपल्ट ठाकुरका सरदार केरूले पठाएको पत्र अक्टरलोनीले पाए । त्यस चिठीबाट नेपालको सबैभन्दा उत्तर-पश्चिमको किल्लामा रहेको नेपाली फौज स्थानीय समूहको घेरामा पर्‍यो भनी अघिल्लो दिन आइपुगेको मौखिक खबर पुष्टि भयो । त्यस पत्रमा कीर्तिलाई बन्दी बनाउने समूहका नेताले बन्दी बनाइएका कीर्ति र उनको फौजलाई "मारौं कि के गरौं ?" भनेर अक्टरलोनीलाई सोधेका थिए ।[1]

यो कुरा पढेका दिन मैले नेपाल र अंग्रेजबीचको लडाइँसम्बन्धी चिठी र अन्य कागजपत्र नियमित रूपमा पढ्न थालेको १० महीना भइसकेको थियो । अहिलेसम्म पढेका चिठी र कागजपत्रका आधारमा मलाई लागेको थियो– "त्यस लडाइँका वेलामा बन्दी, घाइते र लाशलाई दुवै पक्षले मानवीय व्यवहार गर्ने गर्थे । अंग्रेजहरूले अन्य प्रसंगमा नेपालीलाई बर्बर भन्ने गरेका थिए तर लडाइँका बन्दी, घाइते र लाशलाई नेपालीले सम्मान गरेकोमा तारीफ गरेका थिए ।"

त्यसैले बन्दी बनाइएका कीर्ति राना र उनको फौजलाई "मारौं कि के गरौं ?" भन्ने प्रश्नले मेरो मनमा ठूलो घन हान्यो । कीर्तिका बारेमा जान्न म विशेष उत्सुक भएँ । केही वर्ष पहिल्यै मेरा हात परेको, चिल्लो कागजमा छापिएको, फोटो र चित्रले सुसज्जित किताब द *खुकुरी ब्रेभ्स* पल्टाएँ । त्यसमा कीर्ति रानाबारे दुःखान्त बयान पाएँ, जुन यस प्रकार छ :

> *१८७२ साल जेठको कुरा । हिउँदभर हिउँले ढाकिने शृंखलामा, ११ हजार फिटको उचाइमा नावागढ किल्ला थियो । कीर्ति राना त्यसका*

1 Letter to J. Adam from D. Ochterlony, 3d May 1815, Pakistan Papers, Page 286-287.

कमान्डर थिए । ...कीर्ति रानाले यसअघिका लडाइँमा छरपष्ट भएका आफ्ना फौजलाई फेरि एकठ्ठा गरे र मलाऊँ अथवा जैथक किल्लातिर जाने विचार गरे । यो कुरा थाहा पाएर (बेशहरका) वजीरहरूले नावागढ किल्लालाई नाकाबन्दी गरे । रसदपानी निखिँदै गएपछि कीर्तिको नेतृत्वमा रहेको २०० जतिको फौज र त्यसभन्दा धेरै बढी जहान कबीला किल्ला छाडेर राजगढतिर हिंडे । महिला र केटाकेटी धेरै भएकाले उनीहरू छिटो हिंड्न सकेनन् । त्यसमाथि बाटोवरपर लुकेर बसेका बेशहरी सिपाहीले उनीहरूलाई दिनुसम्म दुःख दिए । साँझ थकित भएर उनीहरू सरौं (चुम्बी) को टिपामा बास बसे ।

बास बस्ने बित्तिकै उनीहरूलाई बेशहरीहरूले घेरे । कीर्तिलाई अप्ठ्यारो पर्‍यो । लडौं भने आफ्ना मानिस मर्ने, नलडौं भने पनि मर्ने । भोलिपल्ट साँझ कीर्तिले आफ्नो फौज र फौजका जहान केटाकेटीको ज्यान बचाइदिने भए आत्मसमर्पण गर्छौं भनी वजीरलाई बताए । वजीरले यो शर्त स्वीकार गरे । कीर्तिको टोलीले आत्मसमर्पण गर्‍यो तर आत्मसमर्पण गर्ने बित्तिकै बेशहरी सिपाहीले उनीहरूमाथि हमला गरे र सबैलाई एकै चिहान बनाए ।[२]

यस्तो दुःखद अन्त्य भोग्नुपरेका कीर्ति राना, उनले लडेका लडाइँ, उनले रक्षा गरेको ठाउँ र उनका कामको महत्त्वबारेमा आफूले अहिलेसम्म भेला गरेका कागजपत्रको थुप्रोमा कहींकतै लेखिएको छ कि भनेर खोज्न थालें । नेपालीले लेखेका कागजपत्रमा कीर्ति रानाको प्रसंग भएको एउटा पत्र फेला पारें । पाल्पाबाट उजीरसिंहले भीमसेन थापा र रणध्वज थापालाई पठाएको त्यो पत्र हेर्दा मारिएका कीर्ति राना र त्यस पत्रमा नाम लेखिएका कीर्ति राना अलग अलग व्यक्ति हुनुपर्छ भन्ने लाग्यो । त्यसपछि कीर्तिबारे मेरो कौतूहल झन् बढ्यो । यसलाई मेटाउन उनीबारे थप कुरा खोजें ।

खोज्दै जाँदा कीर्तिबारे त होइन तर कीर्ति खटिएको ठाउँ बेशहरको सामरिक महत्त्वबारे पश्चिमी मुहुडाका कमान्डर बुढाकाजी अमरसिंह थापा र उनका छोराहरूले राजालाई चढाएको तर अंग्रेजले बाटैमा खोसेको अर्जीमा केही कुरा भेटें :

हाम्रो दखलमा बेशहर रहञ्ज्यालसम्म गढवाल अटल रहन्या छ । यो छोड्याका खण्डमा रवाइँमा भटेरा भगौडाहरूले हामीलाई अवश्य सताउन्या छन् । यसरी फिरंगीले दून र रवाइँ लियो भन्या गढवाल थाम्न सकिन्या छैन । यो गयापछि कुमाऊँ र डोटी पनि जान्या छ ।

2 Jyoti Thapa Mani, Page 162.

यी जग्गा लियापछि एक एक गरी अछाम, जुम्ला, दुल्लु, दैलेख पनि हामीसँग खोसिलिन्या छ ।[३]

नेपाली सिपाहीका चिठीमा कीर्तिबारे उस्तो जानकारी नपाएपछि मैले कीर्तिबारे साँचो कुरा थाहा पाएका लेखक तथा कलाकार जेम्स बेइली फ्रेजरले लेखेका कुरा पढेँ ।[४]

पाल्पा घर भएका कीर्ति राना ७० वर्ष पुगिसकेका थिए । पश्चिम मुहुडामा उनी खटेको १३ वर्ष भएको थियो । १८७२ साल वैशाख ६ गते मलाऊँनेरको लोहार भञ्ज्याङमा हमला भएर भक्ति थापाको ज्यान जानुभन्दा पहिले कीर्ति नावागढमै भएका वेला नेपाली फौजका धेरै सिपाही भाग्ने क्रम बढेको थियो । अमरसिंहका पनि सिपाही भाग्दै थिए । सिपाहीले 'आफ्नो तरबारको धार' भनी प्रशंसा गर्ने भक्ति थापा ढलेपछि कीर्ति रानाका फौजबाट सिपाही भाग्ने क्रम अझ बढ्यो ।

हुँदाहुँदा नेपालीलाई साथ दिएका बेशहरका वजीर टिकन दास र बद्री दासले नेपालीविरूद्ध विद्रोह गरे र ३,००० जनाको डरलाग्दो फौज खडा गरे । बेशहरका राजा नाबालक भएकाले यी दुई जना वजीर त्यहाँका हर्ताकर्ता र त्यस फौजका कमान्डर थिए ।

नेपाली फौजलाई अप्ठ्यारो पर्दै गएको देखेपछि मुहुडाका मानिस नेपाली विरूद्ध उठे । बाह्र ठकुराई र कुल्लुका राजाले ठूलो फौज पठाए । नावागढलाई नाकाबन्दी गरे ।

कीर्तिले पाँच वर्षअघि पनि आफू बसेका ठाउँका रैतीको असहयोग बेहोरेका थिए । १८६६ सालमा नाहानबाट तीनपटक गरी धेरै खजाना कीर्ति राना बसेको ठाउँ हंडुर पठाइएको थियो । ती खजाना त्यहाँबाट अघि बढाउनुपर्थ्यो तर ती खजाना अघि बढेनन् । मुकाम नाहानमा रहेका चामु भण्डारी, दीर्घसिंह भण्डारी, टीकावल्लभ पाँडे र जोगनारायण मल्लले "खजाना हंडुरमा अट्क्यो । क्यान पठायौन" भनी सरदार कीर्ति रानालाई लेखी पठाएका थिए । कीर्तिले उनीहरूलाई जवाफ दिएका थिए– "रैती विकाबुका भया, खजाना चलेन ।"[५]

तर, अहिलेको अवस्था ज्यान लिने खालको थियो । पानी खानका लागि त उनीहरूले किल्लामा हिउँ जम्मा गरेका थिए, जुन त्यति वेलासम्म पग्लिइसकेको थियो । समस्या रसदको थियो । जमीनदारले नेपालीलाई रसद दिन छाडेका

3 Translation of Intercepted letters, April 12th, 1815, From Amer Singh and His son Ram Doss and Urjan Thappa to the Rajah of Nepaul dated Rajgurah 2d March 1815, Pakistan Papers, Page 101-112. यसको नेपाली अनुवाद सन्धिपत्र संग्रहको पेज ४५९–६१ बाट लिएको हुँ ।

4 Fraser, Page 166, 175, 177-170, 223-227.

५ चामु भण्डारी, दीर्घसिंह भण्डारी, टीकावल्लभ पाँडे, जोगनारायण मल्लले १८६६ साल भाद्र सुदि ७ रोज ७ मा मुकाम नाहानबाट चढाएको अर्जी, १ सी. ३८६, अन्तिम पाना ।

थिए । डाँडाको किल्लामा रहँदा त उनीहरूमाथि आक्रमण हुने डर थिएन किनभने त्यहाँका मानिस त्यस डाँडामा जान डराउँथे तर खानेकुराको खोजीमा गाउँ झर्दा उनीहरूलाई वैरीले काँड हान्न थाले ।

कीर्तिको फौजमा नेपालीमात्र थिएनन्, गढवाली, कुमाऊँनी र सिरमोरी पनि थिए । उनीहरूमध्ये धेरै भागे । यसरी हताश भएका वेलामा रसदपानी पनि सकिएपछि कीर्तिले किल्ला छाड्ने निधो गरे । उनले विश्वास गरेका मानिसले उनलाई मलाऊँतिर जाने सबै भञ्ज्याङलाई वैरीले कब्जा गरेकाले राइनगढ जान सल्लाह दिए । त्यता जाँदा जैथकमा रणजोरको फौजसँग मिल्न वा श्रीनगर जान सकिन्थ्यो । खासमा उनले विश्वास गरेका मानिस वैरीसँग मिलेका रहेछन्, उनीहरूबाट कीर्तिले धोका पाए । कीर्तिहरू 'बाटो देखाउने'का पछि लागेर मध्याह्नमा किल्लाबाट निस्केपछि त्यस्तो बाटो गए, जहाँ वैरी नै वैरी थिए । उकालो बाटोमा वैरी झुम्मिएका थिए । जतातततैबाट गोली बर्सियो ।

उनीहरूको हिंडाइ ढिलो भयो, केही मानिस मारिए । जसोतसो बास बस्न पुग्ने बित्तिकै वैरीले उनीहरूलाई घेरिहाले । कीर्तिको टोलीका सिपाहीले स्याउला, माटो, ढुंगा जे पाइन्छ, त्यसैबाट होचो पर्खाल बनाए । भोका र तिर्खाएका कीर्तिका फौज र कबीलाले रातभर जंगली स्वभावका वैरीको हमला झेले ।

बिहान पनि उनीहरूलाई सजिलो भएन । जतातते वैरी धुरिएका थिए । कीर्तिले अघिल्लो दिन ठड्याएको पर्खालमा वैरीले लगातार गोली बर्साउँथे । कीर्तिको फौजले पनि उनीहरूलाई धपाउँथ्यो । यस क्रममा कीर्तिका धेरै मानिस मरे । उनीहरू सही नसक्नु गरी थाकेका, भोकाएका र तिर्खाएका थिए । महिला र बालबालिकाको अवस्था झन् दयनीय थियो । अन्त्यमा निराश भएर कीर्तिले ज्यान बचाउन आफूलाई अंग्रेज कमान्डरकहाँ बुझाउने शर्तमा बेशहरका वजीरसामु घुँडा टेके । वजीरले पनि उनका शर्त माने । घुँडा टेक्न नचाहने ६०/७० जना सिपाही कीर्तिबाट छुट्टिए र रणजोरकहाँ शामेल हुन राइनगढतिर लागे । यस क्रममा केही मारिए ।

यता कीर्तिको फौजले हतियार बुझाउने बित्तिकै उनीहरूमाथि लुटपाट मच्चियो । सबैका ढाल, तरबार, खुकुरी, लुगा र धनसम्पत्ति खोसियो । सबै जनालाई नांगेझार पारियो ।

धन्न, द *खुकुरी ब्रेभ्स* किताबमा लेखिएजस्तो गरी उनीहरूलाई मारिएन ।

कीर्तिको टोलीका ५०० जनाजति बन्दीलाई बेशहरीहरूले अक्टरलोनीको क्याम्पतिर हिंडाए । यसपछिका दिनमा हुनुपर्छ, ठाकुरका सरदार केरूले अक्टरलोनीलाई पत्र पठाएर कीर्तिको फौजका बन्दीलाई "मारौं कि के गरौं ?" भनी सोधेको ।

गढमा रहेका वेला, बाटोमा हिँड्दा र टिपामा बस्दा कीर्तिको फौजका २५० जनाजति मानिसले ज्यान गुमाए ।

नेपालीसँग क्रुद्ध भएका बेशहरीहरूले कीर्तिहरूलाई मार्न चाहे पनि अक्टरलोनीले पक्कै पनि त्यसो गर्न उनीहरूलाई अनुमति दिएनन् होला । अक्टरलोनीको जवाफ आइनपुग्दै बेशहरीहरूले उनीहरूलाई मारे कि !

जेठ १७ गते आइतवार बिहान जेम्स बेइली फ्रेजर ठेओगमा बास बसेका थिए । उनीहरूको क्याम्पभन्दा माथिको डाँडाबाट मानिसको हूल आउँदै गरेको खबर फ्रेजरको क्याम्पमा पुग्यो । सोधपूछ गर्दा उनले थाहा पाए– ती बेशहरी फौजको पहरामा अक्टरलोनीको क्याम्पतिर लगिँदै गरेका कीर्तिको टोलीका मानिस रहेछन् ।

उनीहरू खाना बनाउन बसेपछि फ्रेजर उनीहरूलाई भेट्न गए । तिनका साथमा महिला र केटाकेटी पनि थिए । उनीहरूले बेशहरीहरूले लुट्न लायक नठानेर छोडिदिएका थोरै सामान बोकेका थिए । स्थानीय पोशाकमा सजिएका, धनुकाँड र ढालतरबार बोकेका बेशहरी सिपाहीले उनीहरूलाई पहरा दिइरहेका थिए । कीर्तिका मानिस भोका, थाकेका थिए । उनीहरूलाई सहयोग गर्ने कोही थिएन । महिला र केटाकेटी अझ कमजोर अथवा बिरामी थिए ।

यति विघ्न दयनीय, लुटिएका, निरस्त्र नेपाली सैनिक देख्दा फ्रेजर छक्क परे । उनले धेरै प्रश्न आफैँलाई सोधे– "नालापानी किल्लालाई त्यति राम्रोसँग रक्षा गर्ने सिपाही यिनै हुन् त ? अंग्रेजको पेशेवर (रेगुलर) फौजलाई विफल तुल्याउने सिपाही यिनै हुन् त ? आफ्नो देशप्रति बफादार र बहादुर भएर अंग्रेज अभियानलाई यति लामो समयसम्म टक्कर दिने सिपाही यिनै हुन् त ?"

फ्रेजर भन्छन्– "उनीहरू बन्दी थिए, उनीहरूले आफ्नो सर्वस्व गुमाएका थिए, उनीहरू क्रूर र विश्वासघाती वैरीका फेला परेका थिए । उनीहरू आफ्नो इच्छा व्यक्त गर्न सक्दैनथे तर उनीहरूले विलाप वा गुनासो गरेको सुनिएन । उनीहरूमा सन्तुष्टि र हृदयको चमक छाएझैं देखिन्थ्यो । उनीहरू बसेका ठाउँमा कोलाहल, हल्ला केही थिएन । तर्कवितर्क गरेको, झगडा गरेको आवाज थिएन । धेरै मानिसको मधुरो गुनगुनाहट, विश्राम गर्ने ठाउँ र चुल्हो बनाएको आवाज, महिला र केटाकेटीलाई सियाल होस् भनेर कम्बल झुन्ड्याउने किला ठोकेको आवाजमात्र सुनिएको थियो । महिला अत्यन्तै सुन्दर र राम्रो बनोटका थिए । उनीहरू नेपाली सिपाहीसँग बिहे गरेका बेशहर र गढवालका बासिन्दा थिए । अहिले आफ्ना लोग्नेका भाग्यले डोहोरिएका थिए ।"

फ्रेजरले अनुरोध गरेपछि कीर्ति राना उनलाई भेट्न गए । कीर्ति सानो कदका थिए, वृद्ध देखिन्थे । उनका जुँगा थोरै थिए । उनको नाकको डाँडी बीचमा हराएर

टुप्पामा अलि उठेको थियो । उनले शिरमा मैलो सूती टोपी लगाएका थिए । सेतो मलमलका उनका कपडा थोत्रिइसकेका थिए । उनको बनोट प्रष्टै देखिने गरी कुरूप थियो तर उनको हाउभाउ विनोदपूर्ण थियो । कुराकानी गर्दै जाँदा उनको अनुहार ठूलो ज्वालाको प्रकाश परेझैं उज्यालियो । उनी वाचाल र सहज बने ।

कीर्ति राना उत्तम, बहादुर, जोशिला वृद्ध सिपाही हुन् । उनले आफूलाई कसरी पक्डिइयो भन्नेबारे र यति चाँडै आफू पक्डिइनुको कारणबारे विनासंकोच सहज भएर बताए । उनले भने– "भोकैतिर्खै लामो समय बस्नुपर्दा अनि त्यसबाट छुटकारा पाइने आशा कतै नदेखिँदा मेरा धेरै सिपाही बफादार रहन सकेनन् । गढवाली र कुमाऊँनी सिपाही भाग्ने क्रम बढ्यो । उनीहरू वैरीसँग मिले, देशद्रोही भए ।" उनीहरूले धोका दिएकाले नै कीर्ति वैरीको फौज भएको बाटो समाउन पुगे । घामको गर्मी, थकाइ र तिर्खाले उनीहरूलाई गलाएको थियो । त्यसमाथि महिला र केटाकेटी लिएर हिंड्नुपरेको थियो ।

त्यति वेला उनीहरू बन्दी भएको कम्तीमा पनि २७ दिन भइसकेको थियो ।

यो उमेरमा आफ्नो गाउँभन्दा यति टाढा लड्न किन आएको भनी फ्रेजरले कीर्तिलाई सोधेका थिए । फ्रेजरका भाइ विलियम लड्नकै लागि सात समुद्र पारि बेलायतबाट यहाँ आइपुगेका थिए । फ्रेजर लड्नका लागि नभए पनि उति टाढादेखि यहाँ आएका थिए, लडाइँ हेर्न र हिमाली भेग घुम्न । उनीहरूका तुलनामा कीर्तिको घरबाट उनी अहिले पुगेको ठाउँ खासै टाढा थिएन ।

कीर्तिको उत्तर सुनेर फ्रेजर जिल्ल परे । कीर्तिले भने :

"मलाई मेरा मालिक, राजाले खटाएका हुन् । राजाले आफ्ना रैतीलाई खटाउँछन् । कसैलाई तँ गढवाल जा भन्छन्, कसैलाई कश्मिर । कसैलाई टाढाका कुनै ठाउँमा खटाउँछन् । उनी मालिक हुन्, मालिकले भनेको दासले मान्नुपर्छ । किन यस्तो आदेश दिएको भनेर राजालाई कसैले सोध्दैन । मैले पनि राजाको आदेश मानें ।"

कीर्ति रानालाई अंग्रेज क्याम्प पुऱ्याउने जिम्मेवारी पाएको फौजका नेताले त्यो दर्जाका, त्यो उमेरका कीर्तिलाई दिनुपर्ने थोरैभन्दा थोरै सुविधा पनि दिएका थिएनन् । कीर्ति थकित थिए, खुट्टाले राम्रोसँग हिंड्न नसकेर खोच्याउँथे तैपनि उनी टाढादेखि पैदल आएका थिए । फ्रेजरले कीर्ति र उनका मानिसलाई क्याम्प नपुगुञ्जेल चाहिने अत्यावश्यक कुरा किन्न कीर्तिलाई पैसा दिए । उनको पद र उनको उमेरका मानिसका लागि उपयुक्त हुने सवारीको व्यवस्था गरिदिए । त्यसपछि कीर्ति फ्रेजरसँग बिदा भएर हिंडे । फ्रेजर दाजुभाइले कीर्तिहरूलाई राम्ररी अक्टरलोनीको क्याम्पमा पुऱ्याउन वजीरहरूलाई आदेश दिए ।

कीर्तिका सामु यसरी दयालु पल्टिने फ्रेजर त्यति वेला आफ्ना भाइ विलियमसँगै त्यता गएका थिए । विलियम सतलजछेउका बासिन्दा र वजीरलाई नेपालीका विरूद्ध उकास्ने काममा तैनाथ थिए । अहिले कीर्तिलाई बन्दी बनाउने समूहलाई पनि उनैले उकासेका थिए ।

अक्टरलोनीको क्याम्प कीर्ति अहिले जहाँ थिए, त्यहाँबाट सोझै उडेर जाँदा १३० किलोमिटर पश्चिम-उत्तरमा थियो । कीर्ति अक्टरलोनीको क्याम्प पक्कै पुगे होलान् । अक्टरलोनीले आफ्नो क्याम्पमा लगिएका उनीहरूलाई "मारौं कि के गरौं ?" भनेनन् होला किनभने युद्धबन्दीलाई मार्ने कुरा उनी सोच्न पनि सक्दैनथे । पश्चिमी मुहुडाको लडाइँ हारेपछि बुढाकाजी अमरसिंह र अक्टरलोनीबीच सम्झौता हुँदा कीर्तिजस्ता सिपाहीले चाहेमा आफ्नो देश जान पाउने व्यवस्था गरिएको थियो ।

उनी स्वदेश फर्किए होलान् ?

कीर्ति रानाको विचार मैले सुन्न पाएको छैन तर कीर्तिसँगै बन्दी बनाइएका धेरैमध्येका एक जना भारदारलाई फ्रेजरले "सन्धि भयो र घर फर्कन पायौ भने आफ्नो घर जान्छौ ?" भनी सोधेका थिए । आफूलाई अमरसिंहको काका/मामा (अंकल) बताउने, असाधारण रूपले अग्ला, मिलेको शरीर भएका, कालो दौरासुरुवाल र लडाइँमा लाउनेजस्तो टोपी लगाएका, खुकरी र ढाल भिरेका, फ्रेजरले नाम बिर्सेका ती भारदारले जवाफमा "आफ्नो घर नफर्कने" बताएका थिए :

"अहँ । म घर जान्नँ । मैले अन्त कतै नोकरी खोज्नुपर्छ । म राजाका अगाडि मुख देखाउन लायक छैनँ । मैले राजाको नून खाएको छु । उनले मलाई विश्वास गरेका थिए तर मैले विश्वासघात गरें, आफ्नै किल्लामा लडेर ज्यान दिइनँ ।"

"तिमी मर्दा तिम्रो उद्देश्य पूरा हुँदैनथ्यो भने तिमीले बेकारमा किन ज्यान फाल्नु ?", फ्रेजरले सोधेका थिए ।

"हामीले कुनै हालतमा पनि आफ्नो किल्ला छाड्न हुँदैनथ्यो । किल्ला छाडेर भाग्नुभन्दा त्यहीं मर्नु जाती हुन्थ्यो । अब हामी आफ्नो देश फर्कन योग्य छैनौं ।", उनले यस्तो जवाफ दिंदा त्यहाँ भएका सबै सुबेदार र कमान्डरले उनको कुरामा सहमति जनाउन टाउको हल्लाएर भनेका थिए, "हामी फर्कन योग्य छैनौं ।"

उनीहरूको यस्तो कुरा सुनेर फ्रेजर छक्क परेका थिए । उनलाई लागेको थियो– "यी मानिसमा उच्च तहको र चाहिनेभन्दा बढी कर्तव्यपरायणता छ । हेर्दा झुत्रेझाम्रे शरीर भएका यी मानिस आफ्नो शारीरिक अवस्थाको ठीक उल्टा असाधारण विचार व्यक्त गर्छन् । बनावटी वा देखावटी पाराले होइन, यसै सहज ढंगले । सदाझैं, आफ्ना मनको सरल विचार !"

कीर्ति पनि त यही झुन्डका सिपाही थिए । अमरसिंह, बम शाहजस्ता हस्तीहरू गोर्खा राज्यमा फर्कंदा पनि कीर्ति देश फर्किएजस्तो देखिँदैन । उनको फौजका युवा भारदार र कमान्डरले अन्त कतै जागिर खोज्ने विचार गरेको कुरा फ्रेजरलाई बताएका थिए । उनीहरूले यस्तो आँट गरे पनि ७० वर्षका कीर्तिले कता जागिर खोज्नु, कता पाउनु ! तर पनि १८७२ साल फागुन १० गतेसम्म उनी नेपाली फौजमा शामेल भएजस्तो देखिँदैन, नेपाल फर्केजस्तो देखिँदैन ।

धन्न ! कीर्तिलाई नेपालले भने बिर्सेको रहेनछ । उनको घर भएको ठाउँ पाल्पामा खटिएका युवा कर्णेल उजीरसिंह थापाले कीर्तिका छोरालाई कीर्तिलाई नेपाल फर्कन मनाउन लगाएका रहेछन् । मुख्तियार भीमसेन थापा र रणध्वज थापाले "पुग्न सकन्या मानिस पठाई, पत्र पनि लेखी जौंना तरहले हुन्छ, कीर्ति रानालाई झिकाउन्या काम गर्नू" भनी उजीरलाई आदेश दिएका रहेछन् । यस आदेशको जवाफमा उजीरसिंहले भीमसेन थापा र रणध्वज थापालाई यस्तो वचन दिएका रहेछन्– "उसका छोराले घरमा आफ्ना दाज्यूले मधेसबाट ल्यायाको खबर बुझ्न मानिस पठायाको छ । खबर लिने मानिस आयापछि चाहिन्या कुरा लेखी, अह्राई कीर्ति रानाछेउ पठाउन्या काम गरौंला ।"[६]

कीर्ति राना नेपाल फर्किए कि फर्किएनन् भन्ने कुरा मैले पढेका कागजपत्रमा भेटिनँ । कीर्ति कहाँ बसेका थिए भन्ने कुरा उजीरसिंहलाई त थाहा रहेछ तर मलाई थाहा छैन ।

अहिलेलाई कीर्तिका कुरा यति नै ।

६ भीमसेन थापा र रणध्वज थापालाई उजीरसिंह थापाले संवत् १८७२ साल फाल्गुण वदि ७ रोज २ मा मुकाम नुवाकोटगढीबाट पठाएको पत्र, डीएनए ३/१८ ।

गुहार गएन, गढी गुम्यो

पाल्पादेखि पश्चिम महाकालीसम्मै नेपाली बल एकदमै पातलो थियो । ढाक्नुपर्ने ठाउँ भने धेरै । थोरै बल लिएर सल्यान बस्ने रुद्रवीर शाहीले सोझो पूर्व प्युठानभन्दा मुनिको स्युराज, सल्यानको सोझो तलको तुलसीपुर र सामने पश्चिमको पदनाहगढी तीनतिर हेर्नुपर्ने थियो । उनलाई राजाले स्युराजमा वैरी आउन लागेको हल्ला आएको छ भनी सतर्क गराएका वेलामा पदनाहमा हमला गर्न अंग्रेज फौज खैरीगढ आएर बसेको उनले थाहा पाए । त्यसैले आफू १० दिनको बाटो हिंडेर स्युराज गएका खण्डमा पदनाहमा केही भएमा त्यहाँ बल दिन नसकिने ठानेर स्युराजतिर वैरी आउन लागेको पक्का भएपछि मात्र त्यता जाने भनी सल्यानमै बसे ।

राजाको हुकुम आयो भने पश्चिम जान लागेका धनुषी कम्पनी, धनुष र विष हिंडाई आफू पनि १८७१ साल माघ २१ गते स्युराज जानलाई तयार भए ।

धन्न त्यति वेला अंग्रेज फौज पदनाहतिर आएन ।[1]

त्यसको निकै महीनापछि १८७२ साल जेठको शुरूमा अंग्रेज फौज पदनाहबाट १६ किलोमिटर टाढा आइपुग्यो भनी पदनाहगढीका सुबेदार भक्तवत्सल मल्लले सल्यानमा रहेका काजी जितमानसिंह बस्न्यातसँग गुहार मागे ।[2] अंग्रेज फौज पदनाहको साँधनेर भर्तापुरमा आइपुगेपछि भक्तवत्सलले पाल्पाका कमान्डर उजीर सिंहसँग पनि गुहार मागे । यसअघि महाकालीपारिको फौजलाई गुहार दिन काजी वीरभञ्जन पाँडे र जयद्रथ अधिकारीलाई कम्पुका फयर साथ लगाएर राजाले कुमाऊँ पठाएका थिए । उनीहरू भेरी नदीछेउछाउ पुगेका वेलामा कुमाऊँ अंग्रेजले लिइसकेकाले उनीहरूले त्यता जानुपरेको थिएन । पाल्पाका उजीरसिंह थापाले पाँडे काजीहरू भेरी वरपर कतै बसेका होलान् र पदनाहछेउ अंग्रेजको

---

१ रुद्रवीर शाहीले १८७१ पौष सुदि १४ रोज २ मा सल्यानबाट पठाएको अर्जी, पोका ३, पत्र संख्या ५६८ ।

२ कुइऱ्या सर्जी उत्रन लागिरहेछ, गढी ९ कोसबीचमा आइपुग्यो भन्न्या खबर, १८७२ साल वैशाख सुदि १९ रोज ७ मा पदनाहगढीबाट भक्तवत्सल मल्लले काजी जितमान सिं बस्न्यातलाई लेखेको पत्र, क्याटलग पत्र संख्या १८४ ।

फौज आइपुगेको कुरा उनीहरूले पनि सुने होलान् भन्ने ठाने । नसुनेको भए त्यो खबर उनीहरूलाई पनि लेख्न अनि सल्यानबाट शार्दूलजंग कम्पनी र महावीर अधिकारीको कम्पनी चाँडो पठाउन भनी सल्यान बस्ने भारदारलाई आदेश दिए ।[३]

वैरीका फौजले पदनाहगढीसामुन्ने तोप छाँद्न लागेको खबर पाएपछि पनि पाल्पाका उजीरसिंह थप खबर आओस्, त्यसपछि जे गर्नुपर्छ, गरौँला भनी बसे । उनले सल्यान बसेका काजी जितमानसिंह बस्न्यातहरूलाई र पदनाहगढी बसेका सुबेदार भक्तवत्सल मल्ललाई "खबर लेख्न यस्तो गाफिली (अल्छी) नगर, जो भएको खबर हमेशा लेख्दै गर" भनी ताकिता गरी २/३ वटा चिठी लेखे ।[४]

उजीरसिंहको चिठी बुझेर 'गाफिली' नभई खबर लेख्नका लागि भक्तवत्सल जिउँदै हुनुपर्थ्यो तर कतैबाट गुहार नपाएपछि पदनाहमा जति बल थियो, त्यतिका भरमा लड्दा १८७२ साल जेठ १२ गते उनको ज्यान गइसकेको थियो । पदनाह कुर्ने कम्पनीका जिउँदा रहेका हुद्दा, सिपाही र मनिभद्र शाहीले लेखेको चिठी पाल्पा पुग्दा उजीरसिंहले थाहा पाए– "सुबेदार भक्तवत्सल मल्ल र जम्दार, मेजरसमेत १४ जना नेपाली खेत रह्या (बिते) । गढी प्रगन्ना हिन्दुस्तानीले कब्जा गर्‍यो ।"

भक्तवत्सल ती सुबेदार थिए, जसले अरू सबै कमान्डरले 'अभाव छ' भनेर लेखेका वेला पनि आफ्नो ठाउँमा 'अभाव छैन' भनेका थिए । अरूले गुनासैगुनासो गरेका वेला पनि उनले गुनासो गरेका थिएनन् ।

पदनाहमा हमला गरेपछि हिन्दुस्तानी फौजले पदनाह गढी पोल्यो, गाउँ लुट्यो, रैती भागे । हिन्दुस्तानी फौज कर्णालीको किनारैकिनार सुर्खेत निस्कने विचारले हिंड्यो ।[५] एक हप्ताअघि उजीरसिंहले सल्यानमा वैरी आउन आँट्यो भने पाल्पाबाट बल पठाउँला पनि भनेका थिए तर भक्तवत्सल र सल्यान बस्ने भारदारले थप केही नलेखेकाले पाल्पाको बल सल्यान पठाएका थिएनन् ।[६]

पदनाहको दुःखद खबर पाल्पा आइपुगेपछि सल्यानमा बल पातलो छ भन्ने महसूस गरेर पाल्पाबाट उजीरसिंहले कुम्मेदान जयसुर थापाको फयर पल्टन र लप्टन देवी भगतसमेत कम्पुका दुई पट्टी त्यता खटाए । उनीहरू जेठ २७ गते बिहानको साइतमा हिंड्ने भए ।[७]

---

३ उजीरसिंह थापाले वि.सं. १८७२ ज्येष्ठ वदि १३ रोज २ मा पाल्पा, श्रीनगरबाट लेखेको अर्जी, डीएनए ३/४ ।

४ उजीरसिंह थापाले १८७२ साल मिति ज्येष्ठ वदि १२ रोज १ मा मुकाम पाल्पा, श्रीनगरबाट लेखेको अर्जी, पोका ३, पत्र संख्या १०० ।

५ उजीरसिंह थापाले वि.सं. १८७२ ज्येष्ठ वदि १३ रोज २ मा पाल्पा, श्रीनगरबाट लेखेको अर्जी, डीएनए ३/४ ।

६ उजीरसिंह थापाले १८७२ ज्येष्ठ वदि ६ रोज २ मा पाल्पा, श्रीनगरबाट लेखेको अर्जी, पोका ७, पत्र संख्या ६० ।

७ उजीरसिंह थापाले वि.सं. १८७२ ज्येष्ठ वदि १३ रोज २ मा पाल्पा, श्रीनगरबाट लेखेको अर्जी, डीएनए ३/४ ।

पदनाहमा हमला गर्न ५/६ हजारको फौज आएको रहेछ, जसको नेतृत्व मिर्जा दिलले गरेका रहेछन् । उनका साथमा दुई जनामात्र अंग्रेज रहेछन् । पदनाह कब्जा गरी त्यो ठाउँ सल्यानका अपदस्थ राजा भवानी शाहीलाई सुम्पी मिर्जा जताबाट आएका थिए, उतै फर्केछन् । भवानी शाहीले वरपरका रजौटा, जमीनदार र सरदार गरी ५/६ हजारको लश्कर तयार गरे । त्यो लश्कर रझेट गाउँ पोली, लुटी तिलकाना कुसुमको बाटो गरी दाङ देउखुरीतिर आउँदै छ भन्ने खबर स्युराज आइपुग्यो ।

पदनाहका बाँकी रहेका फौज रातामाटामा बसेका थिए । सुबेदार भक्तवत्सल मल्लविनाको कम्पनी हडबडाएको थियो । सुर्खेतमा नेपाली फौज थिएन । अचलसिंह परिवारसमेत त्यहाँ गएर बसेका थिए । भक्तवत्सलसित पदनाहगढीमा बसेका मनिभद्र शाही सुर्खेत आएर अचलसिंहसँग बसेका थिए । अचलसिंह डराएका थिए । उनले "म शरण पर्न आउँदै छु" भन्ने खबर सल्यान पठाएका थिए । यो खबर पाएपछि सल्यानका भारदारहरूले सुबेदार जबर घर्तीको कम्पनी त्यता पठाए ।[८]

वैरी रझेट आउन लागेको थाहा पाएपछि स्युराजगढी (स्युगढी) बस्ने भारदारहरू सतर्क भए । त्यहाँका फौजदारहरूले यसबारे आफूलाई खबर नगरेकोमा उनीहरू रिसाएका थिए । त्यहाँ आइपुगेको वैरी देउखुरी नआई रहँदैन र त्यहाँ आयो भने आफूले हानी हटाउनुपर्छ भन्ने उनीहरूलाई लागेको थियो । यस्तैमा उनीहरूले सल्यान र दाङका मधेसमा वैरी आई लुटपिट गऱ्यो भन्ने खबर पाए । पाँडे काजी र कम्पुको पट्टी सल्यानमा आइनपुगेको भए त्यहाँ नेपालीको बल पातलो छ भनेर उनीहरू डराए । "वैरी उक्लन पायो भने सम्हाल्न उकालो पर्न जाला ।", उनीहरूलाई लाग्यो ।[९]

स्युगढीका भारदारहरूले पाँडे काजीहरू सल्यान आइनपुगेका भए त्यहाँ हाम्रो फौज धेरै छैन भनी चिन्ता गरिरहेका वेलामा पाँडे काजीहरू भने कता जाने, के गर्ने भनेर भौंतारिइरहेका थिए । पाल्पाका कमान्डर उजीरसिंहलाई पाँडे काजीहरू सल्यान पुग्छन्जस्तो लागेको थियो । यसैबीच काठमाडौंबाट पनि "काजी वीरभञ्जन पाँडे र अरू कम्पनीले दैलेख, अछाममा सन्धिसर्पनका जग्गाको खबरदारी राखन्या गरी बस्नू, सल्यानमा पातलो छ, कम्पु र फयर आई बस्नू" भन्ने आदेश गएको थियो । पाँडेहरूले आफू सल्यान जाँदै छौं भनेकाले सल्यान पठाउन ठिक्क पारेको फौज पनि उजीरसिंहले पाल्पाबाट त्यता पठाएका थिएनन् । यस विषयमा उजीरसिंहले पाँडेहरूलाई रिसाएर चिठी लेखे । पाँडेहरूले "आफूलाई सल्यान

८ भीमसेन थापा र रणध्वज थापालाई जितमानसिंह बस्नेत, बदरीवाण शाही, जगदेव भण्डारीले १८७२ ज्येष्ठ सुदि २ मा सल्यानबाट लेखेको पत्र, डीएनए ३/५ ।

९ उजीरसिंह थापालाई टीकावल्लभ पाँडे, जसिवन्त अधिकारी, धनराज अधिकारी र वीरभद्र राउतले १८७२ ज्येष्ठ सुदि ३ रोज ७ मा मुकाम स्युगढीबाट लेखेको पत्र, डीएनए ४/२७ ।

जाऊ भनेर न त राजाले हुकुम दिएको, न त उजीरले नै आज्ञा दिएको" भनी जवाफ दिए । उनीहरूले "कटीबाट फिर्नू" भनी आफूलाई राजाले दिएको आज्ञाको नकल पनि उतारेर पाल्पा पठाए ।

उजीरसिंहले पाँडेहरूलाई भनेका थिए– "जेठ १२ गते पदनाहमा लडाइँ भएको ठूलो आवाज सल्यान, दुल्लु, दैलेखबाट सुनिनुपर्ने हो, नसुनिएको भए खबर सुनिनुपर्ने हो, खबर नआए मानिस पठाई बुझी मद्दतका लागि जानुपर्ने हो ।" तर उनीहरूले त्यसो नगरेकामा उजीरसिंहले "आश्चर्य लाग्यो" भनेका थिए ।

"सल्यान, कटीबाट पदनाहमा भएको लडाइँको आवाज सुनिनु भनेको पर्सामा भएको लडाइँको आवाज पाल्पामा सुनिनु जस्तै हो ।", पाँडेहरूले पनि उजीर सिंहलाई रिसाएरै जवाफ दिए । उनीहरूले लेखे– "मद्दतका अर्थ, 'पदनाहमा लडाइँ भयो, तिमीहरू वाहाँ जाऊ' भन्न्या सरकारबाट पनि, तपाईंबाट पनि, पदनाहबाट पनि लेखी आएन । अन्तरध्यानी हामी थियूँनँ । खबर आएपछि मानिस पठाई बुझ्नुपर्थ्यो भन्ने कुरा पक्कै पनि खरदार गणपति पाध्याको हुनुपर्छ । यस्ता खरदार साथ भएका भए हामी पनि खबर नआई थाहा पाउँथ्यौं ।"

पाल्पाबाट चिठी लेख्न गणपति पाध्यालाई नियुक्त गरिएको थियो । त्यहाँबाट लेखिएका चिठी उनै गणपतिका सुन्दर हस्ताक्षरमा लेखिएका हुन्थे । पाँडेहरूले यही आधारमा गणपतिमाथि रिस पोखेको हुन सक्छ ।

अछाम पुगेका पाँडे काजीहरूलाई फर्केर सल्यान आउनू भनी राजाको आदेश गएको थियो । त्यो आदेश आएपछि "हामी त्यहाँ आउँछौं" भनी पाँडे काजीहरूले सल्यानका भारदारलाई लेखेका थिए । वीरभञ्जनको कम्पनी सल्यान पुगेको पनि थियो । कम्पू र काजी भेरी पुगेका थिए । त्यस्तैबीचमा "तिमीहरू फर्की अछाम जाई बस" भन्ने आदेश आएकाले उनीहरू फर्किएका थिए । सल्यान पुगेका पाँडे काजी पनि फर्किएका थिए ।[१०]

उजीरसिंहलाई पदनाहमा गुहार नगएको चिडचिडाहट थियो होला । पाँडेहरूलाई चाहिं आफ्नो फौजको दयनीय अवस्थाले क्रुद्ध बनाएको हुँदो हो किनभने उनीहरूका धेरै सिपाही भेरी, दुल्लु र दैलेख ओहरदोहर गर्नुपर्दा अलमलिएर पाखा, वनवनै भाग्न लागेका थिए । बिरामी परेका थिए तर दैलेखको दुल्लु नपुगी कुन ठाउँका कति सिपाही बिरामी छन् भन्ने कुरा उनीहरूलाई थाहा हुने थिएन ।[११]

यसरी नेपाली कमान्डरहरूबीच ताल नमिल्दा पदनाह गढी अनाहकमा गुम्यो, भक्तवत्सलसमेतका नेपाली सिपाहीले ज्यान गुमाए ।

---

१० भीमसेन थापा र रणध्वज थापालाई जितमानसिंह बस्नेत, बदरीवाण साही, जगदेव भण्डारीले वि.सं. १८७२ ज्येष्ठ सुदि २ मा सल्यानबाट लेखेको पत्र, डीएनए ३/५ ।

११ भानिज कर्णेल उजीरसिंह थापालाई वीरभञ्जन पाँडे, जयद्रथ अधिकारी र बालासिंहले जेठ सुदि ३ रोज ७ मा लेखेको पत्र, १ सी. ४४१, पोका ८, पत्र संख्या १३ ।

अंग्रेजलाई अर्को असफलता

१८७१ साल पुसमा बुटवलमा हारेको अंग्रेज फौज स्युराज अथवा केटमध्ये एक ठाउँमा आउँछ भन्ने खबर रुद्रवीर शाहीले आफ्नो मुकाम सल्यानमा पाए । एक पल्टन र दुई तोप लिएर चार जना कुइन्या बलमपुर आए भन्ने खबर पाएपछि रुद्रवीर दाङ झरे । त्यहाँ सुब्बा जसिवन्त अधिकारीका हात्तीवालाले खान पाएका थिएनन् । हात्तीसारेहरू "खान पाइँदैन भने बिदा पाऊँ" भनिरहेका थिए । त्यहाँका तीनवटा नयाँ कम्पनी र सुबेदार जबर घर्ती अर्घालीसँग हातहतियार थिएन ।[1] त्यसैले रुद्रवीरले थप बल परिचालन गर्न सकेका थिएनन् ।

अंग्रेज फौज आउँदै छ भन्ने थाहा पाएपछि स्युगढीमा बस्नेहरू गढी सुदृढ बनाउन थाले । पहिलेको किल्लाभन्दा अलिकति उत्तरमा नौ हात अग्लो, चार हात चौडा किल्ला बनाइयो । त्यसपछि पुरानो किल्ला भत्काई त्यसका ठाउँमा पनि नयाँ किल्ला बनाउन थालियो । यस्तैमा बासीमा अंग्रेजको फौज दिनहुँ थपिँदै गयो । कर्णेलसमेत गोरा १३ जना, तोप १४, गोरा तिलंगा ३०० समेत ४,००० अंग्रेज फौज त्यहाँ भेला भएको खबर नेपालीले पाए ।[2]

यसको केही समयपछि जेनरल जोन सलिभन ऊड पाल्पाली, प्युठानी र तुलसीपुरे चौतरिया, बलरामपुरका राजाका भला मानिस, १४ वटा तोप र ७/८ हजार फौज लिई मैनारीदेखि साढे पाँच किलोमिटरअघि सरी जगजगुवा गाउँ पुगे । यो ठाउँ स्युगढीदेखि सात किलोमिटरमात्र टाढा थियो । १८७१ साल फागुन २५ गते सुब्बा रुद्रवीर साही, सरदार जगदेऊ भण्डारी, सुब्बा जयन्त शाही, सुब्बा जसिवन्त अधिकारी, सुबेदार वासुदेव खड्का, सुबेदार जबर घर्ती, सुबेदार

---

१ भीमसेन थापा र रणध्वज थापालाई रुद्रवीर शाहीले १८७१ साल माघ सुदि ७ रोज ५ मा मुकाम राजपुरबाट लेखेको पत्र, १ सी. ४४१/०१, पोका ८, पत्र संख्या २ ।

२ भीमसेन थापा र रणध्वज थापालाई टीकावल्लभ पाँडे र अकबरसिंह पाँडेले मुकाम स्युगढीबाट पठाएको चिठी, १ सी. ४४१, पाना ८, पत्र संख्या ४ ।

दिल्खर माझी पनि स्युगढी आइपुगे । उनीहरू सबैले सल्लाह गरेर वैरीलाई जंगल र अप्ठ्यारामा पारी सकेसम्म नउम्काई, सक्यैभर काटी हटाउने संकल्प गरे ।[३]

तर जेनरल ऊड त्यहाँ लड्नका लागि गएका थिएनन् । लडाइँ लड्ने हिम्मत उनीसँग थिएन । त्यसैले उनले मधेसको आम्दानी र अन्न नेपालले लिन नपाओस् भनेर बाली र बस्ती जलाउने र लुट्ने काम गर्न प्रस्ताव गरेका थिए । त्यस प्रस्तावलाई लर्ड मोइराले 'मन नलागी नलागी' स्वीकार गरेका थिए । लगत्तै क्याभलरीको आठौं रेजिमेन्टलाई तराईका बाली र गाउँ ध्वस्त पार्न खटाइयो ।

यसो गर्नुको अर्को उद्देश्य पनि थियो, नेपालको अधीनमा रहेका गाउँलाई निर्जन बनाउनु । त्यहाँका बासिन्दा (मूलतः थारू) लाई उनीहरूको बस्तीबाट धपाएर गोरखपुरतिरको बन्जर जमीनमा बसाउने योजना ऊडले पहिल्यै बनाएका थिए । यसरी बाली र गाउँ उजाडेपछि त्यहाँका बासिन्दा बाध्य भएर नयाँ ठाउँमा जाने थिए भन्ने उनलाई लागेको थियो ।[४] यस कामका लागि अंग्रेज फौज स्युराज पुग्यो । त्यहाँको बाली नष्ट गर्‍यो । ऊडको सेना आउँदै छ भन्ने खबर सुनेपछि डराएर गाउँलेहरू गाउँ छाडेर हिंडे । ती निर्जन गाउँ लुट्न क्याम्प फलोअरलाई पनि उकासियो । बाह्र दिनमा अंग्रेजले २०० भन्दा बढी गाउँ लुट्यो, अन्नका धेरै भण्डार डढायो ।[५]

जेनरल ऊडको उद्देश्य पूरा भयो । अंग्रेजले लुटपाट र पोलपाल गरेपछि रैती जत्रतत्र भागे । त्यहाँका नेपाली काजी, सरदारहरूले चौधरी र महतियाहरूसँग मिलेर रैती बसाउने बन्दोबस्त गर्नुपर्‍यो । स्युराजमा यसअघि पनि हंगामा हुँदा केही रैती भागेका थिए । त्यसैले पूरै राजस्व उठेको थिएन । यसपालि अंग्रेजले अन्न भण्डार डढाइदिएकाले स्युगढीको नेपाली फौजले वरपर कतै पनि खाने अन्न पाएन । त्यहाँबाट सिपाही अन्त्त पठाएर अन्न ल्याउँदा ढिला हुने भएकाले त्यहाँको फौजले "४० धार्नी खाद्य चाँडो पठाइदिए बढिया होला" भनी गुहार माग्यो ।

अभाव झेल्दाझेल्दै पनि स्युगढीमा बस्ने फौजले गढी बनाइरह्यो । ढुंगाको खानी नभेटिएपछि हतियार कारखानाबाट छिना, टागा, कुन्जा, घन, गल, बञ्चरा झिकाई ढुंगा कुँदायो । चिट चिन्न (बनाउन) जान्ने १३/१४ जना सिपालु ढाक्र्यालाई पेट खर्च दिएर गढी बनाउन लगायो ।

स्युराज र खजहनी लुटपाट र पोलपाल गरिसकेपछि जर्नेल ऊडसमेतका १३ जना साहेब, काला तिलंगा र सशस्त्र प्रहरी २/३ हजार बन्दूक, १४ वटा

---

३ जितमानसिंह बस्न्यात, टीकावल्लभ पाँडे, धर्मराज खत्री, अकबरसिंह पाँडेले १८७१ फाल्गुण वदि ११ रोज २ मा स्युगढीबाट पठाएको अर्जी, पोका ३, पत्र संख्या १०४ ।

4 Secret letters from Bengal dated 2d August 1815, Nepal Papers, Page 673-763.

5 Pemble, Page 237.

तोप, ५०० असवार (घोडचढी), ५०/६० हात्ती, २००/३०० उँट, ५००/७०० अरू लुटाहासमेत अन्दाजी जम्मा ७/८ हजारको अंग्रेज फौज स्युराजतिर हिंड्यो । यस फौजका साथमा पाल्पाली राजा र तुलसीपुरका राजा पनि थिए । ऊडले त्यहाँबाट तुलसीपुर जाने विचार गरेको छ भन्ने खबर स्युगढी पुग्यो ।[६]

स्युगढीमा पुगेको यो खबर एक किसिमले सही थियो । बुटवलमा हारेपछि फेरि त्यता जाने हिम्मत ऊडसँग थिएन । त्यसैले उनले त्यसका सट्टामा तुलसीपुरको छेंडो भएर उकालो लाग्ने विचार गरेका थिए, जुन ठाउँ कब्जा गर्दा अंग्रेजले नेपालमाथि हमला गर्नुको कुनै पनि उद्देश्य पूरा हुँदैनथ्यो । तुलसीपुर जाने विचारले नै हुनुपर्छ, ऊडले आफ्ना साथमा तुलसीपुरे राजालाई पनि हिंडाएको ।

यसैबीच नुवाकोटमा रहेका नेपाली सिपाही बिरामी परेपछि उजीरसिंह नुवाकोट छाडेर पाल्पा गए भन्ने खबर ऊडले पाए । त्यसपछि उनलाई जितगढी हान्न सकिन्छ कि भन्ने लाग्यो । यसका लागि उनले आफ्नै ढीला पाराले तयारी गर्न थाले ।[७]

चैत २६ गते उनी लोटन फर्किए । त्यहाँबाट २४ कम्पनी पैदल सेना र २०० इरेगुलर घोडचढी लिएर तिनाऊको पूर्वी किनारको बाटो उकालो लागे । उनका साथमा १८ पाउन्डको गोला खाने दुईवटा र साना चारवटा तोप थिए । १८७२ साल वैशाख ७ गते उनी बुटवलछेउ आइपुगे । बुटवलको नेपाली किल्लाबाट एकाधपटक बन्दुक पड्किए । त्यसपछि चूप लागे । ऊडले फौजलाई तिनाऊ तरेर जितगढीमा हमला गर्न आदेश दिए । यसै वेला जितगढीको सुरक्षार्थ खटिएको नेपाली फौजले बन्दुक हानेर अंग्रेज फौजका केही सिपाहीलाई घाइते बनायो र अंग्रेज फौजलाई पछि धपायो । अंग्रेज फौजले केही बेर तोपका गोला बर्सायो र चूप लाग्यो । ऊडले त्यहाँबाट तानसेन जाने बाटो हेरे । उनलाई त्यहाँबाट तानसेन जान सकिन्छ जस्तो लागेन । त्यसपछि उनले आफ्नो उद्देश्य यहाँबाट तानसेन जानु नभई नेपाली फौजलाई तर्साउनु मात्र भएको कुरा आफैंलाई सम्झाए । आफ्ना हाकिमलाई पनि यस्तै रिपोर्ट दिए । यस काममा आफू सफल भएकोमा आफैंलाई बधाई दिए । आफ्नो फौज फिर्ता बोलाए, बन्दुक थन्क्याए र हिन्दुस्तान फर्किए ।[८]

नेपाली पक्षको बयानअनुसार कुसुमघाटमा आइपुगेपछि अंग्रेजले गोला चलायो, जसले गर्दा बुटवल दरबारमा प्वाल पऱ्यो । त्यति वेला बुटवलको आडमा

६ जितमानसिंह बस्न्यात, टीकावल्लभ पाँडे, धर्मराज खत्री, अकबरसिंह पाँडेले १८७१ साल फाल्गुण सुदि ९ रोज १ मा मुकाम स्युगढीबाट पठाएको चिठी, १ सी. ४४१ ।

7 Pemble, Page 238.

8 Secret letters from Bengal, 2d August 1815, Nepal Papers, Page 673-763 and Pemble, Page 238.

१,०००/१,२०० नेपाली सैनिक बसेका थिए । अरू ५०० जवान लिएर जयसुर थापा झाडीमा लुकेका थिए । अंग्रेजमाथि उनीहरूले एकैपटक हमला गर्दा अंग्रेज फौज भाग्यो ।[९] यसरी भागेको अंग्रेज फौजका जवान बिरामी परेर एकपटकमा १,२०० जनासम्म अस्पताल भर्ना हुनुपर्‍यो ।[१०]

***

पाल्पा जान खटिएका जोन सलिभन ऊड खटिएको ठाउँभन्दा पूर्व पर्सामा मार्लीका ठाउँमा खटिएका जर्ज ऊड फौजको कमान्ड सम्हाल्न १८७१ साल फागुन १२ गते बिन्जारा, पोखरा पुगेका थिए । उनी त्यहाँ पुगेको अघिल्लो दिन ५००/६०० नेपालीले बिन्जाराभन्दा एघार किलोमिटर उत्तरको पिरारीमा अंग्रेज फौजमाथि हमला गरेका थिए । त्यस हमलामा १०० जना नेपाली मारिएको वा घाइते भएको अनुमान अंग्रेजले गरेका थिए । अंग्रेजतर्फ १८ जनामात्र मरे । नेपालीको हमला असफल भएकाले जर्ज ऊड पोखरा पुग्दा उनले आफ्ना सिपाही नेपालीमाथि हमला गर्न आतुर भएको पाएका थिए ।[११]

लर्ड मोइराले जर्ज ऊडलाई मकवानपुरसम्म पुग्नू भनेका थिए तर बर्खा लागिसकेकाले औलो लाग्ला भनेर ऊडले आफ्नो क्याम्पबाट उत्तर नजाने निधो गरे । उनको यो निर्णयबाट मोइरा रिसले आगो भए । उनलाई लाग्यो– "जर्ज ऊड मकवानपुरसम्म गएका भए अक्टरलोनीले पश्चिम विजय गरी सक्दा नेपाल घुँडा टेकेर सन्धि गर्न बाध्य हुने थियो ।"

जर्ज ऊड उत्तर लाग्नुका सट्टामा पूर्व, नेपालको मधेसतिर लागे । बाटो बनाउँदै उनी छ दिन लगाएर वागमती नदी किनार पुगे । यहाँसम्म पुग्दा उनले एक ठाउँमा पनि नेपाली फौज भेटेनन् । वागमतीपूर्व रूपैठागढीमा नेपाली सेनाको ग्यारिसन छ र त्यहाँ १२,००० को नेपाली फौज छ भन्ने हल्ला अंग्रेजले सुनेका थिए । ऊडको कमान्डका कर्णेल ग्रेगोरीले नेपाली फौजमाथि हमला गर्न खोजेका थिए तर ऊडले त्यसो गर्न दिएनन् । नेपाली फौज कहाँ बसेको छ, खोजेर उनीहरूमाथि हमला गर्ने काम उनले गरेनन् । तिरहुतको उत्तरपूर्वमा रहेको फौजको सामना गर्ने जिम्मा कर्णेल ग्रेगोरीलाई लगाएर जनकपुरसम्म पुगेर ऊड फर्किए । अंग्रेज इतिहासकारका विचारमा ऊडले फौजलाई बेकारमा गलाए मात्र । तैपनि आफ्नो क्याम्पमा फर्किएर उनले "नेपालीलाई धपाएँ" भनी गफ लडाए । खासमा यो काम ग्रेगोरीले गरेका थिए ।[१२]

---

९ दिनेशराज पन्त, गोरखाली विजययात्रा, पेज ५८ ।

10 Secret letters from Bengal, 2d August 1815, Nepal Papers, Page 673-763.

11 Pemble, Page 239.

12 Pemble, Page 239-244.

जर्ज ऊड र गभर्नर जेनरलबीच भनाभन भयो । मार्लीजस्तै यी कमान्डर पनि नालायक निस्किए । १८७२ साल जेठ ९ गते आफूमुनिका अफिसरलाई कमान्ड सुम्पिएर जर्ज ऊड अन्तै हिंडे । यति वेलासम्म नेपाली फौज मकवानपुर फर्किइसकेको खबर अंग्रेजले पाएका थिए ।[१३]

अंग्रेजले पाएको खबर ठीक थियो किनभने भोकमरीले गर्दा नेपाली फौज बारा-पर्सामा बस्न सकेको थिएन । भिखाखोरी खटिएका सुबेदारहरूका अनुसार खर्च नभएकाले उनीहरूले सिपाही थाम्न सकेका थिएनन् । उनीहरूले खरखजाना र हतियार पनि पाएका थिएनन् । "पाँच-सात सुबेदारहरू पोख उखेलिया (प्वाँख उखेलिएका चरा) जस्ता भै राख्या थिए ।"[१४]

मकवानपुरमा खटिएका काजीहरूले पनि आफ्नो कमान्डका फौजलाई आफूले भनेको काम लगाउन सकेका थिएनन् । केशरसिंह बानियाँलाई उनको क्षेत्रको "पावसको चुरेमा एक पट्टी फौज राख" भनी आदेश दिंदा उनले "हामीले पायाखायाको केही छैन" भनी सो आदेश मानेनन् ।[१५]

नेपालीहरू यति कमजोर भएका वेलामा अंग्रेज फौज अन्तै अलमलियो ।

पश्चिम र मध्यनेपालको लडाइँको बयान त यो भयो । आउँदो अध्यायमा अंग्रेजसँग नेपालले पूर्वमा गर्नुपरेको लडाइँको वर्णन गर्छु ।

---

13 Secret letters from Bengal, 21st June 1815, Nepal Papers, Page 626-637.

१४ भीमसेन थापा र रणध्वज थापालाई चन्द्रवीर थापा, सुबेदार केशरसिंह बस्न्यात, सुबेदार दलसिंह बस्न्यात, सुबेदार हाती बोहरा, सुबेदार नाहरसिंह अधिकारी, सुबेदार बागदल शाही, सुबेदार निरञ्जन, सुबेदार भोजले मिति फाल्गुण वदि ३० रोज ६ मा मुकाम भिखाखोरीबाट लेखेको चिठी, १ सी. २९, पोका ९८/१३३ ।

१५ भीमसेन थापा र रणध्वज थापालाई बखतसिंह बस्न्यातले फाल्गुण सुदि १२ रोज ४ मा मकवानपुरबाट पठाएको चिठी, १ सी. ४४१, पो ८, पत्र संख्या ११ ।

नक्सा १० : पूर्वी र पूर्वीदक्षिणी मुहुडा

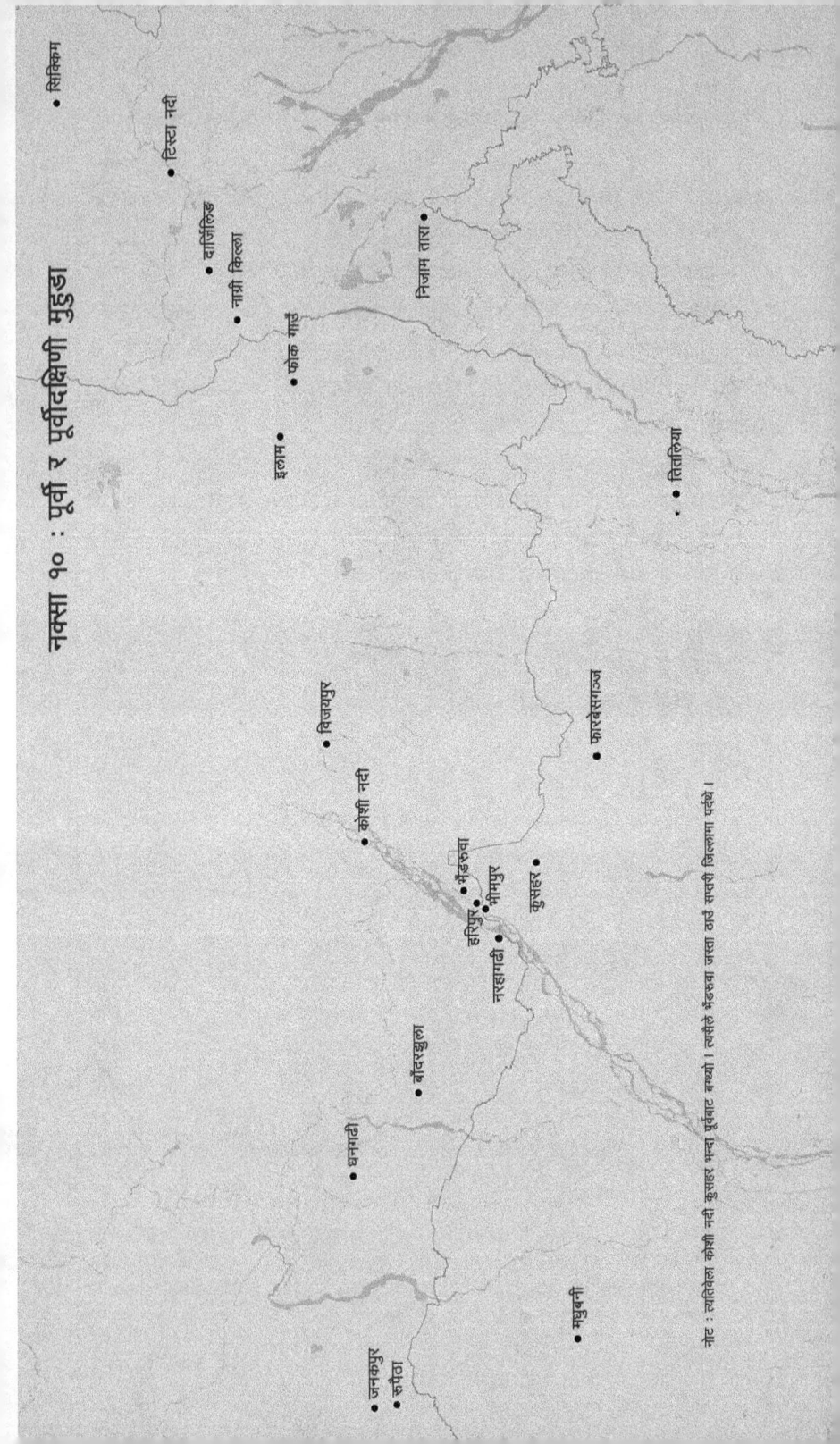

नोट : त्यतिवेला कोशी नदी कुसहर भन्दा पूर्वबाट बग्थ्यो । त्यसैले भैंडरुवा जस्ता ठाउँ सप्तरी जिल्लामा पर्दथे ।

खर्च न बर्च !

हिन्दुस्तानका गभर्नर जेनरल तथा सेनापति लर्ड मोइरालाई पूर्वमा नेपाली विरुद्ध किराँतलाई उकास्न सकिन्छ जस्तो लागेको थियो । एक जनाले किरात फौज जमाउँछु भनेका थिए तर उनले सकेनन् । सिक्किमका राजाले सहयोग गर्छु भनेका थिए । अंग्रेजले केही हतियार दिएर नेपालीको पहाडको दह्रो किल्ला नाग्रीमा हमला गर्न उनलाई उक्साए । त्यस किल्लाको रक्षार्थ जयन्त खत्री खटिएका थिए । नाग्रीमा हमला गरेपछि जयन्त खत्री त्यहाँबाट भाग्लान् भन्ने अंग्रेजलाई लागेको थियो । सिक्किमे फौजले नाग्री किल्लामा हमला त गर्‍यो तर तीन दिनपछि किल्ला फत्ते गर्न नसकेर फर्क्यो ।[१] जयन्त किल्लामा डटेर बसे ।

कोशीपारि विजयपुरमा नेपालीको ठूलो किल्ला थियो । अंग्रेजले बन्दी बनाएका एक जना नेपालीले पूर्वी पहाडमा ७,००० बन्दुकधारी र ५,००० धनुषधारी नेपाली सिपाही छन् भनी अंग्रेजलाई तर्साएका थिए । त्यहाँबाट फौज तल झरेर आफूलाई हान्ला भनेर अंग्रेज डराएको थियो । यो फौजसँग लड्न क्याप्टेन ल्याट्टरसँग जम्मा १,२०० जति मात्र सिपाही थिए । पछि बढाएर २,७०० बनाइएको थियो । यीमध्ये आधा आलाकाँचा, कहिल्यै नलडेका मानिस थिए । त्यहाँको निजामती प्रशासनले पनि ल्याट्टरलाई सहयोग गरेको थिएन । क्याप्टेन ल्याट्टरले मोरङको धनपुरा र झापाका पोस्टमा धावा बोले । त्यहाँका नेपाली सिपाही लड्नुको सट्टा मेचीपारि बाँसगाउँ गएर बसे, जुन ल्याट्टरको मुख्यालय तितलियाभन्दा अलिकति मात्र उत्तरमा थियो । ल्याट्टरले दूरबीनले हेर्दा त्यहाँ ४,००० जति नेपाली भएको अनुमान गरे । १८७१ साल फागुन २७ गते ल्याट्टरले आफ्नो सबै फौज भेला गरेर नेपालीमाथि हमला गर्ने योजना बनाए तर नेपाली फौज त्यहाँबाट भाग्यो । ल्याट्टरलाई हाइसञ्चो भयो ।

कोशीपूर्वको मैदान यति सजिलै अंग्रेजको पोल्टामा गयो । कोशीभन्दा पश्चिमको मैदान पनि यस्तै सजिलो गरी अंग्रेजले हात पार्‍यो । राप्तीभन्दा पश्चिमको मैदान

1 Pemble, Page 245-247.

अंग्रेजले लडेर लिइसकेको थियो । राप्तीदेखि नारायणीसम्मको मैदानी भागमात्र नेपालीका हातमा रह्यो ।

नारायणीदेखि कोशीसम्मको मैदानको रक्षार्थ खटिएको नेपाली फौजले खासै केही काम गरेन । राजा, भीमसेन र रणध्वजले पनि यो भूभागको रक्षार्थ खासै ध्यान, खजाना, रसदपानी र सिपाही दिएनन् । यहाँ खटिएका कमान्डरहरू एकापसमा झगडा गरेर बसे ।

नेपाल र अंग्रेजबीचको लडाइँ शुरू भएका वेलामा पूर्वीनेपालको सिमानामा अंग्रेजले निम्नबमोजिमको फौज राखेको अनुमान भँडरुवाका नेपाली कमान्डर अचल थापाले गरेका थिए :

- तितलियामा : ४००/५०० नाल र ६/७ अंग्रेज ।
- त्यहाँदेखि पश्चिम पाठामारीनजीक : २५/३० नाल ।
- त्यहाँदेखि पश्चिम राँगापानी हाटमा : २०/२५ नाल ।
- त्यहाँदेखि पश्चिम कुर्साकाटामा : २५ नाल र एक अंग्रेज ।
- त्यहाँदेखि पश्चिम मधुबनी हाटमा : १०० नाल (१००/१२० जनाको किराती फौज) र हालसालै थपिएका दुई अंग्रेज ।
- त्यहाँदेखि पश्चिम साहेबगञ्ज, भीमनगरमा : १५० नाल र एक अंग्रेज ।[२]

सप्तरीको भँडरुवामा खटिएका अचल थापालाई बेतियादेखि तितलियासम्म रहेको अंग्रेज फौजमाथि एकै दिन हमला गरेका खण्डमा उनीहरूलाई हराउन सकिन्थ्यो जस्तो लागेको थियो तर उनलाई "उसले हाम्रो मुलुक कुल्ची हान्न आया मात्रै यतातिरबाट पनि हान्नू" भन्ने आदेश दिइएको थियो । अचलका विचारमा यो आदेश गलत थियो । उनलाई लाग्यो– "नेपाल हान्न आउँदा उसले आफ्नो गोलबल, खरखजाना, तोप, बन्दुक प्रशस्त लिएर आउँछ । त्यति वेला उसलाई थाम्न उकालो पर्छ । आजभोलिको जस्तो अवसर पछि पर्दैन । पश्चिमतिर उसले हामीलाई हात छोडिहाल्यो त अवसर परेका वेला अन्त उसको पनि ढाड हान्नैपर्ने हो ।"

अचल थापाको मुकाम भँडरुवा कोठीभन्दा पश्चिममा बलभञ्जन पाँडे खटिएका थिए । यी थापा र पाँडेको एकापसमा मिल्ती थिएन । भीमसेन थापाले "कुइऱ्याको मुलुकमा जाइलागी लुटपिट र विध्वंस गर्नू, आफूलाई पायक परेका ठाउँमा हमला गर्नू" भनी अचललाई आज्ञा दिएका थिए । यसैबमोजिम साइत निकालेर हिन्दुस्तान लुटपिट गर्न जान लाग्दा सरदार बलभञ्जन पाँडेका ६०/७० जना सिपाही अचल भए ठाउँमा गए र अचल थापाको फौजको निशान च्यात्न खोजे । अचल थापाको फौजले त्यसो गर्न दिएन । यसअघि भीमसेन थापाले बलभञ्जन

---

२ अचल थापाले १८७१ साल मार्गशीर्ष वदि ५ रोज ६ मा मुकाम भँडरुवा कोठीबाट लेखेको अर्जी, पोका ३, पत्र संख्या १७७ ।

पाँडेलाई पठाएको "एक कम्पनी आफूसँग राखी बाँकी लश्कर अचल थापाकहाँ पठाइ दे" भन्ने आदेशको नक्कल अचल थापालाई पठाएका थिए । यो आदेशको नक्कल देखाउँदा पनि बलभञ्जन पाँडेले लश्कर अचल थापाकहाँ पठाइदिएनन् ।[३]

यति वेला अचल थापा भएको ठाउँको सिमानापारि २०० फौज र दुई जना गोरामात्र थिए । अचलले यही वेला अंग्रेजमाथि हमला गर्ने विचार गरेका थिए । तर यो खबर पाएपछि अंग्रेजले ६०० जना थप सिपाही जुटायो । अंग्रेजले ७००/८०० को फौज र चारवटा तोप तयार गरेको छ भन्ने खबर नेपाली गुप्तचरले ल्याए । अचल थापाका साथमा दुई कम्पनीका नालमात्रै तयार थिए । यतिले हमला गर्न सकिँदैन भनेर उनी अंग्रेज फौजमाथि जाइलागेनन् । त्यसका सट्टामा उनले सिमानादेखि आठ-नौ किलोमिटरसम्म उसका मुलुकमा गई लुटपाट, पोलपाल र विध्वंस गरे । नेपाली फौज हरिपुरको दोसिमानामा बसेका वेला अंग्रेज फौज लड्न आउँदै छ भन्ने खबर आयो । यस्ता वेलामा अचललाई बलभञ्जन पाँडे र विजयपुर कतैबाट पनि आफूलाई गुहार आउँदैन भन्ने लाग्यो ।

अचलले भँडरुवा र नरहा गरी दुई ठाउँ हेर्नुपर्थ्यो । यी दुई ठाउँको दूरी साढे १२ किलोमिटर थियो । अचलले आफूलाई परेको आपत भीमसेनसमक्ष पोखे :

> *भँडरुवातिर संभारउँ भन्या नरहा खाली हुन्छ । नरहातिर संभारउँ भन्या भँडरुवा खाली पर्छ । यी दुई कम्पनीले कसरी संभार गर्न्या हो... बलभञ्जन पाँडे भन्या हामीसँग सल्लाह, विचार पनि गर्दैन । रिसैमात्र गर्छ । त्यससितको सल्लाह मिलाई काम गरौं भन्या हाम्रा सल्लाहमा पनि आउन्या छैन । ...हामीछेउ ढाक्र्या, झाराली कोही छिर्न पनि पाउँदैनन् । कति विजयपुर जान्छन् । कति बलभञ्जनछेउ जान्छन् । वैरीको एक मुहडा हामीतिर छ । एक मुहडा मोरङमा निजाम तारा (काकडभिटाबाट २५/२६ किलोमिटर पूर्व) तिर छ ।*
>
> *महोत्तरीतर्फ दुईचार गाउँ पोलपाल हुँदा पटनाबाट २०० जति तिलंगा र चार जनाजति फिरंगी हाम्रा सिमानादेखि १० किलोमिटर दक्षिण पुपरिकोटी भन्याका गाउँमा बसिरहेछ भन्न्या खबर सुनिन्छ । बलभञ्जन भन्या रुपैठागढीमा लश्करसमेत बस्याका थिया । आजभोलि गढीबाट उठेर उँभो जंगलका किनारामा बस्न गया भन्न्या सुनिन्छ । वैरी आयो भन्दा उँधो शिर बस्न्या हो, गढी छाडन्या होइन ।*
>
> *विजयपुरबाट छत्रसिंह कार्की र अजब भण्डारी सुबेदारलाई दुई कम्पनी दिई भँडरुवामा पठाइदियाथ्यो । पछि छत्रसिंह कार्कीको कम्पनी*

३ जर्नेल साहेब भीमसेन थापाज्यूमा अचल थापाले १८७१ साल माघ सुदि ६ रोज ४ मा लेखेको पत्र (मुकाम नलेखिए पनि यो चिठी भँडरुवाबाट लेखेको हो भन्ने बुझिन्छ), १ सी. १६४, ७५/१६० ।

झिकी लियो । त्यस्को साटो कालीमेहर कम्पनी पठाइदियाथ्या । आज वैरीसँग मुखामुख भयाका वेलामा दोसिमानामा निशान गाडी राखाथ्यौं । त्यस्तैबीचमा पल्टनका तिलंगा आई निशान उठाई दुवै कम्पनी लगे । "चार दिन थामी देऊ" भनी अनेक गरी बिन्ती गरी पठायौं । केही लागेन । वैरीलाई हामी भागेजस्तो भान पर्न गयो ।

आफूसँग भएका दुई कम्पनीले तहसिल गरौं कि कटक गरौं (भीमसेन थापाले पाँच सात वर्षपहिले भँडरुवामा कोठी खोलेका थिए । अचलको काम त्यस कोठीको रक्षा गर्नु पनि थियो । अचलले त्यसको रक्षा गरौं कि वैरीमाथि हमला गरौं भनेका हुन्) । अरूका साथमा सात-आठ हजार फौज तैनाथी रहँदा मेरा साथमा दुई-तीन हजार पनि पाइनँ । मनसुवा भया पनि सर्जाम नभया केही लाग्दो रहेनछ । चरणले बुझ्नुहोला ।[४]

अचलले हिन्दुस्तानबाट गाई, भैंसी र बाख्रापाठा पनि लुटेर ल्याएका थिए । अहिले ती घाँडो भएका थिए । उनले भीमसेनलाई लेखे– "गाईभैंसी भन्या थामन कठिन हुन्या रहेछ । दिनभर थामन सकिन्छ । रातमा जहैंका ताहिं जान्छ । थुनी राखौं भन्या खान नपाई मर्छन् ।" उनले लुटिल्याएका गाईभैंसी, बाख्रापाठा र भाँडावर्तन कसो गर्ने हो भनी भीमसेन थापासँग आदेश मागे ।

अंग्रेजले आफ्ना रैतीलाई नेपाल पठाएर नेपालीलाई दुःख दिने गरेको थियो । यसरी जुध्न आउनेलाई परिवारसहित मास्न अचललाई मन लागेको थियो तर परिवारलाई मास्ने काम भीमसेन थापाको आदेश नपाई गर्न सक्दैनथे । यी र यस्तै कामका लागि काठमाडौंसम्म चिठी पठाउन सजिलो थिएन । त्यसैले पायक पर्ने ठाउँ चौदण्डीको बाटोसम्म हुलाक चलाउन उनले माग गरे ।

अचल बसेको ठाउँभन्दा पूर्व, हालको धरानमाथिको विजयपुरमा कर्णेल भक्तवीर थापाको नेतृत्वमा श्रीमेहर पल्टन बसेको थियो । त्यसको नजीकै कालिका (दन्तकाली) थानमा काजी बहादुर भण्डारीको नेतृत्वमा रणशेर बारादल कम्पनी थियो । अलि परको थुम्कामा श्रीजङ पल्टन बसेको थियो । अंग्रेजको लश्कर मधुबनीमा बसेको थियो । विजयपुरबाट श्रीजङ पल्टन, रणशेर बारादल कम्पनी र श्रीमेहरका सुबेदार इन्द्रसिंह थापासमेत ११ पट्टी लिई काजी बहादुर भण्डारीसाइत गरी त्यस फौजमाथि हमला गर्न गए । यो लडाइँ नेपालका लागि बिग्र्यो । जम्दार जसिवन्त खड्कासमेत ५०/६० जवानले ज्यान गुमाए, १००/१५० नेपाली सैनिक घाइते भए । त्यसपछि नेपाली फौज विजयपुर फर्केर बस्यो ।[५]

४ जर्नेल साहेब भीमसेन थापाज्यूमा अचल थापाले १८७१ साल माघ सुदि ६ रोज ४ मा लेखेको पत्र (मुकाम नलेखिए पनि यो चिठी भँडरुवाबाट लेखेको हो भन्ने बुझिन्छ), १ सी. १६४, ७५/१६० ।

५ दिनेशराज पन्त, *गोरखाली विजययात्रा*, काठमाडौं, २०७० पेज ५९ ।

यसपछि अंग्रेजले साहेबगञ्जको उत्तरमा रहेको कुसहर भन्ने ठाउँमा केही किराँती र ५० जना तिलंगा खटायो। उसले नेपालतिर पसेर गाउँ लुटपाट गर्न लागेको खबर थाहा पाएपछि भँडरुवामा रहेका नेपालीहरूले अंग्रेजले नेपालतर्फ पसेर हान्न नभ्याउँदै उसमाथि हमला गर्नुपर्ने ठहर गरे।[६] फागुनका १४ दिन जाँदा बुधवार एक घडी दिन चढ्दा अंग्रेज फौजमाथि नेपालीले हमला गरे। तीन सलक नेपालीले लगाए। तीन सलक अंग्रेजले पनि लगायो। नेपालीले आड पाए र त्यहीँबाट सलक लगाए। अंग्रेज पनि आडैमा बस्याको रहेछ। दुवैतिरबाट हानेका गोलीले धेरै क्षति गरेन। त्यस हमलामा नेपालीको गोली लागेर एक जना र काँड लागेर दुई जना अंग्रेज सिपाही ठाउँको ठाउँ मरे। नेपालतर्फ एक जना पिपा पाखुरामा गोली लागेर घाइते भए।

नेपाली फौज हौसिएर तरबार हान्न घोक पारेर अघि बढ्यो। अंग्रेज फौज बन्दुकमात्रै लिएर भाग्यो। ऊ बसेको ठाउँ नेपालीले पोलपाल गरिदिए। सामान लुटपाट गरे। यसैबीच दुई जना फिरंगी र ६०/७० जना तिलंगाको थप बल लिएर अंग्रेज फौज आइपुग्यो। लडाइँ भयो। अंग्रेजका १०/१२ जना मारिए। नेपालीतर्फ जम्दार धर्मराज बस्न्यातसमेत १०/१२ जना सिपाही मरे। नेपाली फौज भँडरुवा फर्कियो।

अचललाई लाग्यो– "उस दिन ४०० नाल आफ्ना साथमा भया साहेबगञ्ज लिन्या थीञ्यूँ। बलभञ्जन पाँडेले पनि बल दिएनन्। विजयपुरबाट पनि बल दिएनन्। आफ्ना साथ दुई कम्पनीका ८८ नाल शामेल थिए। कति सिपाही बिरामी थिए, कति कोठीको रक्षाका लागि राख्नुपरेको थियो।"

भीमसेन थापाको आदेशअनुसार नेपालीले लुटेर ल्याएको जंगी माल (बन्दुक आदि) दरबार दाखिल गर्नुपर्‍यो। अरू नगद, जिन्सी सिपाहीलाई बाँडियो तर यो नगद र जिन्सीले त्यहाँ भएका सिपाहीको निर्वाह हुँदैनथ्यो किनभने सरकारले यसअघि दिएको खान्गी उनीहरूले खाइसकेका थिए।[७]

यो लडाइँले अचललाई अपजस दिलायो। त्यस लडाइँमा नेपालका केही मानिस र १०/१२ वटा बन्दुक खर्च भएका थिए। "कर्णेल (भक्तवीर थापा) छेउ सल्लाह नगरी मैदानमा लडाइँ गर्न गएकाले त्यस लडाइँमा भएको नोक्सान तैंले बुझाउनुपर्छ" भनी भीमसेन थापाले अचललाई पत्र लेखे। अचललाई लाग्यो– "वैरीको मुलुक

---

६ भीमसेन थापा र रणध्वज थापालाई अचल थापाले १८७१ मिति फाल्गुण वदि १ रोज ७ मा मुकाम भँडरुवाबाट लेखेको पत्र, १ सी. १६४, ७५/१४७ र भीमसेन थापालाई अचल थापाले १८७१ साल मिति फाल्गुण सुदि ५ रोज ५ मा मुकाम भँडरुवाकोठीबाट पठाएको पत्र, १ सी. १६४, ७५/१९१।

७ भीमसेन थापा र रणध्वज थापालाई अचल थापाले १८७१ मिति फाल्गुण वदि १ रोज ७ मा मुकाम भँडरुवाबाट लेखेको पत्र, १ सी. १६४, ७५/१४७।

लुटपिट गर्नू" भनी भीमसेनले आदेश दिएकै थिए । त्यो आदेश कर्णेललाई देखाउँदा उनले "आफूलाई जस हुने काम गर्नू" भनेकै थिए । लडाइँमा नेपालका जति हतियार खर्च भए त्यसको दोब्बर तेब्बर अंग्रेजका हतियार खोसेर सरकारको आम्दानी गराइदिएकै थियो तैपनि आफूमाथि अपजस आइलाग्यो ।

त्यति वेला चौतरिया, भारदार, काजी, सिपाहीहरूले आफूभन्दा माथिकासँग मत बझाउनुपर्दा एकदमै नरम भएर बझाउने गरेका थिए तर अचल थापाले भीमसेन थापालाई "जे गर्न मन लाग्छ गर" भन्ने आशयमा सोझै भनिदिए– "बिग्र्याका ठाउँमा बुझाउनै पर्ला भनी आज्ञा आयाका अर्थलाई जीउधन ख्वामितको हो ।"

त्यसपछि उनले आफ्नो बचाउ गरे :

> *काम गर्दा कहीं बिग्रन्छ, कहीं सप्रन्छ । हाम्रातर्फबाट सरकारको बिग्रन्या काम केही भयाको छैन । दश/पन्द्रह जना मानिस खर्च भया तैपनि गढी, गौंडो, मुलुकमा वैरीबाट विध्वंस हुन पायाको छैन । अझसम्म साहेबका सुजसले थामी राख्याकै छ । हामीले कुसहर नहानी दियाको भया हामीले जसरी उसको गाउँ पोल्याथ्यौं, नरहासम्मको बस्ती उसले त्यस्तै गरी पोल्ने थियो । भीमपुरमा बस्याका तिलंगा र कुसहरमा बस्याका तिलंगा नधपाइदियाको भया सप्तरीमा एक रैती पनि घरमा बस्न्या थिएन । अझ पनि भाग्दै, जंगल पस्दै गर्दै छन् । आमदानी १२ आना पनि तहसिल भयाको छैन ।*[८]

त्यसपछि अचलले आफू मातहत रहेको ठाउँ र आफूभन्दा पूर्वमा ठूलो फौजको मातहतमा रहेको ठाउँको सुरक्षा अवस्थाबारे भीमसेन थापालाई स्मरण गराइदिए :

> *मोरङतर्फ कर्णेल, काजी, सरदार, सुबेदार, ढाक्र्या, जागिऱ्या, लश्कर बाटुलो भयाका दूधकोशीदेखि पूर्वका जग्गामा आफ्नो मुलुक पोलपाल, लुटपिट भयाको र लडाइँ भयाका ठाउँमा बिग्र्या/सप्र्याको खसोखास पाउमा जाहेरै भयाको होला ! हामी बस्याका तर्फ वैरीले विद्दत (विध्वंस) गर्न पाया/नपायाको त्यो पनि चरणमा जाहेरै होला । पोलाहा (उजुरी गर्ने) ले भया नभयाका कुरा पनि गर्न सक्ता रह्याछन् ।*

उनले भीमसेन थापालाई लेखेका यी कुराले त्यताको मैदानमा खटिएका नेपाली फौजका कमान्डरहरूबीच तालमेल रहेनछ भन्ने देखाउँछ :

> *अचल थापा कुसहर हान्न गएछ, लडाइँमा हारी भागेछ । फिरंगीले स्यापस्याप पार्दै ल्याउँदा वन पसेछ । सात आठ दिन भयो कहाँ*

---

८ भीमसेन थापालाई अचल थापाले १८७१ साल मिति फाल्गुण सुदि ५ रोज ५ मा मुकाम भँडरूवा कोठीबाट पठाएको पत्र, १ सी. १६४, ७५/१९१ ।

लुकिरहेछ, निस्क्याको छैन । त्यसको छोरालाई चाँडो पठाइदिया उाहाँको सम्भार हुँदो हो भनी बलभञ्जन पाँडेले दरबारमा चिठी लेखेछ । "त्यो कसो हो ?" भनी छोराले मलाई चिठी लेखेछ ।

त्यो कुरा बलभञ्जन पाँडेले लेख्याको निश्चयै होला । फिरंगीसँग लडाइँमा हारी, सातआठ दिन त क्या एक दिन पनि वनमा लुकी बस्याको भया मेरो जीउधन सर्वस्व सरकारमा खुशी गर्नू । बलभञ्जन पाँडे सिन्धुलीदेखि उँधो झऱ्यापछि आजसम्म कस्ता-कस्ता ठाउँमा डेरा गर्दै आएछ ? आजभोलि कस्ता ठाउँमा बस्याको रहेछ ? (वैरीको मुलुकमा) लुटपिट गराउँदा आफूकहाँ बसी लुटपिट गर्न पठायाको रहेछ ? त्यो लुटपिट हुँदा मकहाँ बस्याको रह्याछु ? कुसहर हानियापछि जंगलमा बस्या छु कि भँडरुवा, आफ्ना खलंगाभित्र आइकन बस्याछु ? यति कुरा जाँच्नलाई दुई गोटा भला मानिस पठाउनुभया तेस्का कुरा साँचा रह्याछन् कि मेरा कुरा साँचा रह्याछन्, त्यो सबै चरणमा पछि मालुम होला ।

अचलले आफूभन्दा पूर्व खटिएका कर्णेल भक्तवीर थापा र अरूका कामबारे पनि भीमसेन थापासँग गुनासो गरेका थिए :

कर्णेल भन्या पल्टनसमेत पहाड खटिया । अरू लश्कर पनि पहाडै जान्छ भन्या सुनिन्छ । विजयपुरका सुब्बा अनुपसिंह अधिकारीले आफ्नो मालजाल, कागजपत्रसमेत सबै गुमाई हाल्या । ऊ पनि मन घट्ट भै (मनोबल घटेर) बसिरह्या छन् । मोरङतिर तलहट्टी (तलतिरको भाग) खाली हुन गइरहेछ । भँडरुवामा दुई कम्पनी बक्सनुभयाको थियो । आजसम्म जान्याबुझ्याको लोतेचाम्रै गरी जग्गा थामी राख्या थियौं । काजकाम पनि चल्दै थियो । एक कम्पनी बलभञ्जन पाँडेले लगिगयो । एक कम्पनीको जागीर काठमहलमा थियो । काठमहल भन्या मरिगयो । मुलुकको रुपियाँ हूलमूलमा १२ आना पनि मासेको छैन । कोठीको जिनिस गैह्र तीन-चार ठाउँ सार्दा अलपत्र परिरहेछ । लहना लाग्याको रुपियाँ पनि जत्रतत्र भैरहेछ । कम्पनीका सिपाही "हाम्रो जागिरको ठेकान भएन, आनाबाना बुझिलेऊ" भनी आज पनि, भोलि पनि भनेर जीउ खान लागिरह्या छन् ।

कर्णेलको बाटो गरी बिन्ती गरौं भन्या महावारा (महाभारत) डाँडा काटी धनकुटाका लेकमा बस्न गया । तहाँ मानिस पठाई उत्तर आउञ्यालसम्म बरु चरणैबाट उत्तर चाँडो आउँछ, ताहाँबाट चाँडो निकास होला भन्याजस्तो लाग्दैन ।

भँडरूवामा रहेका हात्ती 'कर्णेलका जिम्मा गरी दिनू' भनी आदेश गएकाले अचलले हात्ती विजयपुर पठाइदिएका थिए तर लुटपाट गरी ल्याएका गाईबस्तु भने उनलाई निल्नु न ओकल्नुभएका थिए । उनले भीमसेन थापालाई फेरि गुहारे– "सय/छ बीस गाई र साठी/पचास गोटा भैंसी मिल्या छन् । दिनहुँ कति मर्छन्, कति भागी जान्छन् ! यी गाइभैंसी र तिलंगाले जो पायाको माल यसो गर्नू भनी आज्ञा आया प्रमांगीबमोजिम गरौंला ।"[९]

१८७१ साल चैतको पहिलो हप्तासम्ममा सप्तरी र त्यसपूर्वको नेपालको हाल यस्तो भइसकेको थियो । सप्तरीपश्चिमको हाल अझ खराब थियो ।

१८७१ साल चैत ४ गते फौजदार अमृत थापा जनकपुरबाट धावा गरी भेडिया आए र त्यहाँका कमान्डर बलभञ्जन पाँडेलाई खबर दिए– "अंग्रेज ठूलो फौज लिई रातु नदीको तीर, मटिहानीसम्म आयो ।" यो कुरा सुनेर सपैहामा बसेको नेपाली फौज जो भएको नालनिशान र खजाना लिई फागुनको अन्त्यमा राति त्यहाँबाट भाग्यो । कमला नदीपूर्व (सप्तरीबाहेक) अंग्रेजको अधीन भयो । अंग्रेजको भारी फौज सिन्धुली जान्छ भन्ने खबर नेपालीले पाए । अंग्रेजले नेपालतर्फका गाउँ पोली रैतीका केटाकेटीसमेत लुटपाट गर्दा सप्तरीका रैती मुग्लान पसे । नेपालपट्टि सुनसान भयो ।

यस्तो अवस्थामा नेपाली सिपाही भोकभोकै थिए । यो कुरा बलभञ्जनले राजालाई बिन्ती गरे :

> *पाँच हजार महाजन काडी नेपालदेखि कम्पनीलाई बुझाई ल्याञाथ्यौं, पाँच महीनासम्ममा खाइसक्या । जो ल्यायाको पनि सकियो । ...रैती शून्य भै अनाज बन्द भो । रैती बाटामा कोही रहेनन् । ...सिपाही भागी मरी धेरै खर्च भया । थोरै मानिस बाँकी रह्याका छन् । रह्याका पनि खानाले मर्न लाग्या । बेसाहाले भरेभोलि यिनको पनि उठी लाग्छ । लडौं भन्या मैदानमा उसको भारी फौज छ, १०/८ तोप छन् । उसले यसै मिच्न सक्छ । जंगल, पहाडका किनारा नपाई थाम्न/हान्न गाह्रो छ । बन्दोबस्त गरौं भन्या रैती कोही रहेनन् । खाउँ भन्या बेसाहा शून्य भयो ।*
>
> *बाँकी रह्याका मानिस र नालखजाना पनि कायम रहला भन्याझैं देखिएन । मानिस र नाल खजाना रह्या अवसरमा काम लागला । अंग्रेज फौज सिन्धुली मध्यरेखा पुग्यो भन्या ढुंगालाई घच (देशलाई घच्च) पर्न जाला । आइलाग्याको वैरी छोडी रैती शून्य भयाका मुलुकमा बसी होवैन ।*[१०]

---

९ भीमसेन थापालाई अचल थापाले १८७१ साल मिति फाल्गुण सुदि ५ रोज ५ मा मुकाम भँडरूवाकोठीबाट पठाएको पत्र, १ सी. १६४, ७५/१९१ ।

१० बलभञ्जन पाँडेले १८७१ फाल्गुण सुदि ६ रोज ५ मा भेडियाबाट लेखेको अर्जी, पोका ३, पत्र संख्या ३२० ।

उत्तरको बादशाहमाथि निरर्थक भरोसा

दक्षिणको सम्राट्सँग लडाइँ हुने निश्चितजस्तो भएपछि नेपालले उत्तरको बादशाहसँग गुहार माग्यो । १८७१ साल भदौमा भोटको ल्हासामा बस्ने अम्बा (तिब्बतमा शासन गर्ने चिनियाँ प्रतिनिधि) लाई राजा गीर्वाणयुद्धले चिठी लेखे । उनको चिठीमा लेखिएको थियो :

> *फिरंगीले पहाडको बाटो गरी भोट हान्नलाई बाटो विचार गर्न भनी मानिस पठायाको रहेछ । फकीरको भेषमा आएको फिरंगीको त्यस मानिसलाई पक्डी सास्ती गरी हाम्रो देशबाट निकाला गरी पठाइदियौं । अब उप्रान्त यस्ता मानिसलाई भोट र पहाडतर्फ आउन नदिनू भनी भारदारहरूलाई उर्दी दियौं र नाका नाकामा चौकी राख्यौं । हामीले यसो गर्दा फिरंगी हामीसँग रिसाई आजकल हामीहरूसँग लडी भोट हान्न जाने सुर गर्दै छ । हामीले पनि पूर्वमा कनकटिस्टादेखि पश्चिम शतरुद्रासम्मका जग्गा जग्गामा अनाज र खजाना जम्मा गरी फौजसमेत तयार गर्न भारदारहरूलाई उर्दी दियौं ।*
>
> *वर्षाद हुनाले फिरंगीले अहिल्यै चढाइ नगरे तापनि चतुर्मासपछि लडाइँ गर्न नआइछोड्दैन । भोट हान्नलाई बाटो दियौं भने उनीहरूले हामीलाई केही गर्दैनन् । बरु बाटो छाडी दिएको गुन मानी ६०/७० लाख रुपियाँसमेत दिन्छन् ।*[1]

यति वर्णन गरिसकेपछि राजाले फिरंगीसँग लड्न नगद र खजाना चीन बादशाहबाट बक्साई पठाइदिनुहोला भनी अनुरोध गरे ।

नेपालले चीनका बादशाहसित सहयोग मागेको कुरा अंग्रेजले १८७१ सालको भदौको अन्त्यतिर थाहा पाए । नेपाललाई आवश्यक पर्ने सहयोग दिन बादशाह

१ सं. १८७१ सालदेखि १८७३ सालसम्म कम्पनी सरकारसँग लडाइँ हुँदा मद्दतका बारेमा चिनियाँहरूसँग भएको लेखापढीको बयान, १ सी. २४४, पोका १/३ ।

तयार छन् र उनले कति सहयोग चाहिन्छ भनी सोधेका छन् भन्ने खबर पनि अंग्रेजकहाँ पुग्यो ।[२] अंग्रेजले नेपाल-अंग्रेज लडाइँमा चीनले नेपाललाई मद्दत नदिने वातावरण बनाउन प्रयास गऱ्यो । केही गरी चिनियाँहरूले नेपालमाथि हमला नगर्न दबाव दिइहालेमा पनि हमला नरोक्न आफ्ना कमान्डरलाई आदेश दियो ।[३]

अंग्रेजकहाँ खबर पुगेजस्तो गरी चीनले आफूलाई सहयोग गर्ने भएको भए नेपाली खुशी हुने थिए तर त्यसो भएन । ल्हासामा दुई जना अम्बा थिए । तिनले राजा गीर्वाणयुद्धलाई उनको पत्रको जवाफ पठाए, जसमा लेखिएको थियो– "आजसम्म चीनसँग अंग्रेजको वैरभाव भएको छैन । अंग्रेजका मानिस ल्हासामा कहिल्यै पनि आएका छैनन् तसर्थ भोटको बाटो हेर्न अंग्रेजको चेवा आउन्या सम्भावना छैन । कदाचित् उनीहरूले यसो गरेका खण्डमा पनि चीन बादशाहको दक्षिणको ढोका कुरी बसेका गोर्खाका राजाले सो कुराको याद विचार गर्नुहुने नै छ । चीन बादशाहले यो संसारकै भारा लिइबस्नुभएको छ । यो संसारका राजाहरूले चीनको नगद र खजाना नासिदिने काम आजसम्म भएको छैन । चीनका नगद, खजाना अर्कालाई दिने चलन पनि छैन ।" यसो भन्दै उनीहरूले राजा गीर्वाणको अनुरोध चीन बादशाहसम्म पुऱ्याउन अस्वीकार गरे । साथै नेपालका राजालाई सल्लाह र चेतावनी दिए– "छिमेकीसँग मिलीजुलीकन मुलुकको संभार गरी बस्नू । पछि फेरि माग्ने कुरा चिठीमा नलेख्नू ।"[४]

अंग्रेजले लडाइँ थालेर च्याप्दै गएपछि नेपालका राजा, जर्नेल, चौतरिया, काजीहरूलाई चीनसँग फेरि मद्दत माग्नुपर्छजस्तो लाग्यो । पश्चिम मुहुडामा खटिएका बुढाकाजी अमरसिंह थापाले फागुन २१ गते राजालाई चिठी लेखेर चीनसँग सहयोग माग्न बिन्ती गरे । त्यस्तो सहयोग माग्ने चिठीको मस्यौदा पनि उनले राजालाई पठाएका थिए । त्यसमा भनिएको थियो– "अहिले शक्तिशाली र जिद्दी वैरीले हामीलाई हमला गरेको छ । तपाईंको पिछा परी बसेकाले हामी तपाईंको सहयोग र सहायतामा भर परेका छौं । भोट जाने मनसुवाले वैरीले नेपाल लिन खोजेको छ । अहिलेसम्म पाँच-छवटा लडाइँ भइसकेका छन् । चीन बादशाहका प्रताप र आशीर्वादले हामीले २० हजारजति वैरीलाई ध्वस्त पारेका छौं तर उससँग धन र हातहतियार असाध्यै धेरै छ । उसका धेरै सिपाही मरे पनि ऊ एक कदम पनि पछि हटेको छैन । उल्टो बल र हतियार थपिरहेको छ । हाम्रो देशमा सबैतिर हमला भएको छ । हामी एक लाख सिपाही तयार गर्न

2 Memorandum by WM, 15th September 1814, Nepal Papers, Page 85-86.

3 Secret Letter from Lord Moira, 2d August 1815, Nepal Papers, Page 675-763.

४ चाछिन वर्ष १९ को संवत् १८७२ सालको ८ महीनाको २ दिन जाँदा ल्हासाबाट अम्बाहरूले लेखेको चिठीको मुद्दा, १ सी. न २४४, पोका १/३ ।

सक्छौं तर ती सिपाही पाल्न सक्दैनौं । नेपाललाई आफ्नो पिछामा रहेको ठानेर, अंग्रेज नेपाल र भोट खान आएको भन्ने ठानेर हामीलाई धन-दौलत सहयोग दिएमा हामी फौज तयार गरेर फिरंगीलाई धपाउन सक्ने थियौं । धन-दौलत होइन, फौज पठाउँछु भन्ने लाग्छ भने त्यो पनि ठीकै छ । धर्म्मा (भोट) को हावापानी ठीकै छ । तपाईंले दुईदेखि तीन लाखसम्म फौज धर्म्माको बाटो बंगाल पठाएर फिरंगीलाई खतराको घण्टी बजाएर कलकत्तासम्म धपाउन सक्नुहुन्छ ।"[५]

अमरसिंहले लेखेको यो मस्यौदा राजाका हातमा परेन, अंग्रेजका हातमा पऱ्यो तर पनि राजा गीर्वाणले १८७१ सालको अन्त्यतिर ल्हासामा बस्ने चीनका अम्बालाई अमरसिंहले मस्यौदा गरेकै बेहोराको चिठी पठाए । चिठीमा राजाले लेखेका थिए– "फौज र खजाना धेरै भएको, बलियो, छलकपट जान्ने अंग्रेज १५ वटा ठाउँमा आई हामीसँग लडाइँ गरी बसिरहेछ । भोट जाने इच्छाले संन्यासीको भेष गरी भोट जाने बाटो पनि हेरी गयो । हाम्रो मुलुकको चौडाइ थोरै छ । एक ठाउँबाट छिचोल्न पायो भने भोटैमा आइपुग्छ ।"

अघि चिनियाँ अम्बाहरूले "फेरि सहयोग नमाग्नू" भनेर चेतावनी दिए पनि राजाले फेरि सहयोग मागे– "हाम्रा सिपाही त धेरै छन्, दौलत धन नभै कसो गरी लडाइँ गरूँ ? चीन बादशाहका हजुरमा बिन्ती गरी दौलत बक्साई दिनुभया सिपाहीहरूले दिल लगाई लडाइँमा अंग्रेजलाई हराउने थियौं ।"

धन-दौलत नदिए "आफ्ना साँध सिमानामा कायम रहनू" भनी अंग्रेजका नाउँमा चीन बादशाहबाट चिठी पठाउने र चीनका बादशाहलाई भेट्न नेपाली प्रतिनिधिमण्डल चीन जान पाउने व्यवस्था मिलाइदिन पनि राजाले अम्बाहरूलाई अनुरोध गरेका थिए ।[६]

राजाको यो चिठीको जवाफ अम्बाहरूले १८७२ साल वैशाख १४ गते लेखे । त्यसमा "अरू राजालाई नगद दिने चलन नभएकाले नगद माग्ने काम नगर्नू" भनी अघिल्लै चिठीको बेहोरा दोहोऱ्याइएको थियो । भनिएको थियो– "आज गोर्खालाई नगद दिई गुहार दिए भोलि अंग्रेज पनि दौलत माग्न आइपुग्छ । त्यति वेला उसलाई पनि दौलत, गुहार गर्नुपर्छ ।"

यसप्रकार राजाले गरेको दोस्रो बिन्ती पनि अम्बाहरूले अस्वीकार गरे । "साँधको बाहेक अन्तका दुई राजाको लडाइँ हुँदा चीन बादशाहले सबैलाई बरोबर व्यवहार

5 Translation of a Draft of a Petition to be addressed to the Emperor of China by the Rajah of Nepaul, enclosed in Ummer Sing's Letter from Rajgurh, dated 2d March 1815, Nepal Papers, Page 556-557.

६ १८७१ सालको आखिरतिर श्री ५ गीर्वाणयुद्ध विक्रम शाहबाट ल्हासाका टुचाङ ताठिन सितारिन खोतारिन अम्बाहरूलाई लेखी गयाको लालमोहरको मुद्दा, १ सी. २४४, पोका १/३ ।

गर्छन्, कसैलाई पक्षपात गर्दैनन्" भनी उनीहरूले स्पष्ट रूपमा चीन तटस्थ बस्ने बताए । बादशाहसँग भेटका लागि पहिल्यै निर्धारित समयभन्दा अगावै नेपाली प्रतिनिधि मण्डल चीन जान नमिल्ने र त्यस्तो अनुरोध पठाउँदा चीन बादशाह नराम्रोसँग रिसाउने भन्दै राजाको सो बिन्ती चीन बादशाहकहाँ नपठाइनेसमेत अम्बाहरूले स्पष्ट पारे ।

"आफू वाङ (तिमी राजा) ले मिलीजुली देश संभार गरी बसिरहू । धेरै काम कुरा नलेख । मानिस नपठाऊ । मानिस आउँदा-जाँदा बाटोमा गाह्रो होला भनेर यो चिठी पठायाको हो" भनी अम्बाहरूले राजालाई बताए ।[७]

यस्तो अवस्थामा भीमसेन थापा र रणध्वज थापा ल्हासा बस्ने नेपाली नाइके बलभद्रसँग "चीनबाट सहायता लिन सकिनस्" भनी अलि रिसाए । बलभद्रले आफूले 'भरिसक्य' गरेको बताए । नेपाललाई गाह्रो परेका वेलामा गुहार दिनुपर्छ भन्ने चिनियाँहरूलाई लागेजस्तो छ भनेर पनि उनले बताए,[८] जुन सही थिएन ।

कुमाऊँ र त्यहाँभन्दा पश्चिमका किल्लामा अंग्रेजले नेपाललाई तहसनहस पारेपछि चीनका बादशाहकहाँ अर्जी र सौगात पठाउन सरदार डम्बर थापासमेतलाई ल्हासा पठाउने विचार राजाले गरे । त्यो टोलीलाई ल्हासा आउन अनुमति दिइयोस् भनी अम्बालाई राजाले चिठी लेखे । अम्बाहरूले राजालाई पहिल्यै लेखेको कुरा सम्झाए– "आफू वाङले मिलीजुली मुलुक संभार गरी बस, धेरै काम कुरा नलेख, मानिस नपठाऊ, मानिस आउँदा-जाँदा बाटामा गाह्रो होला भनी अघि यहाँबाट लेखिगयाको हो ।"[९]

कुमाऊँ र गढवाल गुमेपछि चीनबाट जसरी पनि मद्दत ल्याउनुपर्छ भनी भीमसेन र रणध्वजमाथि दबाव पऱ्यो । पाल्पाका कमान्डरहरूले उनीहरूलाई सल्लाह दिए– "कुमाऊँ, गढकुमाऊँ अंग्रेजले लिएपछि अंग्रेजको चीनसित साँध जोडियो । यो खबर पुग्दा चिनियाँ झस्केका होलान् । 'भोट जाने बाटो दिएन, चीनको मानमनितो गर्न छोडेर अंग्रेजको मानमनितो गर्न मानेन भन्ने रिसले अंग्रेजले यतिसम्म गर्दा तिमीले तमाशा हेऱ्यौ । अब पनि मद्दत गरेनौ भने अंग्रेजको मानमनितो गरी ज्यान बचाउनुपऱ्यो । सहयोग नदिने भए त्यही वचन देऊ' भनी नडराई बेस्कन भन्न सक्ने, भरोसा भएका मानिस चिनियाँछेउ चाँडो पठाई

---

७ सं. १८७१ सालदेखि १८७३ सालसम्म कम्पनी सर्कारसँग लडाञी हुँदा मद्दतको बारेमा चिनियाँहरूसँग भयाका लेखापढीको बयान, १ सी. २४४, पोका १/३ ।

८ श्री बडा जर्नेल भीमसेन थापा र श्री काजी रणध्वज थापालाई बलभद्रले वैशाख वदि २ रोज ३ मा मुकाम ल्हासाबाट लेख्याको चिठीको मुद्दा, १ सी. २४४, पोका १/३ ।

९ अम्बाले ल्हासाबाट राजा गीर्वाणयुद्धलाई १८७२ वैशाख वदि १२ मा पठाएको पत्र, १ सी. ३८६, ०/१ ।

कुमाऊँ, गढवाल र बेशहरका मुखबाट उसको फौज झार्ने र अरू ठाउँका लागि पैसा झिकाउने काम होस् । उसले फौज पठाउन सकेन भने पैसा चाँडो माग्न सके बढिया होला ।"[१०]

अनौठो कुरा, अम्बाहरूले चीनबाट आर्थिक र फौजी कुनै पनि किसिमको सहयोग हुँदैन भनेर बारम्बार किटेर भन्दा पनि राजाले सहयोगको आस गर्न छाडेनन् । जेठको दोस्रो हप्ता राजाले अम्बाहरूलाई यस्तो गुनासो गरे– "हामीले चीन बादशाहलाई मानिरहेका छौं, हामीमाथि परेको दुःख चीन बादशाहका हजुरमा बिन्ती गर्दा दया भई दुःख छुट्ला, सुख पाउँला भन्ने मनमा सादर थियो । त्यहाँबाट त्यस्तो लेखी आउँदा आशा मेटियो । हामीले अर्जी चह्राई पठाउने पूर्वनिर्धारित समयसम्म यो मुलुक फिरंगीले राखी दिए भने र त्यहाँबाट मद्दत पनि आयो र नेपाल थाम्न सक्यौं भने बढियै छ । चीन बादशाहका हजुरमा अर्जी चह्राई पठाउने काम पनि होला । त्यहाँबाट मद्दत आएन, हामीले भरिसक्य गर्दा पनि थाम्न सक्यौंन भने चीन बादशाहका हजुरमा बिन्ती गरी बुझाउन्या काम आफूहरूबाट होला ।"[११]

यसको जवाफमा अम्बाहरूले नेपालले पठाउने अर्जी चीन पठाउन र नेपालबाट मानिस ल्हासा आउने अनुमति दिन नमिल्ने बताए । उनीहरूले भने– "आफू बाङले आफ्ना मुलुक एकचित्त गरी स्याहार गऱ्यादेखि फिरंगीले हेला गरी अर्घ्यालो गर्न सकन्या छैन ।"

अम्बाहरूले आफ्ना कुरा नसुनेपछि १८७२ साल असारको शुरूमा नेपालले चीन बादशाहलाई सोझै अर्जी गऱ्यो । त्यस अर्जीमा अंग्रेजले हमला गरेको भनी अघि अम्बाहरूलाई पठाइएको चिठीमा लेखिएकै कुरा दोहोऱ्याइएको थियो :

> *उप्रान्त फिरंगीले भेष फेरी जोगी संन्यासीले लाउन्याजस्तो पोशाक लगाई भोट जान्या बाटो हेर्ने भनी हाम्रो मुलुकबाट जान खोज्दा थाहा पायौं र बादशाहका हुकुमबेगर हुँदैन भनी हाम्रा चौकीदारले थुन्या छन् । गोरखाले हामीलाई भोट जान बाटो दिएन भन्याका रिसले हाम्रो मुलुक अमल गर्न ठूलो फौज खजाना लिई पूर्व-पश्चिम हाम्रो जति मुलुक छ सबै जग्गामा आयो । हामी श्री ५ चीन बादशाहका पिछा परी आफ्ना मुलुक संभार गरी श्री ५ चीन बादशाहको दक्षिणपट्टिको ढोका कुरी बस्याका हुँ । हामीमाथि आइलाग्यो ता हाम्रो मुलुक पायापछि भोट पनि खान्या छ भन्ना निमित्त जो भयाको*

१० भीमसेन थापा, रणध्वज थापालाई उजीरसिंह थापा, प्रसादसिंह बस्न्यात, दलकेशर पाँडेले १८७२ वैशाख सुदि ४ रोज ७ मा मुकाम पाल्पा, श्रीनगरबाट लेखेको पत्र, १ सी. १०१, पोका १००/९८ ।

११ श्री ५ बाट ल्हासाका दुई अम्बालाई संवत् १८७२ साल मिति वैशाख सुदि १२ रोज ७ मा लेखेको पत्र, १ सी. ३८६, ०/१ ।

सिपाही लिई पूर्वदेखि पश्चिमसम्म ठावैमा लडाइँ गर्दा सिपाही पनि ढेरै मारिया । पहाडदेखि समुद्रसम्मको ठूलो राज्य मधेस सब अमल गरी मान्याको, खजाना, फौज धेरै भयाको हुनाले फेरि भारी लश्कर ल्याई हाम्रो मुलुक तराई सबै अमल गर्‍यो । प्रजाप्राणीले पनि साह्रै दुःख पाया । यो मुलुक फिरंगीले पायो भन्या भोटलाई पनि बढिया छैन । श्री ५ बादशाहका हजुरमा अर्जी पुर्‍याई दौलतको मेहर भै आया आफ्नै मुलुकका सिपाही राखी लडाउन पाया फिरंगीलाई मारी हटाई मुलुक पनि थामौंला, प्रजाप्राणी पनि सुख पाउनन्, हामीलाई दुःख पर्‍याको, मुलुकले पनि दुःख पायाको श्री ५ चीन बादशाहका हजुरमा जाहेर भया दौलतको मद्दत मेहर होला ...

यसो भन्ने चित्तमा हुँदा ल्हासामा रहने वडा अम्बाहरूलाई तीन/चार चिठी लेख्यौं तर ती चिठी बादशाहकहाँ पठाएको प्रतीत त्यहाँ पर्दैन । यस कुराको अर्जी चीन बादशाहका हजुरमा चढाउनलाई ल्हासासम्म पुर्‍याउन दूत पठाउँछौं, उनीहरूले हामीमाथि परेको दुःखको विस्तार तपाईंहरूलाई बताउँछन्, त्यसका लागि उनीहरूलाई त्यहाँ जान अनुमति चाँडो आवस् भनी वडा अम्बाहरूलाई अनुरोध गर्दा अनुमति दिएनन् । हिजो हामीले गर्‍याका कुराको बिन्तीको प्रतीत नपरी केही काम कुराको मद्दत चीनबाट नहुँदा कुमाऊँदेखि शतरुद्रासम्मको भोट पहाड मधेस जति थियो सबै फिरंगीले लियो । अब बाँकी रह्याको पनि लिन तयार भइरहेछ । "हामीलाई मान" भन्छ, हामीले कसो गर्न्या हो ? "अघिदेखि हामीलाई मानी आयाको हो... अब उप्रान्त पनि तिमीहरूले हामीलाई मान्नू, फिरंगीलाई मान्नुपर्दैन" भनी हुकुम हुन्छ भन्या ... चाँडो मद्दत पठाउन्या काम भै आवस् । सो कुरा चाँडो भै आएन भन्या हाम्रा बलले थामिसक्नुछैन ।

मद्दत पठाउने वा "पहिले चीन बादशाहलाई मान्दथ्यौ, अब उप्रांत ...फिरंगीलाई मान" भन्ने यी दुई कुरामा जौन कुरा मञ्जुर हुन्छ, सो लेखिएको पत्र चाँडै आवस्, ढिलो भयो भने प्रजाप्राणीले दुःख पाउन्या, चीनका दक्षिणतर्फको ढोका खुली उत्तरतर्फलाई धक्का लागन्या काम हुन्या छ । हामीमाथि पर्‍याको दुःख जसो गरी मेटिन्छ, यो कुराको व्यवस्था चाँडो गरी बक्स्या हाम्रो दुःख छुटन्या, प्रजाप्राणीले सुख पाउन्या, चीनका दक्षिणतर्फको ढोका बलियो हुन्या काम हुन्या छ ।[१२]

---

१२ स १८७१ सालदेखि १८७३ सालसम्म कम्पनी सर्कारसँग लडाजी हुँदा मद्दतको बारेमा चिनियाँहरूसँग भयाका लेखापढीको (किताबको पञ्जिका), १ सी. ३७४, पोका १३६/३ । राजाको लालमोहर लागेको यो अर्जी फारसी भाषामा पनि लेखिएको छ ।

नेपाललाई निराश बनाउने पत्राचारका बीचमा ल्हासाबाट नेपाली दूत रामसुन्दरले असार १७ गते भीमसेन थापा र रणध्वज थापालाई खुशीको खबर सुनाए– "त्यहाँबाट जति चिठी आउँछन्, तिनको बेहोरा अनुवाद गरी अम्बाहरूले पेचिङ पठाउँछन् । अभ्यन्तर बुझी हेर्दा अम्बाहरूलाई के लागेको जस्तो बुझिन्छ भने नेपाल नरहेपछि अंग्रेज भोटमा पनि आउला । बादशाहका शरणमा पर्नेलाई बादशाहले गोहार नदिएको छैन । कि दौलत दिनुपर्छ कि सिपाही पठाउनुपर्छ । भोटका भला मानिसले पनि नेपाललाई गारो पर्दा भरिसक्य गुहार दिनुपर्छ भनी अम्बाछेउ भन्दै छन् ।"[१३] रामसुन्दरको कुरा उति पत्यारिलो थिएन किनभने गुहार दिन अम्बाहरूले स्पष्टसँग अस्वीकार गरिसकेका थिए । उनले पठाएको नराम्रो खबरचाहिँ साँचो थियो– "फिरंगीले पनि पेचिङ बिन्ती गरी पठाएजस्तो छ । तसर्थ अम्बाहरू अलमलिएका छन् ।"

अम्बाहरू असहयोगी भएपछि भीमसेन थापा र रणध्वज थापा रामसुन्दरसँग रिसाएका रहेछन्– "तँ कुरा छिचोली बिन्ती गर्न सक्दो रहेनछस् ।" रामसुन्दरले त्यसको जवाफ दिए– "म ल्हासा सातु खाएर मात्र बसेको छैन । बुद्धिले भ्याएसम्म देशको टहल गर्दै छु । काम फत्ते भएपछि पत्याउनुहुन्छ ।"[१४] तर रामसुन्दरको काम फत्ते भएन ।

यसबीच जुम्लामा रहेको नेपाली फौजका कमान्डरले पनि ताक्लाकोटमा बस्ने भोटको फौजका कमान्डरसँग सहयोग मागे । उनले जुम्लामा रहेका नेपाली सरदारसँग सल्लाह गरी सहयोग गरौंला भने ।[१५] नेपालका राजाले भोट (तिब्बत) का राजा लामालाई नेपाल र अंग्रेजबीच लडाइँ भएको र धेरै मानिस मारिएको खबर दिए र भोटसँग सिपाहीलाई तलब दिने पैसा मागे । भोटले सहयोग दिन नसक्ने कुरा गर्‍यो । साथै लडाइँ नगर्न सल्लाह दियो– "लडाइँबाट सबै प्राणीको ठूलो नोक्सानी हुने हुँदा नराम्रो हुने र हाल दुवैतर्फका धेरै मानिस मारिएबाट... मलाई असाध्य अफसोस परिराखेको छ । यहाँ ...सुनाचाँदी मालमत्ता हिना (मिना) भै अहिले रुपियाँ जगेडा छैन । अलिअलि भएको पनि बडा चीन बादशाहका पूजापाठ इत्यादि धर्मको शुभकार्यमा लगाइयो । धर्मकार्यका निम्ति श्रद्धाभावले चढाएको सम्पत्ति लडाइँका मानिसको निमित्त दिंदा ठूलो पापसमेत

१३ भीमसेन थापा, रणध्वज थापालाई रामसुन्दरले (१८७२) आषाढ वदि ७ रोज ५ मा ल्हासाबाट लेखेको पत्र, १ सी. ३७४, पोका १३६/३ ।

१४ भीमसेन थापा, रणध्वज थापालाई रामसुन्दरले (१८७२) आषाढ वदि ७ रोज ५ मा ल्हासाबाट लेखेको पत्र, १ सी. ३७४, पोका १३६/३ ।

१५ सं. १८७१ सालदेखि १८७३ सालसम्म कम्पनी सर्कारसँग लडाजी हुँदा मद्दतको बारेमा चिनियाँहरूसँग भयाका लेखापढीको बयान, १ सी. २४४, पोका १/३ ।

भै धर्मको मार्ग नमिल्ने हुँदा रिसानी नहुनुहोला । महाराज र फिरंगीसमेतले लडाइँ नगरी आ-आफ्ना जमीन समाई बसेमा सबैलाई आनन्द र राम्रो हुने हुँदा लडाइँ तुरुन्त शान्ति होस् भनी ईश्वरसँग प्रार्थना र लडाइँमा मरेका दुवैतर्फका मृतकहरूले शान्ति पाऊन् भनी शुभआशीर्वाद सधैं गरी राखेका छौं ।"[१६]

समग्रमा, नेपालले भोट तथा चीन बादशाहबाट सहयोग नपाउने भयो ।

---

१६ तिब्बतका राजा लामाले नेपालका राजालाई पठाएको पत्र, १ सी. २४४, पोका १/३ ।

सुलह प्रयास

धेरै लडाइँ सन्धि गर्नका लागि लडिन्छन् । आफ्नो स्वार्थ पूरा हुने शर्त राखेर सन्धि गर्न । अंग्रेजले यो लडाइँ पनि नेपाल कब्जा गर्न होइन, नेपाललाई पाठ पढाउन, खुम्च्याउन, आफूविरुद्ध कहिल्यै उठ्न नसक्ने बनाउन र एशियामा आफ्नो शान राख्न थालेको थियो । त्यसैले ऊ सकेसम्म चाँडो सन्धि गर्न चाहन्थ्यो ।[१]

१८७१ साल मंसिरको अन्त्यतिर नेपालका राजा गीर्वाणयुद्धले "थोरै बातमा यहाँसम्म होला" भनी पहिले नजानेको महसूस गरिसकेका थिए । उनले बेतिया बसेका वकिल चन्द्रशेखर उपाध्यालाई युद्ध रोक्नेबारे अंग्रेजको विचार के छ भनी बुझ्न लगाए ।

यसको जवाफमा चन्द्रशेखरले राजासमक्ष 'नजीकका मानिस (अर्थात् जेनरल भीमसेन थापा) ले गर्दा 'झगडा भएको' कुरा सम्झाए र झगडा अरू बढ्ने डर व्यक्त गरे । राजाले अह्राएपछि चन्द्रशेखरले अंग्रेजको विचार बुझ्न खोजे तर अंग्रेजसँग उनको सोझो सम्पर्क थिएन । अंग्रेजको विचार उनले हिन्दुस्तानीमार्फत बुझ्नुपर्थ्यो । चन्द्रशेखरलाई अंग्रेजका पेटको कुरा हिन्दुस्तानीले थाहा पाउँदैनन् भन्ने लागेको थियो तैपनि उनले मुन्सीसँग बुझे । मुन्सीले सन्धि गर्नका लागि अंग्रेजले यी शर्त राखेको बतायो, जसको जानकारी उनले तत्कालै राजालाई दिए : बुटवलमा खुन गर्ने मनिराजसमेतलाई अंग्रेजलाई बुझाउनुपर्ने, लडाइँभन्दा पहिले विवाद भएका जग्गा अंग्रेजलाई छाड्नुपर्ने, पहाडका मानिस अंग्रेजसँग मिलेबापत अंग्रेजले उनीहरूलाई जे सुविधा दिएको छ, सो सुविधा नेपालले दिइराख्नुपर्ने र कम्पनीको फौज पुगे जति जमीन छाड्नुपर्ने ।[२]

---

1 Letter to Major Bradshaw from J. Adam, 26th November 1814, Nepal Papers, Page 254-261.

२ चन्द्रशेखर उपाध्याले पौष वदि ११ रोज ६ मा मुकाम सहरवा, आधामालु, बेतियाबाट राजालाई लेखेको अर्जी, सन्धिपत्र संग्रह, पेज २३९ ।

वास्तवमा अंग्रेजका पेटका कुरा हिन्दुस्तानीले अलिअलि थाहा पाएका रहेछन् । अंग्रेजले मंसिर आधाउधीतिरै नेपालसँग गर्ने सन्धिको मस्यौदा तयार गरिसकेको थियो । त्यसमा मुन्सीले भनेका समेत यी शर्तहरू थिए :

- विवादित सबै जमीनमाथिको स्वामित्व नेपालले छाड्नुपर्ने र ती जमीन अंग्रेजलाई सुम्पनुपर्ने ।
- बुटवलमा हिन्दुस्तानी पुलिस अफिसरलाई मार्ने फौजदार मनिराजलाई अंग्रेज समक्ष सुपर्दगी गर्नुपर्ने । (अंग्रेजले मनिराजसँग ठूलो रिसराग राखेको थियो । त्यसैले उनलाई गम्भीर अपराध गरेको मुद्दा लगाएर कडा सजाय दिन चाहन्थ्यो ।)
- नेपालले सबै मैदानी भूभाग अंग्रेजलाई सुम्पनुपर्ने ।
- महाकाली नदीपश्चिमका सबै भूभाग नेपालले छाड्नुपर्ने (यसो गरेर अंग्रेज महाकालीवारि डोटी र अरू राज्यलाई नेपाल विरुद्ध उकास्न र ती राज्यमा राजा रजौटाको शासन स्थापित गर्न चाहन्थ्यो) ।
- अंग्रेजले राजा रजौटालाई नेपाल विरुद्ध लड्न उकास्दा जेजस्ता आश्वासन दिएको थियो, ती आश्वासन पूरा गर्न नेपालले बाधा नपुऱ्याउने । उनीहरूलाई धम्क्याउन नपाउने ।
- लडाइँ लड्दा अंग्रेजको जति खर्च लागेको छ, त्यति रकम नेपालले अंग्रेजलाई किस्ताबन्दीमा तिर्नु पर्ने । यस्तो किस्ता नतिरुञ्जेल अंग्रेजले छानेका राजा र भीमसेन थापाका परिवारका सदस्यलाई बन्धकीस्वरूप अंग्रेजलाई बुझाउनुपर्ने ।
- अंग्रेजको अनुमति विना युरोपेली, अमेरिकी र बेलायती नागरिकलाई नेपालले काम लगाउन नपाउने (लडाइँका वेला नेपाली सैनिकलाई अनुशासित बनाउन युरोपेली र बेलायती नागरिकले सहयोग गरेको शंका अंग्रेजले गरेको थियो । अंग्रेज उनीहरूलाई पक्डेर कारबाही गर्न चाहन्थ्यो) ।
- दुवै देशका राजदूत एक-अर्का देशमा रहने ।[३]

यसै वेला नेपालका राजाले अंग्रेजसँग वार्ता गर्न बुढाकाजी अमरसिंह थापामार्फत पनि प्रयास गरे । पुस २२ गते नेपाली वकिल (दूतहरू) गजपत राय मिश्र र श्रीकान्त उपाध्या अक्टरलोनीको क्याम्पमा पुगे र अंग्रेजसँग कुराकानी गर्न नेपालका राजाले अमरसिंहलाई पठाएको लालमोहर देखाए । लालमोहरसहितको चिठी पढेर उनलाई सुनाए । त्यसको व्याख्या गरी दिए । गजपत रायले अमर सिंहले उनलाई गभर्नरकहाँ पठाउन चाहेको कुरा पनि बताए ।

3 Draft of a Treaty of Peace with Nepaul, Nepal Papers, Page 262-265.

अक्टरलोनीले त्यो चिठी गभर्नरकहाँ पठाएर त्यसको जवाफ पर्खनुपर्छ भनी जवाफ दिए । उनले गभर्नरबाट जवाफ आउने बित्तिकै त्यसको जानकारी दिने वाचा गरे । साथै अमरसिंहलाई शुभचिन्तकका हैसियतमा खबर पठाए– "अहिले कसैलाई दिल्ली वा अन्त कतै पठाएर बेकारमा दुःख दिन ठीक हुँदैन ।"[४]

त्यसपछि यो कुरा अघि बढेन ।

निश्चित शर्त मान्दा अंग्रेजसँग सन्धि हुन सक्छ भने त्यसका लागि प्रयास गर भनी कुमाऊँमा खटिएका चौतरिया बम शाहलाई पनि राजाले आदेश दिएका थिए । यस विषयमा कुमाऊँभन्दा पश्चिममा रहेका अरू काजी, भारदार र सरदारहरूसँग बम शाहले राय मागे । उनीहरूले मधेस र पहाडको पुरानो सीमा कायम गर्दा सन्धि हुन्छ भने कुइन्यासित लेखापढी गर्न आफ्नो सम्मति दिए ।[५]

राजा गीर्वाणयुद्ध थप हडबडाए । पुस ११ गते रणजोरसिंहलाई पठाएको चिठीमा उनले लेखेका छन् :

> *नालापानी दखल गरेर वैरी नाहानतिर बढ्यो । बारा, पर्सादेखि महोत्तरी, सप्तरीसम्मको तराई वैरीले दखल गऱ्यो । अर्को पल्टन पूर्वमा विजयपुरका साँधमा आई बसेको छ । एउटा जर्नेल पाल्पामा हमला गर्न गोरखपुर आइपुगेको छ । कलकत्ताबाट एउटा जर्नेल हामीलाई दुःख दिन यसतर्फ हिंड्यो । जाबो केही कुराका निमित्त दुई ढुंगा (देश) का दोस्तीलाई माझका मानिसले खलबल्याई दिंदा सबैतिर लडाइँ चल्न लागिरहेछ ।*[६]

अंग्रेजहरूसँग मेल गर्ना निमित्त आफ्ना वकिल पठाउन पनि राजाले रणजोरलाई आदेश दिए । यसो नगरे सर्वनाश हुने डर उनले व्यक्त गरेका थिए किनभने उनलाई थाहा थियो– "लडाइँका निमित्त वैरीले ठूलो तयारी गरेको थियो ।" राजाले बुटवल, पाल्पा, स्युराजका टप्पा र बाराको विवादित जमीनसमेत छाडेर मिलाप गर्ने कुरामा जोड दिए । यति छाड्दा पनि मिलाप भएन भने जम्मै तराई,

---

4 Letter to J. Adam from D. Ochterlony, 4th January 1815, Pakistan Papers, Page 275.

५ चौतरिया बम शाहलाई काजी रणजोर थापा, जसपाउ थापा, काजी रेवन्त कुँवर, लक्षवीर शाही, सरदार भैरवसिंह, सरदार रणसुर थापाले १८७१ माघ सुदि ८ रोज ६ मा मुकाम जैथक किल्लाबाट पठाएको पत्र, पोका ३, पत्र संख्या ३७५ ।

6 Translation of Intercepted letters, 12th April, 1815. From Amer Singh and His son Ram Doss and Urjan Thappa to the Rajah of Nepaul dated Rajgurah 2d March 1815, Pakistan Papers,, Page 101-112 and Nepal Papers, Page 553-556. सन्धिपत्र संग्रहको पेज ६३४-६३७ मा प्रिन्सेप, भाग १, पेज ४५९–६१ मा छापिएको यस चिठीको अनुवाद दिइएको छ । मैले त्यसमा छुटेको मिति र गल्ती भएका नाम मूल पाठबाट थपेर र सच्याएर सन्धिपत्रको नेपाली अनुवादलाई उपयोग गरेको हुँ ।

दून र कछारसमेत छोड्न राजा राजी थिए । यतिमा पनि कुरा नमिलेर अंग्रेजले पहाडको भाग पनि चाहिन्छ भनेका खण्डमा देहरादूनदेखि सतलज नदीसम्मको जमीन छोडिदिए हुने विचार राजाले व्यक्त गरेका थिए ।

उक्त चिठीमार्फत राजाले हुकुम दिए– "ज्या गरेर भया पनि फेरि दोस्तीको, प्रीतिको सम्बन्ध कायम गराऊ । यस कुरामा तिमीले गऱ्याको काम सदरै छ । यो काम गर्न सकेनौ भन्या टिस्टादेखि शतरुद्रासम्मको मेरो मुलुक बचाउन कठिन हुन्या छ । हाम्रा मुलुकका माझमा वैरीले कुल्चन पायो भन्या दुवैतिरका सिमानामा कुल (विद्रोह) हुन्या छ । पछि काम लाग्न्या जुक्तिबुद्धि विचार गर्नाका निमित्त आफूसँग रह्याका पल्टन, जंगी, खजाना लिई हट्या पनि हुन्छ । यस कामका निमित्त पश्चिमका काजमा रह्याका सबै भारदारहरूसँग मिली जतिसम्म हटेर गोर्खा थाम्न सकिन्या छ, उति हटेर बस ।"

राजाको यो चिठी रणजोरले बुढाकाजी अमरसिंहलाई पठाइदिए । राजगढमा रहेका अमरसिंह र उनका छोराहरू रामदास थापा र अर्जुन थापा राजाको विचारसँग सहमत भएनन् । उनीहरूले जमीन छाडेर अंग्रेजसँग मिलाप गर्नुहुँदैन भनी फागुन २१ गते राजालाई अर्जी लेखे । यसको अघिल्लो दिन अमरसिंह र उनका छोराहरूले यसै बेहोराको चिठी भीमसेन थापा र रणध्वज थापालाई लेखी निगालोमा लुकाएर पठाएका थिए ।[७]

यी दुवै चिठीका बेहोरा एकै खालका थिए । उनीहरूले लेखेका थिए :

> *पहिलो कुरा, वैरीले यत्तिको बन्दोबस्त गरी सक्यापछि यति कुराले मात्र उसको चित्त बुझन्या छैन अथवा उसले हाम्रा कुरा मञ्जुर गऱ्या पनि पछिबाट टिपु (सुल्तान) सँगको जस्तै व्यवहार गर्न्या छ । टिपुसँग उसले पहिले लडाइँको खर्चबापत छ करोड रुपियाँ र केही मुलुक लियो । पछिबाट सबै राज्य खोस्यो । हामीले उसलाई यतिका मुलुक छोडिदिंदा पनि पछिबाट उसले अर्को बखेडा खोजी अरू इलाका पनि लिन्या छ । यतिका मुलुक गुमायापछि हामी यतिका फौज राखन सकन्या छौंनँ । एकपटक हाम्रो जंगी फौज घट्यापछि हाम्रा पूर्वपट्टिका अरू मुलुक कसरी बचाउन सकौंला ? हाम्रो दखलमा बेशहर रहुञ्ज्यालसम्म गढवाल अटल रहन्या छ । यो छोड्याका खण्डमा रवाइँमा भटेरा भगौडाहरूले हामीलाई अवश्य सताउन्या छन् । यसरी फिरंगीले दून र रवाइँ लियो भन्या गढवाल थाम्न सकिन्या छैन । यो गयापछि कुमाऊँ र डोटी पनि जान्या छ ।*

7 From Ummer Sing, Ram Doss Urjun, and Bhopaul Thappa, to General Beem Sing and Kajee Rundoz, dated Raj Gurh, 1st March 1815, Nepal Papers, Page 557.

यी जग्गा लियापछि एक एक गरी अछाम, जुम्ला, दुल्लु, दैलेख पनि हामीसँग खोसिलिन्या छ । पल्लो किराँतका रैयतहरूका निमित्त इस्तिहार पठायाको छ भन्न्या हजुरबाट हुकुम आयाको छ । तिनीहरू वैरीसँग मिल्याका भया अरू किराँतका रैयतले पनि यसै भन्न्या छन् । वाहाँपछि पूर्व दूधकोशीदेखि पश्चिम भेरीसम्मको मुलुक पनि धेरै कालसम्म थामिन्या छैन ।

हाम्रा यतिका मुलुक गुम्यापछि हाम्रा भारी फौज क्या हुन्न्या ? एकपल्ट हाम्रो बल घट्यापछि दोस्ती मेल राखन्या घा बन्दोबस्त गर्न्या निहुँ गरी फेरि हामीछेउ नक्स (क्याप्टेन नक्स जो यसअघि अंग्रेजका दूत भएर काठमाडौंमा बसेका थिए) को टोली ली आउन्या छ । त्यो टोलीको आदर गर्न हामीले मञ्जुर गऱ्यौंनँ भन्या जोड गर्न्या छ । हामीले रोक्न नसकी विना फौज आव भन्यौं भन्न्या पनि मान्न्या छैन । त्यो पहिले एक कम्पनी लिई आउन्या छ । तुरुन्तै एक बटालियन गराई पछिबाट नेपाललाई दबाउनाका निमित्त एक फौजै तयार गर्न्या छ ।

अहिले तराई, दून-शतरुद्रासम्मको मुलुकसमेत छोडी दिया गोर्खाका अरू मुलुक दखल गर्न्या छैन भन्न्या हजुर सम्झिबक्सन्छ । यस्ता कुरामा विश्वास नगरिबक्स्या जावस् । हजुरलाई नक्सको टोली बोलाउन सल्लाह र व्यापारको कोठी थाप्न दिनुपर्छ भनी जसले बिन्ती गऱ्या तिनले नेपालको राज्य खोसन्या छन् । अहिले ठहराई बक्स्याका कुरा लडाइँ नगर्न्या नीति लिएर कमिश्नरहरूले ठहरायाबमोजिम बुटवल र स्युराजका तप्पाहरू अघि अमनका वेलामा छोडिदियाको भया यो अवस्था पर्न्या थिएन तर हजुरले लोभ नछाडी ती तप्पाहरू आफ्ना दखलमा राखन्या इच्छा गरी चौकीदारहरूलाई मारी बक्सँदा साना कुरामा रिस बढी लडाइँ चल्यो । जैथकमा हामीले एक लडाइँमा वैरीलाई जित्यौं । मैले अख्तरलुनीलाई जित्न सक्याँ भन्या औ रणजोरसिंहले जसपाउ थापा र उनका अफिसरसमेत भई जैथकमा जित्या भन्या रणजीत सिंह वैरीसँग लड्न उठन्या छन् । शिखसँग मेरो फौज मिलेर मैदानमा झरी बेग्लाबेग्लै ठाउँमा जमुना पार गरेर दून फिर्ता गर्न्याछन् ।

हामी हरिद्वार पुग्यापछि लखनौका नवाब पनि मिल्न आउन्या बेर छैन । ती हामीसँग मिल्यापछि कनकासम्म आफैं बलिया हुन्छौं । हजुरका प्रतापले बलभद्र कुँवर, रेवन्त काजी चाँडै नै जैथकका

फौजमा मिल्न्या छन् । त्यहाँ बलियो गराउनालाई आठ कम्पनीका साथ पंथ काजी (अजम्बर पंथ) लाई चाँडै नै जैथकमा पठाउन्या बन्दोबस्त गरी रह्याँ छु । हजुरबाट पठाई बक्स्याका फौज दिनदिनै आइरह्या छन् । जम्मै आइपुग्यापछि यहाँ र जैथकमा पनि जित्न सकियेला भन्न्या मलाई लाग्याको छ ।

पहिले सिन्धुलीमा घुस्न भनी फिरंगीका फौज दुई वर्षसम्म बारा, पर्सा र महोत्तरीमा अडियेर बस्या । तर हजुरबाट नेपाल जित्यापछि केही हजुरका फौजका र केही खराब हावापानीका शिकार बन्या । थोरै मानिसमात्र जग्गा छोडी भाग्या र जीउ बचाया । अब हजुरबाट आफ्ना सबै भारदारहरूलाई चौदण्डी र विजयपुरका दुवै किराँत र महाभारतका पाखा बचाउनालाई हुकुम बक्सनुपर्छ । दुई वर्षसम्म वैरीले आफ्ना हातमा तराई राखन्या दुःख गरोस्, पछिबाट त्यो तराई उकास्न सकिन्छ । लिखत गरी दियाको जग्गा फेरि फर्काउन कठिन हुन्छ तर जबरजस्तीसँग लियाको जग्गा बलैसँग लिन सकिन्छ ।

शिखहरू हामीसँग नमिल्या पनि डर छैन । अहिले लोभमा फसेर मुलुक दिई मिलेर झगडा मेटाया पनि वैरीले थोरै वर्ष भित्रैमा टिपुको मुलुक लियाझैं नेपाल पनि लेला । दया गर्न्या वेला यो होइन । (बुटवलमा अंग्रेजका) चौकीदारहरूलाई मार्नुभन्दा अगाडि नै यो कुरा गऱ्याको भया हुन्या थियो । हाम्रो फत्य नहुञ्ज्यालसम्म यो कुरा थाम्नुपर्छ । मैले भन्याका कुरा तेस बखत उनीहरूले मान्या भया बढिया हो । होइन भन्या परमेश्वरका कृपाले र हजुरका पुण्यप्रतापले कनकादेखि शतरूद्रासम्म फैलियाका हाम्रा राज्यको रक्षा गर्न्या भारा मेरो हुन्या छ । हजुरमा मेरो बिन्ती छ । कहिल्यै घा नगरी बक्सेला । अघि कसै कसैले दोस्ती र व्यापारको घा गर्नुपर्छ भन्न्या कुरा गर्दा मैले मानिनथ्याँ । हाल मुलुक सुम्पेर आफ्ना महाराजाका नाउँमा दाग लगाउन खोज्दिनँ । यो काम गर्नैपर्छ भन्न्या हजुरको मर्जी छ भन्या जसले यसै गर्नुपर्छ भन्याको छ, उसैलाई यो लत्रन्या काम गर्न लगाइबक्स्या जावस् । मलाई हजुरमा बोलावट हवस् । म बूढो भै सक्याँ । एकपटक हजुरका पाउको दर्शन गर्न्या इच्छा छ ।

नेपाली फौजमा १२,००० भन्दा बढी मानिस नभयाका बखत पनि मैले सम्झिराख्याको छु । परमेश्वरका दया र हजुरका पुर्खाका प्रतापले हजुरको राज्य पूर्वमा कनकासम्म पुग्याको थियो । हजुरका बुबाज्यूका पालामा हामीले कुमाऊँ जित्यौं । हजुरका प्रतापले शतरूद्रासम्म

जित्तै आयौं । चार पुस्ता लागेर यो इज्जत र राज्य आर्ज्याको हो । बलभद्रले तीन-चार हजार वैरीलाई नालापानीमा काट्यो । रणजोरसिंह र उसका साथका भारदारहरूले जैथकमा तीन ठाउँमा शत्रुलाई हटाया । ठाउँमा म घेराभित्र रह्याको छु तापनि दिनहुँ वैरीसँग लडाइँ गरी रह्याको हुनाले अवश्य फत्य हुन्या देख्याको छु । यस इलाकाका राजा रैयत सबै वैरीपट्टि मिल्याका छन् । रणजीत सिंहलाई हामीपट्टि मिलाउन्या मेरो इच्छा पूर्ण गर्न मैले पहिला दुईतीन लडाइँ जित्न पर्‍र्या छ । ती मिल्यापछि नेपाली र शिखहरू मिली जमुनातिर बढ्यापछि दक्षिणका राजाहरू, लखनौका नवाबसमेत हाम्रा पक्षमा मिल्न आउन्या आशा छ । वैरीलाई धपाई पाल्पादेखि विजयपुरसम्मका तराई हामीले उकास्न्या वेला त्यही हुन्या छ । यसो गर्न सक्यौं भन्या मैदान पनि फत्य गर्न सकिएला ।

हजुरका छाउनीमा अहिलेसम्म लडाइँ भयाको छैन । विजयपुरको चौदण्डी, महाभारतका डाँडा र सल्यानलाई हामीले राम्ररी बचाउनुपर्छ । चार पुस्ताले आर्जन गर्‍याको मुलुक थापाहरूका मुख्तियारीमा खूब विचार नगरी मिलापका निमित्त त्यसै छोड्नुहुँदैन । हामीले लडाइँ फत्य गर्‍यौं भन्या हामीसँग फाटो पर्‍याका कुरा हामी सजिलैसित मिलाउन सकन्या छौं । हामी हार्‍यौं भन्या हिन्येति (अर्काका नजरमा आफूलाई गिराउने) कुरालाई मानेर घा गर्नुभन्दा मर्नु नै बढिया छ ।

चीनले नेपाल हान्दा हामीले ब्राह्मणहरूलाई दान गरी, पूजा पाठ लगाई परमेश्वरको दया पायाथ्यौं । यसै धर्मका जोडले वैरीलाई हटायाथ्यौं । हजुरले ब्राह्मणहरूका बिर्ता हरण गर्‍याका वेलादेखि हजारौं ब्राह्मणहरू सारै फजिती पाई कंगाल भयाका छन् । कांगडा फत्य भयापछि ती बिर्ता फर्काइन्या छन् भन्या कबुल गरी यस कुरामा हजुरले मेरा र नैनसिंह थापाका नाउँमा लालमोहर लाग्याको हुकुम पठाइबक्स्याको थियो । त्यो काम हामीले पुर्‍याउन नसक्दा अहिले चारैतर्फ गोलमाल उठ्याको छ । अब हजुरबाट सबै ब्राह्मणलाई जम्मा गरी "फिरंगीलाई जिती हटायापछि तिमीहरूको जग्गा जमीन फिर्ता गरुँला" भन्या कबुल गरी बक्स्या जावस् । यसो गरी बक्स्यामा हजारौं सज्जन ब्राह्मणहरूले हजुरका बचाउका लागि परमेश्वरसँग प्रार्थना गर्न्या छन् । यसबाट वैरी पनि भाग्न्या छन् ।

दान गरी रहनाले चार पुस्ताले आर्ज्याको राज्य जोगिन्या छ । परमेश्वरको दया भयो भन्या हाम्रो बल र राज्यहरू बढन्या छन् ।

राज्य बढ्यापछि हाम्रा सारा फौज जस्ताको तस्तै रही बढन्या छन् । हजुरले वैरीलाई सुम्पन खोज्याका ढेरै इलाकाबाट ४,००० फौज राखन पुग्न्या आमदानी हुन्छ । तेसबाट कांगडा दखल हुन सक्थ्यो । यी इलाका सुम्पेका खण्डमा हजुरको नाउँ र दरबारको रवाफ रहन्या छैन । कांगडा दखल गर्‍याको भया हजुरको नाम अमर हुन्या थियो । तैपनि शतरुद्रासम्मको मुलुक हजुरबाट जितिबक्स्याको हुनाले मधेसका मानिसहरूमा ठूलो प्रभाव पर्‍याको छ । जमुनादेखि पश्चिमपट्टिका मुलुक छोडेर मेल गर्दा तिनका मनमा नेपालीहरू फिरंगी रोक्न सकन्या रह्यानछन् भन्न्या पर्न जान्या छ । मधेसमा हजुरको दुर्नाम भई आफ्ना फौजबाट ४,००० मानिस बढाउनाको सट्टा घटाउनुपर्न्या छ । यसो भयापछि वैरीले बेशहर लिई पछिबाट उसलाई गढवाल लिन सजिलो हुन्या छ । तेसो भयामा हामीलाई कुमाऊँ थाम्न गाह्रो हुन्या छ । यसका साथ डोटी, अछाम, जुम्ला पनि गुम्न्या छ । भेरीसम्म त्यो पस्न्या छ । फिरंगीले पहाडका एक भागमा एकपटक मात्र आड लिन पायो भन्या हामी फेरि तेसलाई निकाल्न सकन्या छौनँ । शतरुद्रापट्टिका मुलुकलाई हामीले राम्ररी बचाउ गर्न पर्‍याको छ ।

तराईको तकरारी जमीन छोड्नु तेतिको खराब होइन । पहाड हाम्रा हातमा रहनाले जित्तै जान हामीलाई बाटो खुला रहन्या छ । झगडा पर्‍याका बुटवल, स्युराज र बाराका २१ गाउँसमेत दिंदा तकरार मेटिन्छ भन्या गुरु रंगनाथ पंडितज्यू र दलभञ्जन पाँडेलाई अह्राइबक्स्या जावस् । यस कुरामा मेरो बेमञ्जुरी छैन । यो काम गर्न्यासँग रिसराग पनि म गर्न्या छैन । आफ्ना मतलबमा पसेर हजुरका भलाइको वास्ता नराखी फिरंगीसँग मेल गर्न खोज्न्यालाई मैले पूरा वैरी भन्नै पर्छ । ...हाम्रा शान्ति र मिल्न खोजन्या आग्रहलाई उसले डरको नतिजा भन्या ठान्नु असंभव छ । तसर्थ आफ्ना भाग्यलाई तरबारका भरमा अड्याऊँ, साहसपूर्वक दुश्मनको मुकाबिला गरी फिरंगीलाई आफ्नै राज्यभित्र जकडिन्या तुल्याऊँ । यति गर्दा गर्दै पनि बढ्ता खोज्यो भन्या ठूलो तयारी गर्न पनि पछि हट्नुपर्‍याकोमा प्रशस्त लाज मर्नु तुल्याई दिऊँ । अनि मात्र तकरारी जमीन छाडी मिलन्या कुरा गरौंला ।

हाम्रा तरबारको प्रताप र डर यति छ कि बलभद्रका भनाइमा ६०० तर पुगनपुग ५०० मानिसले फिरंगीका तीन-चार हजार फौजलाई हरायो । उसका पुरानु गोरख र वरख कम्पनीका मानिस

थिया । तिनमा पनि केही हाम्रा पुराना राज्यका र केही भेरीदेखि गढवालसम्मका प्रदेशका थिया । इनै मानिसका मद्दतले एक थरीको नाश गरी अर्का थरीलाई हटायो ।

मेरो फौज पनि यस्तै ढंगको छ । यी सबै दुश्मनसित मुकाविला गर्न तम्सिएका छन् । त्यहाँ पनि हजुरका वरिपरि हाम्रा फौजका पुराना सिपाहीहरू छन् । उनीहरूले हजुरलाई छोडेर भाग्लान् भन्न्या डर कत्ति छैन । मिलिसियाहरू पनि हजुरका धेरै छन् । आफ्ना इज्जत र स्वार्थका निमित्त लडन्या जागिरदार पनि हजुरका निकै छन् ।...

दुश्मन सफलता र घमण्डले गम्की रहेछ । पश्चिमपट्टिका जमीनदार, कर्नेल र ठकुराईमध्ये राजा र रानाहरूलाई आफ्ना अधीनमा गराइसक्याको छ । कसैसँग मेल छैन । हुन त मेरो आर्जन केही होइन । रामदासलाई तकरारी जमीन छाडिदिन्या कुरा लिई अख्तर लुनीकहाँ पठाउँछु र उताबाट आयाको जवाफ हजुरमा जाहेर गर्न्या छु । यताका राना, राजा, ठकुराईहरू दुश्मनसँग मिलिसक्या । मचाहिँ घेरामा परे तापनि लडेर जितिछोडन्या छु । मेरा भारदारले पनि यही संकल्प लियाका छन् । नेपालीहरूलाई वैशाख विशेष गरी शुभ छ भनी पंडितहरूले भन्याकाले तेसमा साइतको दिन हेरी लडेमा हामी अवश्य जित्न्या छौं । बिस्तारै र विचारपूर्वक दुश्मनलाई मिलाउन्या सुरमा म छु । तर फिरंगी लड्न हतपताई रह्याको हुनाले यो हुन सक्तैन । वैशाखसम्म लडाइँ जावस् भन्न्या आशा म राख्तछु । तेस महीनामा असल मौका पारी लड्न्या छु । दुश्मनलाई हटायापछि कि रणजोरसिंह कि म हजुरका पाउमा हाजिर हुन्याछौं । यस संकट अवस्थामा चीनका बादशाह, ल्हासाका लामा र अरू लामासँग लेखापढी गर्नु उचित ठान्याकाले उनीहरूलाई लेखन्या पत्रको मस्यौदा यसै साथ खाम्याको छु । भूलचुक भया माफ पाऊँ । चीनका बादशाहलाई बिन्तीपत्र र लामाकहाँ चिठी सकभर चाँडै जाओस् ।

(अमरसिंहहरूले नेपालीमा लेखेको यो चिठी अंग्रेजले अंग्रेजीमा अनुवाद गर्दा र त्यसलाई फेरि नेपालीमा अनुवाद गर्दा धेरै कुरा हेरफेर परेका छन् भनी अनुवादकले टिप्पणी गरेका छन् । यो चिठी सामान्य सम्पादन गरिएको छ ।)

अमरसिंहहरूले चढाएको यो अर्जी चैत १ गते बाटैबाट अंग्रेजले खोसे । सन्धि गर्नेबारे अमरसिंहको यस्तो राय बुझेपछि उनीहरू अमरसिंहको भर पर्न छोडे र उनका सट्टामा बम शाहलाई विश्वास गर्न थाले ।

अंग्रेजसँग सन्धि गर्ने विषयमा कुरा गर्न गुरु गजराज मिश्र र चन्द्रशेखर उपाध्या १८७२ साल वैशाख १८ गते काठमाडौं आइपुगे । उनीहरूले २० गते राजालाई भेटे । अंग्रेजसँग वार्ता गर्नका लागि राजाले उनीहरूलाई अख्तियारी दिए ।[८] गजराज र चन्द्रशेखरलाई यस्तो अख्तियारी दिइएको खबर नेपाल दरबारले विभिन्न ठाउँका भारदार र कम्पनीलाई दियो ।[९]

उता कुमाऊँ जितेर बसेका एडवार्ड गार्डनरले अंग्रेजसँग सन्धि गर्ने काम अघि बढाउन बम शाहलाई दबाव दिइरहेका थिए । जेठको पहिलो हप्ता उनले सन्धि गर्ने कि नगर्ने, दरबारलाई सोध भनेर बम शाहलाई थप दबाव दिए ।[१०]

जेठको तेस्रो हप्ता आइपुग्दा गार्डनरले बम शाहलाई थप दबाव दिए । त्यसपछि बम शाहले भीमसेन थापालाई चिठी लेखे– "झाम्टागढी र बुढाकाजी बस्याको जग्गादेखि बाहेक सारा पहाड अंग्रेजको भएको हुनाले र हाम्रा सिपाही अफिसरहरूसमेत बेमानी गरी उसैतर्फ मिल्न जान खोजेको हुनाले हाम्रा चित्तले लडाइँ थामनामा फाइदा देखेको हुनाले गारन (गार्डनर) सँग कुरा गरी लडाइँ थाम्न अर्जी चढाई पठायाको धेरै दिन भयो । गारनले पनि ताकिता लाउँदै छ । चाँडो शिक्षा आइबक्से बढिया हुनेथ्यो ।"[११]

यसैबीच राजा गीर्वाणयुद्धले ईस्ट इन्डिया कम्पनीका गभर्नर जेनरललाई चिठी लेखेर दुई देशबीचको पुरानो मित्रता कायम गर्ने इच्छा व्यक्त गरे ।[१२] तर सन्धिका लागि नेपालले जेजति कुरा त्याग्नुपर्छ भन्ने शर्त अंग्रेजले राखेको थियो, ती त्याग्न नेपाल तयार छैन कि भनी अंग्रेजमा द्विविधा उत्पन्न भयो ।[१३]

यस्तैमा अंग्रेजले पहिले तयार पारेको नेपालसँग गर्ने सन्धिको मस्यौदामा फेरबदल गर्‍यो । त्यसमा नेपालले मेचीपूर्वका पहाडी भाग सिक्किमलाई सुम्पनुपर्ने, नेपालले सिक्किमलाई हेप्न हप्काउन नपाउने तथा नेपाल र सिक्किमबीचमा कुनै विवाद भए त्यसको समाधान गर्ने अधिकार आफूले लिने शर्त थप्यो ।[१४] उसले

---

8 Letter from the Rajah of Nepaul, dated 28th Byasak 1872, Nepal Papers, Page 782 and Letter from Beem Singh Thapa, dated 28th Busak 1872 Sumbat, Nepal Papers, Page 782-783.

९ उजीरसिंह थापाले १८७२ ज्येष्ठ वदि १३ रोज २ मा मुकाम पाल्पा, श्रीनगरबाट लेखेको अर्जी, डीएनए ३/४ ।

१० बम शाह, चामु भण्डारी र अंगदले १८७२ वैशाख सुदि ८ रोज ३ मा मुकाम वैतडीबाट लेखेको अर्जी, महेशराज पन्त, वि.स. १८७१-७२ को नेपाल-अंग्रेज युद्धमा नेपालले हार्नामा एउटा ठूलो कारण, पूर्णिमा, वर्ष १ अंक १, पेज ४७-५८ ।

११ चौतरिया बम शाहले भीमसेन थापालाई १८७२ साल ज्येष्ठ वदि ५ रोज १ मा मुकाम बैतडीबाट लेखेको पत्र, क्याटलग, पत्र संख्या १९४ ।

12 Letter from the Rajah of Nepal, received 3d June 1815, Nepal Papers, Page 782.

13 Letter to Lieutenant-Colonel Bradshaw from J. Adam, 5th June 1815, Nepal Papers, Page 783-787.

14 Draft of Treaty, Nepal Papers, Page 787-788.

यसो गर्नुको उद्देश्य पूर्वतर्फ पनि नेपालको राज्य विस्तार सदाका लागि बन्द गर्नु थियो । सन्धिका अरू धाराले नै नेपाल सरकारलाई कडा सजाय दिने हुनाले मनिराज फौजदारलाई आफूलाई बुझाउनुपर्ने शर्त अंग्रेजले त्याग्यो ।[१५]

किन हो कुन्नि राजा गीर्वाणले चौतरिया बम शाह र रुद्रवीर शाहीलाई पनि अंग्रेजसँग वार्ता गर्न निर्देशन र आदेश दिए ।[१६] यसअघि जेठ २५ गते राजाले गुरु गजराज मिश्रलाई चिठी लेखेर मिश्रबाहेक अरूमार्फत वार्ता नगर्ने बताएका थिए र यसको जानकारी बम शाहलाई पनि दिएका थिए । यसबीचमा गजराज मिश्र र चन्द्रशेखर उपाध्या पनि अंग्रेजतर्फका वार्ताकार ब्राड्शसँग वार्ता गर्दै थिए ।[१७] वार्तामा नेपाली पक्ष लडाइँअघि विवाद भएका जग्गा छाड्न तयार रहेको तर तराईका सबै जमीनको स्वामित्व त्याग्ने गरी सन्धि गर्ने अधिकार आफूलाई नभएको गजराज मिश्रले ब्राड्शलाई बताइदिए । त्यसपछि अंग्रेजले वार्ता स्थगित गऱ्यो ।[१८]

वार्ता स्थगित भएपछि नेपाली वार्ताकार गजराज र चन्द्रशेखरले भीमसेन थापालाई यस्तो रिपोर्ट गरे– "पश्चिमतिरको समाचारले लाठ (लर्ड मोइरा) साहेबको मन बढेको छ । यिनको (ब्राड्शहरूको) पनि मन बढेकोजस्तो भैरहेछ । अघि हामी त्यहाँ आउन्या ताकजस्तो छैन । सुलहका कुरालाई अघिभन्दा आज उकालो पऱ्यो । लडाइँ अझ बन्द भयाको छैन, चल्यैको छ । पूर्वतर्फ पनि कोचबिहारका राजालाई साथ लिई उसैका अम्बलदेखि पहाड चढी पहाडैपहाड आउन्या बन्दोबस्त भयेछ । पूर्व र पश्चिमदेखिन तीन मुख गरी बढ्न लाग्यापछि तीनतिर संभार गर्न कठिन होला । जसरी हुन्छ सन्धि गर्दा राम्रो हुन्छ ।"[१९]

अंग्रेजलाई पनि लडाइँ सजिलो भएको थिएन । उसले लडाइँ गर्नका लागि रिन लिएको थियो । अहिलेसम्मको लडाइँमा ३० लाख ९३ हजार सोना रुपियाँ खर्च भइसकेको थियो ।[२०]

उता पश्चिमतर्फ वार्ता गरी रहेका रुद्रवीर शाहीले एडवार्ड गार्डनरलाई कालीपारिका जमीन छाडेर सन्धि गर्ने अधिकार राजाले आफूलाई दिएको बताए

15 Secret letter from Lord Moira to committee, 5th August 1815, Nepal Papers, Page 763-780.

16 Translation of a Letter from the Rajah of Nepal to the Agent of the Governor-General in Kamaon, dated 6 Asar, Nepal Papers, Page 805.

17 Letter from the Rajah of Nepal to Gooroo Gujraj Misser, 13th Jesth Badde 1871 (यो १८७१ नभएर १८७२ हुनुपर्छ) ।

18 To Lieutenant-Colonel Bradshaw from J. Adam, 27th June 1815, Nepal Papers, Page 799-800.

१९ भीमसेन थापालाई गजराज मिश्र र चन्द्रशेखर उपाध्याले १८७२ साल आषाढ वदि ७ रोज ५ मा मुकाम सुगौलीबाट लेखेको पत्र, पोका ३, पत्र संख्या ३१४ ।

20 Marquis of Hastings: Summary of the Operations in India with Their Results from the 30th April 1814 to the 31st January 1823, Page 39.

तर तराई छाडेर सन्धि गर्ने अधिकार आफूसँग छैन भने । गार्डनरले तराई नलिई सन्धि नगर्ने बताए ।[२१]

वार्ता स्थगित गरेपछि अंग्रेजले राजा गीर्वाणलाई पत्र लेखेर नेपालले आफ्ना दूतलाई अंग्रेजले राखेका शर्त स्वीकार गर्ने अधिकार नदिएको गुनासो गऱ्यो । उसले आफ्ना सबै शर्त स्वीकार गर्न नेपालले ढिलो गरेमा नराम्रो हुने चेतावनी पनि दियो ।[२२]

राजालाई एकातिर अंग्रेजको यस्तो दबाव थियो भने अर्कातिर आफ्ना भारदार र कम्पनीहरूले यस्तो सन्धि नगर्न दबाव दिइरहेका थिए । चौतरिया बम शाह, बखतावरसिंह, रणदीपसिंह बस्न्यात, अजम्बर पंथ, चामु भण्डारी, अंगदसिंह, रिपुमर्दन थापा र जसमर्दन थापाले बैतडीबाट राजालाई लेखे– "तराई छाडी खर्च पनि चलन्या छैन भन्न्या हामरा चित्तले पनि देख्छ । यस कुरामा हामी पनि पेल्छौं । यसबाट पुगेन भन्या बडा साहेबसित पुग्छौं । वाहाँबाट पनि भएन भन्या हिजो १२ हजारले यो फैलाव भयाको हो । येकानी शत्रु, येकानी मित्र सबैका हुन्छन् । वेला र बखतले फेरि बढ्न्या काज गरिएला ।"[२३]

हिन्दुस्तानका लर्ड मोइराले लेखेको पत्रको नक्कल गीर्वाणले पाल्पामा बसेका उजीरसिंह थापालाई पनि पठाएका थिए । उजीरले भने सन्धि नगर्न राजालाई उक्साएनन् । उनले लेखे– "दिल्ली अमल गर्दा कुइन्याको अहंकार बढेकै थियो । कुमाऊँपश्चिमको पहाडमा चढ्न पाएपछि धम्क्याएर चिठी लेखेछ । सोमाफिक प्रतिउत्तर लेखी गयो हो । उसको आशय बुझी आफूले गर्नुपर्ने निर्णय हुने नै छ ।"[२४]

यसबीचमा गजराज मिश्र र मोइराले नेपाल पठाएका चिठीका जवाफ नआएपछि ब्राड्शले चन्द्रशेखरलाई कुरा बुझ्न काठमाडौं पठाए । उनी काठमाडौं हिंडेको केही समयमा राजा र भीमसेन थापाले पठाएको पत्र गजराजका हातमा पुग्यो, जसमा सन्धि गर्ने अधिकार गजराजलाई दिइएको कुरा दोहोऱ्याइएको थियो । भदौ ५ गते चन्द्रशेखर काठमाडौंबाट सुगौली फर्किए । उनले पनि गजराजलाई दिएको थप निर्देशन ल्याएका थिए । यसपछि वार्ता पुनः चालू गर्न ब्राड्शले आदेश पाए ।

सन्धि चाँडो होस् भनेर अंग्रेजले आफ्ना शर्त केही खुकुलो पार्ने विचार गऱ्यो । तराईको जग्गा गुम्दा नेपाली भारदारलाई जुन क्षति पुग्छ त्यसको पूर्तिस्वरूप

21 Letter to J. Adam from E. Gardner, 10th July 1815, Nepal Papers, Page 802-803.

22 Letter to the Rajah of Nepaul, 2d July 1915, Nepaul Papers, Page 812-813.

२३ बम शाह, वखतावरसिंह, रणदीपसिंह बस्न्यात, अजम्बर पंथ, चामु भण्डारी, अंगदसिंह, रिपुमर्दन थापा र जसमर्दन थापाले १८७२ श्रावण सुदि १२ रोज ४ मा मुकाम बैतडीबाट पठाएको अर्जी, डीएनए १/१९ ।

२४ उजीरसिंह थापाले १८७२ श्रावण सुदि १४ रोज ६ मा मुकाम पाल्पा, श्रीनगरबाट पठाएको अर्जी, पोका ३, पत्र संख्या ५८३ ।

राजाले छानेका भारदारलाई राजाले तोकेको दरमा पेन्सन बाँड्न अंग्रेजले नेपाललाई वार्षिक दुई लाख रुपियाँ दिने भयो । जग्गाका सट्टामा नगद आम्दानी पाउँदा भारदार खुशी होलान् भन्ने उसलाई लागेको थियो । उसले त्यति वेला के बुझाउन खोजेको थियो भने भारदारहरूले यो पेन्सन अधिकारस्वरूप होइन, अंग्रेजको दयास्वरूप पाउन लागेका हुन् ।

तराईको जग्गामा नेपालीको निकै ठूलो लगाव देखेर अंग्रेजलाई के लाग्यो भने नेपालले यो जग्गा छाडे पनि जुन भारदारको जग्गा हो उनीहरूले छाड्दैनन् । त्यसैले उसले कोशीदेखि मेची नदीसम्मको झन्डै-झन्डै सबै तराई नलिने विचार गऱ्यो । सिक्किमसँग सम्पर्क सम्बन्ध राख्नका लागि आवश्यक भएकाले मेची नदीपूर्वको तराई भने नछाड्ने भयो । यस्तै गरी कोशीदेखि पश्चिम नारायणीसम्मको तराईको उत्तरी भाग पनि नेपालीहरूको अधीनमा रहेकाले उस्तै परेका खण्डमा त्यो भाग पनि नलिन अंग्रेज तयार भयो । नारायणीपश्चिममा खास बुटवल र स्युराज नलिने निधो उसले गऱ्यो । एकाअर्काका राजदूत एक-अर्का देशमा राख्ने कुरामा पनि नेपालीलाई त्यत्रो ठूलो आपत्ति छ भने यो शर्त छाड्न पनि अंग्रेज तयार भयो ।

ब्राड्शले गजराजलाई वार्ताका लागि बोलाए । गजराज र चन्द्रशेखरसँग पटक-पटक वार्ता भएपछि ब्राड्शले गजराजसँग मात्रै वार्ता गरे । गजराजले तराईको जमीन छाड्ने अधिकार आफूले नपाएको दोहोऱ्याइरहे । त्यसपछि उनले फेरि काठमाडौंमा सोधेर उत्तर लिनका लागि २१ दिनको समय मागे ।[२५]

असोज ७ गते सुगौलीबाट गजराज मिश्रले राजालाई लामो चिठी लेखे । त्यसमा भनिएको थियो :

> *यहाँ कुरा चल्दा अनेक तरहका तलमाथि धेरै कुरा भए । त्यसबीचमा बडा साहेबले यस्तो लेखी पठाएका छन् भनी आठ सवाल (सन्धिको मस्यौदामा लेखिएका शर्त) देखाए । त्यो मैले सरकारमा चढाई पठाएको थिएँ । जाहेर भयो होला । "ती आठ सवालबारे तिम्रो विचार भन" भनी यिनले भन्दा हामीले आफ्ना बुद्धिले भेटायासम्म आठै सवालको जवाफ लेखी उनीछेउ दियौं । हाम्रो जवाफ बडो मन पऱ्याजस्तो गरेनन् । दुई-तीन दिन यसै कुरामा अड्डाबड्डी पऱ्यो । पहिले तेस्रो सवाल कबुल गर, उहाँपछि अरू कुरा हुनन् भन्यो । त्यसमा टिष्टादेखि कालीतकको तराई हाम्रा कब्जामा छ, त्यहाँ चुरेको साँध कबुल गर भन्ने सवाल थियो ।*

25 Secret Letter from Lord Moira, 2d October 1815 to the Honourable the Secret Committee of the Honourable the Court of Directors, Nepal Papers, Page 818-821.

"हामीले त्यो एउटा कुराको मात्र होइन, आठवटै कुराको जवाफ दिएका छौं" भन्दा उसले "अरू कुराबारे छलफल पछि होला, यो कुरा बदल्ने भए लेखापढी गर, कबुल नगर्ने भए जवाफ देऊ" भन्यो । हामीले उसलाई भन्यौं– "हामीले भनेको कुरा बुझ पचाएर तिमी जवाफ दिँदैनौ, आफ्नै मतलबका कुरामात्रै गर्छौ... त्यसमा सन्धि हुँदैन । तिम्रा पनि ख्वामित छन्, हाम्रा पनि छन् । हामीले भनेको कुरा तिम्रा ख्वामितलाई तिमी लेख, तिमीले भनेका कुरा हामी आफ्ना ख्वामितलाई लेख्छौं । दोतरफबाट जस्तो बुझ आवला सोहीमाफिकका कुरा गरौंला ।"

यसो भन्दा बढिया कुरा गऱ्यौ, त्यसै गरौं भन्यो । दुवैले १८ दिनभित्र जवाफ मगाउने कुरा गरियो । यहाँ हामीले आफ्ना बुद्धिले भेटायासम्मका जवाफ दिँदै छौं । ख्वामितको खसाइ (हानि हुने गरी) कुनै पनि हालतमा काम गर्दैनौं । हजुरबाट यस कुराको जवाफ आएपछि यिनलाई देखाउनुपर्छ ।

गजराजले आफूलाई कस्तो जवाफ पठाउने भन्ने कुराको पनि मस्यौदा गरी राजालाई पठाइदिए । उनले त्यस पत्रमा अंग्रेजले सोधेका कुराको मात्रै जवाफ दिन आग्रह गर्दै अरू हालचाल, आदेश र चेतावनी दिनुपर्ने भए छुट्टै पत्रमा लेखेर पठाउन अनुरोध गरे ।

गजराजले लेखे– "कुनै पनि कुरामा अर्काको आँटकाँट चारैतिरबाट हरतरहले छामी हेरिबुझी गर्ने उनीहरूको चलन रहेछ । साम, दान, दण्ड, भेद अनेक तरहका कुरा गर्न लागेका छन् । हामी पनि आफ्ना बुद्धिले देखेसम्म सरकारको कुभलो हुने काम कसै गरी पनि गर्दैनौं ।"[२६]

राजाले गजराजलाई लेख्ने चिठीको मस्यौदामा लेखिएको थियो– "सन्धि गर्नु आवश्यक छ तर उनीहरूले चाहेनन् भने हामीले मात्र गरेर हुँदैन । दैवको जे इच्छा होला, सोहीमाफिक होला ।" टिस्टादेखि कालीसम्मको मैदान छाड्ने सहमति त्यसमा दिइएको थिएन ।[२७]

यो चिठी पठाएको एक हप्तापछि गजराजले राजालाई फेरि अर्को चिठी लेखे । त्यसमा भनिएको थियो :

---

२६ गजराज मिश्रले १८७२ आश्विन वदि ३ रोज ५ मा सुगौलीबाट पठाएको अर्जी, पोका ७, पत्र संख्या १६३, पेज १ ।

२७ गजराज मिश्रले १८७२ आश्विन वदि ३ रोज ५ मा सुगौलीबाट पठाएको अर्जी, पोका ७, पत्र संख्या १६३, पेज २ ।

त्यसपछि कुरा हुँदा पनि अंग्रेजले उनै कुरामा अड्डी लियो । हामीले भन्यौं, मेचीपूर्वको पहाड सिक्किमलाई दिने र ऊसँगको विवादमा अंग्रेजको मध्यस्थता मान्ने जस्ता कुरा हुन सक्तैन । जरूरी काम परेका वेलामा अंग्रेजको वकिल यताबाट गएका खण्डमा रोकावट हुँदैन, परेको काम गरेर फर्किउन् । दूत सधैं बस्ने कुरा अघि पनि भएको थिएन, अब पनि होइ सक्तैन । टिष्टापश्चिमको पहाड र तराईको हाम्रो साबिक सिमाना कायम गरी छोडिदेऊ ।

उसले प्रष्ट त भनेन तर आज जो हाम्रा कब्जामा रहेको छ सो हाम्रो कब्जामा रहला भन्यो । यसो गर्दा सुलह होला कि जस्तो बुझिन्छ । यति भएन भने लडाइँ रोकिँदैन भन्छ । कात्तिक लाग्ने बित्तिकै लडाइँ शुरू हुन्छ भनी चिढाइकन कुरा गर्छन् ।[२८]

यो चिठी पठाएको केही समयपछि १८७२ साल कात्तिक १५ गते राजाले पठाएको अर्को पत्र गजराजकहाँ पुग्यो । त्यसपछि उनले ब्राड्शसँग छलफल गरे । छलफलमा गजराजले पेन्सन कोशी र नारायणीबीचको जमीन छाडेबापत पाएको उल्लेख हुनुपर्छ भने । ब्राड्शले यो कुरा फेर्ने अधिकार आफूसँग छैन भने ।

ब्राड्शले नेपाल र अंग्रेजबीचको वार्ता भंग भएको घोषणा गरे । त्यसपछि सन्धि गर्ने अधिकार लिएर आउन गजराज र चन्द्रशेखरले १२ दिनको म्याद मागे । उनीहरू फेरि काठमाडौं गए ।

वार्ता भंग भएको घोषणा गरे पनि अंग्रेज नेपालमाथि हमला गरिहाल्न तयार थिएन । उसले नेपालमाथि थप दबाव दिन वार्ता भंग गरेको स्वाङ पारेको हुन सक्थ्यो किनभने ईस्ट इन्डिया कम्पनीको लन्डन अफिस अर्थात् लर्ड मोइरालाई आदेश दिनसक्ने निकायका अधिकारीलाई नेपालको बल कति छ भन्ने थाहा थियो । उनीहरूले लर्ड मोइरालाई सम्झाएका थिए– "...नेपाल हामीमाथि हमला गर्न र हामीलाई क्षति पुर्‍याउन सक्ने अवस्थामा छैन भन्नेमा हामी विश्वस्त भए पनि ऊ आफ्नो सुरक्षा गर्न अत्यन्तै बलियो छ र हाम्रो हमलाको प्रतिरोध गर्न एकदमै सक्षम छ । असाध्यै धेरै सैन्यशक्ति र धन खर्च नगरीकन नेपाललाई हाम्रो अधीनमा पार्न निश्चय पनि सकिँदैन । संसारको श्रेष्ठ शक्ति हुनका लागि हामीले संसारका अरू शक्तिलेभन्दा बढी खर्च गर्नु परेको छ । यस्तो अवस्थामा हामीले गरीब र पहाडी देश नेपालसँग त्यत्रोमात्र लडाइँ लड्नुपर्छ, जुन हाम्रो इज्जत र हाम्रो भूभागको रक्षाका लागि आवश्यक छ ।"

---

२८ गजराज मिश्रले १८७२ साल आश्विन वदि ११ रोज ६ मा मुकाम सुगौलीबाट लेखेको अर्जी, पोका ४, पत्र संख्या १७४ ।

जनवरी १८१५ सम्म अंग्रेजले प्रतिमहीना सात लाख चौरासी हजार रुपियाँ लडाइँमा खर्च गर्नुपरेको थियो । नेपालसँग थप लडाइँ लड्न २० हजारभन्दा बढी सैनिक र हातहतियार थप्नुपर्थ्यो । यसो गर्दा खर्च अझ बढ्थ्यो । यसरी लडाइँमा खर्च गर्नु पर्दा कम्पनीले युरोपमा लगानीका लागि छुट्याउनुपर्ने पैसा धेरै घट्थ्यो । लडाइँ गर्न नपरे पनि कम्पनीले युरोपमा लगानीका लागि धेरै पैसा छुट्याउन सक्ने अवस्था रहँदैनथ्यो । "लगानी गर्न नसकेपछि हाम्रो हालत खराब हुन्छ... यिनै कुरालाई ध्यानमा राखेर हामीले नेपालसँग सन्धिको योजना बनाएका हौं, जुन हामीले तिमीलाई १८७१ साल पुसको आधाउधीमा पठाएका थियौं ।", १८७२ साल कात्तिकको शुरूमा उनीहरूले लर्ड मोइरालाई यसरी सम्झाएका थिए ।[२९]

यसैबीच गजराज मिश्र र चन्द्रशेखर काठमाडौंमा छलफल गरी मंसिर १५ गते सुगौली फर्किए । उनीहरू ब्राड्शकहाँ गए र सन्धिमा हस्ताक्षर गर्ने मनसाय व्यक्त गरे । नेपालले फेरबदल गर्न चाहेमा अंग्रेजले यसो गर्न सकिने भनी ठहराएका शर्त फेर्नु पर्ला भनेर सन्धिको मस्यौदालाई अन्तिम रूप दिइएको थिएन । त्यसैले त्यस दिन सन्धिमा हस्ताक्षर हुन सकेन । १८७२ साल मंसिर १९ गते गजराज र चन्द्रशेखर ब्राड्शकहाँ गए र सन्धिमा दुवै पक्षले हस्ताक्षर गरे ।

(नेपालसँग सन्धि गर्ने अधिकार पाएका ब्राडशको मुकाम सुगौलीमा दुवै पक्षले हस्ताक्षर गरेको यसै सन्धिलाई 'सुगौली सन्धि' भनिन्छ, यद्यपि नेपालका तर्फबाट यसको अनुमोदन लामो झमेला र विभिन्न मोर्चाको लडाइँ पश्चात् करीब तीन महीनापछि मात्र भयो, जसबारे यसपछिका दुई अध्यायमा वर्णन गरिनेछ ।)

यो सन्धिअनुसार नेपालले महाकालीपश्चिम र मेचीपूर्वका सम्पूर्ण भूभाग, बुटवल बजारबाहेक महाकालीदेखि नारायणी नदीसम्मको मैदान तथा नारायणीदेखि कोशीसम्मका अंग्रेजको अधीनमा भइसकेका वा हुने क्रममा रहेका सबै मैदानी भागबाट हट्नुपर्‍यो । मधेसका जमीन गुम्दा क्षति पुग्ने भारदारहरूका लागि वार्षिक दुई लाख रुपियाँ भत्ता अंग्रेजले दिने भयो । नेपाल र सिक्किमका बीचमा विवाद भएमा अंग्रेजको निर्णय नेपालले मान्नुपर्ने भयो । अंग्रेजको अनुमति विना नेपालले अंग्रेज, युरोपेली र अमेरिकी नागरिकलाई काममा लगाउन नपाउने भयो । दुई देशमा एकापसका राजदूत रहने भए ।

यो सन्धिका एक एक प्रति नेपालका राजाकहाँ र अंग्रेज गभर्नरकहाँ पठाइयो ।[३०] त्यो सन्धि नेपालका राजा र अंग्रेजको विशेष काउन्सिलबाट १५

29 London Political Letter to Bengal from Charles Grant, Thomas Reid, 13th October 1815, Nepal Papers, Page 547-550.

30 Letter to John Adam from Paris Bradshaw, 2d December 1815, Nepal Papers, Page 851-852.

दिनभित्रमा अनुमोदन हुनुपर्थ्यो । अंग्रेजको विशेष काउन्सिलले यो सन्धि समयमै अनुमोदन गऱ्यो । नेपालबाट सन्धिमा राजाको लालमोहर लागेर आएपछि त्यो प्रति आफूसँग राखेर विशेष काउन्सिलबाट अनुमोदन भएको प्रति नेपाललाई दिन अंग्रेज पर्खेर बसेको थियो । त्यस्तैमा भीमसेन थापाले चन्द्रशेखरका छोरा उमाकान्तलाई विशेष दूत बनाएर गजराजकहाँ पठाए । उनले गजराजलाई खबर दिए– "अमरसिंह थापाको विरोधले गर्दा सन्धिमा लालमोहर लाग्न ढिलो हुने भयो ।" उमाकान्तले गरेको बयानअनुसार गजराज सन्धिमा हस्ताक्षर गर्न काठमाडौंबाट सुगौली फर्केपछि अमरसिंह काठमाडौं पुगे र उनले सन्धिमा भएको पेन्सनसम्बन्धी प्रावधान देखाउँदै अंग्रेजको पेन्सन खाने मानिस विदेशीको एजेन्ट बन्न सक्ने सम्भावना औंल्याए ।[३१] त्यसपछि गजराज र चन्द्रशेखर लालमोहर लागेको सन्धि लिएर आउँछौं भनी काठमाडौं गए ।[३२]

गजराज मिश्र माघ १२ गते काठमाडौंबाट सुगौली फर्किए र आफूले राजाबाट अनुमोदित सन्धि ल्याउन नसकेको जानकारी ब्राड्शलाई दिए । सन्धि अनुमोदन नहुनुको अर्थ अब ब्राड्शको सट्टा अक्टरलोनीले कमान्ड सम्हाल्नु थियो । ब्राड्शले गजराजलाई अक्टरलोनीलाई भेट्न सल्लाह दिए ।[३३]

नेपालले निहुँ अमरसिंहको बनायो तर मधेसको जग्गा छाडेर सन्धि गर्ने कुरा नेपालका कसैलाई मन परेको थिएन । मंसिर २६ गते भीमसेन थापा र रणध्वज थापाले पाल्पाका कमान्डर उजीरसिंह थापालाई सुगौली सन्धिको नक्कल पठाइदिएका थिए । त्यसका साथमा उनीहरूले लडाइँ नभै सुलह हुन कठिन देखिन्छ भनी उजीरलाई बताएका पनि थिए । सुगौली सन्धि पढ्दा उजीरलाई लाग्यो– "यसलाई अनुमोदन गर्दा अंग्रेजको हात माथि पर्ने र पछिलाई धेरै असजिलो हुन जाने थियो । उनीहरूले (गजराजहरूले) सन्धिमा दस्तखत गरी हालेछन् तैपनि त्यसमा लालमोहर नलगाएर जवाफ पठाउने काम बढिया भयो ।"[३४]

पुसको पहिलो हप्ता राजा गीर्वाणले मकवानपुर र पर्सामा खटिएका कमान्डरहरूलाई सन्धिको नक्कल पठाइदिएका थिए । साथमा उनले आदेश दिएका थिए– "त्यस सन्धिलाई कबुल गरी त्यसमा लालमोहर गरी पठाइदिंदा

31 Letter to John Adam from Paris Bradshaw, 28th December 1815, Nepal Papers, Page 857-859.

32 Secret Letter from Bengal, 12th January 1816, Nepal Papers, Page 838-842.

33 Letter to John Adam from Paris Bradshaw, 24th January 1816, Nepal Papers, Page 899-900.

३४ जर्नेल भीमसेन थापा र काजी रणध्वज थापालाई उजीरसिंह थापाले १८७२ साल मार्ग सुदि १४ रोज ६ मा मुकाम नुवाकोटगढीबाट पठाएको पत्र, डीएनए २/८७ ।

बढिया हुन्छ कि त्यसमा कबुल छैन भनी साफ जवाफ दिंदा बढिया हुन्छ, सो तिमीहरूका चित्तमा भयाको ठहराई चाँडो बिन्ती गरी पठाऊ।'[३५]

त्यसको दुई हप्तामा राजाले फेरि उनीहरूलाई नै अर्को पत्र लेखेर आदेश दिए– "सन्धिमा जस्ता कुरा लेखिएका छन्, तिमीहरूले बुझेकै छ। त्यसमा लालमोहर गरी दिंदा बिग्रँदैन भन्ने तिमीहेरुका चित्तमा ठहर्छ भने सोही बिन्ती गरी पठाऊ। त्यसमा लालमोहर लगाई सुम्पँदा आफ्ना हातमुखैले (वचन र व्यवहारले) सुम्पेजस्तो पर्न जान्छ, लालमोहर लगाई सुम्पने पाठ बढिया छैन भन्ने तिमीहरूका चित्तमा ठहर्छ भने सोही बिन्ती गरी पठाऊ। त्यहाँ तिमीहरू सबैका सल्लाहमा दुई कुरामा जुन बढिया ठहर्छ, चाँडो बिन्ती गरी पठाऊ। त्यहाँ र यहाँको सल्लाह बुझी सोहीमाफिक जवाफ दिने काम गरौंला।"[३६]

खासमा पेन्सन कसले पाउने, अंग्रेजले एकमुष्ट राजालाई दिएर उनले बाँड्ने कि अंग्रेजले भारदारलाई सोझै दिने, कोशी नदीपश्चिमदेखि नारायणी नदीपूर्वसम्मको मधेसको जग्गा लिएबापत पेन्सन दिएको भन्ने कुरा उल्लेख गर्ने कि नगर्ने जस्ता सानातिना कुरालाई लिएर सन्धि अनुमोदन भएन। त्यत्रो भूभाग जोगाउन नसकेको आलो अनुभव हुँदाहुँदै पनि के आँटले, के बुद्धिले, के सोचाइले हो, नेपाल अंग्रेजसँग फेरि लडाइँ गर्न तयार भयो।

---

३५ रणवीरसिंह थापा, काजी दलभञ्जन पाँडे, काजी नरसिंह थापा, कप्तान वीरकेशर पाँडे, कप्तान शमशेर राना, सरदार वखतसिंह बस्न्यात, एकदेउ वैद्यलाई १८७२ साल पौष वदि ४ रोज ४ मा राजाले गरी दिएको लालमोहर, पुरातत्त्व–पत्र संग्रह, (दोस्रो भाग), पेज ५०-५१।

३६ राजा गीर्वाणयुद्धले रणवीरसिंह थापा, काजी दलभञ्जन पाँडे, कप्तान शमशेर राना, कप्तान सर्वजीत थापा, सरदार बखतसिंह बस्न्यात, एकदेउ वैद्य, लप्टन पृथ्वी हमाल, लप्टन कर्णसिंह, लप्टन दरियावसिंह बस्न्यातलाई गरी दिएको लालमोहर, १८७२ साल पौष सुदि ५ रोज ५, पुरातत्त्व–पत्र संग्रह, (दोस्रो भाग), पेज ५२-५३।

निर्णायक लडाइँको तयारी

नेपालले सन्धि अनुमोदन गर्नेमा शंका उत्पन्न भएपछि अंग्रेजले अर्को लडाइँको तयारी थाल्यो । सन्धि अनुमोदन गरी सक्नुपर्ने म्याद सकिएको दुई हप्तापछि नेपालले अरू केही समयमा पनि सन्धि अनुमोदन नगरेमा पर्साबाट हेटौँडा हुँदै काठमाडौँ हान्नका लागि अक्टरलोनीलाई तयार रहन लगाइयो । पश्चिम मुहुडामा अमरसिंहलाई हराएपछि उनी यसअघि नै दीनापुर आएका थिए । उनलाई जंगीका साथै अहिलेसम्म ब्राड्शले गरेको राजनीतिक काम पनि जिम्मा दिइयो ।[१] उनलाई तुरुन्तै सारणतिर अघि बढ्न र १८७२ साल माघ ९ गतेसम्म अनुमोदित सन्धि वा सन्धि अनुमोदन भएको पक्का खबर नआएमा नेपालमाथि तुरुन्तै हमला गर्न आदेश दिने तयारी गरियो ।[२]

पुस २३ गते नै अक्टरलोनीलाई राप्ती र वागमती नदीबीचको समस्त भूभाग ढाकेर मकवानपुर जानू, त्यहाँका गढी कब्जा गर्नू, त्यसपछि काठमाडौँ हमला गर्न अघि बढ्नू भनेर आदेश दिइयो । कोशीपूर्वको फौजको कमान्ड पनि उनलाई दिइयो ।[३]

कर्णेल निकोलसको कमान्डमा अवधको सीतापुरमा रहेको फौजलाई डोटी, सल्यान र अछाम हानेर अक्टरलोनीको फौजलाई बल दिन पूर्वतर्फ अघि बढ्न आदेश दिइयो । गोरखपुरमा रहेको मेजर जेनरल जोन ऊडको फौजलाई पाल्पा र तानसेन पठाउन सकिने निधो भयो । उनको काम त्यहाँ कब्जा जमाउनुभन्दा पनि नेपाली फौजलाई त्यता अलमल्याउनु थियो ।

गजराज मिश्रले सन्धि अनुमोदन गराउन नसकेकाले उनलाई अंग्रेजको क्याम्पबाट निस्केर कि बनारस कि काठमाडौँ जान आदेश दिइयो । त्यसअघि

1 Letter to Lieutenant-Colonel Bradshaw from J. Adam, 5th January 1816, Nepal Papers, Page 859.

2 Letter to Lieutenent-Colonel Fagan from J. Adam, 5th January 1816, Nepal Papers, Page 859-860.

3 Letter to Major-General D. Ochterlony from G. H. Fagan, 5th January 2016, Nepal Papers, Page 861-863.

उनलाई गभर्नर जेनरलले नेपालका राजालाई लेखेको चिठी राजाकहाँ पठाउन लगाइयो ।[४] माघ २ गते लेखिएको त्यस चिठीमा गभर्नर जेनरलले भनेका थिए– "तिम्रा अख्तियारप्राप्त दूतले हस्ताक्षर गरेको सन्धि अनुमोदन नगरेर तिमीले छलकपट गऱ्यौ । यसले हामीलाई निराश बनायो । अहिले पनि समय छ । सन्धि अनुमोदन गरेर अक्टरलोनीलाई पठाऊ ।"[५]

यो चिठी गजराजले काठमाडौं पठाए र जे मुनासिब हुन्छ, सो जवाफ चाँडो पठाउन अनुरोध गरे ।[६]

नेपालले पनि आफूले सन्धि अनुमोदन नगरेपछि अंग्रेजले हमला गर्छ भन्ने बुझिसकेको थियो । त्यसैले उसले पनि ठाउँ ठाउँका कमान्डरलाई सचेत गरायो । मंसिर २६ गते नै भीमसेन थापा र रणध्वज थापाले पाल्पाका कमान्डर उजीरसिंह थापालाई अंग्रेजले यसपटक बारा पर्साबाट हान्ने विचार गरी त्यतातिर भारी फौज पठाएको कुरा बताइसकेका थिए । उनीहरूले उजीरलाई सतर्क गराएका थिए– "लडाइँ पऱ्यो भन्या एका जग्गामा मात्र लडी पुग्न्या छैन । सर्वत्रबाट हंगामा उठाई लडन्या, लुटन्या, पोली उजार्न्या काम गर्नु पर्न्याछ तसर्थ ताहाँ पनि जग्गा जग्गामा बाक्लो, बलियो गरी आफ्नू तयारी गरी राख्या बढिया होला ।"

यसपछि उजीरले ज्योतिषीलाई चिना हेराउँदा र गुप्तचरहरूले ल्याएको खबर दुवैले वैरी दाउन्ने, नवलपुरतिर आउने बताए । त्यसैले आज्ञा पाएका खण्डमा कम्पुका फयेरपट्टी नुवाकोटमा राखी पल्टन र केही तोप लिएर आफू त्यता जान उजीर तयार भै बसे ।[७]

१८७२ साल माघको पहिलो हप्ता काठमाडौंमा पुरानो गोरखका नालनिशान कम्पुका कोतमा भेला गरियो । दुई जना लप्टन, छ जना जम्दारसमेत गरी २५० जना जति सिपाही भर्ती गरियो । केही सिपाही थप्ने विचार गरियो । मकवानपुर, माडीमा बसेका कमान्डरले गढीलाई तोपको गोलाबाट बचाउनका लागि हाल्नुपर्ने छानाको नमूना बनाई काठमाडौं पठाउने भए । नमूना स्वीकृत भएपछि सोहीअनुसार गर्ने विचार उनीहरूले गरे ।

नेपाललाई लडाइँको तयारी गर्न ठूलो समस्या थियो । सिपाही पाल्ने खर्च जुटाउने समस्या । चितवनको माडीमा यसअघिदेखि नै खटिएका सिपाहीले चार

---

4 Secret Letter from Bengal, 21st February 1816, Nepal Papers, Page 863-866.

5 Letter to the Rajah of Nepaul written 13th January 1816, Nepal Papers, Page 894-895.

६ गजराज मिश्रले १८७२ माघ वदि ३० रोज २ मा मुकाम सुगौलीबाट पठाएको अर्जी, पोका ३, पत्र संख्या ६५ ।

७ जर्नेल भीमसेन थापा र काजी रणध्वज थापालाई उजीरसिंह थापाले १८७२ साल मार्ग सुदि १४ रोज ६ मा मुकाम नुवाकोटगढीबाट पठाएको पत्र, डीएनए २/८७ ।

पाँच महीनादेखिको तलब पाएका थिएनन् । उनीहरूले आफ्ना कमान्डरलाई झिजो गर्थे– "खाइ खर्च र लत्ताकपडा विना गल्यौं, कि सापट रुपियाँ देऊ कि बिदा देऊ ।" कमान्डरहरूले सिपाहीलाई तलब त दिन सक्दैनथे नै, मुख्तियार भीमसेनको आज्ञा नपाई बिदा दिन पनि सकेका थिएनन् । त्यसैले उनीहरूले भीमसेन थापासँग रु. २,००० सापट मागेका थिए । यति पैसा भए सिपाहीको मुखबुजो लाउन सकिन्थ्यो भन्ने उनीहरूलाई लागेको थियो ।

माडीमा रहेका हात्तीलाई दाना र राउत, माहुतलाई दिनुपर्ने सिधादान सकिएको थियो । कहाँबाट दिने भन्ने उनीहरूलाई थाहा थिएन । सरदार चन्द्रवीर थापालाई जुन पैसा उठाएर खानू भनेको थियो, त्यो पैसा सिपाही लाएर उठाउन खोज्दा पनि उठेको थिएन ।[८]

यो समस्या माडीको मात्रै थिएन, सर्वत्रको थियो । फलस्वरूप अंग्रेज फौज नजीक आइपुगेपछि केही नेपाली सिपाही उसको शरण पर्न गए । अक्टरलोनीका अनुसार, माघको आधाउधीतिर नेपाली सेनाका हवल्दार र चार जना सिपाही उनको क्याम्पमा गए । उनीहरूले धेरै समयदेखि खानेकुरा नपाएको, तलब नपाएको गुनासो गरेका थिए । यस्ता सिपाहीलाई अंग्रेज सेनामा आउन प्रोत्साहन दिएका खण्डमा धेरै जना आउने कुरा उनीहरूले अक्टरलोनीलाई बताएका थिए ।[९]

माघको आधाउधीमा, चितवनको अकबरको चुरेमा रहेका नेपाली काजीहरूले ब्राड्शका ठाउँमा अक्टरलोनी र अर्को साहेब आउने र अंग्रेजले लडाइँको भारी सर्जाम जुटाएको खबर पाए । त्यहाँ खटिएका काजीहरूका विचारमा चितवनको बेलवतको सर्वत्र मधेस बस्नका लागि घटिया थियो । त्यसमा पनि सोमेश्वरको हावापानी अझ घटिया र भुत्याहा थियो । रैती पनि भेदाहा थिए । उनीहरूले धेरै कुराको बचाव गरी बस्नुपरेको थियो ।

तैपनि काजीहरूको चित्तले वैरीको लश्कर चुरेसम्म बढी आउला भन्ने देखेको थिएन । केही गरी आइहालेका खण्डमा चुरेका विभिन्न ठाउँमा कम्पनी खटाई अंग्रेज फौजलाई त्यता आउन नदिने विचार उनीहरूले गरेका थिए ।[१०]

हेटौंडाभन्दा तलको चुरेमा खटिएका कोकिलले माघको आधाउधीमै नेपालका राजाकहाँ अर्जी पठाए । त्यस अर्जीमा अंग्रेजको ठूलो लश्कर आएको र उसले

---

८ भीमसेन थापालाई कप्तान वीरकेशर पाँडे र लप्टन नयनसिंह बानियाँले १८७२ साल माघ वदि ४ रोज ५ मा मुकाम माडीबाट पठाएको पत्र, पोका ३, पत्र संख्या १७० ।

9 Letter to the Adjutant-General of the Army from D. Ochterlony, 29th January 1816, Nepal Papers, Page 873-874.

१० भीमसेन थापा, रणध्वज थापालाई कर्णेल रणवीरसिंह थापा, काजी दलभञ्जन पाँडेले १८७२ साल माघ वदि १२ रोज ६ मा मुकाम अकबरको चुऱ्याबाट पठाएको पत्र, १ सी. ३८५, पोका ९/२०५ ।

सात मुख गरी नेपालमा चढाइ गर्छ भन्ने हल्ला आएको छ भनिएको थियो। यो खबर पाएपछि राजालाई लाग्यो– "अंटगुहुगुहु (विलियम केली) भन्याको पनि ठूलै हो। अक्टरलोनी भन्याको पनि अंग्रेजका ठूलै कमान भयाको हो। यी दुई जना लडाइँको कमान्ड उठाई आया भन्यापछि पाँच सात मुख भारी फौज गरी हमला गर्न आउन्या छ।" त्यसैले राजाले कर्णेल रणवीरसिंह थापा र काजी दलभञ्जन पाँडेलाई "वैरी बढी आयो भन्या पनि तिमी दुई जनाले अगाडि बढेर चुरेदेखि उता जाने काम कसै गरी पनि नगर्नू" भनी आदेश दिए। उनको आदेश थियो– "चितवनको शक्तिखोरको चुरे र भिखाठोरीदेखि सिन्धुलीको हरिहरपुरसम्मका चुरेलगायतका ठाउँको मजबूती गर्न्या काम गरी तिमी दुई जनाले माडीमै बस्नू। तिमीहरूले पूर्व हरिहरपुरसम्म सर्वत्रैको खबरदारी राख्नुपर्न्या छ। तिमी दुई जना अघि बढी गया हाम्रो बिरिन (गल्ती हुन) जाला। तसर्थ माडीमै बसी चाँजो गर्नू। वैरीको लश्कर बढी जंगलमा पस्न आयो भन्या फयल, कम्पनीसमेत कप्तान, सरदारहरूलाई खटाई पठाउन्या काम गर्नू। अंग्रेजको भारी फौज आयो, हाम्रो बल पुगेन भन्या बिन्ती गरी पठाउनू, जेठो फयल तुरुन्त बक्सी पठाउन्या काम गरौंला। त्यसतर्फ जो भयाको खबर बिन्ती गरी पठाउँदै रहनू।"[११]

राजाकहाँ पुगेको के खबर सही थियो भने अंग्रेजले भारी फौज तयार गरेको थियो। पूर्वमा वागमतीको बाटो चुरे घाटी उक्लेर हरिहरपुरगढीमा हमला गर्नका लागि कर्णेल डब्लु (राजाले अंटगुहुगुहु भनेको) केलीलाई खटाइएको थियो। उनीसँग ४,२०१ जनाको फौज थियो। भिखाठोरीबाट चुरेगढी नाघेर हेटौंडा जान ठिक्क परेका मेजर जेनरल अक्टरलोनीका साथमा झन्डै नौ हजारको फौज थियो। महायोगिनी खोलाको बाटो राप्ती उपत्यका पस्न तयार कर्णेल जेम्स निकोलससँग ४,३०० जतिको फौज थियो। यसबाहेक केही जगेडा गरी १९ हजारभन्दा बढीको फौज चितवन, सोमेश्वरदेखि हरिहरपुरगढीका बीचमा खटाइएको थियो,[१२] जसको नेतृत्व अक्टरलोनीले गरेका थिए।

अंग्रेजको ब्याटरिङ ट्रेनमा एउटा १० इन्च मोर्टार, चारवटा ८ इन्च मोर्टार, १२ वटा साढे ५ इन्च मोर्टार, दुईवटा ८ इन्च हाउविट्सर र १४ वटा १८ पाउन्ड गोला खाने फलामे तोप थिए। लाइट फील्ड ट्रेनमा १२ वटा १२ पाउन्डका

---

११ राजा गीर्वाणले कर्णेल रणवीरसिंह थापा, काजी दलभञ्जन पाँडेलाई १८७२ साल माघ वदि १४ रोज १ मा गरी दिएको लालमोहर, पुरातत्त्व–पत्र–संग्रह, (दोस्रो भाग), पेज ५४-५६।

12 General Return of the Division of the Army employed against Nepaul, Under the Major-General Sir David Ochterlony In the Campaign of 1815-16. Exhibiting Numbers present with corps by the Returns for January 1816, Nepal Papers, Page 882-883.

गोला जाने, ३० वटा छ पाउन्डका गोला जाने तोप, १२ वटा साढे ५ इन्चका हाउविट्सर, १० वटा ४.५ इन्चका हाउविट्सर शामेल थिए ।[१३]

लडाइँ जोडिन लागेका वेला गजराजले "एक फेरा राजालाई भेट्न नजाई भएन" भनी चन्द्रशेखर उपाध्यालाई काठमाडौं पठाए । चन्द्रशेखर माघ १८ गते हेटौंडा पुगे । उनले त्यहाँका कर्णेल, काजीहरूलाई अक्टरलोनी तोपसमेत लिएर पर्सौनीमा लश्करमा शामेल भयो, लश्कर थपिंदै छ भनी खबर दिए ।

हेटौंडामा रहेका कर्णेल र काजीहरू मकवानपुरदेखि चितवन, कविलासपुरसम्मका मूल बाटा, छिरुवा बाटा र सन्धिसर्पनका जग्गा जग्गा "आफ्नै जिये गै" (आफू स्वयं गई) हेरचाह गरी माघ १९ गते हेटौंडा फर्किए ।

त्यसपछि उनीहरूले ठाउँ ठाउँमा नेपाली फौज खटाए । चुरेको फेदमा पाँडे कप्तानका फयलका दुई पट्टी (१०० जनाजति) पहिल्यैदेखि राखेका थिए । थप दुई पट्टी र नयाँ दुई कम्पनी थप्ने विचार गरे । यसरी शक्तिखोरको चुरेमा पाँडे कप्तानका समेत छ पट्टी (३०० जनाजति) राखिने भए ।

यति नेपाली फौजले महायोगिनी खोलाको बाटो हुँदै आउने कर्णेल निकोलसको ४,३०० जतिको फौजलाई रोक्नुपर्ने थियो ।

भिखाठोरीको चुरेमा कोकिल र सुबेदार कालिदत्त कम्पनी पहिल्यैदेखि तैनाथ थिए । उनीहरूलाई बल दिन राना कप्तानका फयलका पाँच पट्टी र लप्टन दरियावसिंह बस्न्यात, सुबेदार दिलधर माझीलाई पठाइने भयो । यिनको काम अक्टरलोनीले कमान्ड गरेको, हात्तीसमेतलाई बोकाएर ल्याएका ठूलासाना तोपले सुसज्जित झन्डै नौ हजार अंग्रेज फौजलाई चुरेको दक्षिणमै रोक्नु थियो ।

कप्तान शम्शेर रानाका समेत पाँच पट्टी लिएर कर्णेल र काजीहरू माडी गै बस्ने भए ।

बल थोरै भए पनि हेटौंडाका कर्णेल, काजीहरूसँग आँट भने ठूलो थियो । उनीहरूले राजालाई ढुक्क बनाए– "बल खजाना पुगेनन् भन्या चरणमा बिन्ती गरी पठाउन्यै छौं । मन बढी आयाको वैरी छ । भिखाठोरी, शक्ति पाउ जहाँ जोरिन आउला, उहीं गई हजुरका प्रतापले साफ गरी काटी हटाउन्यैछौं ।"[१४]

यसैबीच पश्चिममा तुलसीपुरको बाटो गरी अंग्रेजले हमला गर्छ भन्ने खबर पनि काठमाडौं पुग्यो । त्यसैले पाल्पामा रहेका कर्णेल उजीरसिंहलाई भीमसेन र रणध्वजले होशियार रहनू र प्युठान, सल्यानमा रहेको फौजलाई पनि सतर्क रहन लेख्बै गर्नू भनी आदेश दिए ।

---

13 Letter to J. Adam from G. H. Fagan, 23d November 1815, Nepal Papers, Page 875-880.

१४ रणवीरसिंह थापा र दलभञ्जन पाँडेले संवत् १८७२ साल मिति माघ सुदि १ रोज ३ मा मुकाम हेटौंडाबाट पठाएको अर्जी, १ सी. १६४, ७५/२०६ ।

अपदस्थ राजा लाल शाही पर्वते सिपाही लिएर बहराइच गए भन्ने खबर पाल्पा पुगेको थियो । पश्चिमतिर अंग्रेजको फौज पातलो भएकाले त्यता अंग्रेज फौज नआउला भन्ने उजीरलाई लागेको थियो, जुन कुरा सही थियो । उनले भीमसेन थापा र रणध्वज थापालाई विश्वास दिलाए– "कदाचित् आइगयो भन्या श्री ईश्वरको कृपा, श्री ५ महाराजको प्रताप, तपाईंहरूको तद्दिर (व्यवस्थापन) छ, काटी हटाउन्या काम हुन्यैछ ।"

यतातिर पनि सिपाहीलाई खर्च पुगेको थिएन । खर्चका रुपियाँ मागेर भीमसेन र रणध्वजलाई बारम्बार झिजो गर्न सल्यानीहरू बाध्य भएका थिए । उनीहरूलाई पाल्पाले पैसा दिनुपर्थ्यो तर तराईतिर गडबड पर्न गएकाले पैसा उठेको थिएन । उजीरले ताकिता गर्न लगाएको पैसा आइपुग्ने बित्तिकै पठाइदिने विचार गरेका थिए ।[१५]

पाल्पाका कर्णेल उजीरसिंहलाई अंग्रेजले किराँत, डोटी र अछामतिरका जमीनदार उचालेर, कालीपारिजस्तै गरी ती ठाउँ हात पार्छ कि भन्ने डर लागेको थियो । त्यसैले उनले राजालाई "यो कुराको खबरदारी राखनू भनी त्यहाँ रहेका भारदार कम्पनीहरूलाई ताकिता मर्जी पठाउन" अनुरोध गरे ।

राजाले उजीरसिंहलाई आदेश दिए– "सल्यानतर्फ वैरीको भारी फौज आयो र बल नपठाई भएन भनी सुब्बा रुद्रवीर शाहीले अनुरोध गरेका खण्डमा पाल्पाबाट कप्तानसमेत चौथो फयर पठाउनू, पल्टनको फयर पाल्पा झिकाई निशानसित शामेल राख्नू, सल्यानमा उस्तो जरूरी परेको खबर आएन भने चाहिँ नपठाउनू ।"

पाल्पामा ढाक्र्या धेरै थिए । त्यति वेला वसन्त पञ्चमीका दिन वर्ष दिनका लागि सैनिक नियुक्त हुन्थे । १८७२ सालको वसन्त पञ्चमी बितिसक्दा पनि नयाँ पजनी नभएकाले त्यहाँका ढाक्र्याहरू सरदार रणगञ्ज शाही, सरदार शत्रुसाल शाही, कुम्मेदान दलखम्ब थापा, सुबेदार दल्या थापा, सुबेदार हरि शाही आदि यो वर्ष पनि जागिर पाइँदैन कि भनेर छटपटिएका थिए । पाल्पाभन्दा पश्चिम स्युगढी कुर्ने कम्पनीहरू "खानाले र औलाले गल्याका थिया ।" आफूले जागिर नपाएको खबर पाएपछि उनीहरूले "साह्रो उदास भै" उजीरसिंहसँग गुनासो गरे ।

"त्यस जग्गामा बल पनि पातलो छ । जो भयाका मानिसले खान नपायापछि गौंडो बलियो हवैन, सिपाहीका मन धैर्य हुन्या पाठ भारदारहरूलाई मर्जी भया गौंडो बलियो होला ।", उजीरले राजालाई बिन्ती गरे ।[१६] त्यस वर्षको सर्वत्रको

---

१५ भीमसेन थापा र रणध्वज थापालाई उजीरसिंह थापाले १८७२ माघ वदि ३० रोज २ मा मुकाम नुवाकोटबाट पठाएको पत्र, १ सी. ४४६, पाना १५ ।

१६ उजीरसिंह थापाले १८७२ माघ सुदि ८ मा मुकाम नुवाकोटगढीबाट पठाएको अर्जी, डीएनए ३/७६ ।

पजनी पनि अरू वर्षमा जस्तै वसन्त पञ्चमीमा गर्नुपर्ला भनी राजा, भीमसेन थापा र रणध्वजले सोचेका थिए तर अंग्रेजसँग लडाइँ होलाजस्तो भएपछि उनीहरूले पजनी रोके। केही दिन पजनी नगरेका खण्डमा पछि जागिर पाउँला भन्ने आसले ढाक्र्याहरू पनि लड्न जालान भन्ने सोचेर।[१७]

यसरी भोका, पर्याप्त हातहतियार नभएका, थोरै संख्याका र तीमध्ये पनि धेरैजसो ढाक्र्या सिपाही भएको नेपाल र प्रशस्त रसदपानीसहितका, हात्तीलाई बोकाएर ल्याएका ठूलठूला र पर्याप्त हातहतियार भएका १९ हजार अंग्रेज फौजका बीचमा मूलतः काठमाडौंभन्दा सीधा दक्षिणमा लडाइँ हुने भयो, जहाँ नेपालीले हारेका खण्डमा अंग्रेज फौज सजिलै काठमाडौं आइपुग्न सक्थ्यो।

१७ उजीरसिंह थापाले १८७२ साल फाल्गुण वदि २ रोज ५ मा मुकाम नुवाकोटगढीबाट पठाएको अर्जी, पोका ७, पत्रसंख्या २४ र भीमसेन थापा र रणध्वज थापालाई उजीरसिंह थापाले १८७२ साल फाल्गुण वदि २ रोज ५ मा मुकाम नुवाकोटगढीबाट पठाएको पत्र, पोका ७, पत्र संख्या २३।

नक्सा ११ : अन्तिम लडाइँ

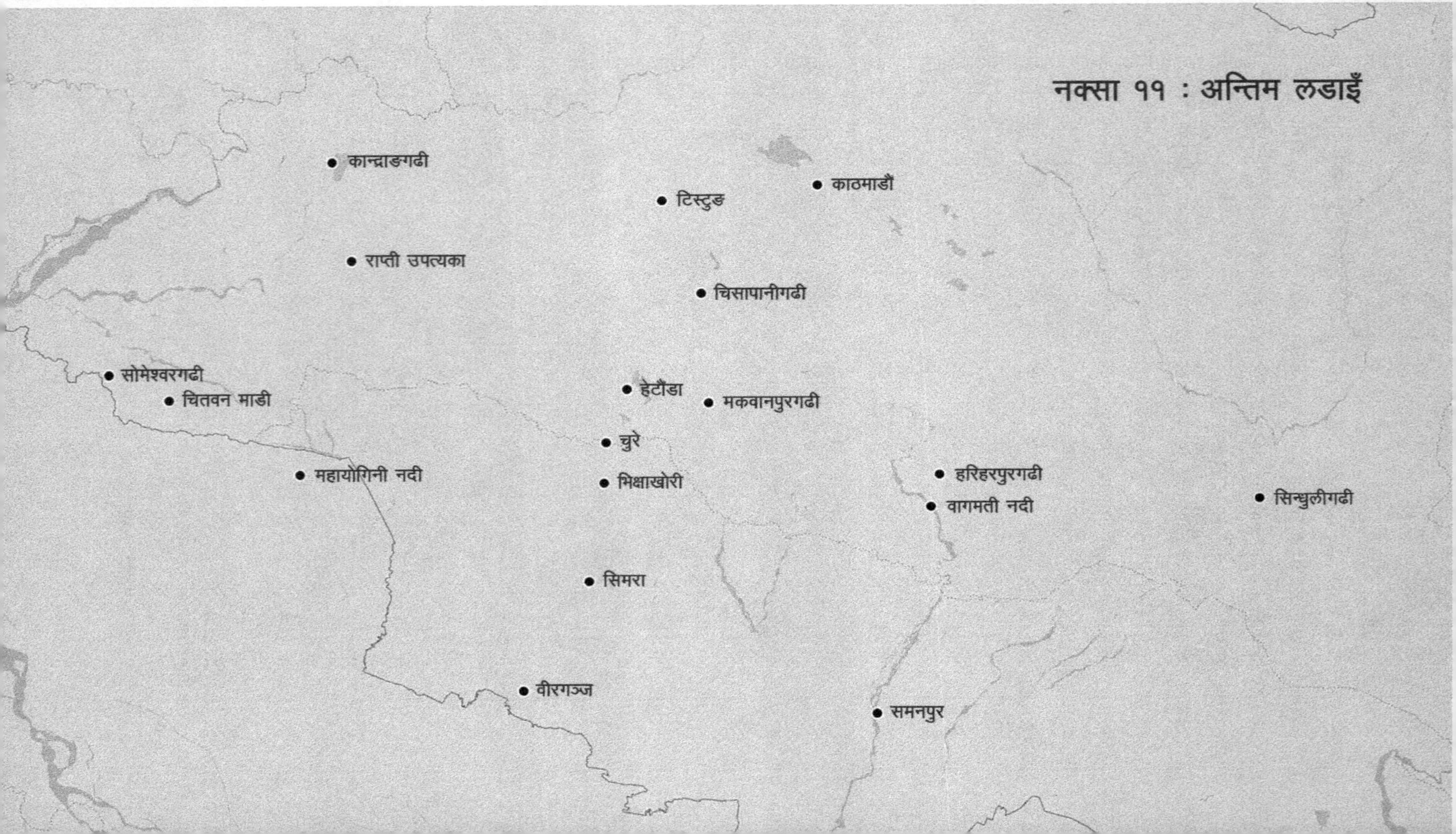

अन्तिम लडाइँ

केही समय थामिएको लडाइँ फेरि शुरू भयो । अक्टरलोनीले कर्णेल केलीलाई वागमती नदीको बाटो हरिहरपुरगढीतिर र कर्णेल निकोलसलाई महायोगिनी नदीको बाटो राप्ती उपत्यकातिर अघि बढ्न आदेश दिए । उनी यी दुई ठाउँका बीचको बाटोबाट हेटौंडा जाने भए । उनले सिमरा बासामा आफ्नो डिपो खडा गरे । १८७२ साल माघ २९ गते बिहान ७ बजे सिमराबाट हिँडेर उनी भिखाठोरी पुगे । त्यहाँसम्म पुग्दा उनले नेपालीको बाधा विरोध सहनुपरेन । घना जंगलले भने उनको फौजलाई बाधा पुऱ्याएको थियो । उनले चौथो ब्रिगेडलाई त्यसको भोलिपल्ट पहाडमा चलाउन मिल्ने खालका हल्का हतियार लिएर भिखाठोरीमा आइपुग्न आदेश दिएका थिए ।[१]

फागुन ५ गते अपराह्न गजराज मिश्र र चन्द्रशेखर उपाध्या भिखाठोरीमा रहेको अक्टरलोनीको क्याम्पमा पुगे र उनलाई भेटे । राजा गीर्वाणले पठाएका उपहार रेशम, कस्तूरी बिना, चमर आदि अक्टरलोनीलाई सुम्पिए । अक्टरलोनीले "यस्तो दुःख कष्ट गरेर कति कामले पाल्नुभयो ?" भनी सोधे ।

"तपाईंलाई नभेटी यो ठाउँ छाड्न मन लागेन ।", गजराज मिश्रले भने । त्यसपछि दुवै जनाले अंग्रेज कमान्डर समक्ष 'घरको भेद' खोले– "राजा पिंजडामा थुनिएका सुगा भएका छन् । उनी अरूले जे बोल भन्यो, त्यहीमात्र बोल्छन् ।"[२]

यो 'सत्कर्म' सम्पन्न गरिसकेपछि उनीहरूले सुगौली सन्धिमा परेको वार्षिक दुई लाख रुपियाँ पेन्सन कोशीपश्चिम औरिया नदीपूर्वको मैदान लिएबापत दिएको भनी उल्लेख गर्न र त्यो रकम एकएक जना भारदारलाई दिनुका सट्टा एकमुष्ट रूपमा राजालाई दिन सन्धि संशोधन गर्न अनुरोध गरे ।[३]

1 Letter to Major Nicol from D. Ochterlony, 9th February 1816, Nepal Papers, Page 867.

2 Minutes of a conversation that took place between Major-General Sir David Ochterlony, K.G.B., Shree Gooroo Gujraj Misser, and Chander Sekher Opadeea, Nepal Papers, Page 921-922.

3 Letter to John Adam from D. Ochterlony, 14th February 1815 [1816], Nepal Papers, Page 921.

पेन्सन जुन जमीनको सट्टा दिएको भनी सन्धिमा लेखे पनि र पेन्सन भारदार वा राजा जसले बुझे पनि नेपाललाई केही फरक पर्ने थिएन । जमीन गइहाल्थ्यो, नेपाल अंग्रेजको भत्ता खानेहरूले शासन गरेको देशमा परिणत भइहाल्थ्यो । हो, व्यक्तिविशेषलाई फरक पर्थ्यो । लडाइँ जोडिन लाग्दा नेपालको दरबार यस्ता व्यर्थका झिनामसिना कुरामा अड्डी लिएर बसेको थियो ।

अक्टरलोनीले ठट्टा गर्दै भने– "त्यो पैसा गंगामा बगाइयोस् कि राजालाई एकमुष्ट दिइयोस् कि भारदारहरूलाई बाँडिइयोस्, गभर्नर जेनरल लर्ड मोइरालाई केही मतलब छैन ।" त्यसपछि उनले आफूले अनुमोदित सन्धि बुझ्नमात्र सक्ने, सन्धि संशोधन गर्न नसक्ने बताए । सन्धि अनुमोदन भएका खण्डमा यस्ता साना कुरा पछि सजिलै संशोधन हुन सक्ने पनि उनले बताए । त्यसपछि अक्टरलोनीले लगाइदिएको गाम्छा ओढेर नेपाली दूतहरू अंग्रेज क्याम्पबाट बिदा भए ।[४]

गजराज र चन्द्रशेखर अंग्रेजको क्याम्पमा पुग्नुअघि नै अक्टरलोनीले खबर पाएका थिए– "चुरे भञ्ज्याङमा नेपाली फौज बसेको छैन । कठिन भए पनि त्यो बाटो पार गर्न सकिन्छ ।" गजराज र चन्द्रशेखरलाई बिदा गरेपछि राति अक्टरलोनीले आफ्नो फौज चुरेगढीतिर हिंडाए । कर्णेल बुर्नेटलाई "अगाडि गएर सकिन्छ भने गढी कब्जा गर्न" आदेश दिएर दिउँसै बिदा गरिसकेका थिए ।

फागुन ५ गते अक्टरलोनीको फौज रातभर हिंड्यो । बाटो एकदमै अप्ठ्यारो थियो । अगुवा फौज भोलिपल्ट बिहान ८ बजेतिर चुरेगढी जाने बाटो भेटिने ठाउँ पुग्यो । त्यहाँबाट आठ किलोमिटर हिंडेपछि मात्र फौजले खानेपानी भेट्यो । अक्टरलोनीको पछिल्लो फौज २४ घण्टा हिंडेपछि मात्र त्यो ठाउँ पुग्यो ।[५] अक्टरलोनीको मूल फौजभन्दा अगाडि हिंडेको लेफ्टिनेन्ट कर्णेल बुर्नेटको फौज फागुन ६ गते बिहान सिमलबास पुग्यो । त्यस दिन र राति त्यहीं बस्यो ।[६]

पाल्पा खटिएका कर्णेल उजीरसिंह थापालाई लागेको थियो– "अंग्रेज फौज भिखाठोरीमा आएकै दिन हेटौंडा उत्रेको हुनुपर्छ तर तत्काल अघि नबढी त्यहीं अडिएर ताक पारेर लडूँ भनी दायाँबायाँका बाटोमा आफूलाई सजिलो अप्ठ्यारो कस्तो हुन्छ भनी बुझ्न लागेको होला । त्यहाँ उसलाई हान्न सके त्यसभन्दा अघि आउँदैन, आइगयो भने उस्तो जोर गर्न सक्दैन ।" उनलाई लागेको

4 Minutes of a conversation that took place between Major-General Sir David Ochterlony, K.G.B., Shre Gooroo Gujraj Misser, and Chander Sekher Opadeea, Nepal Papers, Page 921-922; Letter to John Adam from D. Ochterlony, 14th February 1815 [1816], Nepal Papers, Page 921.

5 Letter to Major Nicol from D. Ochterlony, 19th February 1816, Nepal Papers, Page 933-934.

6 Letter to Captain Watson from Lieutenant Colonel J. Burnet, 16th February 1816, Nepal Papers, Page 935.

थियो– "अक्टरलोनीको कमान्डको त्यो फौजलाई चुरेगढी आइपुग्दा नपुग्दै नेपाली फौजबाट 'काटी हटाउन्या काम' हुनेछ ।"

उजीरका विचारमा भिखाठोरी र मकवानपुरका मोर्चामा तलमाथि पर्न गयो भने नेपाललाई अप्ठ्यारो पर्थ्यो किनभने त्यसो भएपछि अंग्रेज फौज सजिलै काठमाडौं पुग्नसक्थ्यो जहाँ नेपालको बल पातलो थियो । काठमाडौं गुम्यो भने अरू ठाउँ जोगाएर पुग्दैनथ्यो । भिखाठोरी र मकवानपुर "गयाका भारदार पाकापाकै भएकाले गर्न्या चाँजो मजबूतै गर्‍याको होला" भन्ने आशा उनले गरेका थिए । उजीरले चिना हेराउँदा पनि चुरेमा नेपालको जीत र अंग्रेजको नाश हुने देखिएको थियो । सोमेश्वर, चितवनतिर चाहिँ नेपालको राम्रो हुने देखिएको थिएन ।[७]

तर, लडाइँ उजीरले आशा गरेजस्तो भएन । अक्टरलोनीले पठाएको अग्रिम टुकडीका लेफ्टिनेन्ट कर्णेल बुर्नेट सिमलबासमा क्याम्प हालेर बसेका थिए । उनले नेपाली फौज चुरेगढीको पहिलो रक्षा चौकी छाडेर भागिसक्यो भन्ने खबर पाए । यो कुरा सही हो कि होइन भनी बुझ्न उनले मान्छे पठाए । नभन्दै चौकी खाली रहेछ । उनले त्यो चौकी कब्जा गरे र त्यसभन्दा माथिको अर्को रक्षा चौकी कब्जा गर्न एउटा टोली पठाए । त्यो रक्षा चौकी पनि विना अवरोध अंग्रेजले कब्जा गर्‍यो । त्यसपछि अंग्रेज टोली चुरेगढी कब्जा गर्न अघि बढ्यो । चुरे पहाड नेपालको बलियो प्राकृतिक किल्ला थियो । त्यहाँ वैरी आइपुग्नु भनेको नेपालको हात तल पर्नु थियो । त्यसैले नेपाली फौजले भीषण गोलाबारी गर्‍यो तर निश्चित निशाना ताकेर होइन, जथाभाबी ।

अंग्रेज फौज फर्केर दोस्रो रक्षा चौकीमा गइबस्यो ।[८] त्यस दिन नेपालीले अंग्रेजका १५/२० जना मरेको र केही घायल भएको ठहर गरेका[९] भए पनि अंग्रेजका एक जना सिपाहीमात्र मरेका थिए । तोपखानाका लेफ्टिनेन्ट गम्भीर घाइते भए । एक जना सिपाही खतरनाक ढंगले र पाँच जना सिपाही सामान्य घाइते भए ।[१०] नेपाली फौजका एक जना तिलंगा घायल भए ।[११]

---

७ भीमसेन थापा र रणध्वज थापालाई उजीरसिंह थापाले १८७२ साल फाल्गुण वदि ७ मा नुवाकोटगढी, पाल्पाबाट पठाएको पत्र, डीएनए ३/१८ ।

8 Letter to Captain Watson from Lieutenant Colonel J. Burnet, 16th February 1816, Nepal Papers, Page 935.

९ भीमसेन थापा र रणध्वज थापालाई उजीरसिंह थापाले १८७२ फाल्गुण वदि ११ रोज ६ मा मुकाम नुवाकोटबाट पठाएको पत्र, डीएनए २/६८ ।

10 Letter to Captain W. L. Watson from J. Burnet, 17th February 1816, Nepal Papers, Page 936.

११ भीमसेन थापा र रणध्वज थापालाई उजीरसिंह थापाले १८७२ फाल्गुण वदि ११ रोज ६ मा मुकाम नुवाकोटबाट पठाएको पत्र, डीएनए २/६८ ।

यो मुठभेडपछि नेपाली फौज राति चुरेगढी छाडेर हिंड्यो । भोलिपल्ट बिहान अंग्रेज फौजले चुरेगढी भञ्ज्याङमा कब्जा जमायो[१२] र हेटौंडा पस्ने बाटो खोल्यो । दोस्रो चरणको लडाइँको पहिलो सफलता मिलेकोमा अंग्रेजले खुशियाली मनायो ।[१३]

यहाँसम्म आइपुग्दा अंग्रेज फौजका पाँचवटा हात्ती र एउटा घोडा मरे । बाटोमा गुलमोहरका जरा भएका धेरै डोका फेला परेकाले पहिलो र दोस्रो रक्षा चौकीका बीचका पानीमा विष हालिएको र त्यही पानी खाएकाले हात्ती र घोडा मरेको अनुमान अंग्रेजले गरे ।[१४] गुलमोहरका जरा विषालु हुन्छन् । त्यति वेला गुलमोहरका जरालाई विषका रूपमा उपयोग गर्ने चलन थियो ।

उता, फागुन ३ गते अक्टरलोनीको क्याम्पबाट निस्केपछि चन्द्रशेखर उपाध्या सीधै काठमाडौं पुगे र "अक्टरलोनी भारी फौज लिएर आइरहेको र उसले भरिसक्य गर्नेछ" भनी राजा, भीमसेन थापा र रणध्वजलाई बताए । त्यसपछि राजाले "गजराज मिश्रलाई लिएर अक्टरलोनीसित बातचित गर्नू भनी काजी बखतवारसिंह थापा र चन्द्रशेखर उपाध्यालाई पठाऊ" भनी भीमसेन र रणध्वजलाई हुकुम दिए । सोहीअनुसार बखतवार र चन्द्रशेखर फागुन १० गतेको साइत गरी फागुन ११ गते काठमाडौंबाट हिंड्ने भए ।[१५]

यति वेलासम्म अक्टरलोनी हेटौंडामा क्याम्प बसाइसकेर आफ्नो गढलाई मजबूत बनाउँदै थिए । ब्याटरिङ ट्रेन कर्रा खोलाको किनारमा खडा भइसकेको थियो । हरिहरपुरगढीतिर खटिएको कर्णेल केलीको फौज यसअघि नै चुरे पार गरेर सिन्धुली पुगिसकेको थियो । कर्णेल निकोलसको फौज पनि चुरे डाँडा पार गरेर उत्तर आइसकेको थियो ।[१६] यी दुवै टोलीले नेपाली फौजको बाधा भोग्नुपरेको थिएन ।

अंग्रेजलाई चुरे पहाडभन्दा दक्षिणमै रोक्न नसकेपछि हेटौंडातिर खटाइएका चौतरिया, कर्णेल र काजीहरू अब उसलाई महाभारत पर्वतको दक्षिणमा रोक्ने प्रयास गर्न लागे । अंग्रेज फौज चुरे आइपुगेपछि चुरेमा रहेका नेपाली सिपाही र हातहतियार उकासी पहाड बलियो बनाई बस्ने विचार नेपाली कमान्डरले गरे । उनीहरूले चुरेगढीमा रहेका लश्कर र खजाना सबै उकासी मकवानपुरगढीमा ल्याए । "ठिंगन

---

12 Letter to Captain Watson from J. Burnet, 17th February 1816, Nepal Papers, Page 935.
13 Secret Letter from Bengal, 11th March 1816, Nepal Papers, Page 931-932.
14 Letter to Captain W. L. Watson from J. Burnet, 17th February 1816, Nepal Papers, Page 936.
१५ भीमसेन थापा र रणध्वज थापालाई उजीरसिंह थापाले १८७२ फाल्गुण वदि ११ रोज ६ मा मुकाम नुवाकोटबाट पठाएको पत्र, डीएनए २/६८ ।
16 Letter to Major Nicol from D. Ochterlony, 24th February 1816, Nepal Papers, Page 934-935.

निस्कन्या बाटो रोकेर बस्" भनी तीन पट्टी फौजलाई अह्राइ पठाए । नयाँ फौजलाई चिसापानीगढी पठाए । कम्पुका दुई पट्टी फौज टिष्टुङ, पालुङतिर पठाए ।

कप्तान सर्वजित थापा, भगवन्तहरूलाई पनि आफू बसेको ठाउँमा रहेका लश्कर र खजाना उकासी परेवाकोट, कान्द्राङ, उपरदाङ, कविलासपुरका डाँडा बलियो गरी बस भन्ने आदेश दिए । चौतरिया पुष्कर शाह, काजी जंगवीर पाँडे प्रभृति भारदार, सुबेदार, ढाक्र्याहरू चिसापानीगढी गए । काजी कीर्तिध्वज पाँडे, कपर्दार गरुडध्वज पाँडे प्रभृति केही ढाक्र्या ठिंगनतिर गए ।[१७]

नेपाली सैन्य कमान्डरहरूका विचारमा महाभारतको लेक, चुरेको डाँडा, चुरेमुनिको ठूलो जंगलको घेरा ईश्वरले नेपाल राज्यको रक्षाका लागि बनाइदिएका दक्षिणतर्फका आड पर्खाल थिए । ठूला जंगलमा दायाँ बायाँ डेउडा मारी अंग्रेज फौजलाई चुरेका आडमा थाम्न नसकेपछि नेपाली फौज हेटौंडा छाडी मकवानपुरगढी, चिसापानीगढी आदितिर बस्नु बढियै काम थियो । अब नेपालले अंग्रेजलाई रोक्न सक्ने ठाउँ चिसापानीलगायत पूर्व-पश्चिम फैलिएको महाभारतको डाँडो थियो । यसका विभिन्न ठाउँ मजबूत गरी केही समय थाम्न सके वैशाखपछि औलो लाग्ने हुनाले नेपाललाई बढिया र अंग्रेजलाई घटिया हुने थियो । महाभारतको कुनै कुनाबाट अंग्रेज उत्तर छिर्न पायो भने नेपालले थाम्न र सम्हाल्न उकालो पर्थ्यो ।

ठूलो जंगल र चुरे नछिचोल्दैमा गजराज मिश्र र चन्द्रशेखर उपाध्यालाई आफ्नो क्याम्पबाट निस्केर जान आदेश दिने अक्टरलोनीले हेटौंडामा क्याम्प बसाइसकेपछि लडाइँ रोक्लान् भन्ने विश्वास पाल्पा खटिएका कर्णेल उजीरसिंहलाई थिएन । उनलाई लाग्यो– "त्यसबीचमा कदाचित् दैवचरित्रले दक्षिणतर्फ कतैबाट गडबड भयो भने पनि र अंग्रेजले तराईका औलोले आतिएर लोलोपोतो गरे पनि सन्धि हुन कठिनै छ ।" पाल्पाको रक्षा गर्ने वचन दिँदै उजीरले भीमसेन र रणध्वजलाई एउटा महत्त्वपूर्ण तथ्य सम्झाए– "ताहाँको (काठमाडौंको) संभार रह्यो भने सर्वत्रको संभार रहन्छ । ताहाँ बितौल पऱ्यो भने अन्तका संभारले क्या पुग्छ ?"[१८]

अक्टरलोनीको फौज हेटौंडा आइपुगेको थाहा पाएपछि राजा गीर्वाणलाई लाग्यो– "ठूलो जंगल काटी त्यहाँसम्म आएपछि अंग्रेजको मन धेरै बढेको होला । आफूलाई सजिलो र उसलाई अप्ठ्यारो पर्ने ठाउँ पारेर एक-दुई फेर साफ गरी नकाटी ठाउँमा आउन कठिन छ ।" त्यसैले उनले हेटौंडामा खटिएका चौतरिया, भारदार र कम्पनीलाई आदेश दिए– "कुइऱ्याको फौज ताहाँदेखि उठी पहाडको

१७ भीमसेन थापा र रणध्वज थापालाई उजीरसिंह थापाले १८७२ फाल्गुण वदि ११ रोज ६ मा मुकाम नुवाकोटबाट पठाएको पत्र, डीएनए २/६८ ।

१८ भीमसेन थापा र रणध्वज थापालाई उजीरसिंह थापाले १८७२ फाल्गुण वदि ११ रोज ६ मा मुकाम नुवाकोटबाट पठाएको पत्र, डीएनए २/६८ ।

मनसुबा राखी आयो भन्या गौ (सजिलो हुने ठाउँ) हेरी काटी हटाउन्या काम गर्नू, काजी बखतवारसिंह थापा ताहाँ पुग्यापछि कस्तो पाठ हुन्छ सो बिन्ती गरी पठाउनू। टिस्टुङ-पालुङ निस्कने बाटोमा हाम्रो फौज पातलो छ। अमृतपानीको बाटो गरी पहाड चढ्यो भन्या वितवल पर्ला। अमृतपानीमा अरू दुई पट्टी फौज पठाया बढिया होला।"

राजाले काजी चामु भण्डारीलाई चिसापानीगढीमा बस्न खटाए। झाराका मानिस चाँडो भेला गर्न लगाए। दरबारमा रहेका भारदार, भारदारका छोरा तथा शहरमा रह्याका ढाक्र्याहरूसमेत सबैलाई भैंस्याखानी, चिसापानी र ठिंगनतिरका जग्गा जग्गामा जानू भनी आदेश दिए।

हेटौंडाबाट टिस्टुङ पालुङतर्फ छिचोल्ने दुईवटा मूल बाटामध्ये अमृतपानीमा काठमाडौंबाट पठाएका दुई पट्टी फौज राखिएका थिए। अखै भञ्ज्याङमा हेटौंडाबाट गएका सुबेदार संग्राम, जितबहादुर शाही र कम्पुका दुई पट्टी तैनाथ थिए। आदेश आए थप दुई पट्टीलाई त्यता पठाउने विचार चौतरियाहरूले गरेका थिए। हेटौंडामा रहेका चौतरिया र भारा कम्पनीले अंग्रेजको गतिविधि बुझ्न २५/३० जना बूढापाका, पक्का मानिसलाई चिवा खटाएका थिए। उनीहरूलाई हेटौंडाबाट उठेर अंग्रेज फौज कता लाग्छ सो खबर चाँडै गर्न र लश्कर कहाँ पुग्छ, हेरी ठहराउन अह्राइएको थियो।

राजा गीर्वाणयुद्धले काठमाडौंबाट जर्नेल अक्टरलोनीछेउ पठाएको चिठी पुऱ्याउन हेटौंडाबाट हल्कारा पठाइयो।[१९] त्यस चिठीमा राजाले दुई देशबीच सुलह गर्न भीमसेन थापाका भाइ काजी बखतवारसिंह थापालाई अधिकार दिएको बताएका थिए। उनले अक्टरलोनी, गुरु गजराज मिश्र र काजी बखतवारसिंह बसेर नेपाल तथा अंग्रेज दुवै पक्षलाई मञ्जुर हुने बाटो रोज्न सल्लाह दिएका थिए। गजराज मिश्र त्यति वेला बनारसमा थिए। उनलाई लिन मान्छे पठाउन पनि राजाले अक्टरलोनीलाई अनुरोध गरेका थिए। सो चिठीमा राजाले काजी बखतवारसिंह फागुन ११ गते काठमाडौंबाट हिंडेर त्यसको भोलिपल्ट मकवानपुर पुगी त्यसको जानकारी अक्टरलोनीलाई दिन्छन् भनेका थिए। साथै उनले काजी नआइञ्जेल र कुराकानी नभइञ्जेल लडाइँ रोक्न पनि अक्टरलोनीलाई अनुरोध गरेका थिए।[२०]

अक्टरलोनीले महाराजको चिठीको जवाफ काजी बखतवारसिंहलाई दिए। उनले लेखे– "लडाइँ रोक्ने अधिकार मसँग छैन। राजाको लालमोहर लागेको

---

१९ प्राण शाह, बखतवारसिंह थापा र रणवीरसिंह थापाले १८७२ फाल्गुण वदि १० रोज ५ मा मुकाम मकवानपुरगढीबाट लेखेको अर्जी, डीएनए २/९०।

20 Translation of a letter from the Rajah of Nepaul to Major-General Sir David Ochterlony, dated 5th Fagun (18th February 1816), Nepal Papers, Page 843.

सन्धि ल्याएका छौ भने कुरा गरौँला । गुरु आउलान् भनेर ढिलो गर्नु पर्दैन ।" अक्टरलोनीले गजराज मिश्रलाई मकवानपुर आउन चाहिने अनुमतिपत्र नेपाली हल्कारामार्फत काजीकहाँ पठाइदिएका थिए ।[२१]

यसपछि फागुन १४ गते चन्द्रशेखरले अक्टरलोनीलाई चिठी लेखेर उनलाई भेट्न चाहेको बताए । यसका लागि अंग्रेज सिपाहीलाई आफूलाई नरोक्ने आदेश दिन पनि उनले अक्टरलोनीलाई अनुरोध गरे ।[२२] अक्टरलोनीले चन्द्रशेखरलाई लालमोहर लागेको सन्धि नल्याउने भए केही पनि कुरा नगर्ने जनाउ दिए ।[२३]

चन्द्रशेखरले अक्टरलोनीलाई फेरि चिठी लेखेर, सुलह गर्न काजी बखतवार सिंहलाई राजाले पूरा अधिकार दिएको र काजीले लालमोहर लागेको सन्धि ल्याएको बताए । यो सन्धि दिनका लागि गुरु गजराज मिश्र हेटौँडा आउनुपर्ने भएकाले उनलाई चाँडै त्यहाँसम्म ल्याउने व्यवस्था गर्न अनुरोध गरे ।[२४]

यसको जवाफमा अक्टरलोनीले चन्द्रशेखरलाई भने– "लालमोहर लागेको सन्धि काजीसँग छ भने तिमी र काजी मेरो क्याम्पमा आएर मलाई भेट । तिमीहरू आउँछौ भनेर मैले पहरेदारलाई भनिसकेको छु ।"[२५] तर काजी र चन्द्रशेखर लालमोहर लागेको सन्धि लिएर अक्टरलोनीकहाँ गएनन् । त्यसको सट्टा बखतवारसिंहले अक्टरलोनीलाई लेखे– "लडाइँ गर्ने कि थाम्ने भन्ने तिमीमा भर पर्छ । दुवैलाई मञ्जुर हुने गरी कुरा हुन लागेका वेला लडाइँ बढाउनु दुवैले हुँदैन । लालमोहर लागेको सन्धि बुझाउने काम गुरु आइनपुगेकाले मात्र रोकिएको हो । गुरु चाँडै आइपुग्लान् । मैले सन्धि ल्याएको छैन भनेर शंका गर्नु पर्दैन । चाँडै सुलह होला ।"[२६]

यसको जवाफमा अक्टरलोनीले बखतवारसिंहलाई सन्धि हात परेपछि मात्र लडाइँ थाम्न सक्ने, अन्यथा लडाइँ थाम्न नसक्ने कुरा पहिल्यै भनिसकेको भनी स्मरण गराए ।[२७] फागुन १६ गते चन्द्रशेखर अक्टरलोनीको क्याम्पमा गए । गजराज आइपुगेपछि मात्र काजी बखतवारसिंहसँग भेट गर्ने प्रबन्ध मिलाउन अनुरोध गरे ।

---

21 Translation of a letter from Major-General Sir David Ochterlony to Kajee Buctawar Singh, dated camp Hetouda, 21st February 1816, Nepal Papers, Page 943.

22 Translation of a letter from Chunder Sekheer Opadeea to Major-General Sir David Ochterlony dated 10th Phagan (23rd February 1816), Nepal Papers, Page 944.

23 Translation of a letter from Major-General Sir David Ochterlony to Chunder Sekher Opadeea, dated Hetouda, 23d February 1816, Nepal Papers, Page 943.

24 Translation of a Letter from Chunder Sekhar Opadeea to Major-General Sir Ochterlony dated Muckwanpore, 11th Phagun (24 th February 1816), Nepal Papers, Page 944.

25 Answer sent to the above letter dated Hetounda, 24th February 1816, Nepal Papers, Page 944.

26 Translation of a Letter from Kajee Buctawar Singh to Major-General Sir David Ochterlony, dated Muckwanpore, 12th Phaugun (25th February 1816), Nepal Papers, Page 945.

27 Answer to the above letter dated Hetounda, 25th February, Nepal Papers, Page 945.

अक्टरलोनीले काजीसँग लालमोहर लागेको सन्धि छ भने त्यो सन्धि आफूलाई दिएपछि मात्र यस विषयमा थप कुरा गर्ने र हमला नरोक्ने बताए । यसैबीच फागुन १७ गते अक्टरलोनीले गजराजको चिठी पाए । गजराजले आफू बनारसबाट गोविन्द गंगा आइपुगेको बताउँदै त्यहाँसम्म आफूलाई लिन अक्टरलोनीले मान्छे पठाए मात्र आउँछु भनेका थिए ।[२८]

संकटको त्यस घडीमा नेपालले एकपछि अर्को खेलाँची गरी रह्यो । पहिले ब्राड्श र पछि अक्टरलोनीले नेपाललाई के कुरा बारम्बार, स्पष्टसँग बताएका थिए भने अंग्रेजले अनुमोदन गरिसकेको सुगौली सन्धिमा एक अक्षर पनि परिमार्जन हुँदैन, जे गर्नुपर्छ भन्ने लागेको छ, सो सन्धि नेपालले अनुमोदन गरिसकेपछि मात्र गर्न सकिन्छ । सन्धि संशोधन गर्ने अधिकार आफूलाई नभएको कुरा उनीहरूले बारम्बार बताएका थिए । त्यसपछि गभर्नर जेनरलसमेतले राजाको लालमोहर लागेको सन्धि अक्टरलोनीका हात परेका खण्डमा मात्र लडाइँ रोकिने बताइसकेका थिए ।

अंग्रेज ठूलो फौज लिएर नेपाली फौजलाई पेल्दै हेटौंडासम्म पुगिसकेको थियो । मकवानपुर पुगेका काजीसँग अनुमोदित सन्धि छ भनिएको थियो, अंग्रेजसँग बारम्बार सम्पर्क गरिरहेका चन्द्रशेखर पनि हेटौंडामै थिए । यो सन्धि मानिस त के, गधालाई बोकाएर पठाएको भए पनि अक्टरलोनीले लडाइँ रोक्ने थिए तर उनीहरू नेपालका राजाले लालमोहर लगाएको सन्धि अंग्रेजलाई बुझाउन गजराज मिश्र हेटौंडामा उपस्थित हुनुपर्छ भनी अत्तो थापेर बसे । गजराज मिश्र उपस्थित हुनुपर्ने कुनै कारण थिएन तर पनि काजी र चन्द्रशेखर यो अकडो शर्तबाट टसमस हुन चाहेनन् ।

नेपालले देखाएको यो अनौठो व्यवहारले गर्दा अंग्रेजलाई बखतवारसिंहले लालमोहर लागेको सन्धि ल्याएको कुरामा शंका लाग्यो । बनारसमा रहेका गजराज मिश्र हेटौंडा आएपछि मात्र सन्धि बुझाउने कुरालाई केही दिन लडाइँ रोकेर तयारी गर्ने नेपालको कुटिल चाल हो भन्ने ठान्यो अंग्रेजले ।

त्यसपछि अक्टरलोनी अघि बढ्ने भए । हेटौंडामा रहेको आफ्नो डिपोको रक्षाका लागि चारवटा छ पाउन्डका गोला खाने तोप र सात कम्पनी तैनाथ गरे । फागुन १८ गते बिहान उनी हेटौंडाबाट हिंडेर हर्नामाडी अर्थात् मकवानपुरगढी भएको डाँडासामुन्नेको मैदानमा क्याम्प खडा गरेर बसे । साना तोप भएको उनको अगुवा टोली पनि त्यसै दिन त्यहाँ पुगेको थियो । फागुन १९ गते बिहान ब्याटरिङ ट्रेन र थप फौज पनि हर्नामाडी पुग्यो ।

---

28 Letter to John Adam from D. Ochterlony, 26th February 1816, Nepal Papers, Page 941-943.

अक्टरलोनी हर्नामाडी पुगेका वेला उनको सामुन्नेको डाँडाको देब्रे र दाहिने छेउमा नेपालका ठूलठूला फौज बसेका थिए । देब्रेतिर बसेको फौज भोलिपल्ट त्यहाँबाट हट्यो । त्यो ठाउँ अंग्रेजले कब्जा गऱ्यो । अब ऊ डाँडाको अर्को छेउमा गढी जमाएर बसेको नेपाली फौजका गतिविधिलाई सजिलै नियाल्न सक्ने भएको थियो ।

यसैबीच कर्णेल निकोलस चितवन आइपुगेपछि नेपाली फौज आफू बसेको ठाउँ छाडेर कान्द्राङ र उपरदाङगढीतिर लाग्यो । निकोलस दुई-तीन दिनमा अक्टरलोनीको फौजमा शामेल हुने हिसाबले हर्नामाडी आइपुग्न हिँडे ।[२९]

फागुन १९ गते अक्टरलोनीको फौज अघिल्लो दिन नेपालीले छाडेको किल्लाबाट पूर्वतिर, डाँडाको अर्को छेउमा गढी जमाएर बसेको नेपाली फौजको अवस्थाको अध्ययन गर्न लागेको थियो । त्यति नै वेला मध्याह्नमा नेपाली फौजले अंग्रेज फौजमाथि हमला गऱ्यो । मोर्चाको अग्रपंक्तिमा रहेका अंग्रेज कमान्डरले करीब २,००० जनाको नेपाली फौज आफूतिर आइरहेको र नेपालीको बल थपिँदै गरेको देखे । त्यसैले डाँडामाथि रहेको फौजलाई बल दिन थप फौज र हात्तीमा बोकाएर तोप माथि उकाले । शुरूका पाँच घण्टाजति नेपाली फौजले अंग्रेजलाई आच्छुआच्छु पाऱ्यो तर थप बल पुगेपछि अंग्रेज बलियो भयो । नेपालीहरू आत्तिएर आफ्ना तोप र बन्दुकसमेत छाडेर भागे । त्यस दिन नेपालीका धेरै जना अफिसरसमेत ५०० जना मरेको अनुमान अक्टरलोनीले गरे ।[३०] अंग्रेजले पछि पाएको खबरअनुसार, त्यस दिन मकवानपुरगढीमा रहेका सबै ३,००० जनाको नेपाली फौज लड्न आएको थियो । त्यस लडाइँमा ८०० जना नेपाली मरे वा घाइते भए ।[३१] अंग्रेजतर्फ एक जना लेफ्टिनेन्टसमेत ४७ जना मरे, १७७ जना घाइते र दुई जना बेपत्ता भए ।[३२]

मकवानपुरगढीभन्दा अलि पूर्वको हरिहरपुरगढी हान्न खटिएको कर्णेल केलीको नेतृत्वको अंग्रेज फौज चुरेको डाँडा पार गरी उत्तर लागेको थियो । बाटामा केही गाउँ त थिए तर ती निर्जन थिए । बीचमा अंग्रेज फौजले एक जना नेपाली भेट्यो र उसलाई पक्डियो । उसले र अंग्रेजले पठाएका चिवा (जासुस) ले एकै किसिमको खबर दिए– "हरिहरपुरगढीमा नेपालीको फौज थोरै छ । अंग्रेजको एउटा कम्पनीले नै त्यो गढी कब्जा गर्न सक्छ ।" हरिहरपुरगढी जान अंग्रेज फौज

29 Letter to Major Nicol from D. Ochterlony, 28th February 1816, Nepal Papers, Page 936-37.

30 Letter to Major Nicol from D. Ochterlony, 29th February 1816, Nepal Papers, Page 937-38.

31 Secret Letter from Bengal, 30th March 1816, Nepal Papers, Page 946-952.

32 Return of casualties which occurred in the corps of the Dinapore Division of the Army in the field, in an Attack on the Height near Muckuanpore, on the 28th February 1816. Camp, 29th February 1816, Nepal Papers, Page 939.

वागमतीको बाटो भएर होइन वागमतीको पूर्वमा बग्ने, तल गएर वागमतीमा मिसिने खहरे खोला लखन्दीको बाटो उत्तर लाग्यो । बगरमा ठूलठूला ढुंगा भएकाले फौज एक दिनमा लामो बाटो काट्न सक्दैनथ्यो ।[३३]

छिरुवा बाटाबाट अंग्रेज निस्कन आयो भने फयलै उकासी उसै ठाउँ हान्न जाउँला भनी रणवीरसिंह थापा र दलभञ्जन पाँडेले हेटौंडाबाट राजालाई माघ १९ गते वचन दिएका थिए ।[३४] यसबीच केलीको फौज चुरे नाघेर उत्तर हरिहरपुरगढीतर्फ आउन लागेको खबर हेटौंडा पुगेपछि कर्णेल रणवीरसिंह थापा र दलभञ्जन पाँडे हरिहरपुरगढी गए ।

हरिहरपुरगढीमा रहेको नेपाली फौजलाई फुटाएर पत्रिगा र हरिहरपुरगढी गरी दुईतर्फ खटाइयो । हरिहरपुरगढीतर्फ आउन लागेको अंग्रेज फौजको गतिविधि बुझ्न पठाएका दुई जोरमध्ये एक जोर चिवाले बताएअनुसार अंग्रेज फौज चुरे नाघी फूलबारीको खहरे राजबासमा आई पुगिसकेको थियो । यो ठाउँ नेपाली फौज बस्न जान लागेको ठाउँ पत्रिगादेखि दुई किलोमिटरजति मात्र टाढा थियो । चिवाका अनुसार, अंग्रेज फौजसँग ३,००० नाल, पहाडे एक कम्पनी, गोरा सात जना, तोप सात वटा, हात्ती सात वटा, बेलदार आदिसमेत ६,००० लश्कर र तुर्क घोडचढीसमेत थिए । फागुन १४ गते अंग्रेज फौजले पत्रिगामा डेरा सान्यो ।

केलीसँग ४,२०० जतिको फौज थियो । त्यसमाथि क्याम्प फलोअर्स थिए । टाढाबाट हेरेर अन्दाज गर्दा नेपाली चिवाले उसको फौज ६,००० को छ भनी ठान्नु स्वाभाविकै थियो । हरिहरपुरगढी बस्ने काजी, भारदार र कम्पनीलाई आफूसँग भएको बलले हरिहरपुरगढी र पत्रिगा थाम्न कठिन हुन्छजस्तो लाग्यो ।[३५] यता, अंग्रेज चुरे काटेर उत्तर आइसकेको खबर पाएपछि राजा गीर्वाणले त्यहाँ खटिएको नेपालको सानो फौजलाई ठूलो आदेश दिए– "उम्ली आयाको वैरी छ । हातमाला (हातमा विजय माला) हुन्या गरी सल्लाहसँग वैरीलाई अप्ठ्यारो पारी काटी हटाउन्या काम गर ।"

यस कामका लागि सिन्धुलीमा रहेका काजी रणजोर थापा पनि कम्पनी लिएर हरिहरपुरगढीतिर आउनलागेका थिए । यसैबीच हरिहरपुरगढीमा रहेका रेवन्त कुँवर, नयनसिंह बानियाँ, ठह धोकल, प्रह्लाद थापा, महावीर कार्की फागुन

---

33 Letter to Major-General Sir David Ochterlony from W. Kelly, 28th February 1816, Nepal Papers, Page 956.

३४ रणवीरसिंह थापा र दलभञ्जन पाँडेले संवत १८७२ साल माघ सुदि १ रोज ३ मा मुकाम हेटौंडाबाट पठाएको अर्जी, १ सी. १६४, ७५/२०६ ।

३५ चौतरिया प्राण शाहलाई कर्णेल रणवीरसिंह थापा, काजी दलभञ्जन पाँडे र सुबेदार दलखम्बले १८७२ साल मिति फाल्गुण वदि १२ रोज ६ मा मुकाम हरिहरपुरगढीबाट पठाएको पत्र, १ सी. १६४, पोका ७५/३३६ ।

१५ गते आफ्नो फौजसहित पत्रिगातर्फ हिंडेका थिए । काजी रणजोर थापाले पनि "सकभर उषा गमन गरी म पनि आउँछु" भनी रेवन्तहरूलाई चिठी पठाएका थिए । यसरी दुवैतर्फका लश्कर पत्रिगानजीक जम्मा गरी फूलबारीको चुरेमा रहेको वैरीलाई अप्ठ्यारो पारी काटी हटाउँला भन्ने सल्लाह उनीहरूले गरेका थिए ।

रेवन्तहरूको फौज पत्रिगाभन्दा वरै "हलेझा र भदौरे गाउँको भञ्ज्याङ पुग्दा वैरीको लश्कर मरिन खोलाको तीर समाती मैदानमा छछल्की हरिहरपुरतर्फ आयो ।" त्यसपछि रेवन्तहरू हरिहरपुरगढी फर्किए र सुबेदार रणसुर घर्तीको एक कम्पनी र काजी रणजोर थापाबाट आएको एक पट्टी पीपल डाँडामा खटाए । उम्ली आयाको वैरीलाई सल्लाह मिलाइ काज गरिएला भन्ने आशा उनीहरूले गरेका थिए ।[३६]

अंग्रेज फौज फागुन १९ गते चुरेमा रहेको गाउँ रतनपुरी पुग्यो ।[३७] त्यहाँ पुगेपछि कर्णेल केलीलाई आफ्ना चिवा र बन्दी नेपालीले हरिहरपुरगढीमा बसेको नेपालीको फौज सानो छ भनी अलि पहिले बाटामा आफूलाई भनेको कुरामा विश्वास लागेन । उनले किल्लाको अन्वेषण गर्ने निधो गरे । त्यसो गर्दा उनले थाहा पाए– "हरिहरपुरगढीमा (रेवन्त) कुँवर काजी, धोकलसिंह गुभालगायतका कमान्डर छन् । उनीहरू या त गढीभित्र पसिसकेका छन् या पस्नै लागेका छन् । उनीहरूसँग दुईवटा तोप र १,००० नाल बन्दुकमात्र छन् । उनीहरू सबैले कुम्लोमा चामल बोकेका छन् । रसदपानीका नाममा उनीहरूसँग त्यसबाहेक अरू केही छैन ।"

केली अघि बढे र उनले हरिहरपुरगढीको फेदमा क्याम्प बसाए । त्यहाँको पुरानो बाटो मकवानपुरगढीसम्म जान्थ्यो । उनले त्यो बाटोबाट तोप उकाल्ने कोशिश गर्ने भए । तोप डाँडामा उकाल्न गाह्रो भए पनि उकालिसकेपछि किल्ला कब्जा गर्न सकिन्छ भन्ने उनलाई लागेको थियो ।[३८]

केही दिनमा केलीले थाहा पाए– "हरिहरपुरगढी भएकै डाँडाको एक किलोमिटरजति पश्चिममा नेपालीको रक्षाचौकीमा दुईवटा तोप थिए । त्यो चौकी नेपाली फौजले हालै परित्याग गरेको थियो । त्यहाँ पुग्न नाक ठोकिने उकालो उक्लेर जानुपर्थ्यो जुन काम अंग्रेज फौजका लागि असाध्यै गाह्रो थियो तैपनि केलीले लेफ्टिनेन्ट कर्णेलको नेतृत्वमा तीन पाउन्डका गोला खाने दुईवटा तोप बोकाएर तीनवटा बटालियनका २/२ कम्पनी, अर्को एउटा कम्पनी र पैदल

३६ रेवन्त कुँवर, नयनसिंह बानियाँ, ठह धोकल, प्रह्लाद थापा, महावीर कार्कीले १८७२ साल मिति फाल्गुण वदि १४ रोज २ मा मुकाम हरिहरपुरगढीबाट पठाएको अर्जी, १ सी. १६४ पोका ७५/३३४ ।

37 Letter to Major-General Sir David Ochterlony from W. Kelly, 28th February 1816, Nepal Papers, Page 956.

38 Letter to Major-General Sir David Ochterlony from W. Kelly, 28th Febrary 1816, Nepal Papers, Page 956.

नक्सा १२ : हरिहरपुरगढी

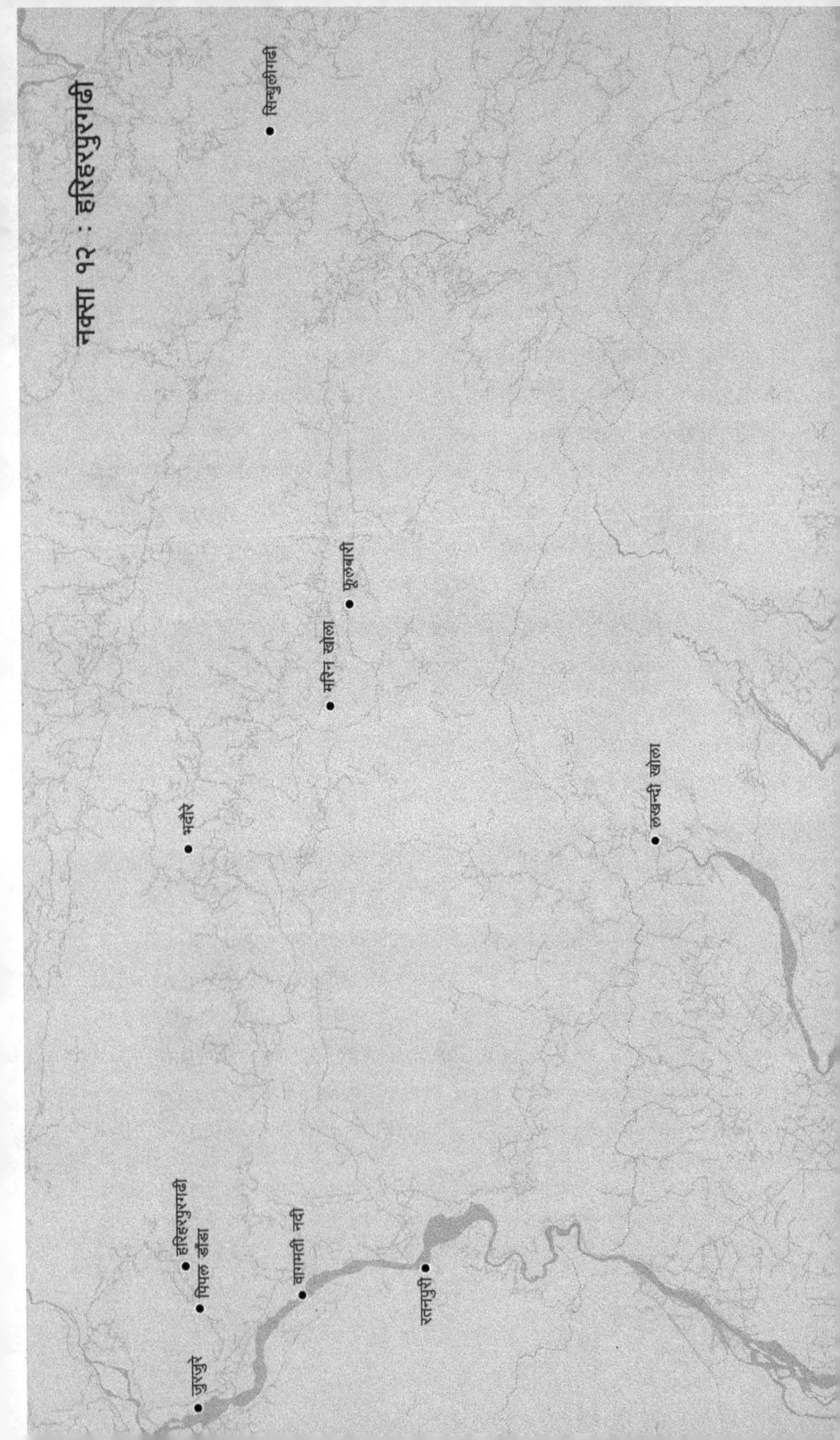

सेनालाई फागुन २१ गते बिहान ३ बजे त्यो चौकी कब्जा गर्न पठाए । अंग्रेज फौज करीब तीन घण्टापछि, ६ बज्न लाग्दा त्यस चौकीमा पुग्यो । अंग्रेजले त्यो किल्ला निर्जन छ भन्ने ठानेका थिए तर त्यहाँ केही दिनअघि मात्र सुबेदार रणसुर घर्तीको एक कम्पनी र काजी रणजोर थापाबाट आएको एक पट्टी बसेका थिए । अंग्रेज फौजले त्यहाँको पहरेदारलाई निरस्त्र बनाएर चौकीमा कब्जा जमायो । त्यसपछि नेपाली फौजले अंग्रेजलाई त्यहाँबाट धपाउन दृढतापूर्वक हमला गऱ्यो । नेपाली फौजले पछाडिबाट हमला गरेपछि त्यसको सामना गर्न अंग्रेज फौजको बल थपियो । ११:३० बजेसम्म दोहोरा बन्दुक चले । अंग्रेजले दुईवटा ५.५ इन्च हाउविट्सर हात्तीमा बोकाएर डाँडामा पुऱ्यायो । त्यसपछि अंग्रेज बलियो भयो । जीत अंग्रेजको भयो ।"[३९]

त्यस लडाइँमा अंग्रेजका आठ जना मरे । एक जना मेजर र दुई जना लेफ्टिनेन्टसमेत ५१ जना घाइते भए ।[४०] तोपखानाका क्याप्टेन केही समय काम गर्न नसक्ने गरी घाइते भए । युद्धस्थल वरपर नेपालीका धेरै लाश छरिएका थिए । अंग्रेजका अनुमानमा त्यस लडाइँमा नेपालीका धेरै सिपाही मरे । केही गम्भीर घाइतेलाई अंग्रेजले बन्दी बनायो । उनीहरू बोल्न नसक्ने भएकाले नेपाली फौजबारेको जानकारी लिन भने उसले सकेन ।

त्यसपछि हरिहरपुरगढीको मूल किल्लामा हमला गर्न अंग्रेज ठूला तोप डाँडामा पुऱ्याउने बाटो बनाउन थाल्यो । अघिल्लो दिन अंग्रेजले चौकीमा हमला गरेका वेला हरिहरपुरगढीमा रणजोर थापाको फौज थपिएको थियो । हमला भएको दिन राति र भोलिपल्ट बिहान ठूलो पानी पऱ्यो, बाक्लो कुइरो लाग्यो । भीषण वर्षा भइरहेको र कुइरो लागेको मौका छोपेर रणजोर थापासमेतको नेपाली फौज गढी छाडेर हिंड्यो । त्यसपछि हरिहरपुरगढी र गढी भएको डाँडामा अंग्रेज फौजले कब्जा जमायो ।[४१] पश्चिम मुहुडाको झाम्टागढीमा अंग्रेजका बारम्बारका हमलामा अजेय बनेका काजी रणजोर थापा यहाँ हारे ।

दोस्रो चरणको यो लडाइँमा अंग्रेजले मेचीदेखि टिस्टासम्मको नेपाली भूभागमा पनि आँखा लगायो । यस क्रममा उसले आफैंले त हमला गरेन तर यस क्षेत्रमा हमला गर्न सिक्किमे राजालाई उकास्यो । सिक्किमका काजीको नेतृत्वमा

39 Letter to Major-General Sir David Ochterlony from W. Kelly, 2d March 1816, Nepal Papers, Page 940.

40 Return of the killed and wounded in the First or Colonel Kelly's Brigade, in Action on the Heights of Hurryhurpore on the 1st of March 1816, Camp near Hurryhurpore, 2d March 1816, Nepal Papers, Page 941.

41 Letter to Major-General Sir David Ochterlony from W. Kelly, 2d March 1816, Nepal Papers, Page 940.

रहेको फौजले पहिले हंसपुरको नेपाली चौकीमा आक्रमण गर्‍यो । त्यसपछि नाग्रीपश्चिमको फोक गाउँमा रहेको नेपाली चौकीमा अचानक हमला गर्‍यो, जहाँ ५० जना सिपाही बस्ने गर्थे । यसपछि नेपाली फौजलाई बल दिन चैनपुरबाट फौज हिंडाइयो । सिक्किमेहरू नेपाली फौजमाथि थप हमला गर्न सफल भएमा किराँतहरू सिक्किमे फौजमा शामेल होलान् भन्ने आशा अंग्रेजले गरेका थिए ।[४२]

त्यसको भोलिपल्ट फोक गाउँका बासिन्दाले नेपाली फौजका ३० सेट चालू अवस्थाका हतियार सिक्किमे राजालाई बुझाए । सिक्किमले यतातिर थप १५० जनाको बल पठायो । नाग्रीका सुब्बा जयन्त खत्रीले हंसपुरछेउछाउ खटाइएको नेपाली फौजलाई पहाडतिर बोलाए ।[४३]

यतातिरको अंग्रेज फौजको कमान्ड क्याप्टेन ल्याट्टरलाई दिइएको थियो । उनले सिक्किमका राजालाई उनको पहिलेको भूभाग नेपालीबाट खोस्न उकासे । कोशीपूर्वको भूमिबाट नेपालीलाई धपाउने यो अनुकूल अवसर हो भनेर बताए । नेपाली फौजमा भएका लिम्बू सिपाहीलाई पैसा दिएर आफूतिर लोभ्याउन लगाए । त्यसका लागि उनले रू. ५०० सिक्किमका काजीलाई पठाइदिए ।[४४]

यसरी नेपाल दरबारको अकड्याइँ र खेलाँचीले गर्दा मकवानपुरगढी र हरिहरपुरगढीमा व्यर्थमा भीषण लडाइँ भए, मेची र टिस्टा नदीका बीचमा पनि व्यर्थका हमला भए ।

यति भइसकेपछि बखतवारसिंहले अक्टरलोनीलाई चिठी लेखेर मकवानपुरगढीको लडाइँपछि रोकिएको नेपाल र अंग्रेजबीचको सम्पर्क फागुन २३ गते कायम गरे । त्यस चिठीमा उनले अक्टरलोनीले मकवानपुरगढीको लडाइँअघि आफूलाई पठाएको चिठीको जवाफ दिएका थिए । उनले भनेका थिए– “चन्द्रशेखरलाई फागुन १९ गते नै तिमीकहाँ पठाउने विचार गरेको थिएँ । तर तिम्रो फौज अचानक डाँडा चढेपछि दुई फौजबीच लडाइँ भएकाले पठाउन सकिनँ । एक-दुई दिन ढिला भयो । तिम्रो फौज मैदानमा भएकाले तिमीलाई खबर नगरीकन चन्द्रशेखरलाई कसरी पठाऊँ भनेर यो चिठी लेखेको हुँ । तिमी अनुमति दिन्छौ र पहरेदारलाई चन्द्रशेखरलाई नरोक्न आदेश दिन्छौ भने म उनका हात लालमोहर लागेको सन्धि पठाउँछु । तिमीले चाँडै चिठी पठायौ भने त्यसलाई म तिम्रो दया ठान्नेछु ।”[४५]

यो काम गर्ने बुद्धि र आदेश काजी बखतवारसिंह हेटौंडा पुग्ने बित्तिकै आएको भए लडाइँ पहिल्यै रोकिने थियो ।

---

42 Letter to J. Adam from Barre Latter, 18th February 1816, Nepal Papers, Page 958.
43 Letter to J. Adam from Barre Latter, 19th February 1816, Nepal Papers, Page 958.
44 Letter to J. Adam from Barre Latter, 25th February 1816, Nepal Papers, Page 959-960.
45 Translation of Letter from Kajee Buctawar Sing to Major-General Sir David Ochterlony, 3d March, Nepal Papers, Page 954.

अक्टरलोनीले यस चिठीको जवाफ त्यही दिन दिए । आफ्नो चिठीमा उनले फागुन ५ गते भिखाठोरीमा आफूले गजराज मिश्र र चन्द्रशेखरलाई भनेको कुरा स्मरण गराए– "आज जुन शर्तमा मिल्न सकिन्छ, भोलि त्यस शर्तमा नमिल्न सकिन्छ ।" त्यसपछि उनले यसअघि हेटौंडामा चन्द्रशेखरलाई आफूले भनेको कुरा पनि सम्झाए– "आज म जे कुरा मान्न सक्छु, भोलि त्यो मान्न नसक्ने अवस्था आउन सक्छ ।"

त्यसपछि उनले "आफूले जति प्रयास गर्दा पनि लालमोहर लागेको सन्धि पठाउन नेपाली पक्षले असाध्यै ढिला गरेकाले अब सो सन्धि स्वीकार गर्न सक्ने अवस्थामा आफू नरहेको" बताए । उनले भने– "मैले माथिको आदेश मान्नुपर्छ । म निरुपाय छु ।"[४६]

यसबीच अक्टरलोनीले आफ्नो फौजलाई नेपाली फौज बसेको ठाउँ मकवानपुरगढीतर्फ अघि बढाइरहे । ब्याटरिङ गन माथि डाँडामा उकाल्नका लागि बाटो बनाउन लगाए ।[४७]

फागुन २४ गते चन्द्रशेखर उपाध्या दिउँसो २:३० बजे अक्टरलोनीको क्याम्पमा गए र लालमोहर लागेको सन्धि अक्टरलोनीलाई बुझाउन खोजे । अक्टरलोनीले सन्धि लिन अस्वीकार गरे । उनले भने– "नेपालको मूर्खताले गर्दा लालमोहर लागेको सन्धि दिन ढिलो भयो, लडाइँ नरोकिने भयो ।"

भन्न त भने तर अक्टरलोनीलाई लडाइँ गरी रहन मन थिएन । अब लडाइँ गर्न अप्ठ्यारो हुन्छ भन्ने उनले बुझेका थिए किनभने बर्खा लाग्न लागेको थियो, ठाउँ अस्वस्थकर थियो । रसदपानी ल्याउन अप्ठ्यारो थियो र हताश भएपछि मान्छे (यति वेलाको हकमा नेपाली) ले जे पनि गर्न सक्छ भन्ने उनलाई लागेको थियो ।[४८] लडाइँ लम्बियो भने खर्च बढ्थ्यो । महाकाली नदीभन्दा पश्चिममा जमीन त आफ्नो अधीनमा भएको थियो तर सन्धि नभएसम्म त्यसको आम्दानी खान पाइँदैनथ्यो । आम्दानी नभए पनि फौज पाल्नुपर्थ्यो ।[४९]

त्यसैले मनमनै उनले सन्धि स्वीकार्नुपर्छ भन्ने ठहर गरे । यसबीचमा चन्द्रशेखरले सन्धि स्वीकार गर्न अक्टरलोनीलाई लाख बिन्ती गरे । अक्टरलोनीले "नेपालले हरेक चरणमा कुरा फेर्ने गरेको, मूर्ख व्यवहार गरेको अनि बेइमानी गरेको" भनी आफ्नो रिस पोखे । चन्द्रशेखरले प्रतिरक्षा गर्ने ठाउँ थिएन । त्यसपछि

46 Translation of Letter from Major-General Sir D. Ochterlony in an answer to the foregoing, dated Camp Valley of Muckwanpore, 3d March 1816, Nepal Papers, Page 954.

47 Letter to Major Nicoll from D. Ochterlony, 5th March 1816, Nepal Papers, Page 955.

48 Letter to John Adam from D. Ochterlony, 5th March 1816, Nepal Papers, Page 953-954.

49 Letter to John Adam from D. Ochterlony, 26th February 1816, Nepal Papers, Page 941-943.

अक्टरलोनीले 'नेपालले सन्धि पालना गर्ने र सन्धिका केही शर्त फेर्न नेपालले यसअघि गरेको अनुरोधलाई अंग्रेजले अस्वीकार गरेको कुरा स्वीकार गर्ने' लिखित वाचा चन्द्रशेखर र बखतवारसिंहले गरेका खण्डमा मात्रै सन्धि बुझिलिने बताए ।

चन्द्रशेखर यस्तो वाचापत्रमा तुरुन्तै सही गर्न राजी भए । काजी बखतवार सिंहले पनि सही गरेपछि सो पत्र राति १० बजेसम्ममा अक्टरलोनीको क्याम्पमा बुझाउँला भनेर उनी हिंडे । उनी फागुन २४ गते मध्यरात कटेर २५ गते लागेको केही समयपछि अक्टरलोनीको क्याम्पमा फर्किए र लालमोहर लागेको सुगौली सन्धि र वाचापत्र बुझाए ।[५०] (नेपालको इतिहाससम्बन्धी केही कागजपत्रमा यो सन्धि अक्टरलोनीले दिउँसो बुझेको भनी उल्लेख छ तर सन्धि बुझ्ने मानिसले नै बिहान बुझेको भनेका छन् । नेपाली इतिहासकारहरूले चन्द्रशेखर सन्धि बुझाउन अक्टरलोनीको क्याम्पमा गएको समयलाई नै सन्धि बुझाएको समयका रूपमा चित्रित गरेको देखिन्छ ।)

फागुन २४ गते सकिएर २५ गते लाग्ने राति नै अक्टरलोनीले १८ पाउन्डका गोला खाने दुईवटा तोप र केही हाउविट्सर मकवानपुरगढीको किल्लातिर अघि बढाएका थिए ।[५१] सन्धि र वाचापत्र बुझेपछि उनले मध्यनेपालमा भइरहेका सबै सैन्य गतिविधि रोके ।

तर, सन्धि भएको खबर नपुगेकाले पूर्वमा हमला रोकिएन । अक्टरलोनीले लडाइँ अन्त्य गरेको पर्सिपल्ट उनको कमान्डमा रहेका क्याप्टेन ल्याट्टरले नाग्रीको किल्लामा खटिएका नेपाली फौजका सुब्बा जयन्त खत्रीलाई चिठी लेखेर धम्क्याए– "तिम्रा राजाले हारे । हाम्रो फौजले नेपाल चढाइ गऱ्यो । तिमी तुरुन्तै अंग्रेजको शरणमा आऊ । त्यसो गऱ्यौ भने तिम्रो जीउधनको सुरक्षा गरी दिउँला ।"[५२]

क्याप्टेन ल्याट्टरले यसको केही दिनपछि चैत १ गते जयन्त खत्रीलाई फेरि धम्क्याए– "मकवानपुर, हरिहरपुर र हेटौंडाको नेपाली फौजले आत्मसमर्पण गरी सक्यो । अंग्रेज फौज काठमाडौं जाँदै छ । तिम्रा राजाको अवस्था मैले पहिले भने भन्दा पनि कमजोर भएको छ । त्यसैले अंग्रेज सामु आत्मसमर्पण गर, किल्ला छाड । तिमी र तिम्रा सिपाहीलाई जागिर दिउँला । सम्माननीय (ईस्ट इन्डिया) कम्पनीको आदेश मान ।"[५३]

नाग्रीका सुबेदार जयन्त खत्री, सुबेदार एकसिंह कार्की, सुबेदार चम्पासिंहले चैत २ गते क्याप्टेन ल्याट्टरलाई जवाफ दिए– "हामीले हाम्रा राजाप्रति बफादार

50 Letter to John Adam from D. Ochterlony, 5th March 1816, Nepal Papers, Page 953-954.
51 Letter to Major Nicoll from D. Ochterlony, 5th March 1816, Nepal Papers, Page 955.
52 Letter from Major Latter to Gentikatri, 7th March 1816, Nepal Papers, Page 962.
53 Letter from Major Latter to Gentikatri, 11th March, Nepal Papers, Page 862.

रहेर किल्लाको रक्षा गरेका हौं । ...आफ्नो कर्तव्यपालन गर्दा जीउज्यान दिन राजी छौं, निमक हराम हुँदैनौं ।"[५४]

यसको भोलिपल्ट क्याप्टेन ल्याट्टरले जयन्त खत्रीलाई नेपाल-अंग्रेज लडाइँ अन्त्य भएको खबर दिए । त्यसपछि नेपाली फौजले सिक्किमे वा अंग्रेज फौजको हमला र धम्की खप्नुपरेन । सन्धिअनुसार उनीहरूले मेचीभन्दा पूर्वको भूभाग छाडेर मेचीपश्चिम आउनुपऱ्यो ।

लडाइँको यो दोस्रो चरणमा अंग्रेजले पैसा पानीसरह खन्याएको थियो । पहिलेको भन्दा छोटो अवधिको र थोरै ठाउँमा केन्द्रित भए पनि लामो अवधिसम्म, धेरै ठाउँमा चलेको पहिलो चरणको लडाइँको दुई तिहाई अर्थात् २० लाख ६३ हजार सोना रुपियाँ यस लडाइँमा खर्च भयो ।[५५]

यसप्रकार १८७१ साल कात्तिक १० गते बिहान नालापानीमा थालिएको यो लडाइँ १८७२ साल फागुन २५ गते बिहानको राति मकवानपुरमा टुंगियो । लडाइँ सकिँदा नेपालले मेचीपूर्व र महाकालीपश्चिमका सबै भूभाग अनि खास बुटवललाई छाडेर कोशीदेखि महाकालीसम्मको सबै मैदानी भूभाग गुमायो । नेपालमा अंग्रेज राजदूत रहने भए ।

54 Letter from Gentikatri, addressed in Captian Latter, dated Fagun Sudi 13, Nepal Papers, Page 963.

55 Marquis of Hastings: Summary of the Operations in India with Their Results from the 30th April 1814 to the 31st January 1823, Page 39.

थानकोटमा गारन, दरबारमा आतंक

गारन साहेब[1] १८७३ साल असार २७ गते आइतवार बिहान थानकोट आइपुगे। मुख्तियार भीमसेन थापाको आदेशअनुसार दरबारका गुरुज्यू र बखतसिंह सरदार थानकोट पुगे, गारनलाई भेटे र काठमाडौं जाऊँ भने तर गारनले तुरुन्तै काठमाडौं जान मानेनन्। उनले भने– "बाटामा आफूभन्दा पछि रहेका सामान आइपुगेका छैनन्। चार-पाँच दिन थानकोटमै बसेर सामान आइपुगेपछि काठमाडौं गएर महाराजको दर्शन गरौंला।"[2]

अंग्रेज र नेपाल सरकारका बीच मित्रता कायम भएकै छ, मुनासिबमाफिक सबै कुरा हुन्छ नै, काठमाडौं आएपछि बातचित गर्नसमेत सुविस्ता हुन्छ भनेर उनलाई सामान नपर्खिईकन काठमाडौं आउन मनाउन सरदार र टक्सारी चन्द्रशेखर उपाध्यालाई नेपाल दरबारले अह्रायो तर गारनले सामान नआईकन थानकोटबाट उठ्तिनँ भनी आफ्नो अडान दोहोऱ्याए।

यसले मुख्तियार भीमसेन थापा र काजी रणध्वज थापामा शंका उब्जायो। उनीहरूले सुनेका थिए– "गारन अनेक फन्दा जानेको पशु बल-बाहुको छ। अंग्रेजले जहाँ-जहाँ मुलुक लिएको छ, ठूलो मिठासले पसेर मिली पछि कल, छल, बल गरी लिएको छ। गारन फिरंगीहरूमा पनि फेरफन्दा जानेको मान्छे हो भन्ने ठहऱ्याएर लर्ड मोइराले उसलाई पठाएको हो। मिलेर साँध सिमानाको विवाद टुंग्याउनमात्रै ऊ नेपाल आएको होइन। यो काम त साँध सिमानाबाटै टुंग्याउन सकिन्थ्यो। ठूलो तुलकलामसित आएकाले ऊ नेपाल खाने मनसुबाले आएको हो।"[3]

भीमसेन र रणध्वज थापाका नजीकका पाल्पा बस्ने कर्णेलले यस आतंकमा घिउ थपिदिए। उनले भने– "गारनले ठाउँ हेर्नका लागि थानकोटमा ढिलो गरेको

---

१ एडवार्ड गार्डनरलाई नेपाली जिब्रोले गारन भन्थ्यो। सोही चलन मान्दै यहाँ गारन नै लेखिएको छ।

२ भीमसेन थापा र रणध्वज थापालाई उजीरसिंह थापाले १८७३ श्रावण वदि ६ रोज २ मा मुकाम पाल्पाबाट लेखेको चिठी, १ सी. १६४, ७५/१८७।

३ भीमसेन थापा र रणध्वज थापालाई उजीरसिंह थापाले १८७३ श्रावण वदि ८ रोज ४ मा मुकाम पाल्पाबाट लेखेको चिठी, १ सी. १६४, ७५/१८०।

होला । ठाउँ हेर्नैका लागि भए पनि काठमाडौं आउला । छोटाबडा मानिस फोर्ने काम गर्ला । उसले मिल्दा कुरा गर्लाजस्तो मेरा चित्तले देख्दैन । उसले थानकोट बसेर त्यहींबाट कुरा गर्ने विचार गऱ्यो भने हाम्रा तर्फबाट पनि उस्तै फेरफन्दा जानेका मानिस पठाई कुराकानी गर्न लगाउनुपर्छ । त्यसो गर्दा राम्रै कुरा गऱ्यो भने बढिया भयो । मिल्दा कुरा गरेन भने र उसलाई हाम्रो तागत देखाउनुपर्ने भयो भने त उसलाई काठमाडौं आउन नदिएकै राम्रो होला ।[४] जे-जसो भए पनि भीमसेन र रणध्वज थापाले वेलामाफिकको चाहिने कुराकहानी गरी देश बन्ने, सप्रने[५] र आफूलाई जस मिल्ने[६] काम गर्नेछन् भन्ने आशा उजीरले व्यक्त गरे ।

गारनका साथमा अरू तीन जना साहेब पनि आएका थिए । गारन त्यसको केही दिनअघि मकवानपुरगढी आइपुगेका थिए । त्यति वेला उनका साथमा सरदार बखतसिंह बस्न्यात, सरदार गजसिंह खत्री र टक्सारी चन्द्रशेखर उपाध्या पनि थिए । गारनलाई नेपाली तिलंगाले पहरा दिएका थिए । गारनले ल्याएका सामान झारामा बोकी काठमाडौंसम्म पुऱ्याउन पिठुवा र बघौरा कछारका प्रजालाई झारा लगाउनू भनी सरदार र टक्सारीले हेटौंडाका सरकारी अधिकारीलाई आदेश दिएका थिए ।[७]

यो आदेशअनुसार मकवानपुरगढीका सिपाही भरिया खोज्न ती गाउँ गए तर यसअघि भारी बोकी गएका मानिस फिरेका रहेनछन् । गाउँमा भारी बोक्न सक्ने एक जना पनि मानिस भेटेनन् । उनीहरूका परिवार भोकभोकै थिए । "दुनियाँमा एक गेडो पनि अन्न पाइँदैनथ्यो । उनीहरू टाँकीका मुन्टा खाएर सास धानिरहेका थिए ।"

गारनका सामान भने भनिनसक्नु गरी धेरै थिए । यी सामानबारे कोकिलले राजालाई यस्तो रिपोर्ट गरेका थिए– "तीन शहर झारा गऱ्या पनि बोकी सकिन्या छैन । हेटौंडाका पौवा भित्र-बाहिर भरी छ । भिखाठोरीमा पनि भित्र-बाहिर भरी छ । सिमरा बासाका दुवै पौवामा भित्र-बाहिर भरी छ । तलबाट थप सामान आउँदै छ ।"[८]

---

४ भीमसेन थापा र रणध्वज थापालाई उजीरसिंह थापाले १८७३ श्रावण वदि ८ रोज ४ मा मुकाम पाल्पाबाट लेखेको चिठी, १ सी. १६४, ७५/१८० ।

५ भीमसेन थापा र रणध्वज थापालाई उजीरसिंह थापाले १८७३ श्रावण वदि ६ रोज २ मा मुकाम पाल्पाबाट लेखेको चिठी, १ सी. १६४, ७५/१८७ ।

६ भीमसेन र रणध्वज थापालाई उजीरसिंह थापाले १८७३ श्रावण सुदि ५ रोज २ मा मुकाम पाल्पाबाट लेखेको चिठी, १ सी. १६४, ७५/२३९ ।

७ फर्सावर्दार कोकिलले १८७३ साल आषाढ सुदि १० रोज ५ मा मुकाम मकवानपुरगढीबाट पठाएको अर्जी, १ सी. १६३, पोका ७५/२५ ।

८ फर्सावर्दार कोकिलले १८७३ साल आषाढ सुदि १० रोज ५ मा मुकाम मकवानपुरगढीबाट पठाएको अर्जी, १ सी. १६३, पोका ७५/२५ ।

कोकिलले पठाएको रिपोर्टमा भएका अरू कुराले नेपाल दरबारलाई अझ तर्सायो । उनले लेखेका थिए– "लश्करका कुरालाई भन्या एक कम्पनी र साहेब आउँछ भन्छन् । कोही कम्पनी र एक सुबेदार आउँछ भन्छन् । हामी भन्छौं, मुलुक दिन आयो । दुनियाँ भन्छन्, मुलुक लियो । आफ्ना मुलुकमा नेपाल सर भयो भनी उर्दी फिँजायो । 'तीन कम्पनी अंग्रेज फौज नेपाल पुऱ्यायो भन्या नेपाली फौज चार कम्पु भया पनि बोल्न सकन्या छैनन्' भनी मुलुक भन्छ भनी सुन्न्या कोही-कोही भन्छन् ।"

कोकिलले पठाएको रिपोर्टअनुसार खजाना भरेका १०० जति पिपा (धातुका पाताले बेरिएको काठको ठूलो र मादल आकारको भाँडो, ब्यारेल) छन् । बारुद, गोला, गोली क्या छ, पिपा गह्रौं-गह्रौं छन् । हेटौंडा र सिमरा बासामा भारीको तजबिज र तलतिरको खबर बुझ्नलाई हाम्रा तिलंगा र सुबेदार दलसिंह बस्न्यात हेटौंडा बस्तै गया । मानिस तलसम्म पठायाका छन् । ज्या खबर ल्याउनान् लेखी बिन्ती गरी चह्राई पठाउँला ।[९]

गारनलाई नेपाल दरबार (काठमाडौं) ल्याउन गएको टोलीका सरदार बखतसिंह बस्न्यात, सरदार गजसिंह खत्री र टक्सारी चन्द्रशेखरले असार २२ गते गारनको डेरा भीमफेदीबाट उठाई चित्लाङ पुऱ्याएका थिए । उनीहरूले भादगाउँ र पाटनबाट आएका बेगारी (सरकारी काम सित्तैंमा गर्नुपर्ने प्रजा) लाई गारनका सामान धेरैपटक लगाएर काठमाडौं पुऱ्याउन अह्राएका थिए ।[१०]

चित्लाङबाट अघि बढ्न पनि गारनले ढिला गरेका थिए । थानकोट चाँडो पुग्दा सबै कुराको सुबिस्ता हुन्छ भनी गारनलाई चित्लाङमा नबसी अघि बढ्न मनाउन भीमसेन र रणध्वजले सरदार र टक्सारीलाई अह्राएका थिए । उनीहरूले गारन साहेबलाई यो कुरा बताएका थिए तर गारनले ४/५ दिन चित्लाङमै बस्ने कुरा गरे । सरदार र टक्सारीले "मालसामान एक-दुई दिनमा आइपुग्ला । हात्ती र घोडालाई सामान बोकाएर फर्पिङको बाटो हिँडाउँला" भन्दै गारनलाई "एकै दिनमा काठमाडौं जाऊँ" भनेका थिए । त्यति भन्दा पनि गारन २/३ दिनसम्म चित्लाङै बस्ने भएका थिए ।

---

९ फर्सावर्दार कोकिलले १८७३ साल आषाढ सुदि १० रोज ५ मा मुकाम मकवानपुरगढीबाट पठाएको अर्जी, १ सी. १६३, पोका ७५/२५ ।

१० सरदार बखतसिं बस्न्यात, सरदार गजसिंह खत्री र चन्द्रशेखर उपाध्याले भीमसेन थापा र रणध्वज थापालाई आषाढ सुदि ८ रोज ४ मा मुकाम चित्लाङबाट पठाएको पत्र, १ सी. १५४, ७५/७६, (यस चिठीमा चन्द्रशेखरको 'ख' लाई 'ख' नै लेखिएको छ । त्यति वेलाको चलनअनुसारको 'ष' लेखिएको छैन) ।

सरदार र टक्सारीले निकै जिद्दी गरेपछि गारनले भोलिपल्ट एक दिन चित्लाङ बसेर पर्सिपल्ट थानकोट जाउँला भनिदिए तर उनले त्यहाँ लामै बस्ने विचार गरेका थिए । त्यसैले आफ्ना बाबर्चीले चित्लाङमा राख्नू भनेका तर भरियाले काठमाडौं पुऱ्याएका सामान चित्लाङै फर्काउन लगाएका थिए । यसो गर्नका लागि उनले एउटा चिठी लेखेका थिए । त्यो चिठी काठमाडौंस्थित अंग्रेज सहायक रेजिडेन्टकहाँ पुऱ्याउने कामको जिम्मा पनि भीमसेन र रणध्वजलाई लगाइदिएका थिए ।

चित्लाङ आइपुगेको पाँच दिनपछि बल्ल उनी थानकोट पुगेका थिए । यतिञ्जेलमा पनि उनका सामान आइपुगेका थिएनन् । त्यसैले ती सामान आइनपुगी उनी काठमाडौं जान तयार भएनन् ।

केही दिन थानकोट बसेर साउनको दोस्रो हप्ता गारन काठमाडौं आए । त्यसको दुई दिनपछि राजा गीर्वाणयुद्धसँग दर्शनभेट गरे । गारनले लाठ (गभर्नर जेनरल लर्ड मोइरा) ले राजालाई पठाएको पत्र दिए, आफूलाई रेजिडेन्टमा नियुक्त गरेको पत्र राजालाई देखाए । यस भेटघाटमा औपचारिक रूपले एक-अर्काको हालखबर सोधखोज गर्ने काममात्र भयो ।

गारनले ल्याएका ती दुईवटा कागजबाट थाहा भयो, उनी सुगौली सन्धिमा दुवै पक्षले एक-अर्काका राजदूत एक-अर्का देशमा राख्न मञ्जूर गरेबमोजिम अंग्रेजका राजदूत भई नेपालमा बस्न आएका रहेछन् । यसले गर्दा नेपाली अधिकारीलाई केही हल्का भयो होला, गारन साँधसिमाना लगाउने कुरा गर्न आएको होइन रहेछ भनेर बुझे होलान् तर उनीहरू गारन यसरी आएकोमा पनि सन्तुष्ट थिएनन् । नेपाल दरबारमा राम्रो प्रभाव भएका, पाल्पा खटिएका उजीरसिंहले लेखे– "रामनगर, बारा, पर्सातर्फ दोसिमानादेखि उता ठाउँ-ठाउँमा उसका लश्कर बाक्लै बसेका छन् भन्ने खबर छ । यो खबर सुन्दा बर्खाभर मिठासका बात गरी बर्खा सकिएपछि अमिल्दा कुरा गरेर निहुँ खोज्छ कि भन्ने शंका लागेको छ । कुराकानी भएपछि उसको कुरा बुझिएला ।"[११]

बेलायती रेजिडेन्सी बनाउनका लागि कुनै सरदारलाई बिर्ता दिएको लैनचौरको जग्गा यसअघि नै खाली गराइसकिएको थियो । त्यस जग्गाको सट्टा सरदारलाई फर्पिङको खेतबारी दिइएको थियो ।[१२] त्यही ठाउँमा गारन अंग्रेजको पहिलो रेजिडेन्ट बनेर बस्न थाले ।

---

११ भीमसेन थापा र रणध्वज थापालाई उजीरसिंह थापाले १८७३ श्रावण सुदि ५ रोज २ मा मुकाम पाल्पाबाट लेखेको चिठी, १ सी. १६४, ७५/२३९ ।

१२ १ सी. २५५, पाना १०७/२ । यो लिखत यो जग्गा खाली गरिएको समयभन्दा धेरैपछि लेखिएजस्तो छ । त्यसैले यसमा सरदारको नाउँ लेख्ने ठाउँ खाली राखिएको छ । 'अहद (सन्धि) भइसकेपछि पहिले कायममुकायम रजिडंट भै आउन्या बाइल साहेब हो' भनी लेखिएको छ । यो कुरा सही भएकाले सरदारलाई बिर्ता दिएको जग्गासम्बन्धी बेहोरा पनि सही होलाजस्तो लाग्छ ।

उत्तरी बादशाहले झम्टियो

नेपालका पूर्व, पश्चिम र दक्षिणका भूभाग चुंडेर लगेपछि दक्षिणको सम्राट्ले नेपालमाथिको हमला रोक्यो तर उसले हमला गरेका वेला चीनसँग गुहार माग्ने क्रममा जेजस्ता पत्राचार भए, तिनको फलस्वरूप उत्तरको बादशाहले नेपाललाई दपेट्न थाल्यो ।

सुगौली सन्धि अनुमोदन नगरेपछि र अंग्रेज ठूलो फौज लिई काठमाडौं ताकेर आएपछि १८७२ साल फागुन महीनामा राजाले चिनियाँ अम्बाहरूलाई फेरि चिठी लेखेका थिए । त्यो चिठी बोकाएर पानि (पाँडे) जुलाई भोट पठाएका थिए । त्यसमा भनिएको थियो– "ज्यादै ठूलो लश्कर लिई फिरंगी काठमाडौंबाट दुई दिनको बाटोमा आइपुग्यो । आज मद्दत आएन भने हामीहरूले अंग्रेजलाई छेक्न सक्दैनौं । तसर्थ बादशाहका हजुरमा बिन्ती गरी फिरंगीलाई 'तिमीले लिएका नेपालका भूभाग फिर्ता गरी देऊ' भनी चिठी लेखाइदिनुहोला । चिठी नलेख्ने भए 'तिमीले फिरंगीलाई मान, (चीन) बादशाहलाई मान्नुपर्दैन' भन्न्या चिठी चाँडो गरी पठाउनुहोला ।"[१]

चीनका अम्बाहरूले पठाएको सो पत्रको जवाफ १८७३ साल वैशाखमा काठमाडौं आइपुग्यो । त्यसमा उनीहरूले पहिले लेखेका कुरा दोहोऱ्याउँदै भनेका थिए– "दश हजार मुलुक चीन बादशाहका शरणमा छन् । उनले सबैलाई बरोबर गरी दया गर्ने गरेका छन् । ती मुलुकबीच लडाइँ पऱ्यो भने निसाफ गरी दिन्छन्, कसैको पक्ष लिँदैनन् । आफू वाङ (तिमी राजा) ले 'फिरंगीलाई मान, चीन बादशाहलाई मान्नुपर्दैन भन्ने चिठी चाँडो पठाउनु होला' भन्नु बहुतै अयोग्य कुरा हो । आफू वाङ बादशाहलाई धेरै वर्षदेखि मानी बस्ने बादशाहको गुलामजस्तो हो । तिमी फिरंगीसित मिल्छौ/मिल्दैनौ, त्यो कुराको मतलब बादशाहलाई छैन । यस्तो अर्जी पठाउँदा बादशाह रिसाएर ठूलो फौज, लश्कर ल्याई तिमीसित

१ महत्त्वपूर्ण पोका, पत्र संख्या १२५ ।

सोधेका खण्डमा आफू वाङले अरूलाई दोष दिन मिल्दैन। यसो भएमा तिमीलाई पछुतो हुन्छ। फिरंगी र नेपालबीचको लडाइँ हाम्रा साँधबाहिरको कुरो हो। यस्तो लडाइँमा बादशाहको फौज खटाउने चलन छैन।"

उनीहरूले लेखे– "साँधमा हाम्रो ठूलो लश्कर छ। फिरंगीले हामीमाथि हमला गर्न सक्दैन। फिरंगी साँधसम्म आयो भने आइपुग्ने बित्तिकै भस्म गरी मारुँला। फिरंगी अलच्छिनी, सानु मुलुक हो, हामीले केही फिक्री मान्नुपर्दैन। आफू वाङ बालक हुनाले काम केही जानेको छैन भन्ने ठानेर आफू वाङले गरेको एकोहोरो अर्घेलो कुरा बादशाहका हजुरमा बिन्ती गरेका छैनौं। पछि यस्तो अर्घेलो नगर्नुहोला।"[२]

पत्रमा अम्बाहरूले भने– "अघि मल्ल राजाहरू पनि चीन बादशाहका शरणमा बसेका थिए। उनीहरूको राज्य तिमीले बल गरेर लियौ। 'ती देश नेवारहरूलाई थामिदिनू' भनी बादशाहले तिमीलाई भनेका छैनन्। जुम्लाको आधा भाग पनि तिमीले बल गरी लियौ। जुम्लाले बादशाहका हजुरमा बिन्ती गरी बादशाहले तिमीलाई 'पुरानै साँध थामिदिनू' भनेका खण्डमा तिमी कहाँसम्म बसौला ?"

यतिञ्जेलमा चिनियाँ फौज तिब्बत आइपुगिसकेको थियो। अम्बाहरूले त्यसको उल्लेख गर्दै पत्रमा लेखेका थिए– "अहिले चिनियाँ फौज तिमीलाई गुहार दिन आएको होइन। तिमीले 'फिरंगीले भोटको बाटो छोडी देऊ, बादशाहलाई सौगात चढाउन पर्दैन भन्यो' भनी लेखेका थियौ। यो कुरा फलानाले भनेको हो भनी बतायौ भने उससित लडाइँ गरी उसलाई भस्म गरी मारुँला भनिआएको हो। 'भोटको बाटो छोडी देऊ, बादशाहलाई सौगात चढाउन पर्दैन' भन्ने कुरा फिरंगीले भनेको हो कि तिम्रो मुलुकमा बनाएको हो सो कुरा चिठीमा लेखी चाँडो पठाऊ। तिमी आफैँले बनाएको हो भने 'दयासँग माफ गरी दिनुहवस्' भनी अर्जी र सौगात पठाऊ। होइन भने ठूलो फौज लिएर आएर तिमीलाई मारी दिउँला। फिरंगीसित लडाइँ गर्न नसक्ने तिम्रो मुलुक बादशाहको ठूलो फौजसित लड्न के सक्ला र ! यो काम चाँडो नगरे पछि पछुताएर केही फाइदा हुँदैन तसर्थ हामीले हाम्रो फौज उठाउनुअघि नै चाँडो गरी हाम्रो अर्तीअनुसार गर। संसारमा सुख र दुःख गरी दुईवटा बाटा छन्। आफ्ना खुशीले एक बाटो लिनू !"[३]

सुगौली सन्धि अनुमोदन गरी अंग्रेजलाई बुझाउन नेपाल बाध्य भएको दुई हप्ताजतिपछि चीन बादशाहले अम्बाहरूलाई पठाएको पत्र ल्हासा आइपुग्यो। नेपालले धेरैपटक बिन्ती गर्दा पनि गुहार किन नदिएको भनी बादशाह अम्बाहरूसँग

---

२ भोटका खोवासी अम्बाले नेपाल सरकारलाई संवत् च्याछिन २१ साल ३ महीनाका ५ दिन ल्हासाबाट लेखेको पत्र, महत्त्वपूर्ण पोका, पत्र संख्या १२५।

३ नेपालका राजालाई चिनियाँ सेनापति सैच्यान चुन तथा हुकुम टुचां ताठिन स्वितारिन २ ले च्याछिन २१ साल ६ महीनाको ७ दिनमा पठाएको पत्र, १ सी. २४४, पोका १/३।

रिसाएका छन् भन्ने हल्ला त्यहाँ रहेका नेपाली दूत बलभद्रले सुने । "फिरंगीले हाम्रो मुलुक हान्दा गुहार नपाएपछि फिरंगीले भनेको मान्नुपर्ला, आजसम्म बादशाहका हजुरमा चढाएको सौगात पनि फिरंगीलाई दिनुपर्ला" भनी नेपालले लेखेकोमा भने "श्री ५ बादशाहको थोरो रिसानी भयाजस्तो डबलका कुरा" पनि उनले सुने । नेपाललाई गुहार दिन भनी चिनियाँ सेनाका कमान्डर सैच्यान् चुन चाँडै ल्हासा आइपुग्ने खबर पनि नेपाली दूतले भीमसेन थापा र रणध्वज थापालाई सुनाए । यसबाट तिब्बतमा बस्ने नेपाली दूतले आधामात्र कुरा बुझेका रहेछन् भन्ने प्रष्ट हुन्छ ।

नेपाली दूत बलभद्रले "यसअघि जेजस्तो अर्घेलो भयो भइहाल्यो, अबचाहिँ अघि सरी अर्घेलो ठहरिने काम नगर्नुहोला" भन्दै त्यसो गरेका खण्डमा सैच्यान चुन र अम्बाहरूले निको नमान्ने भनी भीमसेन थापाहरूलाई सतर्क पनि गराए । उनले भने– "आफ्नू चुक नठहर्न्या काम गर्‍या बढिया पर्न जाला ।"[४]

चिनियाँ सेना नेपाली दूतले भनेझैं नेपाललाई सहयोग दिन आएको नभएर नेपाललाई तर्साउन आएको थियो ! त्यो फौजका कमान्डरले नेपालका राजालाई चिठी लेखेर भने– "तपाईंले 'भोट जाने पहाडको बाटो हामीलाई छोडिदिई हामीलाई मानेका खण्डमा चीन बादशाहलाई सौगात चढाउन पर्दैन भनी फिरंगीले भन्यो" भनी पठाउनुभएको बेहोरा अम्बाहरूले चीन बादशाहका हजुरमा जाहेर गर्दा बादशाह रिसाए । 'यस्तो अर्घेलो कुरा गर्ने मानिसलाई पाताल गई भस्म गरी मार्नू' भनी हुकुम भयो । यस कामका लागि धेरै हजार भारदार, सिपाहीसमेत ल्याएको छ । अर्घेलो कुरा फलानाले गरेको हो भनी पक्का जवाफ लेखेर पठाऊ । अंग्रेजले भनेको रहेछ भने फौज ल्याई उसलाई भस्म गरौंला । अंग्रेजसँग लड्न बल नपुगी यस्तो लेख्दा चीनले पत्यार गर्ला र सहयोग देला भनी चीनको चलन नजानी तिमीहरूले कुरा बनाई लेखेको रहेछ भने केरूङ र कुतीको बाटो दुईतिरबाट हाम्रो लश्कर ल्याई, दक्षिणतर्फबाट फिरंगीलाई पनि डाकी हान्न लगाई, चारैतिरबाट घेरी तिम्रो मुलुकलाई एक छिनमा भस्म पारौंला । तिम्रो मुलुक हंसफुलजस्तो फिरंगीसित पनि लड्न नसक्ने मुलुक हो । यस विषयमा हामीले फिरंगीलाई पनि चिठी पठाएको छ । जवाफ चाँडै आउने नै छ । दोष यसकै हो भनी पक्का नगरी फौज उठाई सजाय गर्दा चीन बादशाहले १,००० दिशामा गरेको दया व्यर्थ होला र हामीलाई नबुझीकन काम गरेको भनी अरूले भन्लान् भनेर यो चिठी लेखेको हो ।"

४ भीमसेन थापा र रणध्वज थापालाई बलभद्रले चैत्र वदि ९ रोज ६ मा मुकाम ल्हासाबाट लेखेको पत्र, १ सी. २४४, पोका १/३ ।

चिनियाँ सैनिक कमान्डरले लेखे– "तिमीले अर्घेलो गरेको हो भने सोही बेहोराको अर्जी काजी, भारदारको हात हामीकहाँ पठाऊ । हामी हाम्रो चलन थाहा नपाएका, टाढा बस्ने बालक राजाले बिराएछन्, अब उप्रान्त अघिको जस्तो अर्जी चढाई अर्घेलो कुरा गर्दैनन् भनी बिन्ती गरी पठाउँला । श्री ५ बादशाहबाट तिमीलाई माफी बक्स्यो भने हामी हाम्रो फौज फर्काउँछौं । त्यसो नगरेमा तिमीबाट आफूखुशी आफूलाई बिगार हुनेछ ।"[५]

यस्तो कडा धम्की आएपछि नेपालले चीन बादशाहसँग माफी मागेको बेहोराको अर्जीपत्र तयार गऱ्यो । यो अर्जी र नेपालमा पाइएसम्मका सौगात रणवीर सिंह थापा, दलभञ्जन पाँडे, भक्तवीर थापा र माथवरसिंह थापा काजीहरूका हात वैशाख महीनामै पठाउने भयो । उनीहरूलाई कुन बाटोबाट पठाऊँ भनी अम्बाहरूलाई सोध्यो ।[६]

सो खबर पाएर अम्बाहरूको मन 'बहुतै खुशी' भयो । उनीहरूले चीन बादशाहलाई बिन्ती गरी दिने भए । काजीहरूलाई कुतीको बाटो चाँडो चाँडो गरी ल्हासासम्म आउनू भने । काजीहरूलाई सहयोग गर्नू भनी ठाउँ ठाउँका कम्पुलाई आदेश दिए ।

यता अंग्रेजसँगको लडाइँका वेला आइलागेको चिनियाँ भाउँतो हटिसकेको थिएन, उता नेपाली भारदार र काजीहरू भने अंग्रेज रेजिडेन्टलाई नेपालबाट धपाउन चीनसँग सहयोग माग्नुपर्छ भनेर राजा र जर्नेललाई उक्साइरहेका थिए । धनकुटाबाट बालनरसिंह कुँवरले राजा र भीमसेन थापालाई अलग अलग चिठीमा लेखे– "अघि पनि हामी चीन बादशाहका पीछा परेका हौं । आज पनि सब तरहले घोप्टेचेप्टो पर्न जाँदा चीनले नै भरथेग गर्छ । अहिले हामीले चीनलाई उठाएर अंग्रेजलाई तह लगाउनुपरेको छ ।"[७]

नेपालबाट गएको प्रतिनिधि मण्डल असोजमा दिगर्चा पुग्यो । उनीहरू पुग्ने बित्तिकै नेपालका राजाले चीन बादशाहलाई चढाएको अर्जी र तासमुगाको माला अम्बाहरूले चीन बादशाहलाई पठाइदिए ।

---

५ च्याछिन २१ वर्षको ४ महीनाको २८ दिन जाँदा अंटलान सथ्याङ जल्दा साआइले च्यान च्याछिनले राजालाई लेखेको चिठीको मुद्दा, १ सी. २४४, पोका १/३ ।

६ राजाबाट च्यानजुनलाई १८७३ भाद्र वदि १० मा लेखिगयाको लालमोहरको मुद्दा, १ सी. २४४, पोका १/३ ।

७ काजी बालनरसिंह कुंवरले भाद्र वदि १२ रोज ४ मा मुकाम धनकुटाबाट पठाएको अर्जी (नं. १६), १ सी. नं. २४४, पोका १/३ र भीमसेन थापालाई काजी बालनरसिंह कुंवरले भाद्र वदि १२ रोज ४ मा मुकाम धनकुटाबाट लेखेको चिठी (नं. १५), १ सी. २४४, पोका १/३ ।

राजाले यस प्रतिनिधि मण्डलमार्फत बादशाहलाई पठाएको अर्जीका साथमा अम्बाहरूलाई छुट्टै चिठी लेखेका थिए । त्यसमा उनीहरूलाई नेपालबाट अंग्रेजलाई हटाउन सहयोग गर्न अनुरोध गरेका थिए । त्यो कुरा पढेपछि अम्बाहरूले यसबारे प्रतिनिधि मण्डलका सदस्य काजी रणवीरसिंह थापाहरूलाई थप कुरा सोधे । उनीहरूले भने– "अंग्रेजसँग भएको सन्धिअनुसार अंग्रेजका रेजिडेन्ट नेपालमा बस्न थालेका छन् । यसरी बसेपछि अंग्रेजले नेपाल उसै खान्छ । तपाईंहरूले दया गरेर उसलाई नेपालबाट हटाइदिनुपऱ्यो ।"

चिनियाँ अम्बाहरूले अंग्रेज गभर्नर लर्ड मोइरालाई चिठी लेखेर यसबारे कुरा बुझेका थिए । अंग्रेजले अम्बाहरूलाई लेखेका थिए– "नेपालसँग हाम्रो मेल भइसक्यो । हामीहरू नेपालसित जुगजुगसम्म मिल्छौं । नेपालले किन यस्तो चुक्ली लगायो बुझ्न सकिएन ।" अंग्रेजको यो कुरा अम्बाहरूलाई ठीक लाग्यो । उनीहरूलाई लाग्यो– "नेपाल र अंग्रेजको मिलाप भएपछि उनीहरूबीच आवतजावत हुन्छ, प्रजाप्राणी र सबैको संभार हुन्छ । नेपालका राजाले बढिया काम गरेका रहेछन् ।" त्यसैले अम्बाहरूले "अंग्रेजलाई सन्देह किन गर्नुपर्ला र !" भनी राजालाई सम्झाए ।

एउटा देशका मानिस अर्को देशमा बस्ने चलन छँदै छ भनेर पनि उनीहरूले नेपालका राजालाई चिठीमार्फत सम्झाए– "भोट, दिगर्चामा व्यापार गर्न अरू मुलुकका जातजातका धेरै मानिस आउँछन् । भोटमा नेवार व्यापारीका ६/७ कोठी छन् । हाम्रा बादशाहले त्यहाँ कोही आए भने साँधबाहिर धपाउने कुरा गरेको छैन । बादशाहको नीतिथिति तुल्याई न्यायनिसाफ भएको छ । भोट चिनियाँ बरोबर बेपार गर्छन् । त्यसले गर्दा चिनियाँ र भोटियाहरू जुगजुगसम्म सुखी र आनन्दित भइबसेका छन् । आफू वाङले पनि यस्तै तरहसित गरेका खण्डमा नेपालमा बस्ने फिरंगी पनि आफू वाङको दया मानी बस्ला । आफू वाङले क्यान सन्देह मान्या छ ? आउने मानिसहरू राम्ररी बसेनन् भने आफू वाङले विचार, बुद्धि र बल गरी धपाउने काम गर्नू । हामी अम्बाहरू चीनको बादशाहका हुकुमले भोटमा स्याहार संभार गर्न आएका हौं, तिम्रो मुलुकमा भएको फिरंगी धपाउन आएका होइनौं । फिरंगीसित मिलाप भएपछि आवतजावत र व्यापारको नियम बनाएकै होला । अहिले एउटा कुरा, अनि एकैछिनपछि अर्को कुरा नगर्नू । (अंग्रेजले) साँधसिमानामा भएको मुलुकले भाँड्यो भन्ला ।"[८]

---

८ स्वस्ति श्री ५ चीन बादशाहका हुकुम ताठिन शासि अङटलांट शैशश्वन च्यांजुन फैलिं अङपाधुन सैनमा जुन तथा श्री टुचां ताठिन लि फान योन ईउशलाङ थान खेइ धेइ पाथुन श्री सितारिन अम्बा २ ले २१ सालका ७ महीनाका २२ दिन पठायाको पत्र, १ सी. १६४, पोका ७५/३३९ ।

चिनियाँहरूले गभर्नर जेनरल लर्ड मोइरालाई पठाएको माथि भनिएको पत्रको जवाफ नेपाली प्रतिनिधि मण्डल दिगर्चा पुगेको पर्सिपल्ट त्यहाँ पुगेको थियो । त्यसमा अंग्रेजले हामीले त्यसो भनेको होइन भनी स्पष्ट पारिसकेको थियो । अम्बाहरूले त्यही चिठी देखाएर नेपाली प्रतिनिधि मण्डललाई सन्धि भएपछि यताउता कुरा नगर्न सल्लाह दिए ।[९]

यसरी चिनियाँसँगको किचलो नेपाललाई धेरै नोक्सान नभईकन टुंगियो ।

---

९   संवत् १८७३ साल कात्तिक सुदि ६ रोज ७ मा मुकाम कुतीबाट कर्णेल रणवीरसिंह थापा, दलभञ्जन पाँडे, भक्तवीर थापाले श्री ५ महाराजधिराजका हजुरमा लेखी पठायाको अर्जी (१४), १ सी. १६४, पोका ७५/३३९ ।

टुंग्याउनी

गीर्वाणयुद्ध शाह

लडाइँ रोकिएको केही समयपछि नेपालमा बिफर फैलियो । राजालाई सानामा बिफर नलागेकाले उनमा यसको प्रतिरोध क्षमता छैन भन्ने ठानेर नेपाल सरकारले बिफरको खोप मगाइदिन ब्रिटिश राजदूतावासलाई अनुरोध ग‍र्‍यो । दूतावासले केही खोप नेपाल ल्यायो । त्यो खोप पहिले केटाकेटीलाई लगाइयो । उनीहरू बिफरले नमरेको थाहा पाएपछि राजाले पनि खोप लगाउलान् भनेर ।

भीमसेन थापाले अंग्रेज अधिकारीलाई केही समय पर्खेर राजा र राजपरिवारका सदस्यलाई खोप लगाइदिन प्रस्ताव गरे तर खोप लगाइएन । राजपरिवारका सदस्यलाई बिफर लाग्यो । राजाका कान्छा छोरा बिफरले बिते । जेठा छोरालाई पनि बिफर लाग्यो । बिफर लाग्ला भनेर राजा अरूबाट अलग बसे तापनि उनलाई पनि बिफर लाग्यो । उनी १८७३ साल मार्ग सुदि १ बुधवारका दिन बिफरका बेथाले बिते । उनी १८५५ सालमा, डेढ वर्षका हुँदा राजा भएका थिए ।[१]

भीमसेन थापा

भीमसेन थापा १८६३ साल वैशाखदेखि १८९४ साल साउनसम्मका ३१ वर्ष नेपालको शासनका हर्ताकर्ता भए । उनले शासन गरेका वेला राजासँग उति सारो शक्ति थिएन । सबैजसो शक्ति भीमसेन थापासँगै थियो तर पछि उनको शक्ति घट्यो । उनलाई राजाका कान्छा छोरालाई विष खुवाएर मारेको आरोप लगाएर १८९४ साल साउनमा कैद गरियो । उनको सर्वस्व हरण गरियो । अलिपछि कैदबाट छुटाइयो । सर्वस्व हरण गरेको सम्पत्ति फुकुवा गरियो तर पछि फेरि बन्दी बनाइयो । सरकारले गरेको प्रचारअनुसार, १८९६ साल साउन ८ गते उनले

---

१ श्री ५ गीर्वाणको स्वर्गवास भएको कुरा परेको तात्कालिक अप्रकाशित पत्र, महेशराज पन्त, पूर्णिमा १५, २ पूर्णांक ५८, पेज ६२-६३ ।

आफ्नो घाँटी आफैं सेरे । नौ दिनसम्म छटपटिएपछि उनको मृत्यु भयो । उनको लाश सद्गत गर्न दिइएन ।

भीमसेन थापाको परिवारका सदस्यलाई अपमानित गर्न लागिएको भन्ने हल्ला फैलाइएकाले भीमसेन थापाले आफ्नो घाँटी सेरे भनिएको छ । कस्तो हल्ला भन्नेबारेमा थरीथरीका मत छन् । परराष्ट्र मन्त्रालयका सार्वजनिक नभएका कागजपत्रको ठेलीमा तीमध्येको एउटा हल्ला लेखिएको छ । भीमसेन थापाको मृत्युको मितिमा १८९६ साल उल्लेख गरी महीना र तिथि खाली राखेकाले यो तत्काल लेखेको नभई अलिपछि लेखिएको भन्ने बुझिन्छ तर यो हल्ला अरू हल्लाभन्दा अलि पहिल्यै लेखिएकाले सत्यको अलि बढीनजीक हुन सक्छ । भीमसेन थापा थुनिएका वेला उनका कानमा पारिएको भनिएको हल्ला यसप्रकार छ :

भीमसेन थापाको सल्लाहले श्री कान्छा साहेबज्यूलाई वैद्य एकदेव पाध्या र पाटनको वैद्य भाजुमानले विष हालेको औषधी खुवाई माऱ्यो भन्ने बहाना गरी एकदेउ वैद्यको मुखमा भाइ सार्कीलाई पिसाब गर्न लगाई नरक (दिसा भएको खाल्डो) मा गाडिदिए । भाजुमान वैद्यलाई पुलचोकबाट शहर आउने दोबाटोमा कर्नेलको घरनेर राखी छाला टाँगी, नून, खुर्सानी र पानी छरेर मारिदिए । भीमसेन थापाकी मुखेनी (पत्नी) लाई टुँडिखेलमा लगी सिपाहीले दिएको भण्डारा खुवाउन लागिएको छ ।[२]

सो कागजको आशयअनुसार सिपाहीले दिएको भण्डारा अर्थात् साधु र गरीबलाई दिइने भोज आफ्नी पत्नीलाई खुवाएर बेइज्जत गर्ने भए भनेर भीमसेन थापा सेरिएर मरेका थिए ।

भीमसेन थापा मरेपछि राजा राजेन्द्र विक्रम शाहले पुरोहित, चौतरिया, काजी, सरदार, कप्तान, कपरदार, खजाञ्ची, कुम्मेदान, डिठ्ठा आदि विभिन्न पदका अधिकारीहरूलाई भीमसेन थापाका सन्तान दरसन्तानको र उनका दशदिने जुठो लाग्ने दाजुभाइसमेतको सिफारिश दरबारमा नगर्नू भनी आदेश जारी गरे । त्यसो गर्नेलाई भारी दण्ड सजाय गरिने र पञ्चमहापातक लाग्ने डर देखाए । यस आदेशमा उनले भीमसेन थापालाई 'कर्मचन्डाल' भनेका थिए ।[३]

विदेशमा पनि भीमसेनको बदनाम गराए । चीनका बादशाहलाई नेपालका राजाले लेखे– "हुकुम नपाई मलाई दबाई फिरंगीलाई ल्याउने निमक हरामी गरी फिरंगीसित मिल्ने तँ को होस् ?" भनी ९४ सालका श्रावणमा भीमसेनलाई कयद

---

२ १ सी. २५५, पोका १०७/२ ।

३ महेशराज पन्त, भीमसेन थापाका सन्तानदरसन्तानको सिफारिश नगर्नू, पूर्णिमा, पूर्णांक ३२, अंक ४, पेज ३४७, २०६५ साल ।

गरी राख्याको थियो । ...भीमसेन थापाले आफू मुनासिबले फिरंगीसँग मिल्नाका कुरा सबै चीन बादशाहका हजुरमा खुलासा होला र मेरो झन् शासना होला भनी आफ्ना गला आफैंले काटी मऱ्या ।[४]

अमरसिंह थापा

अंग्रेजसँगको लडाइँ थामिएको दुई महीनाजतिपछि १८७३ साल जेठमा बुढाकाजी अमरसिंह थापा दशहराको मेला भर्न भनी काठमाडौंको उत्तरमा पर्ने गोसाईंथान (गोसाईंकुण्ड) गएका थिए । उनले जनै पूर्णिमासम्म त्यहाँ बसेर काठमाडौं फर्कने कुरा गरेका थिए तर जनै पूर्णिमाभन्दा १० दिनअघि साउन १२ गते आइतवार उनी त्यहीं बिते । त्यसको १०/१२ दिनअघि उनलाई सूल भएको थियो ।[५]

पश्चिम मुहुडामा हारेर डडेलधुरा आइपुगेपछि अमरसिंह थापाले त्यहाँबाट १० दिन टाढाको हिमाली भेगको तीर्थ जाने इच्छा गरेका थिए, जसका बारेमा अघिल्ला अध्यायमा उल्लेख भइसकेको छ ।[६] उनले जान चाहेको तीर्थ यही गोसाईंकुण्ड हुन सक्छ ।

गोसाईंकुण्डका बारेमा पौराणिक प्रसंगसँग जोडिएको एउटा जनश्रुति छ । उहिल्यै देवता र दानव मिलेर समुद्र मन्थन गर्दा कालकूट विष निस्कियो । सो विषले गर्ने हानिबाट संसारलाई बचाउन भगवान शिवले त्यो विष पिए । त्यसको डाह सहन नसकेपछि उनी अहिले गोसाईंकुण्ड रहेको हिमाली डाँडामा आए । आफ्नो त्रिशूलले पहाडमा प्वाल पारेर चीसो पानी निकाले । त्यो पानी जम्मा भएर गोसाईंकुण्ड बन्यो । महादेव त्यही कुण्डको पानीमा डुबेर बसे र विषको डाह शान्त पारे ।

आफूले जीवनभर मेहनत गरेर विस्तार गरेको देशको धेरै भूभाग अपमानित भएर गुमाउनुपरेको पीडा बुढाकाजी अमरसिंहलाई थियो । त्यसैले उनले त्यो डाह कम गर्न गोसाईंकुण्ड रोजेका थिए कि ? अथवा गोसाईंकुण्डमा जलयोग लिएर प्राण त्याग्ने इच्छा गरेका थिए कि ?

अमरसिंह थापा बाँचिरहेका भए उनले नेपालमा थप डाह भोग्नुपर्ने निश्चित थियो, जसलाई परराष्ट्र मन्त्रालयका सार्वजनिक नभएका कागजपत्रको थुप्रोमा रहेको एउटा कागजले पुष्टि गर्छ । सो कागजमा, १८६१ सालदेखि १८७२

---

४ १८९९ साल आषाढ वदि ८ रोज ६ मा जगतबम पाँडेलाई चीन पठाउँदा राजाले चीन बादशाहलाई लेखेको पत्र, सन्धिपत्र संग्रह, पेज १२३ ।

५ बूडाकाजी अमरसिंह थापा परलोक भएको कुरा परेका पाँचवटा तात्कालिक अप्रकाशित पत्र, महेशराज पन्त, पूर्णिमा १५-२, पेज ४५ देखि ६१ ।

६ यसै किताबको 'अमरसिंह पनि हारे' शीर्षकको खण्ड हेर्नुहोला ।

सालसम्मका १२ वर्षमा अमरसिंह थापाका अधीनमा रहेका भूभागको आम्दानी र खर्च हिसाब गर्दा अमरसिंह थापाले ७० लाख, उनका खरदार पृथ्वीविलास पाध्याले १९ लाख र सुबेदार किसन थापाले १,७०० रुपियाँ हिनामिना गरेको देखाइएको छ ।[७] यस्तै गरी अर्को एउटा पत्रमा लेखिएको छ– "अमरसिंह थापा पश्चिम मुहुडाबाट पूर्व आउँदा नालागढीमा अंग्रेज जेनरल अक्टरलोनीले निज काजीले ल्यायाको असबाफ रोकी हेर्दा त्यसमा ५९ लाख रहेछ ।"[८]

परराष्ट्र मन्त्रालयकै सार्वजनिक नभएका कागजपत्रको अर्को पोकामा रहेको एउटा कागजमा बुढाकाजीको अधीनमा रहेका ठाउँको एक वर्षको आम्दानी ७ लाख ५० हजारजति भएको अनुमान गरिएको छ ।[९] पदनाहगढीमा बस्ने भक्तवत्सल मल्लबाहेक अरू सबै ठाउँका भारदार र कम्पनीले आम्दानी नउठेको गुनासो बारम्बार गरेका थिए । अमरसिंहको अधीनमा रहेका ठाउँहरू लामो समय लडाईंले ग्रस्त थिए, अझ कति ठाउँ त निर्जन थिए । त्यसमाथि १८७२ सालको शुरूमै उनी त्यहाँबाट हिंड्नुपरेको थियो । त्यहाँका मानिस नेपालका विरुद्ध उठेका थिए । यस्तो अवस्थामा उक्त कागजमा उल्लेख भए जति आम्दानी पक्कै भएको थिएन । वास्तवमा अमरसिंहले हिसाब हिनामिना गरे भनिएका १२ वर्षको कुल आम्दानी ५० लाख पनि पुग्ने देखिंदैन । हतियार, सिपाही र प्रशासनको खर्च यही आम्दानीबाट धानिनुपर्थ्यो । जुन ठाउँको आम्दानी नै ५० लाख छैन, त्यस ठाउँको लडाइँ तथा प्रशासनको खर्च कटाएर बुढाकाजी, खरदार र सुबेदारले ९० लाख रुपियाँ हिनामिना गरेको आरोप मिथ्या देखिन्छ ।

यहाँनेर अमरसिंहका छोरा रणजोरलाई पछिसम्म पनि दुःख दिएको कुरा सम्झनु उपयुक्त हुन्छ । अमरसिंहको मृत्यु भएको २० वर्षभन्दा पछिको कुरा हो । राजाले कप्तान रिपुमर्दन थापालाई "निमक हराम गरी दौलत खायाबापत काजी रणजोर थापालाई प्यादा लागन्या (कारबाही गर्ने) कामको हुकुम" बक्से । "यो काम सख्त भै गर्न्या काम हो भनी ... मनले ठहराई केवल तनमनले निमकको सोझो चिताई काम गरेर" रिपुमर्दनले रणजोरबाट ७३ हजार रुपियाँ असुलेर दरबारमा दाखिल गरे ।[१०]

लर्ड मोइरा

हिन्दुस्तानका गभर्नर जेनरल लर्ड मोइरालाई बेलायतले सन् १८१७ मा मक्विस अफ हेस्टिङ्सको पदले विभूषित गऱ्यो । उनले मराठालाई पनि जितेर

---

७ १ सी. ४४१ ।

८ क्याटलग, पत्र संख्या २३७ ।

९ श्री महाकालीपश्चिमका राजा राजाका मुलुकको आमदानी, १ सी. ३०, पोका ०/६ ।

१० रिपुमर्दन थापाको अर्जी । यो अर्जी १९९४ सालतिरको हुनुपर्छ । पोका ७, पत्र संख्या ९५ ।

अंग्रेज उपनिवेशमा गाभेका थिए । यसो गरेपछि सतलज र सिन्ध नदीभन्दा पूर्वको सारा हिन्दुस्तान अंग्रेजको अधीनमा भयो । सिंगापुर टापु किनेर बेलायतको बनाउने काम पनि उनले गरेका थिए ।

पछि उनलाई बैंकसम्बन्धी एउटा मामलामा भ्रष्टाचार गरेको अभियोग लगाइयो । मोइरा बितेको दुई वर्षपछि सन् १८२८ मा उनलाई भ्रष्टाचारको अभियोगबाट मुक्त गरियो ।

डेभिड अक्टरलोनी

नेपाललाई घुँडा टेकाउन सफल भएकोमा अक्टरलोनीलाई बेलायती संसदले धन्यवाद दियो । उनलाई *'नाइट ग्रान्ड क्रस अफ द अर्डर अफ द बाथ'* पदवीले सम्मानित गरियो । भरतपुरका नाबालक राजाका विरुद्ध विद्रोह हुँदा उनले राजाका पक्षमा अंग्रेज सेना परिचालन गरेका थिए तर गभर्नर जेनरलले सेना फिर्ता बोलाएपछि अक्टरलोनीले अपमानित भएको महसूस गरे र आफ्नो पदबाट राजीनामा दिए । उनी १८२५ जुलाईमा बिते ।

गुमेको जमीन

लडाइँ थामिएको एक वर्षजतिमा अंग्रेजले नेपालबाट लिएको कोशीदेखि राप्तीसम्मको मैदान नेपाललाई फर्कायो । पछि सन् १८५७ को लखनऊ विद्रोह दबाउन नेपालले अंग्रेजलाई सहयोग गर्‍यो । त्यसबापत अंग्रेजले सुगौली सन्धिले गर्दा नेपालले अंग्रेजलाई सुम्पनुपरेको महाकाली र राप्ती नदीबीचको मैदान नेपाललाई फिर्ता दियो । यसभित्र अहिलेका बाँके, बर्दिया, कैलाली र कञ्चनपुर जिल्ला पर्दछन् । यी जिल्ला पछिसम्म 'नयाँ मुलुक' भनेर चिनिन्थे ।

बलभद्र कुँवर र अरू लाहुरे

पश्चिम मुहुडामा अंग्रेजसँग हार खाएपछि कप्तान बलभद्र कुँवर उतैबाट रणजीत सिंहको फौजमा भर्ना हुन गए भनी नेपाली इतिहासकारहरूले केही समय लेखे । यथार्थ त्यसभन्दा फरक देखिन्छ । इतिहास संशोधन मण्डलका सदस्य दिनेशराज पन्तले आफैंले समेत लेखेको यस्तो कुराको संशोधन गर्दै एउटा लेख लेखेका छन् ।[११]

गोर्खालीहरूसँग लड्दा अंग्रेजले नेपाली अद्‌भुत खालका लडाकू भएको थाहा पाए । त्यसैले गोर्खालीको हार हुनुभन्दा पहिले नै उनीहरूले नेपाली सिपाहीलाई

११ दिनेशराज पन्तले पछि पाइएका दुईवटा कागजपत्रका आधारमा पूर्णिमा वर्ष २५, अंक ३ पेज ६३–६४ मा 'आत्मसंशोधन' शीर्षकमा एउटा लेख लेखेर पहिले आफूले लेखेका लेख र किताबमा यसबारे गलत कुरा परेको बताएका छन् ।

आफ्नो सेनामा निम्ता दिएर भर्ना लिन थालेका थिए । बलभद्रजस्ता लडाकूलाई उनीहरूले नलिने कुरै थिएन ।

पश्चिम मुहुडामा लडेका र अंग्रेजसँग हारेका सैनिकहरू नेपाल फर्कन हिच्किचाउँथे । अघिल्ला अध्यायमा उल्लेख गरिएझैं, अंग्रेजका सहयोगी बेशहरका सिपाहीले बन्दी बनाएका कीर्ति रानाको कमान्डमा रहेका गोर्खाली सैनिकको भनाइबाट पनि यो कुरा थाहा पाइन्छ । लेखक तथा कलाकार जेम्स फ्रेजरले भेटेका एक जना भारदारलाई उनले "सन्धि भयो र घर फर्कन पायौ भने आफ्नो घर जान्छौ ?" भनी सोधेका थिए ।

"अहँ । म घर जान्नँ । मैले अन्त कतै नोकरी खोज्नुपर्छ । म राजाका सामुन्ने मुख देखाउन लायक छैनँ । मैले राजाको नून खाएको छु । उनले मलाई विश्वास गरेका थिए तर मैले विश्वासघात गरें, आफ्नो किल्लामा लडेर ज्यान दिइनँ ।" आफूलाई अमरसिंहको काका/मामा (अंकल) बताउने, असाधारण रूपले अग्ला, मिलेको शरीर भएका, कालो दौरा सुरुवाल र लडाइँमा लाउनेजस्तो टोपी लगाएका, खुकरी र ढाल भिरेका, फ्रेजरले नाम बिर्सेका ती भारदारले जवाफमा बताएका थिए ।

उनले यस्तो जवाफ दिंदा त्यहाँ भएका सबै सुबेदार र कमान्डरले उनको कुरामा सहमति जनाउन टाउको हल्लाएर भनेका थिए, "हामी फर्कन योग्य छैनौं ।"[१२]

लडाइँमा हार बेहोरेका कमान्डरहरूको यो मनस्थिति बलभद्रको घरका मानिसले थाहा पाएको हुनुपर्छ । त्यसैले उनीहरू बलभद्र उतै बस्ने हुन् कि भनेर डराएका थिए । उनीहरूले धनकुटा खटिएका आफ्ना माइती/मावली भक्तवीर थापासँग गुहार मागेर चिठी लेखे । त्यो चिठी पाएपछि भक्तवीरले भीमसेन थापाका सहायक आफ्ना दाजु रणध्वज थापालाई १८७२ साल भदौ २ गते धनकुटाबाट लेखे– "जन्मनु, मर्नु संसारमा चल्यैको छ । निमख खाई श्री ५ ख्वामितको काज टहलमा मर्नु हाम्रो औलादै (कर्तव्य) हो । बाँकी खानु (यस हैसियतभन्दा माथिको कुरा ताक्नु) केही छैन भनी कुँवर कप्तानका घरबाट लेखेछन् ।"[१३]

त्यस घरायसी चिठीमा भक्तवीरले आफ्ना दाजुलाई यस्तो सिफारिश गरे– "(बलभद्रलाई) १०/८ खेत कप्तानी खानगीमा नेपालैमा पारिदिनुभया कबीलाको जीविका भै काजमा सोमना रहँदा हुन् ।" त्यति वेला भक्तवीरलाई अरू केही गोर्खाली कमान्डरचाहिं नेपाल आउलान् जस्तो लागेको थिएन । रणध्वजलाई

12 Fraser, 1821, Page 166, 175, 177-170, 223-227. यसबारेमा थप चर्चा यसै किताबको 'कीर्ति राना' शीर्षकमा गरिएको छ ।

१३ रणध्वज थापालाई भक्तवीर थापाले १८७२ साल मिति श्रावण सुदि १२ रोज ४ मा मुकाम धनकुटाबाट लेखेको पत्र, डीएनए ४/१३ ।

पठाएको चिठीमा उनले लेखे– "शमशेर राना भन्या आउन्या छैन ।" यसको मतलब आफ्नो र परिवारको बाँच्ने आधार पाएका खण्डमा कुँवर कप्तान नेपाल आउलान् भन्ने आशा भक्तवीरले गरेका थिए ।

अमरसिंह थापा पश्चिम मुहुडाबाट हिंडेर १८७२ साल असार ८ गते बिरबासे घाट पुगेको अनुमान अक्टरलोनीले गरेका थिए । यसैवेला अंग्रेजले युद्धबन्दी बनाएका अजम्बर पंथलाई पनि उनले चाहेका बखत नेपाल फर्कने अनुमति र आवश्यक सहयोग दिने व्यवस्था अक्टरलोनीले मिलाएका थिए ।[१४] यसका आधारमा बलभद्र कुँवर पनि यही समयतिर नेपाल फर्केको अनुमान गर्न सकिन्छ ।

यसअघि नेपालको अधीन रहेका महाकाली पारिका ठाउँ छाडेर फर्केका अरू भारदार र सैनिक जसरी नै उनीहरू पनि डडेलधुरा आइपुगे र अब के गर्ने भन्ने विषयमा राजा र जेनरल भीमसेन थापाको आदेश पर्खेर बसे ।

केही समयपछि राजाले बुढाकाजी अमरसिंह थापा, रेवन्त कुँवर, कप्तान बलभद्र कुँवर र नयाँ पुराना गोरखलाई काठमाडौं बोलाए । जमुनापारबाट आएका अजम्बर पंथ काजीबाहेक सबै भारदार र कम्पनी पूर्व लागे । कोही मध्यपहाडको मूलबाटो भएर गए भने ढाक्र्या अर्थात् जागिर नपाएका सैनिकचाहिँ जुम्लाको माथिल्लो बाटो हिंडे ।[१५]

पश्चिमबाट आएका अरू धेरैले घर फर्कन नपाए पनि बलभद्र कुँवर भने भाग्यमानी थिए किनभने उनलाई काठमाडौं आउने बोलाहट गएको थियो ।

बर्खा भएकाले यति वेला लडाइँ थामिएको थियो । सन्धि गर्ने विषयमा वार्ता भइरहेको थियो । यसपछि बलभद्र कतै खटाइए कि खटाइएनन् भन्ने थाहा भएन । लडाइँ थामिएको झन्डै एक वर्षपछि १८७३ साल माघ २० गते राजाले बलभद्र कुँवरलाई सरदार जगदेउ भण्डारीलाई बदला दिन खटाए ।[१६] त्यति वेला जगदेउ सल्यानमा थिए कि जस्तो लाग्छ ।

जगदेउलाई यो जानकारी दिन लेखिएको रुक्काको पीठमा 'मार्फत रणध्वज थापा' भनिएको छ । यसको अर्थ हो– बलभद्र कुँवरलाई यसरी खटाउन रणध्वजले बल गरेका थिए ।

---

14 Letter to J. Adam from D. Ochterlony, 30th June 1815, Pakistan Papers, Page 293.

१५ बम शाहले १८७२ भाद्र वदि १० रोज ४ मा बैतडीबाट लेखेको अर्जी, पोका ३, पत्र संख्या ३७८ ।

१६ दिनेशराज पन्तले (आत्मसंशोधन शीर्षकमा पूर्णिमा वर्ष २५, अंक ३ पेज ६३–६४) २०५० सालमा प्रकाशित बुद्धिलाल भण्डारीको नेपाल राष्ट्र निर्माणका केही योद्धाहरू नामक किताबको पेज १०० मा यो लालमोहर छापिएको कुरा लेखेका छन् । यो र अर्को एउटा पत्रका आधारमा दिनेशराजले यसअघि आफूले पनि बलभद्र कुँवर पश्चिम मुहुडाबाट सोझै लाहुर गएको भनी लेखेकोमा त्यसलाई संशोधन गरेका छन् ।

यसअघि माघ १२ गते बलभद्र कुँवरलाई राजाले "दुल्लुको पाँच मुरी बीउ लाग्ने बाँझो जग्गा गुठी राखेर त्यो जग्गा आवाद गरी पैदावार लिई देवताका पूजा आरती भोग आदि काम गर्नू" भनी आदेश दिएका थिए ।[१७]

यो जग्गा एक किसिमले गुठीको मोहियानीजस्तो थियो । मन्दिर सञ्चालन गरेर बचेको मात्र खान पाइने । फेरि मध्यनेपालमा रहेका उनका परिवारले त्यो जग्गा कमाउने कुरा थिएन, अर्कालाई कमाउन दिएर आएको आधा अन्न आफूले खानु कि मन्दिरको काज चलाउनु ? त्यसैले यसमा बलभद्रको चित्त बुझेन कि ?

अलि पहिले हुनुपर्छ, बलभद्रले राजालाई अर्जी चढाउँदै आफ्ना पुर्खाले पूर्वतिर लडी विजय गरेको कुरा सम्झाएका थिए । उनले लेखेका थिए– "काँगडाको महिम चल्दा पनि मैले आफ्ना गोलबल ६२५ जवान हनुमान ढोकामा हाजिर गरी कांगडा पुऱ्याई ख्वामितका काजमा मिहिनत गऱ्या नगऱ्याको अड्डा अड्डाका भारदार सबै जान्दछन् । अझ पनि ख्वामितका काजमा त्यही गोलबल लाउँला भनी जमाई थामिराख्या छु । मउपर जागिरको निगाहा रह्या आफ्ना गोलबल लिई गौंडामा जाँदो हुँ, ठूलो सानु टहल जो परी आवला गौंडामा बसी ख्वामितलाई रिझाउँला भन्न्या इरादा राख्याको छु ।"[१८]

यसपछि डडेलधुरा खटिएका रिपुमर्दन थापालाई बलभद्र लाहुर पुगे भनी पश्चिम र दक्षिणबाट आउनेहरूले खबर सुनाए । उनले त्यहाँ महीनावारी १,१०० रुपियाँ पाउने गरेको र त्यहाँ पहाडी फौज खडा गरिएको हल्ला १८७४ सालमा डडेलधुरा आयो । यो खबर बुझेर सही कुरा ल्याउनू भनी अह्राएका उप्रेतीहरूले बलभद्र त्यहाँ नपुगेको खबर ल्याए । बरू शिवदत्त राईचाहिँ लाहुरमा भएको खबर उनीहरूले ल्याए ।[१९]

यो कुरा थाहा पाएपछि नेपालले बलभद्रसमेतका बारेमा वेला वेलामा बुझ्न मानिस पठाउने गऱ्यो । यस्तैमा जम्दार तुलाराम घर्तीले लाहुरबाट ल्याएको खबरअनुसार,[२०] कुनै साल (साल नखुलेकाले यसो भनेको) बलभद्रले आफ्ना मीतबाबु, कोटलहरका राजा नारायण पालसँग कतै काम पाए हुन्थ्यो भनेछन् । राजा नारायणले पञ्जाबका राजा रणजीत सिंहलाई यो कुरा लेखेछन् । रणजीत सिंहले "बढिया हो, झिकाऊ" भनेछन् ।

---

१७ दिनेशराज पन्त, आत्मसंशोधन, पूर्णिमा वर्ष २५, अंक ३ पेज ६३–६४ ।

१८ बलभद्रको अर्जी (मिति नखुलेको), पोका ३, पत्र संख्या ४१ ।

१९ भीमसेन थापालाई रिपुमर्दन थापाले माघ सुदि १२ रोज ४ मा मुकाम दावली सेराबाट पठाएको पत्र, १ सी. १६४, ७५/१५३ ।

२० जम्दार तुलाराम घर्तीले जमानी कह्याको खबर, डीएनए १/१०० । यस कागजमा मिति उल्लेख छैन ।

यसपछि राजा नारायणले बलभद्रलाई कोटलहर झिकाए । बलभद्र उहाँ पुगेपछि शिख राजालाई चिठी लेखी आफ्ना मान्छे साथ लगाएर लाहोर पठाइदिए ।

शुरूमा बलभद्रको तलब दिनको १० रुपियाँ थियो । राजाको कचहरी उनका लागि खुला थिएन तर पछि उनको तलब बढेर दिनको १५ रुपियाँ भयो । रणजीत सिंहको कचहरी पनि उनका लागि खुल्यो । रणजीत सिंहले बलभद्रलाई पुरानो गोर्खाली पल्टन तैनाथ गरी दिए ।

हल्कारा डबल पाध्याले बलभद्रको अर्को खबर ल्याएका थिए ।[२१] उनले ल्याएको खबरअनुसार, 'गोर्खाली सिपाही जति हजार बटुल्न सक्छौ उति हजार मैनाको गरी दिउँला' भनी रणजीत सिंहले भनेका छन् भनेर बलभद्रले ठाउँ ठाउँमा चिठी लेखी पठाउँथे । नेपालमा दिनको साढे पाँच रुपियाँ पाउने सिपाहीले लाहुरमा आठ रुपियाँ पाउँछ भनेपछि जग्गा जग्गाबाट गोर्खाली लाहोर जान लागे । घर जान्छु भनेर बाबुसँग बाटा खर्च मागेर हिंडेको छोरो पछि लाहोर पुगेको थाहा भयो । बलभद्रले "जो पायाका मानिस लिई आएस्, तँलाई सुबेदारी दिउँला" भनेका रहेछन् ।

एक अर्को खबरअनुसार अमरसिंह थापाका छोरा अर्जुनसिंह थापा र नाति पनि रणजीत सिंहकहाँ थिए । अर्जुनले दैनिक तलब सात रुपियाँ पाउँथे । पछि दश रुपियाँ पुगेको थियो । अर्जुनका छोराको चाहिँ दैनिक तलब सात रुपियाँ थियो । पहाडे सिपाही भर्ना गर्ने काम कप्तान भूपाल थापामार्फत हुन्थ्यो ।[२२]

बलभद्र र अमरसिंहका सन्तानबाहेक अरू पनि धेरै गोर्खाली पञ्जाबको फौजमा भर्ती भएका थिए । लमजुङ्का वनमाली पंथ लाहुरमा सुबेदार भएका थिए । नेपालमा रहेका सुबेदार अैवर्ण बस्न्यातलाई १८७७ साल भदौमा पठाएको चिठीमा उनले आफू १८७८ सालको असोज/कात्तिकमा नेपाल आइपुगूँला भनेका थिए । उनी त्यति वेला दिनको दुई रुपियाँ पाउँथे ।[२३]

शुरूमा पञ्जाब र अंग्रेजको लडाइँ हुन लागेको कुरा लेखेपछि वनमाली पंथले नेपालतिरका सैनिकलाई पनि रिझाइराख्ने उपाय खोजेका थिए । "कर्णेल साहेब कौना चिजमा रिझ हुन्या छन्, पस्मिना, दोसल्ला, बन्दुक, मेवा यति चिजमा मन प्रसन्न हुन्या कुरो येसै ब्राह्मणका हात लेखी पठाऊ ।", उनले अैवर्णलाई लेखेका थिए ।

सोही चिठीको किनारमा लाहुरमा रहेका जमादार गंगाप्रसादले सुबेदार डिठ्ठा कनकसिंह बस्न्यातलाई नमस्कार टक्र्याएका थिए ।

---

२१ हरकारा डबल पाध्याले जमानी कह्याको खबर, १ सी. ४४१, पोका नम्बर ८, पत्र संख्या १७ । यसमा पनि मिति खुलाइएको छैन ।

२२ लाहोरमा नेपाली वीरहरू, दिनेशराज पन्त, पूर्णिमा वर्ष २, अंक १, पेज ६३-७० ।

२३ सुबेदार अैवर्ण बस्न्यातलाई वनमाली पंथले भाद्र सुदि ८ रोज ७ मा लाहुरबाट पठाएको पत्र, १ सी. १६४, ७५/३५९, पाना १ ।

बलभद्र कुँवर लाहुरबाट चिठी पठाइरहन्थे तर मैले उनको एउटामात्र चिठी भेट्टाएको छु ।[२४] आफ्ना जेठा दाजु वीरभद्र कुँवरलाई पठाएको त्यस चिठीमा उनले लेखेका छन् :

आगे यहाँको समाचार भलो छ । उप्रान्त हामी यहाँ बस्याको विस्तार अघि ...लेखिएको हो । ...आफू पनि पल्टन लिई डोटीमा आउनुभयो भन्या खबर सुनिन्छ । भाइ बिदा ...पालन्या काम भएछ । टहल ...को हुकुमबमोजिम सबै कुरा बढियै छ । यहाँ बिरानु मुलुकको चाकरी, अफरको काम, सिपाही वरपर पठाउन्याका मन रह्याको । आफूबाट छेमकुशल, शिक्षापत्र आउँदै रह्या बढिया होला ।

(मैले पढेका वेला यो सानो (६ इन्च चौडाइ र ९.५ इन्च लम्बाइको) चिठीमा २३ वटा प्वाल परेका थिए । मूल पाठ नबुझेका ठाउँमा खाली छाडेको हुँ) ।

यस चिठीमा उनले पञ्जाबले पाँच महीना फौज लिएर घुम्दा २०/२५ लाख (आम्दानी हुने) मुलुक हात पारेको कुरा उल्लेख गरेका छन् ।

यो चिठी लेखेको एक वर्षपछि पञ्जाब र अफगानिस्तानबीच लडाइँ भयो । यस लडाइँमा बलभद्र पेशावरको नौशेरामा खटिए । १८७९ साल चैत ३ गते यही लडाइँमा परी बलभद्रको मृत्यु भयो । उनीसँगै सुबेदार बमसिंह खड्का, जम्दार अैमान खवास, जम्दार रूपसिंह खड्का, जम्दार जीवनसिंह टुरा र ५० जना गोर्खाली सिपाही मारिए । वैरीका १२ हजार एकै ठाउँ परे ।[२५]

यी लाहुरेहरूले भीमसेनलाई चिठी आफूखुशी पठाएका होइनन् । मुख्तियार भीमसेनले पञ्जाबमा रहेका नेपालीहरू 'जिउँदा छन् कि मऱ्या भनी' हेर्न मानिस पठाएका रहेछन् । उनीहरूले यो चिठी तिनै मानिसका हात पठाएका रहेछन् । चिठीमा 'लाहुरमा गोरखालीलाई प्यार गरेको' कुरा लेखिएको छ ।

उनीहरूले लेखेका छन्– "हामी भागीनासी भएकाले मालिकको नाउँ बदनाम भयो होला । एकपटक हामीलाई दया कसो नहोला भनी बस्याका छौं । यो शरीर मालिकको नूनपानीले जम्याको छ । दुई दिन चर्न कहीं गया पनि मुलुक घर

२४ कप्तान वीरभद्र कुँवरलाई बलभद्र कुँवरले १८७८ फाल्गुण सुदि २ रोज ७ मा लाहुरबाट पठाएको पत्र, १ सी. १६४, ७५/१२२ ।

२५ भीमसेन थापालाई सुबेदार वनमाली पंथ, सुबेदार उमेदसिंह ठाकुर, सुबेदार भ्वानासिंह खत्री, सुबेदार दलसिंह भण्डारी र अरू जम्दारहरूसमेतले मिति माघ सुदि १३ रोज ६ मा लाहुरबाट लेखेको पत्र, लाहोरमा नेपाली वीरहरू, दिनेशराज पन्त, पूर्णिमा वर्ष २, अंक १, पेज ६३-७० ।

हाम्रो ताहीँ छ परन्तु आउनु ताहीँ छ । जहाँसुकै गया पनि नूनको सोझो ताहीँकै गर्नुछ । तिमीहरूले यो काम गर्नुपर्छ भन्ने हुकुम जुन वेला आउला, सो काममा हामी हाजिर हुन्छौं ।"[२६]

सिपाहीको हालत

> *जड कुरो राजालाई चाहिने सिपाहीहरूको घरखेत मिलाइ दिनू । उनीहरू खेत मलजल गर्छन् । त्यसबाट आएको मोही र साहु दुवै भाग भित्र्याउँछन् र जहान परिवार पाल्ने चिन्ता हुँदैन । ढोकामा भए पनि, गौंडामा भए पनि सिपाहीहरूको छाती बलियो हुन्छ ।*

पृथ्वीनारायण शाहले यस्तो अर्ती दिनुअघि अर्ती सुन्ने भारदारहरूलाई भनेका थिए– "बूढा मरे भाका सरे भनी भन्छन् । मैले तिमीहरूलाई सुनाएको कुरा तिमीहरूले आफ्ना सन्तानलाई भनौला । तिम्रा सन्तानले हाम्रा सन्तानलाई सुनाउलान् र हाम्रा सन्तानले यो राज्य थामी खालान् ।"

पृथ्वीनारायणले यस्तो अर्ती आफ्ना सन्तानलाई सोझै दिन नमिल्दो रहेछ । त्यसैले उनले आफ्ना सन्तानले भारदारका सन्तानबाट सुन्ने व्यवस्था मिलाएका रहेछन् तर पृथ्वीनारायणले अर्ती दिएको ३० वर्ष नबित्दै उनका नाति राजा हुँदासम्ममा यो कुरा बिर्सिइएछ । त्यसैले ढोकामा बसेका वा लडाइँको मैदानमा रहेका सिपाहीले परिवार कसरी पाल्ने भनेर बारम्बार भुटभुटिनुपर्ने हुन थालेछ । नेपाल-अंग्रेज युद्धअघि भक्ति थापा जस्ता कप्तानहरूले पनि यस्तो गुनासो गरेका थिए । लडाइँका वेला ठाउँठाउँका भारा-कम्पनीले यस्तो गुनासो गरेका थिए । लडाइँ सकिएपछि राजा गीर्वाणको मृत्यु भयो र उनका छोरा राजेन्द्र गद्दीमा बसे । उनका पालामा पनि यो क्रम यथावत् जारी रह्यो । लडाइँपछि पनि सिपाहीको हालत उस्तै रह्यो ।

नालापानीमा वीरतापूर्वक लडेका रिपुमर्दन थापाले लडाइँ सकिएको दुई वर्षजतिपछि जर्नेल भीमसेन थापा र रणध्वज थापासँग यस्तो गुनासो गर्नुपर्‍यो :

> *वसन्तपुरका बैठकमा खातिरजामा बक्सनुभएको शिर चढाइ कांगडा पुगेको थिएँ । गणेश घाटी, मोरनी, बेशहर, नालापानीमा खाइनखाई तनमन लगाई ख्वामितको काज मिहिनत हामीले गरे/नगरेको बेहोरा सबै भारदारले बताएकै होलान् । हामी क्या बिन्ती गरौं ! ...ढाक्रा*

---

२६ भीमसेन थापालाई सुबेदार वनमाली पंथ, सुबेदार उमेदसिंह ठाकुर, सुबेदार भ्वानासिंह खत्री, सुबेदार दलसिंह भण्डारी र अरू जम्दारहरूसमेतले मिति माघ सुदि १३ रोज ६ मा लाहुरबाट लेखेको पत्र, लाहोरमा नेपाली वीरहरू, दिनेशराज पन्त, पूर्णिमा वर्ष २, अंक १, पेज ६३-७० ।

हुँदा पनि बाली कत्ति पाइनँ । जागिऱ्या हुँदा पनि पूरा बाली पाइनँ । खातिरजामा बक्स्याबमोजिम नाम पाएँ, खान्गी भने ७२ सालमा पाएको पनि सधाई दिनुभएन । अरू पनि पाइनँ । ...मलाई पत्याउनुभएको छ भने पहिले मलाई दिएको खान्गी कायम राखिदिनुहोला ।[२७]

समय बित्यो, माथिको गुनासो गरेको २० वर्षपछि पनि उनको गुनासो कायम थियो । राजाले कम्पुको कप्तान बनाइदिएपछि पनि उनले गुनासो गरे । आफूले गरेका कामको र आफ्नो बफादारीको लामो बखान गरेपछि उनले राजालाई बिन्ती गरे– "मेरा प्रारब्धले गर्दा मैले महाराजलाई रिझाउन सकेनछु भन्ने मेरा चित्तमा आयो ।" यसपछि उनले अलिकति घुर्की देखाएर आफूलाई दिएको कप्तान सुरतसिंह थापाको खान्गी उनैलाई दिन बिन्ती गरे र अन्त्यमा भने– "जो परिआएको काजकाममा अरू कौनै भाइभन्दा घटी काम गरें भने तोपमा राखी गोलाले उडाइदिनू ।"[२८]

यस्ता कर्तव्यपरायण र बफादार कप्तानको त यस्तो हालत थियो भने अरू सामान्य सिपाहीको अवस्था राम्रो हुने कुरै भएन । अंग्रेजसँगको लडाइँपछि राजासित बिदा भएर काठमाडौंबाट मकवानपुर, माडी पुगेका सिंहवीर पाँडे र कर्णवीर पाँडेले सिपाहीको अवस्था यस्तो पाएका थिए :

रसद आएको रहेनछ र सिपाहीलाई अनाजले साह्रै सकस लागिरहेछ । माडीका अनाजले १०/८ दिनको गुजारा छ । खान पाइनौं भनी तिलंगाले ठूलो झिजो गर्न लागिरह्याछन् । चितवनका अनाज नल्याए पल्टनलाई खान पुग्ने रहेनछ । ...चितवनका सुब्बाका नाउँमा माडीमा रसद पुऱ्याओ भनी लालमोहरको बक्सिस भया पल्टनको झिजो रसदमा रहोइन । नत्र ता झिजो पनि हुने, पल्टनले पनि दुःख पाउने रहेछ ।[२९]

सिपाहीका दुःख अनेक थिए । बागसिंह गुरुङले राजालाई चढाएको अर्जीमा यस्तो दुःख पुकारा गरेका थिए– "... अर्थात् झाम्टागढीमा लडाइँ हुँदा चण्डी दल कम्पनीका सुबेदार दलजित शाहीका साथ तैनाथ गरी काजी रणजोर थापाले

---

२७ भीमसेन थापा र रणध्वज थापालाई रिपुमर्दन थापाले १८७३ साल भाद्र शुदि ४ रोज २ मा मुकाम डडेलधुराबाट लेखेको पत्र, डीएनए २/१०६ ।

२८ रिपुमर्दन थापाले काठमाडौंबाट राजालाई चढाएको अर्जी (मंसिर महीना भनेको छ, तर साल उल्लेख छैन । ९३ सालको घटनापछि लेखिएकाले यो १८९४ सालको हुनुपर्छ), पोका ७, पत्र संख्या ९५ ।

२९ सिंहवीर पाँडे र कर्णवीर पाँडेले मकवानपुर, माडीबाट चढाएको अर्जी (मिति उल्लेख नभएको), पोका न ७, पत्र संख्या १५८ ।

मलाई खटाएका थिए । लडाइँ हुँदा अरू सिपाही मरिगए, हामी ५/७ सिपाही बाँचेका थियौं । सुबेदार भने कम्पनीका नालनिशान, खरखजाना छाडी फिरंगीका लश्करमा गए । नालनिशान, खरखजाना मेरा एक्ला जीउले स्याहारेर डोटीमा काजी बखतावर बस्नेतछेउ बुझाइदिएको थिएँ । नालनिशान र खरखजाना ल्याउँदा ३०० रुपियाँ कर्जा लागेको छ । म गरीबले सकेसम्मको नूनको सोझो टहल गरेको थिएँ । आज मेरा अभागले जागिर पनि मिलेन । कर्जा पनि तिर्न सकिएन । म गुलामले कुन बाटो जानु भनी विवेक विचारका माध्यमले निगाहा भए म मरे पनि गति पर्दो हुँला ।"[३०]

नेपालको विस्तारका क्रममा धेरै मानिसलाई फौजको जागिरमा राखिएको थियो । त्यसवेला धेरै किसानले लड्ने कामलाई खानदानी पेशा बनाएका थिए । वर्षेनि हुने पजनीमा नपरेपछि उनीहरूको चिल्लीबिल्ली हुन्थ्यो । अर्जुन बानियाँ यस्तै जागिर गुमाएका सैनिकमध्ये एक थिए । उनले राजालाई यसरी गुनासो गरेका थिए :

> *म पहिले पश्चिम गोरखा पल्टनमा काजी अमरसिंह थापाको फौजमा हवल्दार थिएँ । मोरनीगढीका लडाइँमा शमशेर रानाका अगाडि तीन जना वैरी हानेको थिएँ । मेरो तरबार दुई टुक्रा भएको थियो । भाइ सहदेव बानियाँले असवारी हानी घोडा पक्डेर ल्याएको थियो । हाम्रा अभागले शमशेर राना खसिगए । भाइले ल्याएको घोडा बुझिलिने, मलाई तरबार दिने, हामीलाई पाती लाइदिने काजी रामदास थापा छँदै छन् । ठेवकगढीका लडाइँमा पनि एक जना वैरीलाई हानेको थिएँ । मजत्तिका अरू मानिस सुनको चाँद बाँधी ढल्केर हिँड्छन् । मैले भने दुःख पाएँ । लडाइँमा मानिस हान्नु हाम्रो जन्माधिकार हो । मलाई चाहिँ मानिस हानेको पाप लाग्यो । मानिस हानेको पाप छुटाउनका निमित्त तीर्थ गर्न जाँदो हुँ ।[३१]*

जागिर नहुनेको त बिजोग हुने नै भयो, जागिर हुनेको पनि उति भलो भएको थिएन । भक्ति थापाका नाति चेहरसिंह थापालाई यस्तै भएको थियो । उनले भीमसेन थापालाई आफ्नो अवस्था यसरी बताएका थिए :

> *गढकुमाऊँमा जागिर पाएका बाज्या भक्ति थापाले निमकको सोझो गरेर ज्यान दिए । सरकारले दिएको दौलत पनि उतै गायब भयो । "उही भक्ति थापाका नातिहरू हुन्, निमकको सोझो गर्नन्" भनी आज जुम्लाको कप्तानी बक्सनुभयो र (पद) शिर चढाई*

---

३० बागसिंह गुरुङको अर्जी (मिति उल्लेख छैन), १ सी. २९, पोका ९८/७३ ।

३१ अर्जुन बानियाँले चढाएको अर्जी (मिति र मुकाम छैन) १ सी. २९, पोका ९८/७३ ।

आएँ । ...निमकको सोझो गर्न ज्यानको संकल्प गरी राख्या छु । ...सोह्र वर्षसम्मको ढाक्र्या रिनले ग्रस्त भयाको छु । बाज्याका पालादेखिका मानिस धेरै हुनाले ३०० को पल्टन भर्ना भए, १००/१२० ढाक्र्या पनि साथ लागेका छन् । मैले पाएको २,७०० को खान्गीले मेरो घर खर्च चल्छ कि चल्दैन भन्ने देख्नुभएकै छ ।[३२]

तलब राम्रो नभएपछि, खान राम्रोसँग नपाएपछि, त्यसमाथि भएको घटिया जागिर पनि खोसिने भएपछि अरूवेला जतिसुकै झुकेर, आफूलाई सेवक, नोकर, गुलाम भनी सम्बोधन गर्ने मानिसले पनि विद्रोह गर्छन् । आफूजस्तै अरू साथीको सहयोग पाएपछि उनीहरू आफ्ना कमान्डरभन्दा बलिया हुन्छन् । पाल्पामा १८९९ सालमा यस्तै भयो । त्यस घटनाको बयान कमान्डर काजी रणदल पाँडेकै जुबानीमा :

उप्रान्त मंगलवारका दिन आधाउँधो पल्टन आफैं पटाङ्गिनीमा कोतका अगाडि शामेल भै १२ घडी दिन बाँकी छँदा बिगुल लगाउनु भन्न्या उर्दी गऱ्या । मसँग भेटघाट सोधपूछ केही कसैले गर्न छोड्याकै थियो । पहराबाट निस्कन नदिनू भनी मलाई छेकिराख्याका थिया । १० घडी दिन बाँकी हुँदा आफैं बिगुल लगाई सबै शामेल भै निशान खोली टुँडिखेलमा गया । टुँडिखेल पुग्यापछि साह्रै गुल (हल्ला) गऱ्याको सुन्याँ र "म पनि टुँडिखेल जान्छु, क्या निमित्त गुल गऱ्याको रहेछ" भनी मैले भन्दा पालाका सिपाहीले मलाई जान दिएनन् । "जान हुन्न, हजार नाल (त्यहाँ भएका एक हजार जना सिपाही) को उर्दी छैन" भनी झन् साह्रै सकस गऱ्या ।

त्यसपछि रणदलले के कुरालाई लिएर होहल्ला गरेका रहेछन् भनी बुझी हेरे । उनले थाहा पाए– "राजाको आदेशले गर्दा जागिर गुमाएका सिपाहीलाई कमान्डरहरूले आफूसँग भएका 'तानाबाना बुझाइदेऊ" भनेपछि उनीहरू बिच्किएका रहेछन् । थप घटना काजी रणदलकै मुखबाट :

(तानाबाना) "तैंले बुझ् त अब" भनी एक जना सिपाहीले पगरी (अफिसरहरूले लगाउने पगरी) उतारी राखेछ र सबै पल्टनले आफ्ना तानाबाना उतारी टुँडिखेलमा आ-आफ्ना पट्टीमा तानाबाना थुप्राइराख्या छन् । पगरीहरू (अफिसरहरू) लाई कुट्याछन् । कुटाइले सुबेदार बलभद्र माझीको एउटा आँखो बिग्र्यो । सुबेदार रणकेशर बस्न्यातलाई साह्रै कुट्याछन्, ओर्कन फर्कन नसकन्या भै

---

३२ भीमसेन थापालाई चेहर सिंह थापाले १८८८ साल मिति फाल्गुण वदि ११ रोज २ मा मुकाम प्युठानबाट लेखेको चिठी, पोका ३, पत्र संख्या ४७४ ।

मुखबाट रगत छाद्छन् । यी दुई सुबेदारको मर्ना/बाँचनाको केही थाहा छैन भनी भन्छन् । सुबेदार रणध्वज कार्कीलाई दुई-चार मुक्का दिँदा "मैले त केही बिरायाको छैन" भन्दा कुट्न छोडेर निशानका अगाडि छेकिराख्या छन् । सिपाहीहरू दफदरखाना आई खर्दार जागेश्वर पाँडेलाई पनि पक्री लगी 'यसलाई पनि कुटौं' भनी कसैले भन्दा "बूढो बाहुन निहुँ खोजन्या भयाको छ, केही भया हत्यामात्र लागला, यसलाई कुट्नु छैन, थुनी राख्" भनी खर्दार जागेश्वर पाँडेलाई निशानका अगाडि थुनिराख्या छन् ।

टुँडिखेलका किल्लामा दुई-तीन मुक्का दिँदामा कुम्मेदान जयद्रथ थापा भाग्याछन् । सिपाहीहरू पछेडा लाग्याका छन् । भेटिया के कसो गर्छन् ? सुबेदार चक्रध्वज शाही पनि टुँडिखेलमा शामेल हुन गएनछन्, भाग्या छन् । ...यिनी सुबेदारलाई पनि खोज्न सिपाहीहरू गयाका छन् भन्या समाचार सुनियो । अजिटन हस्त राउतलाई पनि कुट्याछन् । टुँडिखेलबाट सिपाहीहरू आई दफदर, तहबील, तोसाखाना, शिलखाना (मा ताला) मारी अरू पहरा बस्न्या अड्डा अडड्ामा "बडो होशियारीसित पहरा बस्नू, काम गर्न्याबाहेक अरू कसैलाई पस्न/निस्कन नदिनू" भन्या उर्दी गर्‍याछन् । दर्बारका जति ढोका थिए भित्र-बाहिर दोहरा सिपाही राखी "काजीलाई उम्कायौ भन्या बोका काट्याझैं काटौंला" भनी उर्दी दिइगया । तानाबाना उतारी आ-आफ्ना पट्टीमा नाल राखी, पाल टाँगी, निशान राखी सिपाहीहरू टुँडिखेलैमा बस्याका छन् ।

प्रभु ! टुँडिखेलमा जान नपाएकाले मैले आफ्ना आँखाले भन्या केही देख्न पाइनँ । अरूले आइकह्याको समाचार बिन्ती गरी पठाई रह्याछु । अब जो परी आउला बिन्ती गरी पठाउन्या काम गरूँला । मलाई र अघि पहरा नरहन्या ठाउँमा पनि पहरा राखी एक जना हुन्यामा तीन-तीन, चार-चार सिपाही राखी साह्रै सिकस्त गरी राख्या छन् । प्रभु ! अब मैले कसो गर्न्या हो ? जुनमाफिक हुकुम बक्स भै आउला सेवकले जानत भर हुकुमबमोजिम गर्न्याछु ।[३३]

त्यस दिनको राति १५ घडी जाँदा पल्टनका सिपाहीहरू टुँडिखेलबाट नालनिशान उठाई दरबार गए । नालनिशान कोतमा राखी राजाको हुकुमबमोजिम तानाबाना

३३ रणदल पाँडेले १८९९ साल मिति चैत्र वदि १३ रोज ३ मा मुकाम पाल्पा, तानसेनबाट पठाएको अर्जी, पोका ७, पत्र संख्या ३३ ।

बुझाऊँ भनी सल्लाह गरेर आ-आफ्ना डेरामा गए तैपनि उनीहरूको रिस मरेको थिएन । भोलिपल्टको अवस्थाबारे रणदल पाँडेले राजालाई गरेको बयान :

प्रभु ! सिपाहीहरू जंगियाका छन् । यिनीसित बोलिसक्नु छैन । आजका दिन वरपर देखाई, सम्झाई यिनको रिस शान्त गराई भोलि बृहस्पतिवारका दिनदेखि भरिसक्य बुझाउन लाउन्या काम गरी हुकुमबमोजिम बुझबुझारथ गरी सेवक हजुरमा आउन्या काम गर्छु ।

हिजो कुटियाका पगरीहरू हेर्न पठायाको थिञा । साह्रै छन् भन्न्या खवर ल्याया । कुम्मेदान जयद्रथ थापा पनि हिजो कुट्दाकुट्तै भाग्याका हुन् । राति नेवारका घर आई बस्याका रह्याछन् । खोक्दा खेरि मुखबाट रगत आउँछ भन्न्या खबर ल्याया ।

हजार नालले तानाबाना बुझाउँछौं भनी उतारिरह्याछन् । उनीहरूको मनोहारी पनि पुग्यो क्या र ! अब त बुझाउन्यैछन् । बुझाइसकेपछि मात्र सेवक हजुरमा हाजिर भै विस्तार सबै अर्ज गर्न्या छु ।[३४]

यी हजार नालले यस्तो विद्रोह गरेको झन्डै एक शताब्दीपछि १९८९ सालमा मात्र सैनिकलाई एक एक वर्षका लागि नियुक्त गर्ने पजनी प्रथा हटाइयो । अब उनीहरूको नोकरी स्थायी भयो ।[३५]

---

३४ रणदल पाँडेले १८९९ साल मिति चैत्र वदि १४ रोज ४ मा मुकाम पाल्पा, तानसेनबाट पठाएको अर्जी, पोका ७, पत्र संख्या ३३ पेज नं. १ ।

३५ पजनी प्रथा हटाएको र संचयकोषको व्यवस्था गरिएको बारेमा १९८९ साल आश्विन ३१ गते श्री ३ ले दिएको भाषणको नक्कल किताब, नेपाली सेनाको अभिलेख (केन्द्रीय सैनिक पुस्तकालय), भाग ३, नं. २३७ ।

सन्दर्भ सामग्री

राष्ट्रिय संग्रहालयका कागजपत्र

ऐतिहासिक चिठ्ठीपत्र संग्रह
डीएनए १, २, ३, ४, ५, ६ र ७ का विभिन्न चिठीहरू

सार्वजनिक भएका परराष्ट्रका पत्र
पोका नम्बर २, ३, ४, ५, ७ र महत्त्वपूर्ण पोकाका चिठीहरू

सार्वजनिक नभएका परराष्ट्रका पत्र
रजिष्टर नम्बर २ मा उल्लेख भएका पोका १४, २१, २८, २९, ३०, ७२, १०१, ११६, रजिष्टर नम्बर २ ख मा उल्लेख भएका पोका १८७, १८९ । रजिष्टर नम्बर २ ख प्लस रजिष्टर नम्बर क मा उल्लेख भएका पोका ३६३, ३८५, ३८६, ३८७, ३९४, ४००, ४१२, ४३७, ४४१, ४४६ र रजिष्टर नम्बर १ मा उल्लेख भएका पोका ६०, १६४, २४४, २५५, ३७४ र ३७९ मा भएका चिठी, क्याटलग र बही । पाकिस्तानबाट प्राप्त ऐतिहासिक कागजपत्रको प्रतिलिपिको बही

नेपाली सेनाको अभिलेखालय
भाग– ३, नं. २३७ ।

British Library, London
The Nepal War, 1814-1816
IOR/H/647:1814-1815

प्रकाशित किताब, लेख
अमात्य, साफल्य (सं.) । २०४५ । स्रोत पुस्तिका माला नं. २ । राष्ट्रिय इतिहास निर्देशन समिति, नेपाल, पुरातत्त्व विभाग ।

खत्री, टेकबहादुर । २०४१ । शाही नेपाली सेनाको इतिहास । श्रीमती शारदा कुमारी के.सी. ।

ज्ञवाली, सूर्यविक्रम । २००० । अमरसिंह थापा । नेपाली साहित्य सम्मेलन ।

दीक्षित, कमल । २०६४ । जङ्गबहादुरको बेलाइती कापी । जगदम्बा प्रकाशन ।

नरहरिनाथ, योगी (सं.) । २०२२ । इतिहास प्रकाशमा सन्धिपत्र संग्रह भाग १ । प्रकाशक उल्लेख नभएको ।

नरहरिनाथ, योगी र अन्य (सं.) । २०३० । दिव्य उपदेश, आठौं संस्करण । बृहद् आध्यात्मिक परिषद् ।

नेपाली, चित्तरञ्जन । २०७८ । जेनरल भीमसेन थापा र तत्कालीन नेपाल, सातौं संस्करण । रत्न पुस्तक भण्डार ।

पन्त, दिनेशराज । २०२२ । लाहोरमा नेपाली वीरहरू । *पूर्णिमा* २(१) : ६३-७० ।

पन्त, दिनेशराज । २०४१ क । फारसीमा चिठीपत्र गर्न वि.सं. १८५२ मा कर्मचारी नियुक्त गरिएको अप्रकाशित पत्र । *पूर्णिमा* १६(१) : २३-२४ ।

पन्त, दिनेशराज । २०४१ ख । चिनियाँ भाषा सिक्नको लागि वि. सं. १८५० मा दिइएको छात्रवृत्तिसम्बन्धी अप्रकाशित पत्र । *पूर्णिमा* १६(१) : २२-२३ ।

पन्त, दिनेशराज । २०४७ । परराष्ट्रमा रहेका ऐतिहासिक सामग्रीको सूची । *पूर्णिमा* २०(१) : २१-६९ ।

पन्त, दिनेशराज । २०५७ । आत्मसंशोधन । *पूर्णिमा* २५(३) : ६३-६४ ।

पन्त, दिनेशराज । २०७० । गोरखाली विजययात्रा । खिलशर्म-राजीवलोचन-जोशीस्मारकप्रतिष्ठान ।

पन्त, दिनेशराज । २०७२ । प्रसिद्ध ज्योतिषी भगीरथ जैसी । खिलशर्म-राजीवलोचन-जोशीस्मारकप्रतिष्ठान ।

पन्त, दिनेशराज र जनकराज सापकोटा । २०७० फागुन १७ । १९८ वर्षअघिको पत्र । कान्तिपुर दैनिक ।

पन्त, महेशराज । २०२१ । वि.सं. १८७१-७२ को नेपाल-अंग्रेज युद्धमा नेपालले हार्नामा एउटा ठूलो कारण । *पूर्णिमा* १(१) : ४७-५८ ।

पन्त, महेशराज । २०२१ । नालापानीको लडाइँ । *पूर्णिमा* १(३) : ५८-७२ ।

पन्त, महेशराज । २०२२ । नेपाल-अंग्रेज युद्धको घोषणा नहुँदै अंग्रेजले गरेको युद्धको तयारी । *पूर्णिमा* २(१) : ५४-६२ ।

पन्त, महेशराज । २०२२ । नेपाल-अंग्रेज युद्धको दोस्रो चरण । *पूर्णिमा* २(२) : ६७-७७ ।

पन्त, महेशराज । २०२३ । नेपाल-अंग्रेज युद्ध शुरू हुनुभन्दा १ वर्षअगाडि अमरसिंह थापाका छोरा र अक्टरलोनीका छोराले मितेरी लाएथे । *पूर्णिमा* ३(१) : ४८-६४ ।

पन्त, महेशराज । २०४१ । बुढाकाजी अमरसिंह थापा परलोक भएको कुरा परेका पाँचवटा तात्कालिक अप्रकाशित पत्र । *पूर्णिमा* १५(२) : ४५-६१ ।

पन्त, महेशराज । २०४१ ख । श्री ५ गीर्वाणको स्वर्गवास भएको कुरा परेको तात्कालिक अप्रकाशित पत्र । *पूर्णिमा* १५(२) : ६२-६३ ।

पन्त, महेशराज । २०५५ । वि.सं. १८७१ कार्तिक २३ गतेका १७ वटा लालमोहर । *पूर्णिमा* २४(३) : ५३-५९ ।

पन्त, महेशराज । २०६५ । भीमसेन थापाका सन्तानदरसन्तानको सिफारिश नगर्नू । *पूर्णिमा* ३२(४) : ३४७ ।

बस्न्यात, प्रेमसिंह, पीएचडी । २०७७ । *नेपालका गढी किल्ला दर्पण (सैनिक इतिहास)* । वीर भक्ति थापा प्रतिष्ठान ।

महाजन, विद्याधर । सन् १९८५ । *आधुनिक भारत का इतिहास* । एस.चन्द एण्ड कम्पनी ।

मानन्धर, त्रिरत्न, प्रा.डा. र अन्य (सं.) । २०७७ । *नेपालका ऐतिहासिक गढी किल्ला* । नेपाली सेना जंगी अड्डा ।

राजवंशी, शङ्करमान (सं.) । २०१८ । *पुरातत्त्व–पत्र–संग्रह, दोस्रो भाग* । पुरातत्त्व र संस्कृति विभाग ।

राजवंशी, शङ्करमान (सं.) । २०२३ । *शाहकालीन ऐतिहासिक चिठ्‌ठीपत्र संग्रह, भाग १* । वीर पुस्तकालय ।

वज्राचार्य, गौतमवज्र । २०२१ । नेवारी भाषामा फारसी अरबी आदि मुसलमानी भाषाको प्रभाव । *पूर्णिमा* १(१) : ३३-४१ ।

शर्मा, विष्णु कान्त (सं.) । २०५७ । *सूचीपत्र (ऐतिहासिक चिठ्‌ठीपत्र संग्रह)* । राष्ट्रिय अभिलेखालय ।

श्रेष्ठ, निर्मल । २०७९ । *समर सौन्दर्यका नायक कर्णेल उजीरसिंह थापा, नेपाल-अंग्रेज युद्ध र महिषासुरमर्दिनी श्री ७ रणउजीरेश्वरी भगवतीजात्रा* । रेखा कार्की ।

उल्लेख नभएको । २०४१ । लाहौर अभिलेखालय (पाकिस्तान) स्थित नेपाल-अंग्रेजसम्बन्धी ऐतिहासिक कागजातको सूची । *अभिलेख* २(२) : १३-१७ ।

उल्लेख नभएको । २०४३ । *पञ्चायत स्मारिका* । दलविहीन पञ्चायती प्रजातन्त्र रजत जयन्ती महोत्सव, केन्द्रीय समन्वय समिति ।

--. 1971. King Girban's Letter to Kaji Ranjore Thapa. *Regmi Research Series 3(1)*: 3.

Anon. 1824. *Military Sketches of the Goorkha War in India in the Years 1814, 1815 and 1816.*

Anon. 1824. *Papers Respecting the Nepaul War.* Printed for the Court of Proprietors of the East India Company.

Anon. Not mentioned. *The Marquess of Hasting's Summary of the Operations in India, with their Results, from the 30th April 1814 to the 31st January 1832,* General Appendix II to the 1832 Report.

Basnyat, Dr. Prem Singh. 2005. *Nepalese Forts and the Royal Nepalese Army in Fort Battles.* Sajha Prakashan.

Colman, AP. 1999. *A Special Corps: the beginnings of Gorkha Service with the British.* The Pentland Press.

Fraser, J. B. 1820. *Journal of the Tour through Part of the Snowy Range of the Himala Mountains and the Sources of the Rivers and Ganges.*

Kelly, Sophia (ed.). 1857. *The Life of Mrs. Sherwood.* Darton & Co.

Pemble, John. 1971. *The Invasion of Nepal.* Oxford University Press.

Prinsep, Henry, T. 1825. *History of the Political and Military Transactions in India during the Administration of the Marquess of Hastings.*

Thapa Mani, Jyoti. 2015. *The Khukri Braves.* Rupa Publications India.

Woodward, William Harrison. 1902. *A Short History of the Expansion of the British Empire, 1500-1902, 2nd edition.* Cambridge University.

अनुसूची - १

विशिष्ट शब्द र तिनको अर्थ

अर्जी	:	राजालाई लेखिने बिन्तिपत्र ।
अम्बल/अम्मल	:	अधीन, उपयोग ।
आनाबाना	:	जंगी, निजामती कर्मचारीहरूको फिता, पगरी, पेटी आदि पहिरन वा चिह्न, तानाबाना, तानामाना ।
इरेगुलर	:	म्यादी फौज, नियमित सेवामा नरहेको फौज ।
कनक/कनकाटिस्टा	:	टिस्टा नदी ।
कबीला	:	परिवार, जहान, छोराछोरी ।
कम्पनी	:	सेनाको एउटा एकाइ ।
क्याम्प फलोअर्स	:	सैनिकको हुलमा रहेका गैरसैनिक व्यक्ति । जस्तै; बाटो बनाउने र सैनिकका परिवार । त्यति वेला नेपाली सैनिकका जहान परिवार पनि सैनिकसँगै बस्न पाउँथे ।
खजाना/खरखजाना	:	लडाइँका सामान, हातहतियार ।
खर्च	:	खाने कुरा, नगद वा जिन्सी माल ।
खर्च हुनु	:	मर्नु । सिपाही खर्च भए भनेको सिपाही मरे भनेको हो ।
खेत रह्या	:	मरे ।
गम/गौ	:	सजिलो ।
गाफिल	:	बेपरबाह ।
गुहार/गुहारा/गोहार	:	आपत परेका वेला मागिने/दिइने सहयोग ।
गोलदार	:	नेता ।
गोलबल	:	एकताबद्ध फौज ।
घोक पारी	:	ठूलो आवाज निकाली ।

चमक	:	झगडा, द्वन्द्व ।
जञ्जाल	:	पुरानो खालको बन्दुक, जसलाई अंग्रेजीमा जिंगल भनिन्छ ।
झारा	:	सरकार वा जमीनदारका लागि गरिने निःशुल्क श्रम ।
टिपा	:	तप्पा, टप्पा, अग्लो ठाउँ, इलाका ।
डबल	:	चालढाल, काम कारबाही ।
डाक हान्नु	:	अकस्मात् हमला गर्नु ।
डेउडा हान्नु	:	वैरीले पहिले थाहा नपाउने गरी हमला गर्नु ।
ढाक्र्या	:	जागिर नभएका ।
तकरार	:	झगडा, द्वन्द्व, टक्कर ।
तवल/तबल	:	सजिलो ।
तानाबाना/तानामाना	:	जंगी, निजामती कर्मचारीहरूको फिता, पगरी, पेटी आदि पहिरन वा चिह्न, आनावाना ।
तिलंगा	:	सिपाही ।
दर्‍याँस/दरेँस	:	मार हान्न सकिने ठाउँ । बन्दुकको दर्‍याँस/दरेँस भनेको बन्दुकले मार हान्न सकिने दूरी भनेको हो ।
धनुषी कम्पनी	:	धनुषधारी सिपाहीको कम्पनी ।
धावा	:	हमला, हतार ।
नाल	:	बन्दुक, बन्दुकवाला सिपाही ।
निशान	:	झण्डा ।
पट्टी	:	जम्दारका मातहतको सानो सैन्य टोली, जसमा ५२ देखि ५४ जना सैनिक हुने गर्थे ।
पत्थर	:	ढुंगा, घर्षण हुँदा आगोको झिल्का निस्कने ढुंगा, बन्दुकमा प्रयोग गरिने पत्थर ।
पुडो	:	पर ।
फयर/फयल	:	सेनाको युनिट ।
बितवल/बितौल	:	असन्तुलन, गडबडी, बित्यास, तलबितल ।
ब्याटरिङ ट्रेन	:	तोपखानाका हतियार र खरखजाना ।
भाँजा मार्नु	:	अवरोध खडा गर्नु ।
भारापाँच	:	सबै भारदार ।
भिखाठोरी	:	भिक्षाखोरी । यो भारतको भिक्षाठोरी होइन । १९८३ साल असार १ गतेको गोरखापत्रमा प्रकाशित

समाचारअनुसार, "अब उप्रान्त भिक्षाखोरी भन्ने नाम खारीज गरी त्यस भिक्षाखोरीलाई 'अमलेख-गञ्ज' भन्ने नाम राखनु भन्ने श्री ३ महाराजाबाट हुकुम बक्सिएबमोजिम अब उप्रान्त लेखा-पढी इत्यादि व्यवहार गर्दा भिक्षाखोरीलाई 'अमलेख-गञ्ज' भन्नु भन्ने अखाडा अड्डा अफिसहरूलाई १ छापे पुर्जी भएको छ।" यसरी भिक्षाखोरी नाम बदलिएर अमलेख गरिएका करियाहरूको बस्ती अमलेखगञ्ज भयो।

मस्केटरी : बन्दुक।

मुहुडा : सिमाना।

मेहर : कृपा।

मोर्टार : बम।

लपेटा लाउनु : धपाउनु।

लश्कर : बन्दुकले सुसज्जित सिपाही।

लुटपोल : लुटाइ र पोलाइ।

वडो : वर, नजीक।

विकट : पिकेट (अंग्रेजी), पहरेदार।

शतरूद्रा : सतलज नदी।

हरीप : वैरी।

हाउविट्सर : डाँडा वा कुनै अवरोध नघाएर त्यसभन्दा उता गोला हान्ने तोप।

होराह : हल्ला।

अनुसूची - २

भीमसेन थापा र रणध्वज थापालाई रिपुमर्दन थापाले लेखेको चिठी

स्वस्तिश्री सर्वोपमायोग्येत्यादिसकलगुणगरिष्ट राजभारोद्धारणसामर्थ श्रीश्रीश्री जर्नैल भीमसेन थापा, श्री श्रीश्री काजी रणध्वज थापा महासयेषु श्री रिपुमर्दन थापाको आसीषपूर्वकपत्रमिद्म् । इत नीक । ताहां कुस ल मंगल भया मेरो प्रतिपाल उद्धार होला । कृपापत्र आयो । विस्तार सिर चह्राञ्युं । आगे ञाहांको समाचार भ लो छ । उप्रांत जो लेषनु भयाको विस्तार जोग्य हो । नालापानि किलामा कुइन्यासंग कार्तिकका दिन १० जांदा र १७ दिन जांदा भारि लडाई भई कुईन्याको जर्नैल, कर्नैल, कलटर, कपतान, मेजर ठुला साहेवस्मेत ८ साहे व र गोरा तिलंगा गरी हजार वाङ्ग सै षेत रह्याको र फरीजन साहेवस्मेत सत्र अठार सै घायेल गयाका लो त लेन आउन्या हल्काराहरुले कह्याको अघि लेषि गयाको हो । विस्तार मालूम भयो हो।तांहांपछि नाला पानितिर र नागलतिर रस्ता वनावन आयेथ्यो । पट्टी षठाई हांन पठाउंदा २ तर्फका गरी २०/२५ मारी दिं दा र केहि घायेल हुँदा हटि गुरद्वारा गयाको । त्यो विस्तार अघि विंति गरिपठायाको हो । पुगी मालूम भयो हो । नाहानवाट सुव्वा चन्द्रवीर थापा र कालानल कम्पनि १, श्री काजी जसपाउका पट्टि ३, गोरषका पट्टि २, र नसूर थापाको पट्टि १, सुवेदार चामू वस्न्यात र समेरुसर्वजं कम्पनि १ स्मेत नालापानिलाई गुहा र दिन पठायाथ्या । नालापानिमा मऱ्याका र घायेल जत्ति पनि भयेनथ्या । ठुलो लडाई जीत्यापछि कु ईन्याको मन षसी गयोथ्यो । ८ साहेवका लोत कलकत्ता पुऱ्याउन पठाउंदा र घायेत्या वसारदा घा येत्यासँग मानिस पठाउंदा नाहानवाट हांन्न आउंछन् भन्या सोहराले ——२ का घाटमा १ पल टन्, कालसीमा १ पलटन् पठाउंदा उस्को लस्कर पातलो पनि थियो । मन पनि षस्याको थियो । उ स ताक हांम्रो वल भया डाक हान्या पनि पुग्न्या जस्तो थियो । नालापा निलाई गुहार भनि पठायाको फौज नआई पुगदा नालापानिमा कोहि षेत रहंदा, कोहि घाये ल हुंदा हांमरो लस्कर पातलो थियो । नाहानवाट श्री काजी रणदीप सिंहले हांमी आञ्यूं भंन्या ष वर जौनपुरवाट पठायाथ्या । चांडै रातविरात गरी आवनु भनि ७ जना तिलंगा पठाउंदा राजपु र आईपुग्नु भयेथ्यो । त्यस्तै वीचमा हामिलाई घेरा दिहाल्यो । पसन पायेनन र सरुंन गाउंका टिपा मा षलंगा हालि वसनुभयो । कुइन्याले आगरावाट ठुला तोप ३ ल्याई सर्वत्रको आफ्नो पलटन फ उज कठा गरी मंगसीरका १२ दिन जांदा गुरद्वारावाट उठी येकतर्फ मुष नालापानिका रस्ता, येक मुष डांडालषूंडको रस्ता, येक मुष नागलको रस्ता, येक मुष अस्तलको रस्ता चोरैतर्फ समस्त गरीआयो । चारैतर्फ तोप २०/२५ ल्याई तोरका कोठा वनाई ल्याई माटो हालि आड वनाई पू र्वतर्फ उत्तरतर्फ कांडका दऱ्यासमा ल्याई ठूलो तोप लायो । नसिद्धियाको किल्ला चुनवटदेषि माथि हामिले थप्याको ढुंगा एकै एकै ठुला तोपका गोलाले भतगाई हाल्यो । चुनवट भयाको पर्षालमा भन्या षाली ढुंगा भतगदा झैं भतगेन । रातदिन एकछिन षाली नरहि तोप लाउंदा चूर्न चूर्न गरी भ तगाया । उत्तरपट्टिको परषाल आधावुदो भतगाई १५ दिन जांदा आदित्यवार घरी ७ दिन जां दा हेला दियो । वन्दूक, कांड, ढुंगा, ईटले उस्का फौजलाई हांमिले हानिउं । पर्रा लाई कुंधा झां करा पक्करी उकलदा हांम्रा सोहोराले उकल्याकालाई मारी पर्षालदेषि षसाली दोहोरो जू झ हुन लागीरहेथ्यो । त्यसै वेलामा सुव्वा चन्द्रवीर थापा, नाथू मांझी, सुवेदार दलजीत कंवर ई ३ जनालाई गोलि लागी ठहरै पाऱ्या । यो हेला, एसै डवलसंग दिनमान जूझ्दै रहिउं । घरि ४ दिन वांकि छ भन्दा हेला छोडि तोपषानामा गयो । फेरि तोपको सोहोरा लावन लाग्यो । भोलि पलट विह्यान नारानदासको वामन कुईन्याका चाकरीमा लाग्याको रहेछ । उसैलाई लोत मांगन पठा यो र लोत दिञ्यूं । हिजोका हेलामा कत्ति मारिया भनि सोधदा आगरावाट तोप ल्याउन्या री चठ साहेवस्मेत ७ साहेव र गोरा तिलंगा ४०० षेत रह्या, ८१९ जना घायेल भया भनि षवर क ह्यो । वाहीरको पानि वन्द गरीहाल्यो । सै छ विसि घैला घांम्पा पानि भरी अंगद कपतानले व

नायाका वुर्जामा राष्याको थियो । त्यसै वुर्जामा वम्व गोला, राल गोला २०/२५ पारी पानिका घडा घांपा फोरी पानि पोषि दियो । वम्व गोला, रालगोला, तोपका छराले मानिस मारी चोटाहा गरी स की हाल्यो । पूर्वपटि र उत्तरपटीका पर्षाल भतगाई जीमि वरोवर गरिसकिहाल्यो । जो भयाका मानिस सोमवारका आधा रातिमा हडवडाई सवै निसान लि दूनतर्फ कुंधा झांक रा वाहिर निस्क्या छन् । श्री कपतान, म, चामू वस्न्यात, गंजसिं थापा काचा चावंल षान लागी र ह्याथ्यूं । मानिस त सवै निस्क्या छं । निसान लि भाग्या भनि सुन्दा चारै जना निस्की हेर्दा सवै निसकि गया छं । निसान पनि निकाली हाल्या छं । तम्रा जिउधनमा धका लागला, फर्क भनि हामीले हाक पारदा तलवाट वैरिले सोहोरा लायो । केहि चुहि छिरी जान्या गया । अरू निसानस्मेत फिरी कीला भेत्र आया । तेस रात तेती भो । भोलिपल्ट मंगलवारमा मा निस मर्न्या र चोटाहा हुन्या ढेरै भया । पर्षाल केहि नरहंदा र पानी नषान पाउंदा, वंम्वगो ला, राल गोलाले, छर्राले सक्याको देषदा मानिसको चित्त थातमा रहेन । अवर हां मीले भन्या किला भेत्र मर्नु योग्य छ । तम्रो साथ दिंछौ भन्या जो हुन छं कवौल गराई ना उं लेषि लिउं र हेला गर्न आवला तरवार गरी मरौंला भनि श्री कपतानले र मैले भंदा तेसै हो भनि चामू वस्न्यात र गंजसिं थापाले पनि भन्या र मतो गरी कवोलाई लेषा वन लाउंदा जागीऱ्या, ढाक्र्या गरि सवै ८५ जना लेषिया । मलेछकालानल कम्पनि को वडा पछिमतर्फ धूलपुर कुंधा झांक्रा गऱ्याको वुर्जामा थियो । मंगसीरका १७ दिन जांदा तेसै मंगलवारको आधा रातिमा मलेछकालानल कम्पनि आफ्ना नालनिसान लि दूनको तर्फ गरी निक्स्या छन् । साथ दिउंला भनि लेषन्या पनि उसै कम्पनिसंग मिसी केहि निस्की गया छ । सवै ६०/५० को अंदाजा जामादार, हुद्दा, सिपाहि रह्याका रह्याछन् । जून घरी हेला गरी मिचन आवला तरवार गरि मरौंला भनी वसिरह्या थिउं । मलेछकाला नल पनि हिंड्यो । मानिस पनि रहेनन । मुंड वतन्या जगा तोपले राषेन । किल्ला थामन ऐ तिकै भयो । हातका नालनिसान उकासी, दूनको किला गयो तपनि पाहाड थामन्या काम हो ला, तिमि २ ले मरी क्या हुंछ, हींड भनि हातमा समाति कपतानलाई र मलाई घिसारी दून तर्फ कुंधावाहिर निकाल्या । आडवारी वैरीको फउज वस्याको थियो । उसले पनि सो हरा लायो । हामिले पनि काढि तरवारसित सोहरा लाई हानि आड मिचि श्री काजी अमृत सिंह थापाले वनायाका षलंगाका जग्गामा निसकी वुधवार विहांउंदो द्वारामा आईयो । मुर्दा उ सले मांयो र दियाथ्यूं । हांमि पनि घायेत्या मांगउं, दियो भन्या संभार गरौंला भनि २ मानिस ह रीपछेउ पठाउंदा घायेल संभार हांमै करैंगे भनेछ । सुवेदार दयाराम षड्कालाई तोपका छरा तिघ्रामा लागी किलैमा रह्याका थिया । १८० घायेल कीलाका कठा गरी वषति गर्न लायो । हां मिलाई आवन दियेन भनि सुवेदार दयाराम षड्गाले भनि पठाया । उ दिन द्वारैमा रज्यूं । भोलिपलट जगा हेरी ठाना वनाउं भनी जगा हेर्दा द्वारा वढिया ठहरेन । उत्तरतर्फवाट तोप ल्या उनलाई हरिपलाई सजीलो पर्न्या जस्तो जगा देषियो । गोपिचन्दको डांडाका टिपामा वलि यो गरी वस्न्या काम गरुंला भनि वृहस्पतिवार द्वारादेषि हिंड्यू । षोलो तरी गोपिचंदको टिपा उछीन्न ४ पट्टि पठाऱ्यौं । गोपिचंदका टिपाका पुछारका षेतमा डेरा गरि वस्युं । आधारा तमा वैरि आयेछ र विकट नजीकै वस्याका थिया । आयो भन्या षवर पनि सुन्यौं, वैरीले प र्रा पनि लायो । मेरो डेरा भयाको पाटो ठुलो थियो । उसैदेषि मुनीवाट कपतानका डेरा भयाका पाटामा वैरी आइपुगदा तरवार घालौं भनि नंगी तरवारसंग जाई लागदा चारपांच कदम पुगन नपाई मेरा दहिना पाषुरामा गोलि लाग्यो । वसै हाम्रो फौज सव उकाला लाग्यो । विसा उनो १ उभोसम्म मलाई मेरा ढाक्र्या ज्मादारले हतेरी ल्यायो । म हिंड्न सक्तैन, मेरा

निमित्तमा जो होला सो विहोरुंला भन्दा जामादारहेरु पनि हिंड्या । हाम्रो फौज सवै हिंडयो र म उसै जग्गामा रह्यां । मेरो ढाल, तरवार, षुकुरी जामादारहेरुले ल्याईहाल्याथ्या । दुस्मनले फेला पारी लैजाला, मर्नो भलो थियो, मरीयेन । वावां हात मेरो सावुत छः ढुंगाले हानुला र मलाई पनि उसले हाणी मारलां भनि ४ ढुंगा साथमा राषि पुरो रात म उसै जगामा रञ्यां । वैरि आयेन तपनि रात व्याहांदा पाष्याले फेला पान्या पनि दुस्मनै छेउ पुऱ्यावला, तसर्थ मैले जथासक्ती हिंड्न्या हो भनि हिंडीञ्युं । चौथो प्रहर लागदा गोपिचन्दका डांडामा पुगदा फौज गोपिचन्दका टिपामा थामियाको रहेनछ । ३ घरी दिन वांकि रहंदा जामादार वांकावीर २ तिलंगा, ४ पाष्या कपतानले मेरो षोज पठायाको भेट भयो र वोकि ल्याया । चंमुवांमा काजी रणदीपसिं कपतानसंग दाषिल भञ्यां । भोलि वेर काजी रैवंत कंवर सामिल भया । वैद छैन, घाईत्या सवैलाई श्रीनगर पठाउन्या हो भनि मसमेत सवै घायेत्या जमा ७५ लाई श्रीनगरलाई विदा गऱ्या र आञ्युं । वोषती गर्दा थोरै घाह होन्या नीका होंदै लस्करमा पठाउंदै गर्छौं । म पनि निको भयापछि लस्करमा जान्या काम गरुंला । भयाको विस्तार येहि हो । गुहारलाई पठावनुभयाको फौज आईपुग्याका भया वल पोषत रहंथ्यो । किला थामन्या फौजले किला थामि अरु फौजले वैरीलाई तोप उकाल्दा रस्तामा हानि तोप उकालन दिन्या थिञ्युंन । पाहाडका लेषाले १ पलटन भन्याको ढेरै हो । कुईन्यासंगको लडाईमा भन्या १ पलटनले किला थामि वाहीर वैडाही हांन्या वल केहि नपुग्न्या । तेस्मा पनि तोपका छर्रा, वंम्वगोला, राल गोलाले मरी घायल भै मानिस ढेरै विगार पारिदिंदा उत्तरपटि, पूर्वपटी, दुईतर्फको पर्षाल तोपले मैदान तुल्याउंदा हांम्रा ८ तोपमध्ये १ तोप फूटेथ्यो । ३ तोप पर्षालमा राष्याका पर्षाल भतकंदा वाहिरतिर पर्न गया । ढोकामा राष्याका तोप पनि उसैका तोपका गोलाले षल्वल्यायो । अरु अजोरी केहि थियेन । ३ वीतामा फेरो पुग्न्या गोला षान्या ३ तोप ल्याई कांडका दऱ्यांसको उत्तर तरफको थुमको र वजारवाट तोपलाई परषाल मैदान गराउंदा पांचको चित्त षलवलिन जांदा विगरन गयो । इ तोप पनि सवै वांही रह्या । २/३ मुरिको अंदाजा वारुद रह्याको हुंदो हो, त्यो पनि वांहि रह्यो । श्री काजी रणदीप सिंलाई चिमुंवांमा राषि श्री काजी रैवंत कंवर, श्री कपतान वलभद्र कंवर आफ्ना साथको गोलवल लि दूनपटिमा भद्राक्षगढि र ---२ पारि वैराठगढिलाई सकस लागन्या गरी जगा पारि जूनपुरमा ---२ कातीर जौटगढिमा वस्याका छन् । पश्चिमको विस्तार श्री वुढाकाजीवाट लेषिपठावनु भयाका चिठीले मालुम होला । हांमिहरु जो घायेल भयाका जतिथ्यूं श्रीनगरमा आईपुगदा श्री काजी वषतवार सिंह वस्न्यातवाट वैद्य लगाई सवै वोषदी दी संभार गर्नु भयाको छ । १० कम्पनि तयार गरी जगा जगामा घाटावाटाको चौकसी राषनु भयाको रहहे छ । मेरा अर्थ २ वर्षको ढाक्रया वाली नपायाको ३ जामादार, ६ सीपाहि, १ भान्स्या साथमा थिया । १ जामादार, ३ सिपाहि किलैमा ठहरै रह्या । १ जामादार, ३ सिपाहि, १ भान्स्या घायेल भञ्युं । सावुत आयाको पारद थापा ज्मादारै मात्र छ । २ भाईलाई मिलाई सर्दारी मानको पगरी भीर्कोटको कम्पनि तैनाथ गराई वक्सनु भयाको छ । म पनि आउंछु भनि भाई जसमर्दन थापाले लेष्याको चिठि आयो । आफूहरुका मेहर करुणाले भाई वरोवर मान सर्दारी पगरी वक्सनु भयाको कृत्य कृत्य षुसी भञ्युं । ---३ को निमिष सिरमा राषी लाग्या परिआयाको टहल भरसक्य गरी आयाको पनि छ, गरीन्यै पनि छ । अर्तिसिछा मेहर राषदै रह्या वढिया होला । इति सम्वत १८७१ साल मिति पौष वदि १२ रोज १ मुकाम श्रीनगर शुभम-------

स्रोतः डिएनए २/१५, राष्ट्रिय अभिलेखालय

अनुक्रमणिका

अंगद ४४, १३६ १४० १४४, १४७, २०८
अंगदसिंह १४६, १६१, २१०
अकबरको चुरे २१९
अक्टरलोनी १६, २४, २५, ५९, ६०, ६२, ६३, ६५, ६८, १०७-१०९, १११, ११४-११७, १२२, १२३, १४०, १५२-१५५, १५७, १६०, १६५, १६८-१७१, १८०, २००, २०१, २१५, २१७-२२१, २२५-२३३, २३८-२४०, २५६, २५७, २५९, २७१
अचल थापा १२, १८४-१८८, १९०
अचलसिंह १७५
अजब भण्डारी १८५
अजम्बर पंथ २, १००, १०१, १०३, १६१, २०४, २१०, २५९
अरिमर्दन थापा १५१
अभिमर्दन शाही ७४
अमरसिंह थापा (जर्नेल) १३, १५-१९, २७-३०, ६०, १०४, १०७, ११०, ११५, १२२, १३०, १३१, १४१, १४८, १५०, १५२, १५३, १५५, १६०-१६३, २१५, २५५, २५६, २५९, २६१, २७०, २७१
अमरसिंह थापा (बुढाकाजी) २, ६, १०, १६-१९, २४, २७-२९, ३३, ५९, ६७, १०१, १०४, १०७, ११६, १२२, १४०, १५२-१५४, १६०, १६६, १९२, २००, २५५, २५९, २६५, २७१
अमरसिंह रोकाया १४०
अम्बरसिंह थापा ६९, १२२
अम्बा १९१-१९७, २४७-२५२
अरूण १०
अर्की २, ७, ४८, ५९-६२, १२२, १२८, १३०, १५३, १५५
अर्जुनसिंह थापा १६१
अल्मोडा ८, २१, २२, ३३, ३४, ३७, ३८, ११०, ११२, १३५-१३८, १४०, १४१, १४३-१४६, १४८
अस्तल ४०
अहिमानसिंह अधिकारी २, ६८, ६९, ७०, ७१, ९९-१०५
अैमान खवास २६२
अैमान बस्न्यात ११२
अैमान बोगटी ८७
अैवर्ण बस्न्यात २६१
आगरा ९, ३५, ३६, ३८, ३९
इन्द्रसिंह १४३
इन्द्रसिंह थापा १८६
ईस्ट इन्डिया कम्पनी ८-१०, ८३, २०८, २१३
उजीरसिंह थापा ३०-३२, ६२, ७३-७६, ८०, ८५, ८६, १०९, ११२, ११३, १३३, १४७, १५४, १६२, १७२-१७६, १९५, २०८, २१०, २१५, २१८, २२२, २२३, २२६-२२९, २४३, २४४, २४६, २७१
उदयसिंह बस्न्यात ७४
उपरदाङगढी २९, २३३
उपेन्द्र कार्की ३१, ७४
उल्खागढी ४५, १२३
ऊड (मेजर जेनरल जर्ज ऊड) १८०, १८१
ऊड (मेजर जेनरल जोन सलिभन ऊड) २४, २६, ३१, ७४-७७, ७९-८३, ९८, १७७-१८०, २१७
एकसिंह कार्की २४०
एस. मबी १-३, ५, ११, ३५, ३६, ३८-४३, ४६, ४८, ५१, ५३, ६५, ६८, २४०
कचोर्वा १२-१४
कनकटिस्टा १८, ३२, १९१
कनकनिधि तिवारी १६, ७८, ७९, ८३
कमला १९०
कर्कपेट्रिक २१
कर्णेल निकोलस १३६, १३७, १३८, २१७, २२१, २२५, २२८, २३३
कलकत्ता १२, ३३, ५४, १४९, १९३, २०१
कविलास २९
कविलासपुर २२१, २२९
कश्मिर १०, १५९, १७०
काँगडा १०, २५, २६१
काकडभिटा ९४, १८५
काजी रणजोर थापा १०, ३४, ३७, ३८, ६६-६८, ७०, ९८, १००, १०१, १०४, १०९, ११०, १२४, २०१, २३४, २३५, २३७, २५६, २६४
काठमाडौं ७, १०, १६, २१-२३, ३१, ३४, ६१, ६२, ७५, ७६, ७९, ८१, ८५, ८७, ८९, ९३, ९४, ९७, १०७, ११२, ११३, १३३, १४१, १४४, १४९, १५४, १६१, १६२, १७५, १८६, २०३, २०८, २१०, २११, २१३-२१५, २१७, २१८, २१९, २२३, २२७-२३०, २४०, २४३-२४७, २५५, २५९, २६४

२८० • मुकाम रणमैदान

कान्तिपुर ३३, १६२, २७०
कान्द्राङ २९, २२९, २३३
कालीमठ १३९, १४०
काल्या राना १९२
काल्सी ६५-६८, १९०
किनलक २१
किसन थापा २५६
किसनगञ्ज ९५
किस्मानन्द ८७
कीर्ति राना १६५-१६७, १६९-१७२, २५८
कुभिया २९
कुमाउँ १९३, १३३
कुसहर १८७-१८९
कृपासुर थापा ७७, ८०
कृष्णसिंह १००, १०१, १०३
केशरसिंह बानियाँ १८१
कोकिल खवास ८८, ९६ २१९, २२१, २४४, २४५
कोटलहर १०, २६०, २६१
कोपवा १४
कोशी २१, २३, ९८, १८३, १८४, २९१, २९३, २९४, २९६, २९७, २२५, २३८, २४९, २५७
क्याप्टेन ल्याटर २३, १८३, २३८, २४०, २४९
खम्ब शाही ८१, १४०
खुँडाकोटगढी ३३
गजबल बानियाँ २९
गजराज मिश्र २०८-२९५, २१७, २९८, २२५-२३२, २३९
गजसिंह ९४
गजसिंह खत्री ११, १२, १७, १४७, १४८, २४४, २४५
गढवाल १०, ३३, ३६, ४० १२३, १३३, १४८, १४९, १५३, १६६, १६९, १७०, १९४, १९५, २००, २०६, २०७, २६४
गणपति पाध्या २८१
गणेश घाटी ११९, २६३
गननाथ १३७, १४९, १४२
गम्रोला खोला १९४, १६५

गारन (एडवार्ड गार्डनर) २०८, २४३-२४६
गार्डनर (एडवार्ड) १३४, १३६, १३९, १४२, १४३, १४५, १४७, १६२, १६३, २०८-२१०
गार्डनर (लेफ्टिनेन्ट कर्नल विलियम गार्डनर) १३५, १३८, १४६
गीर्वाण १२, १५, ३४, १२२, १३३, १४५, १९१-१९४, १९९, २०९, २०८-२१०, २९५, २९६, २२०, २२५, २२९, २३०, २३४, २४६, २५३, २६३ २७१
गुरुद्वारा ३९, ४६, ५१
गेलैओं १४८
गोमानसिंह २६
गोयुमुन राना ७३
गोर्खा ८-११, १६, १८, २८, ८३, ११६, १५८-१५९, १७२, १९२, १९३, २०२, २०३
गोसीथान (गोसाईकुण्ड) २५५
चंडालगढी १००, १०१, १०३
चन्द्रवीर कुँवर ११९-१२१, १२४
चन्द्रवीर थापा ३७, ४०, १८९, २९९
चन्द्रशेखर उपाध्या ९६, १९९, २०८, २०९, २२९, २२५, २२८, २२९, २३९, २४३-२४५
चमुवा ४०, ४९, ५३, ५५, ६८
चम्पासिंह ४०
चम्बा १०, ६०
चम्बागढ १९३
चामु थापा १२३
चामु बस्न्यात २, ३६, ३७, ४५, १२१, १२७
चामु भण्डारी ५७, १२४, १३६, १४०, १४५-१४७, १६१, १६७, २०८, २१०, २३०
चामु राउत ८८
चितवन २९, ८७, १०७, २१८-२२१, २२७, २३३, २६४
चित्लाङ २४५, २४६

चिसापानीगढी २९, २२९, २३०
चीन १४८, १९२-१९७, २०५, २०७, २४७-२४९, २५४, २५५, २५७
चीन बादशाह १९१-१९८, १९१-१९४, २४७-२४९, २५५
चुरे २१, ८७, ९२, ९४, १४९, १८९, २११, २१९-२२९, २२६-२२९, २३३-२३५
चेपे १०
चैनपुर ११, २८, २३८
छत्रसिंह कार्की १८५
छिनासिम ११९
जंगवीर पाँडे २२९
जगजित पाँडे १४८
जगदेऊ भण्डारी १७७
जगन्नाथ खत्री १७७
जगरुप खत्री ४५
जनकपुर ९५, १८०, १९०
जबर घर्ती १७५, १७७
जबर घर्ती अर्घली १७७
जमुना १०, १५, २२, २४, २५, २७, ६६-६८, १०९, १९२, १२२, १२५, १४३, १४४, १५९, १५३, १६०-१६२, २०३, २०५, २०६, २५९
जयद्रथ अधिकारी १४२, १४३, १७३, १७६
जयद्रथ थापा २६७, २६८
जयन्त खत्री ११, १८३, २३८, २४०, २४१
जयन्त शाही १७७
जयसिंह बुढा ८८
जयसुर थापा १७४, १८०
जया रोकाया १३७, १३८, १४९
जसपाउ थापा २, ३७, ६६-७०, १००, १०१, १०४, १०९, ११०, ११९, १२०, १६२, २०९, २०३
जसमर्दन थापा १६९, २१०
जसमुन्दन १४६
जसिवन्त अधिकारी १७५, १७७
जसिवन्त खड्का १८६

जसिवन्त शाही ८०
जसु आले ६९
जागेश्वर पाँडे २६७
जासमतपुर मौजा १२
जितगढी ७८, ८०, १७९
जितबहादुर शाही २३०
जितमानसिंह बस्न्यात १७३, १७४, १७८, १७९
जी. एच. फागन ५-७, ३६, ९४
जीउझसिंह थापा ८७
जीवन खवास ८९
जीवनपुर १०९
जीवनसिंह टुरा २६२
जुठ्या बस्न्यात ८०
जुम्ला १०, ११९, १२९, १५४, १६२, १६७, १९७, २०३, २०६, २४८
जुरजुरे १११
जे. आडम २५, १३४
जेउन्यागढी २
जैथक २४, ३६, ६६-६८, ७०, ९९-१०१, १०३, १०४, १०८-११०, १५३, १६०, १६६, १६८, २०१, २०३-२०५
जोगनारायण मल्ल १४८, १६७
झापा ११, १८३
झाम्टा २४, ६५, ६८-७१, ७९, ८५, ९८-१०४, १०९, ११०, १४७, २०८, २३७, २६४
टिष्टा १३३, २११, २१३
टिहुकी १३
टी. रदरफर्ड २२
टीकावल्लभ पाँडे ११०, १६७, १७५, १७७-१७९
ठह धोकल २३४, २३५
ठिगन ८७, २२८-२३०
डडेलधुरा ३३, १४३, १५९, १६२, २५५, २५९, २६०, २६४
डा. बुखानन २१
डाँडालखुंड ४०
डोटी १०, ३४, ५७, १३३, १३४, १३६-१३८, १४३, १४६, १६६

२००, २०२, २०६, २१७, २२२, २६२, २६५
तारागढ ६०, ६१, १९३
तितलिया १५, १८३, १८४
तिनाऊ १७, १८, ७८, १७९
तिरहुत २४, २६, १३, १५, १८, १८०
तिलक सेन १२३, १२४
तुलसीपुर २५, १७३, १७७, १७९, २२१
थानकोट १०७, २४३, २४४-२४६
दयाराम खड्का २, ५, ३६, ३७, ५१
दरियावसिंह बस्न्यात २१६, २२१
दलखम्ब थापा ५६, ७७, २२२
दलजित कुँवर २, ५, ३६, ३७, ४०
दलजित शाही ४०, २६४
दलभञ्जन पाँडे १७, २८, ८५, ८७, ८८, ९२, ९६, २०६, २१६, २१९-२२१, २३४, २४०, २५२
दल्या थापा २२२
दाहै गौडा २९
दिनेशराज पन्त ७९, ८०, ८९, ११५, ११६, १६२, १८०, १८६, २५७, २५९-२६३
दिलधर माझी २२१
दिल्खर माझी १७८
दीर्घसिंह भण्डारी १६७
देउखुरी १७५
देवी भगत १७४
देहरादून १, ७, २४, ३९, १३६, २०२
धनपुरा १८३
धरान २२, १८६
धर्मराज खत्री ३२, ११०, १५१, १७८, १७९
नचरौल १७
नन्दादेवी १४०
नन्दराम खत्री ११२
नयनसिंह बानियाँ २१९, २३४, २३५

नरहा १२, १८५, १८८
नरहागढी १२
नसीरी ११४, ११६, ११७
नहकुल बानियाँ ८०
नागल ४०
नाग्री १८३, २३८, २४०
नाथु माझी ३७, ४०
नारायण पाल २६०
नारायणकोट १५२
नालागढ २, ५९, ६०, ६१
नालापानी १-९, २४, २६, ३०, ३४-४०, ४२, ४३, ४५, ४६, ४९, ५२-५५, ५९, ६५, ६७, ६८, ७३, ८५, १०९, ११०, १३४, १४०, १४९, २०१, २०५, २४९, २६३, २७०
नावागढ १६५-१६७
नाहान २, २२, २४, २५, ३७, ३८, ४३, ५४, ६५, ६८-७१, ९९, १०२, १०३, ११०, ११२, १२०, १२१ १२३-१२६, १६७, २०१
निकोलस (कर्णेल जे. निकोलस) १३६
निजाम तारा १४, १५, १८५
निर्भयसिंह थापा १५१, १५५
नुरी ६१, ६२
नुवाकोट (काठमाडौंछेउको) ९
नुवाकोट (बुटवलछेउको) १०, ३, ६२, ७५-७८, ८०, ८३, १७९, २२२, २२७-२२९
नुवाकोटगढी ३१, ७४, ७६, ८०, ११२, १७२, २१५, २१८, २२२, २२३, २२७
नौधा मिश्र १२२, १२५
नौनी टिपा ९९, १००, १०२
नौशेरा २६२
पञ्जाब २५, २८, १२२, २६०-२६२
पत्रिका २३४, २३५
पदनाह १४, १५, ८२, १७३-१७६
पदनाहगढी ३०, ३३, ६२, १७३-१७५, २५६

परशुराम थापा १२
पर्सा १०, २३, ७१, ८०, ८५, ८७, ८८ ९०, ९२, ९३, ९६-९८, १४९, १७६, १८०, १८९, २०१, २०४, २९५, २९७, २९८, २४६
पर्सागढी ८६
पाटन १०, २४५, २५४
पाटा ५२, १९४
पाली १७
पाल्पा १६-१९, २२, २४, २६-३२, ६२, ७३, ७५, ७६, ७८, ८०, ८३, ८५, ८६, १०९, ११२, ११३, १२२, १३०, १३१, १३३, १४७, १४३, १५४, १६२, १६६, १६७, १७२-१७६, १७९, १८०, १९४, १९५, २०१, २०५, २०८, २१०, २९५, २९७, २९८, २२१, २२२, २२६, २२७, २२९, २४३, २४४, २४६, २६६-२६८
पीपल डाँडा २३५
पृथ्वी हमाल ८९
पृथ्वीनारायण शाह ९, १०, १५४, २६३
पृथ्वीपाल सेन १६
पृथ्वीविलास पाध्या १६, २५६
पेरिस ब्राड्श १३, १८, २४, २६, ८६, ९३, ९४, २०९-२११, २१३-२१५, २१७, २१९, २३२
प्याहुली २९
प्यूथान २७, ३२, ७६, ८०, ११०, १५१, १७३, १७७, २२९, २६६
प्रबल थापा १२३, १२४
प्रसादसिंह बस्न्यात ८८, १४७, १५४, १९५
प्रह्लाद थापा २३४, २३५
प्राण शाह १३, १४, ८५-८८, ९२, ९६, ९७, २३०, २३४
फोक गाउँ २३८
फौदसिंह १४८
फौदसिंह थापा ८७
फ्रेजर (जेम्स बेइली फ्रेजर) १६९-१७१, २५८
बखतवरसिंह थापा २२८, २३०

बखतसिंह बस्न्यात ८५, ८८, १८९, २१६, २४४, २४५
बखतावरसिंह बस्न्यात १०९, ११०, ११२, १४३, २६५
बटौली १८, १९
बन्देउ थापा १२१
बम शाह ८, ३३, ३४, ३७, ३८, ४३, ४५, ६६, ६७, १००, १०४, १०९, ११०, ११२, १३३-१३६, १३९-१४१, १४३-१४८, १५०, १५१, १६१-१६३, १७२, २०१, २०७-२१०, २४९
बमसिंह खड्का २६२
बरहवा ८६, ९०
बरोग ११४
बर्दिया १४, २५७
बलभञ्जन पाँडे १२, १३, ८०, १८४, १८५, १८७, १८९, १९०
बलभद्र (ल्हासामा रहेका नेपाली दूत) ४९, ५१-५३, ५७, १९४, २५८, २६०-६२
बलभद्र कुँवर २, ५, ७, ३४, ३६-३८, ४०, ४४, ४५, ६८, ७०, १०१, १०३, १०९, १२६, १६२, २०३, २५७, २५९, २६०, २६२
बलभद्र माझी २६६
बलभद्र राउत ८९
बलवंत रैका ८९
बल्ट्याङगढी ३१
बहाँबल थापा १२३
बहादुर भण्डारी १४७, १४८, १८६
बहुअर्वा ९६
बाइसी चौबिसी २६
बागल १६, १८, २८, २९, १५५, १६०
बाजवर्ण थापा १२३, १२४, १२६, १२७
बारा २३, ८५, ८८, ९६, १५४, १८९, २०१, २०४, २०६, २९८, २४६
बारागढी ८५, ८६, ८८, ८९, ९२-९४, ९६, १४३
बालसुन्दर थापा २, १००

बासी २१, १७७
बाइ ठकुराई २५, १६७
बिरु थापा ११६
बी. मार्ली २३, ८०, ८१, ८६, ८८, ९०, ९२, ९३-९५, ९७, ९८, १८०, १८९
बुटवल १३, १४, १६-१९, २१, २४, २६, २८, ३०, ३१, ७१, ७३, ७४, ७६-७८, ८०, ८१, ८३, ८५, ८८, १७७, १७९, १९९, २००, २०१, २०३, २०४, २०६, २११, २९४, २४९
बुद्धिबल राना ८०
बेलासपुर ५९, ६२
बैरागी ९३
बैराठ ६२, ६५-६८, १०९, ११०
भँडरुवा ११, ९२, १४४-१५०
भक्तवत्सल मल्ल ३०, ३३, १७३-१७५, २५६
भक्तवीर १६२
भक्तवीर थापा १६२, १८६, १८९, २५०, २५२, २५८
भक्ति थापा २, ५७, ६०, १११, ११५-११७, ११९-१२३, १३०, १३१, १५८, १६७, २६३, २६५, २७१
भगवन्त २२९
भगीरथ जैसी २०, ७४, २७०
भदौरे २३५
भद्र थापा ६९
भरोली ११६, १२२-१२४, १५६
भवरा ११३
भवानीदत्त थापा २९, ८७
भवानीशंकर ७३
भादगाउँ १०, २४५
भाष्कर जैसी ८९
भिक्षाखोरी २७४, २७५
भिखा चौधरी ८५
भिखाठोरी २२०, २२१, २२५-२२७, २३९, २४४, २७४
भीमनगर १२, १८४
भीमपुर १२, १८८
भीमफेदी २४५

मोहन मैनाली • २८३

भीमसेन थापा ११, १२, १४, १५, १७, १८, २८-३३, ३७, ४०, ४४, ४६, ५१-५४, ६२, ६८, ७३-७७, ८०-८२, ८४-८८, ९२, ९७, १०७, ११०, ११२, ११९-१२१, १३१, १३८, १४०, १४२-१४४, १४७, १५१, १५४, १६२, १६६, १७२, १७४, १७६, १७७, १८१, १८४-१९०, १९४, १९५, १९७, १९९, २००, २०२, २०८-२१०, २१५, २१८, २१९, २२२, २२३, २२७-२३०, २४३-२४६, २४९, २५०, २५३-२५५, २५८-२६०, २६२-२६६, २७०, २७१
भीमसेन देउजा ८०
झूलाघाट १३८, १४०
भूपाल थापा २६१
भैरवसिंह बस्न्यात ८५
भोट ६६, १२८, १२९, १३१, १३३, १४८, १५४, १९५-१९८, २४७-२४९, २५१
मकवानपुर
मकवानपुरगढी २३, ८७, २२८-२३०, २३२, २३३, २३५, २३८, २३९, २४०, २४४, २४५
मण्डला १६, ११९-१२७, १५६, १५९
मनि जैसी ७६
मनिभद्र शाही १७४, १७५
मनिराज फौजदार १९, ७३, २०९
मलाऊँ ६०, ६३, १०९, १११, ११३-११५, ११७, १३०, १४९, १५१, १५२, १६५-१६८
मर्स्याङ्दी १०
महा चन्द ६२
महाकाली १०, २५, १०४, १२२, १३३, १३४, १४६-१४९, १५३, १५४, १६०-१६२, १७३, २००, २१४, २३९, २४१, २४६, २४७, २४९
महायोगिनी २२०, २२१, २२५
महावीर अधिकारी १७४

महावीर कार्की २३४, २३५
महिन्द्र चन्द १४८,
महोत्तरी १५, १८५, २०१, २०४
माथवरसिंह थापा २५०
मार्टिन्डेल (मेजर जनरल) ६९, -७१, १८, ९९, १०१-१०४, १३६, १६०
मालकौंडा १२०
माहिला गुरुज्यू, १२, १७
मुजकोट ७७, ७८
मुरादाबाद १५, २३, १३४, १३६
मुस्ताङ १५४
मेची १८३, २०८, २११, २१३, २१४, २३७, २३८, २४१
मैनारीगढी ८१
मोइरा १, १६१, १७८, १८०, १८३, २०९, २१०, २१३, २१४, २२६, २४३, २४६, २५१, २५२, २५६, २५७
मोरङ १०-१२, २९, १८३, १८५, १८८, १८९
रंगवीर ७३
रझेट १४, ८२, १७५
रण मल्ल १३८, १४०
रणगज्ज शाही २२२
रणजीत मल्ल १५४
रणजीत सिंह २५, २८, १२१-१२३, १३०, १५६, १५८, १६०, २०३, २०५, २५७, २६०, २६१
रणदल पाँडे २६६-२६८
रणदीप बस्न्यात २
रणध्वज कार्की २६७
रणध्वज थापा १२, १४, १५, १७, १८, २९-३३, ३७, ४०, ४४, ४६, ५१-५४, ६८, ७३-७७, ८०-८२, ८४-८८, ९२, १०७, ११०, ११२, ११९-१२१, १४०, १४२, १४७, १५१, १५४, १६२, १६६, १७२, १७४-१७७, १८१, १८७, १९४, १९५, १९७, २०२, २१५, २१८, २१९, २२२, २२३, २२७-२२९, २४३-२४६, २४९, २५८, २५९, २६३, २६४

रणवीर खत्री १४८
रणवीर थापा ८५, ९६
रणवीरसिंह थापा ८७, ८८, ९२, २१६, २१९-२२१, २३०, २३४, २५०-२५२
रणसुर कार्की १३८, १४१
रणसुर थापा ३१, ६६-६८, ७०, ७१, ९९-१०१, १०९, ११०, १२१, १२४, १२६, १२७, २०१
रतनपुर ८६-८८, ९२, ९६, ९७, ११४
रतनपुरी २३५
रनसुर थापा ३६
रनसुर बानियाँ ८०
रबर्ट रोलो जिलेस्पी १, ३-७, २४, ३५, ३७, ६५
ज्याला ११४, ११५
राजेन्द्र विक्रम शाह १४८, २५४
राप्ती १८३, १८४, २१७, २२०, २२४, २५७
रामगढ ६०-६३, ६८, ८८, १०८, १०९, १११, ११३, १५२
रामनगर २६, ३०, १०७, २४६
रामशरण १५, १६, ५९, १२२, १५७
रामशहर ६१
रामसुन्दर १९७
रिडीघाट ८३
रिपुमर्दन थापा २, ५, ७, ३६, ३७, ३९, ४०, ४४-४६, ५१-५५, ६८, ७०, १६१, २१०, २४६, २६०, २६३, २६४
रुद्रपुर ३१, ३३, ६२
रुद्रवीर शाही १५, ८१, ८२, ९२, १३८, १४०, १४२, १४३, १४७, १७३, १७७, २०९, २२२
रुपसिंह खड्का २६२
रुपैठागढी १५, १८०, १८५
रुपड ५९, ६५
रेवन्त कुँवर ३७, ३८, ४३, ४९, ५३, ५५, ६६-६८, ७०, १००, १०१, १०८, ११०, १५६, १६२, २०१, २३४, २३५, २५९

रोहिलखण्ड २१
रौतहट १२
लक्करघाट ६६
लक्ष्मिमन गुरुङ ७०
लखन्दी २३४
लछिमनसिंह १४३
लालमन्डी १३९, १४०, १४६
लालसिंह ३३, १४८
लोटन ३०, ७३-७६, ८९, ८२, १७९
लोहार भञ्ज्याङ ११४-११७, १६७
ल्हासा १९१-१९७, २०७, २४८-२५०
वनमाली पंथ २६१-२६३
वागमती ८६, ९४, १८०, २१७, २२०, २२५, २३४
वासुदेव १०७, १०८
वासुदेव खड्का १७७
विजयपुर २१, २२, २८, १४७, १४८, १८३, १८५-१८७, १८९, १९०, २०१, २०४, २०५
विलियम फ्रेजर ९९, १४८, १५०, १७१
विष्णुसिंह थापा ३१
वीरकिशोर सिंह १३
वीरकेशर पाँडे ८८, ९६, २१६, २१९
वीरभञ्जन पाँडे १२, १३, ७४-७७, ८०, ८५, ११२, ११३, १४२, १४३, १७३, १७५, १७६
वीरभद्र कुँवर ३३, १२१, २६२
वीरभद्र जंग ८५, १४२
वैद्य एकदेव पाध्या २५४
वैद्य भाजुमान २५४
शक्तिखोर २२०, २२१
शतरुद्रा १८, २८, ३२, १२२, १२५, १५८, १९१, १९६, २०२-२०४, २०६, २७५
शत्रुसाल शाही २२२
शमशेर राना २८, ८८, ९६, १७, २१६, २५९, २६५
शम्शेर राना २२१
शिकारपुर १३
शिवदत्त राई २, २६०

श्रीनगर १७, ३०-३२, ४०, ४४, ४६, ५१-५५, ६८, ७३, ७५, ८५, ८८, १०९, ११०, ११२, ११३, १३३, १४७, १५४, १६२, १६८, १७४, १९५, २०८, २९०
श्रीमोहर १००, १०९
संसार चन्द २५, ६२, १२२, १३०, १५६, १५९
सतलज ७, १०, ११, १५, १९, २२, २४, २५, २७, ३०, ९९, ११३, १३३, १५९, १४३, १५६, १७९, २०२, २५७, २७५
सनालागढी १४०
सपही ८८, ९६
समनपुर ८८, ८९, ९२, ९६, ९७, १४९
सरवर राना ८७
सरोवरसिंह राना ११
सरौ (चुम्बी) को टिपा १६६
सर्वजित थापा ८९, ९६, २२९
सल्यान १४, १५, २८, ६२, ८९, ८२, ९२, १४३, १६३, १७३-१७७, २०५, २१७, २२९, २२२, २५९
सहदेव बानियाँ २६५
सहारनपुर १, २३
सारण १३, २४, ९३, ९८, २१७
साहेबगञ्ज १८४, १८७
सिंहकोट ११९
सिंह्या बराकोटी ११२
सिक्किम ११, १८३, २०८, २९१, २९३, २९४, २३७, २३८
सिन्चा २९
सिन्धुली ९, २१, १८९, १९०, २०४, २२०, २२८, २३४
सिपाही रणवीर घर्ती ६९
सिमरा बासा ९६, २२५, २४४, २४५
सिम्रौनगढ १३
सिरमोर १२२, १२३
सिर्सिया ८०
सुगाथोर १२३, १२७, १५५
सुगौली १२, २०९-२१५, २१८, २२५, २३२, २४०, २४६-२४८, २५७

सुगौली सन्धि २१४, २१५, २२५, २३२, २४०, २४६, २४८, २५७
सुदर्शन शाही ३३
सुनसरी ११
सुबेदार संग्राम २३०
सुरज थापा ७९
सुरजगढ ११४, ११५
सुरवीर खड्का ११६
सुरवीर खत्री १४८
सुरवीर बोहरा ८०
सोमेश्वरगढी ८७
स्युराज १४, १६-१९, २१, २४, ७६, ८१-८३, १७३, १७५, १७७-१७९, २०१, २०२, २०६, २११
हङुर २, १०, १५, ५९, ११६, १५९, १६७
हनवीर अधिकारी ८०
हरि शाही १५, ७४, २२२
हरिहरपुरगढी २३, ८७, ९३, २२०, २२५, २२८, २३३-२३४, २३७, २३८
हर्नामाडी ८७, २३२, २३३
हर्षदेव जोशी २५
हलेंडा २३५
हस्तदल शाह १३४, १३६-१३८, १४९
हिन्दुस्तान ९, ११, १३, १७, २१, ७६, ९८, १३४, १४९, १७९, १८३, १८४, १८६, २९०, २५६, २५७
हृदयसिंह थापा ११६
हेटौंडा २१, ९४, २१७, २१९-२२१, २२५, २२६, २२८-२३२, २३४, २३८-२४०, २४४, २४५
हेनरी शेरऊड १, ४४, ४७, ४८

मोहन मैनाली • २८५

खोजपत्रकारितासँगै अनुसन्धानमूलक लेखन र भाषानुवादका निम्ति प्रसिद्धी कमाएका लेखक हुन्– मोहन मैनाली । उपल्लो थलो, मान्छ डराएको जुग, देखेको देशजस्ता निबन्ध कृतिका साथै आकाशमुखी निबन्ध पुस्तकका अनुवादकसमेत रहेका मैनाली जोगिमाराका ज्यूँदाहरूका वृत्तचित्रकार हुन् ।

मुकाम रणमैदान : नेपाल अंग्रेज युद्धको बखान उनको अनुसन्धानमूलक पछिल्लो पुस्तक हो ।

✉ mohanmainali@gmail.com
🐦 @mohanpmainali
f mohan.mainali.7

Printed in the USA
CPSIA information can be obtained
at www.ICGtesting.com
CBHW031601101024
15669CB00036B/800

9 789937 753555